कवि की वर्तनी

राजेश जोशी पर एकाग्र

कवि की वर्तनी

राजेश जोशी पर एकाग्र

सम्पादक

अनिल त्रिपाठी

राजकमल प्रकाशन

ISBN : 978-93-93768-78-0

मूल्य : ₹895

पहला संस्करण : 2022

प्रकाशक : राजकमल प्रकाशन प्रा. लि.
1-बी, नेताजी सुभाष मार्ग, दरियागंज
नई दिल्ली-110 002
शाखाएँ : अशोक राजपथ, साइंस कॉलेज के सामने, पटना-800 006
पहली मंजिल, दरबारी बिल्डिंग, महात्मा गांधी मार्ग, प्रयागराज-211 001
36 ए, शेक्सपियर सरणी, कोलकाता-700 017
वेबसाइट : www.rajkamalprakashan.com
ई-मेल : info@rajkamalprakashan.com

मुद्रक : बी.के. ऑफसेट
नवीन शाहदरा, दिल्ली-110 032

KAVI KI VARTANI : RAJESH JOSHI PER EKAGRA
Edited by Anil Tripathi

इस किताब के बारे में

'कवि की वर्तनी' हमारे समय के महत्त्वपूर्ण कवि राजेश जोशी पर केन्द्रित है। देखते-ही-देखते राजेश जोशी पचहत्तर के हो गए। अभी बहुत दिन नहीं हुए जब हम अपने कमरों में उनकी कविता 'मारे जाएँगे' के पोस्टर लगा रखे थे। तब वे बयालीस के थे और हम अठारह के। कितना समय बीत गया पर मन मानता नहीं। उसे तो यह कल की ही बात लगती है। लेकिन इसी समय में राजेश जोशी की कविताओं ने अपूर्व व्यापकता और अर्थवत्ता हासिल की। अर्थ और क्षेत्र प्रसार की दृष्टि से हिन्दी कविता बजरिये राजेश जोशी अप्रत्याशित और अपरिचित जगहों तक गई। इत्यादि, अतिरिक्त चीजों की माया और सहायक क्रिया जैसी कविताएँ इसके पूर्व असम्भव थीं। जीवन और विचार की यह संचरणशीलता बेहद मानीखेज है।

राजेश जोशी की जमीन आठवें दशक की कविता की जमीन है जिसे 'कविता की वापसी' के रूप में भी जाना जाता है। कविता की वापसी के निहितार्थ जो भी हों पर यहाँ एक बात तो निश्चित है कि इस पीढ़ी के आगमन ने अपनी पूर्ववर्ती कविता से अपने समय की कविता के सम्बन्ध को बदलकर रख दिया। साथ ही अपनी पीढ़ी के ठीक पूर्व की कविता से अपना नया प्रस्थान-बिन्दु रचा। जिन कवियों ने यह काम किया राजेश जोशी उनमें अन्यतम हैं। बीसवीं सदी की कविता में 'पंच महाभूतों' की खोज और लगभग सबके लिए 'सघनतम की आँख' निराला से अपनी पीढ़ी के जुड़ाव और सम्बन्धों की व्याख्या राजेश जोशी के कवि की ही नहीं बल्कि आनेवाली पीढ़ी के लिए भी उपलब्धि है।

लगभग पाँच दशकों से राजेश जोशी की कविता और उनका लेखन न केवल हमारे समय की मुश्किल गिरह को खोलता रहा है बल्कि मनुष्य के पक्ष में सच्ची आवाज की तरह अडिग खड़ा रहा है। इस आवाज की दृढ़ता की जमीन बहुत कड़ी और मजबूत है, लिहाजा इसके प्रति प्यार और सम्मान बढ़ता ही गया है। आज वे सबसे चहेते कवियों में शुमार हैं तो उसका कारण यही अडिगता है। आज की हिन्दी कविता का कोई भी नक्शा उनके बिना असम्भव है। रेल की पटरियों के मानिंद समय और लेखन की यह समानान्तर निरन्तरता बहुत महत्त्वपूर्ण है। अस्सी के बाद के समय का इतिहास कोई चाहे तो इन कविताओं के माध्यम से भी लिख सकता है।

एक जगह नारायण सुर्वे के हवाले से राजेश जोशी ने लिखा है कि कविता कवि के कन्धे पर बैठी एक ऐसी अदृश्य चिड़िया है जो कहीं कुछ भी गलत या किसी अपसगुन को घटित होते जैसे ही देखती है वैसे ही चिल्लाने लगती है। लेकिन उसकी आवाज उसी कवि को सुनाई पड़ती है जिसके कान चौकन्ने हों। यह अलग से कहने की जरूरत नहीं कि राजेश जोशी के न केवल कान चौकन्ने हैं बल्कि दृष्टि भी बहुत तीक्ष्ण है।

इस किताब में शामिल कुछ को छोड़कर अधिकांश लेख नए हैं। यदि मुझे किताब तैयार करने में बहुत मशक्कत नहीं करनी पड़ी तो इसका श्रेय राजेश जोशी की प्रतिष्ठा को जाता है। बस एक बार यह तय होने पर कि हमारे सहयोगी लेखक कौन होंगे, चीजें आसान होती गईं। मैं अपने सभी लेखकों/रचनाकारों का बहुत आभारी हूँ। यह हम सबके सहयोगी प्रयास का ही प्रतिफल है कि यह किताब बन पड़ी। पुस्तक की आकल्पना में अवसर जरूर कवि के पचहत्तर वर्ष पूरे करने का है पर पुस्तक को अभिनन्दन ग्रंथ बना देने का इरादा तो हरगिज नहीं। इस अवसर पर हिन्दी ही नहीं अन्य भारतीय भाषाओं के रचनाकार भी शामिल हुए, यह बहुत अच्छा लगा। एक क्रिटिकल एप्रिसिएशन आपको पूरी पुस्तक में मिलेगा।

राजकमल प्रकाशन समूह के संचालक अशोक महेश्वरी के प्रति भी आभार प्रकट करता हूँ क्योंकि उनके तकादों के बिना न यह किताब पूरी होती और न ही समय से प्रकाशित होकर आपके सामने होती।

10 जुलाई, 2021

—अनिल त्रिपाठी

क्रम

स्मृतिगर्भी कविता का नया ठाट

केदारनाथ सिंह

राजेश जोशी आज की कविता के उन थोड़े से महत्त्वपूर्ण हस्ताक्षरों में हैं, जिनसे समकालीन कविता की पहचान बनी है। उनके हर नए संग्रह ने इस पहचान को थोड़ा और विश्वसनीय बनाया है और बेशक थोड़ा और पुष्ट भी। 'दो पंक्तियों के बीच' उनका चौथा काव्य-संग्रह है, जिससे गुजरना एक ऐसी ताजगी भरा और स्फूर्तिप्रद अनुभव है, जिसकी गूँज देर तक मन में बनी रहती है। संग्रह का शीर्षक शायद राजेश की कविता के उस बुनियादी चरित्र की ओर संकेत करता है, जो उन्हें उनके समकालीनों से अलग करता है। वे मूलत: मितकथन के कवि हैं और पूरी सृजनात्मक जिम्मेदारी के साथ शब्दों पर भरोसा करनेवाले कवि भी। पर शब्द अपनी परस्परता में आकार ग्रहण करते हैं, जिनके बीच बहुत से अन्तराल होते हैं और बहुत से दुराव-छिपाव भी। कविता कहीं उनके बीच होती है यानी पंक्तियों से अधिक कहीं पंक्तियों के बीच, राजेश की यह बुनियादी मान्यता है, जो इस शीर्षक के द्वारा वे सम्प्रेषित करना चाहते हैं। यह अकारण नहीं कि संग्रह की आरम्भिक चार कविताएँ किसी न किसी स्तर पर कविता के जादुई तिलिस्म का बखान करती हैं। इन कविताओं में कवि जैसे भाषा के साथ संवेदना के रिश्ते को तलाश करता है। कवि का विश्वास है—

अदृश्य की आड़ के पीछे छिपी हैं यहाँ कुछ ऐसी सुरंगें
जो अपने गुप्त रास्तों से
शब्दों की जन्मकथा तक ले जाती हैं।

कहने की आवश्यकता नहीं कि शब्दों की जन्मकथा की नाल कहीं जीवन में ही धँसी होती है। एक संवेदनशील कवि बार-बार अपने शब्दों को वहाँ तक ले जाने की कोशिश करता है जहाँ उसका मूल स्रोत है। रोजमर्रा के इस्तेमाल में घिसे हुए शब्द को 'सरचार्ज' करने का यही एक उपाय है, जो कवि के पास होता है। 'दो पंक्तियों के बीच' कविता उस अनछुए मर्म तक ले जाती है, जहाँ काव्यार्थ

सबसे अधिक स्पंदित होता है यानी यह एहसास कि कहीं कुछ छूट गया है, राजेश की यह काव्यात्मक टिप्पणी वस्तुतः अधिकांश समकालीन कविता पर लागू होती है। जाने-अनजाने सारी समकालीन कविता (अपने यहाँ और बाहर भी) इसी युक्ति का इस्तेमाल करती है कि जाना वहीं तक, जहाँ से 'कुछ छूट गया है' की वृहत्तर दुनिया शुरू होती है। समकालीन कविता इसी अर्थ में पहले की कविता से भिन्न है कि वह इस 'कुछ छूट गए' के एहसास को भी अपने अनुभव का हिस्सा बना लेती है और इस तरह वह 'छूटा हुआ' भी कहीं कविता के भीतर ही धड़कता रहता है। बाहर-भीतर के द्वंद्व को स्थगित या निरस्त करने का यह अद्भुत कौशल समकालीन कविता ने लम्बे संघर्ष के बाद अर्जित किया है।

पिछले दो-तीन संग्रहों से, राजेश जोशी की पहचान एक युवा कवि के रूप में बनी थी। पर यह संग्रह इस अर्थ में भी उनका आगे का संग्रह है कि यहाँ पहली बार कुछ ऐसी कविताएँ मिलती हैं, जिनमें युवता को पीछे छोड़कर आयु के उस दौर में प्रवेश करने के बोध का साक्षात्कार होता है, जिसे प्रौढ़ावस्था कहते हैं। निश्चय ही यह केवल जैविक परिवर्तन नहीं है, क्योंकि वह पूरे अस्तित्व और परिवेश के साथ कवि के सम्बन्ध को किसी गहरे स्तर पर प्रभावित करता है। यहाँ दो कविताओं का (वैसे अनुभव का यह स्पर्श कई अन्य कविताओं में भी मिल सकता है) मैं खासतौर से उल्लेख करना चाहूँगा—'छोटी नींद और सपने' तथा 'बड़ी उम्र में कार चलाना सीखने के बारे में'। गालिब की 'नींद क्यों रात भर नहीं आती' को याद करें और इन पंक्तियों को पढ़ें—

जैसे-जैसे बढ़ती जाती है उम्र
छोटी हो रही है नींद
...
जो मेरी नींद में ही आने को निकला था
वो स्वप्न
न जाने कहाँ, किन सड़कों पर भटक रहा होगा
सम्भव है सर्दी की इस ठिठुरती रात में
उसने किसी और की नींद का दरवाजा खटखटाया हो
कहा हो, कृपा करके मेरी बात सुनें
बात यह है कि मैं राजेश की नींद में जाने को
निकला था पर क्या करूँ उसकी नींद तो
अधबीच ही खुल गई
उम्र के साथ ऐसा हो जाता है

बातचीत का यह अनौपचारिक अन्दाज राजेश जोशी के लिए नया नहीं है,

पर यहाँ नयापन यह है कि कथोपकथन की इस भंगिमा में एक पीड़ा है, जो सिर्फ जैविक नहीं है। कहीं यह अनुभव उस व्यापक अनुभव से भी जुड़ता है कि हम एक स्वप्नविहीन समय में जी रहे हैं। अनुभव के इस दंश का एक दूसरा धरातल 'बड़ी उम्र में कार चलाना सीखना' कविता में व्यक्त होता है और पिछली कविता की स्वप्नविहीनता यहाँ अचानक एक भयानक दिवास्वप्न में बदल जाती है—

आसान नहीं होता सीखना बड़ी उम्र में कार चलाना
भयानक दिवास्वप्न पीछा करते हैं लगातार

दरअसल ये और इस प्रकार के अन्य अनुभव-संकेत कवि के भीतर घटित होनेवाले भावबोध के उस उद्वेलन को सूचित करते हैं, जो जीवन जीने की क्रिया के भीतर से पैदा होता है। एक दूसरे स्तर पर निराला के अन्तिम दिनों की कविताओं में इस उद्वेलन को अधिक प्रत्यक्ष और अधिक प्रगाढ़ रूप में देखा जा सकता है—बहुत कुछ अस्तित्व के गहरे स्तरों के भीतर पैदा होनेवाली हलचल के रूप में।

इस संग्रह की कुछ कविताएँ इस बात का प्रमाण हैं कि कवि राजेश जोशी में भाषा की एक ऐसी प्रखर चेतना है जो लगभग विरल है। 'हमारी भाषा' कविता इसका एक अच्छा उदाहरण है और वह कहीं न कहीं आज भारतीय भाषाओं में भीतर जो एक विलक्षण उथल-पुथल है, उस सन्दर्भ से भी जुड़ती है। पर इस भाषिक चेतना—जो वस्तुत: यथार्थ की चेतना का ही एक सृजनात्मक रूप है—का सबसे अद्भुत उदाहरण है 'सहायक क्रिया' शीर्षक कविता। यह ठेठ हिन्दी की कविता है क्योंकि सहायक क्रियाओं पर ही हिन्दी (जिसमें उर्दू भी शामिल है) की व्याकरणिक बनावट का सारा ठाट टिका हुआ है। यहाँ सहायक क्रियाओं की एक ऐसी तहदारी मिलेगी, जो शायद संसार की और किसी भाषा में नहीं मिलती। पर इस सारे वैशिष्ट्य के बावजूद वाक्य की पूरी बनावट में स्वयं सहायक क्रिया की स्थिति कई बार विडम्बनापूर्ण होती है क्योंकि वह मुख्य क्रिया के बाद और बहुत कुछ उसके अधीनस्थ होती है और कई बार लगभग निरर्थक-सी दिखनेवाली भी। इस तरह सहायक क्रिया एक अजब ढंग से समाज के उन असंख्य लोगों का संकेतक बन जाती है, जो जाने-अनजाने किसी अदृश्य वर्चस्व के नीचे एक अधीनस्थ या सहायक की भूमिका निभाते हैं। अपनी कलात्मक परिणति में यहाँ सहायक क्रिया एक विलक्षण रूपक में बदल जाती है और इस रूपक की ध्वनि भाषा को भेदकर अनेक दिशाओं में फैल जाती है। समकालीन कविता ऐसे ही छोटे-छोटे रूपकों की तलाश की कविता है और यह प्रवृत्ति इस बात की सूचक है कि आज के सन्दर्भ में कवि के निकट सर्वाश्लेषी विराट रूपक खोखले या सन्दिग्ध हो उठे हैं।

इस संग्रह को पढ़कर एक प्रभाव यह पड़ता है कि इसका सर्जक कोरी स्लेट पर लिखने का कायल नहीं है—बल्कि इसके विपरीत वह मानता है कि हर रचना

एक चली आती हुई लम्बी परम्परा की अगली कड़ी होती है। इसीलिए हर मौलिक रचना में जाने-अनजाने एक गहरी अन्तर्पाठीयता अन्तर्भुक्त होती है। 'प्रतिध्वनि' या 'पीठ की खुजली' कविता में इसके उदाहरण खोजे जा सकते हैं, जहाँ पूरी कलात्मक क्षमता के साथ इसे साधा गया है। इस संग्रह की कुछ ऐसी कविताएँ भी हैं, जहाँ इस अन्तर्पाठीयता को सीधे सतह पर देखा जा सकता है—जैसे 'चाँद के बारे में कुछ पंक्तियाँ' या 'सुकवि की मुश्किल'। इन्हें पढ़ते ही आधुनिक कविता के परिचित पाठक को शमशेर और रघुवीर सहाय की याद आएगी। यहाँ कवि जैसे प्रयत्नपूर्वक और जानबूझकर उन कवियों और कविताओं की याद दिलाना चाहता है और इस प्रविधि से कविताएँ एक दूरगामी गूँज पैदा करने की कोशिश करती हैं। इन दोनों कविताओं की, यदि पूर्ववर्ती कवियों की कविताओं से तुलना की जाए तो शायद कवि राजेश जोशी के काव्य-कौशल को समझने के कुछ नुस्खे मिल सकते हैं।

शमशेर की एक कविता है 'चाँद से थोड़ी-सी गप्पें' और कोष्ठक में दिया हुआ है—एक दस-ग्यारह साल की लड़की की। कविता इस तरह शुरू होती है—

गोल हैं खूब मगर
आप तिरछे नजर आते हैं जरा

यह कविता एक भोले लेकिन व्यंग्यात्मक अन्दाज में चलती है और व्यंग्य और भोलेपन का मिला-जुला रंग है जो कविता में आकर्षण पैदा करता है।

राजेश की कविता भी इसी व्यंग्य की जमीन से पैदा होती है, परन्तु इसमें वह भोलापन गायब है—क्योंकि यहाँ सीधे कवि है जो चाँद से बात करता है। शुरू की पंक्तियाँ हैं—

एक ही शातिर चीज हैं आप भी चाँद मियाँ
कब तक खेलते रहेंगे लोगों से
यह बिना बिसात की शतरंज

इन दोनों कविताओं का घनिष्ठ विश्लेषण हमें अनेक दिलचस्प नतीजों तक ले जाएगा। चाँद दोनों कविताओं के केन्द्र में है। दोनों कविताएँ चाँद को एक व्यंग्यभरे 'आप' के साथ सम्बोधित करती हैं। एक में भोलेपन का होना और दूसरी में उसकी अनुपस्थिति, कविता में क्या फर्क पैदा करती है, यह अलग से अध्ययन का विषय है। महत्त्वपूर्ण है एक परवर्ती कवि का रचनात्मक साहस और एक पूर्ववर्ती बड़े कवि से उसकी चुपचाप मुठभेड़, जिसके भीतर से पैदा हुई है—'चाँद के बारे में कुछ पंक्तियाँ'। यह चीज 'सुकवि की मुश्किल' और कुछ दूसरी कविताओं में भी देखी जा सकती है और इसे एक महत्त्वपूर्ण कवि की स्मृतिगर्भी रचनाशीलता के रूप में देखा जाना चाहिए।

इस संग्रह में अच्छी कविताएँ अनेक हैं। पर कुछ ऐसी हैं जो इन अच्छी कविताओं के बीच भी अलग से ध्यान आकृष्ट करती हैं। 'उस प्लम्बर का नाम क्या है' एक ऐसी ही कविता है। विस्मरण से ग्रस्त आज के समाज में स्त्री किस तरह उन छोटी-छोटी स्मृतियों को बचाए रखती है जो जीवन को गति देती हैं, इस पर कवि की टिप्पणी है—

यह थोड़ा अजीब जरूर लगेगा लेकिन यही सब है
कि स्त्रियाँ ही उन लोगों के बारे में सबसे ज्यादा
जानती हैं
जो आड़े वक्त में काम आते हैं
जो जीवन की छोटी-छोटी गड़बड़ियों को
दुरुस्त करने का हुनर जानते हैं।

समकालीन कविता में स्त्री पर बहुत कुछ लिखा गया है। शायद यह अलग से विचार का विषय हो सकता है कि समकालीन कविता ने स्त्री को किन-किन रूपों में देखा या चित्रित किया है। मुझे इस संग्रह में कई कविताएँ ऐसी मिलीं जो स्त्री की चुपचाप चलती रहनेवाली उन छोटी-छोटी भूमिकाओं का मार्मिक सन्धान करती हैं, जो प्राय: अलक्षित रह जाती हैं। 'प्रतिध्वनि' कविता की कोष्ठकबद्ध पंक्तियाँ, 'प्लम्बर' कविता में आई हुई स्त्री का ही जैसे विस्तार हैं—

मुझे कई बार लगता है
स्त्रियाँ भी अगर पुरुषों की तरह कम बोलतीं
तो कितनी सूनी लगती यह धरती
और बच्चे कितनी देर से सीख पाते बोलना

'पीठ की खुजली' जिसका जिक्र पहले हो चुका है, एक अन्य छोटी-सी मार्मिक कविता है। पीठ की खुजली के सन्दर्भ में छूटे हुए जनेऊ और रैक्व उपाख्यान के पहिए की याद के बाद कविता में जो प्रसंग आता है उसमें पीठ खुजलाने जैसा एक छोटा-सा सुपरिचित दृश्य भी प्रेम के गहरे अनुषंग में बदल जाता है—

जहाँ तक जा सकता है ले जाता हूँ
खींचकर पीठ पर अपना हाथ
लेकिन यह नामुराद खुजली हर बार
और आगे खिसक जाती है मेरे हाथ की पहुँच से
मेरे हाथ की हद के आगे से शुरू होती है
तुम्हारी हथेली की याद...

संग्रह की लगभग सारी कविताएँ—शायद एक अपवाद को छोड़कर—प्रचलित गद्य की लय या वृत्तगंधी गद्य में लिखी गई हैं। इस शैली को कवि राजेश जोशी ने अपने ढंग से साधा है और इसके इस्तेमाल में एक विलक्षण कौशल अर्जित किया है, जो उनकी प्रौढ़ता का प्रमाण है। पर कम से कम एक कविता में वे गद्यवृत्त को सायास तोड़ने का प्रयास करते हैं और इस तरह एक ढीले-ढाले छंद का आभास देनेवाली कविता का ढाँचा विकसित करते हैं। मुझे उनका यह प्रयास दिलचस्प लगता है, अपनी उलटबाँसी और तुकों के सधे हुए इस्तेमाल के कारण नहीं, बल्कि उस आवर्तनशील लय-विधान के कारण, जो उनकी 'ऐसा होता तो नहीं' शीर्षक कविता में दिखाई पड़ता है। मुझे लगता है कि समकालीन कविता में छंद, मात्राओं की यांत्रिक गणना पद्धति के बजाय, इस ढीले-ढाले कलेवर में ही आएगा। छंद के भीतर, छंद की जकड़न से मुक्ति का यह एक रास्ता है, जिसके अधिकाधिक इस्तेमाल से नई सम्भावनाओं की तलाश की जा सकती है।

राजेश जोशी एक वामपंथी रुझानवाले कवि हैं, जिसकी सबसे स्पष्ट झलक संग्रह की अन्तिम कविता 'क्यों रोई वह इतने बरस बाद' में दिखाई पड़ती है। यह एक लम्बी कविता है, जिसमें एक लोककथा जैसी दुनिया का परिवेश रचा गया है। पर कविता के केन्द्रीय स्त्री-चरित्र बेंड़ी किसनी और महाराजा विक्रम सिंह के चरित्र में जो एक प्रत्यक्ष और लगभग सहज अनुमेय विरोध है, वह कविता के प्रभाव को गहनतर होने से रोकता है। कविता के अन्त तक कथा के कुतूहल तत्त्व को बचाए रखने के बावजूद कवि का प्रयास वह अभीष्ट प्रभाव नहीं उत्पन्न कर पाता जो एक दीर्घ कलेवर वाली सघन कविता को अपेक्षित होता है। पर यह कवि राजेश जोशी की कविता का एक नया रंग है जो उनके काव्य-विकास की एक दिशा की ओर संकेत करता है।

'दो पंक्तियों के बीच' वस्तुतः एक वयस्क कवि की प्रौढ़ कृति है, जहाँ उसकी राजनीतिक चेतना उसके छोटे-छोटे दैनिक अनुभवों के साथ ऐसी घुलमिल गई है कि उसे अलग से लक्षित नहीं किया जा सकता पर यह भी सच है कि बिना उस चेतना के ये कविताएँ लिखी भी नहीं जा सकती थीं। यह कला का एक ऐसा धरातल है, जिसे लम्बे आत्म-संघर्ष के भीतर से ही अर्जित किया जा सकता है। राजेश जोशी की कविता उस पीड़ादायक संघर्ष के भीतर से गुजरकर यहाँ तक पहुँची है, जो एक तरह से पूरी समकालीन कविता का आत्मसंघर्ष भी है। अपने अनुभव की परिपक्वता, गहरे कलात्मक अनुशासन और अपने समय के साथ एक बिलकुल अछूते सम्बन्ध के कारण विस्मरण के इस कठिन दौर में भी यह संग्रह लम्बे समय तक याद किया जाएगा।

अँधेरे समय में अँधेरे के बारे में गाना ही रोशनी के बारे में गाना है

ए. अरविंदाक्षन

केदारनाथ सिंह ने राजेश जोशी के बारे में लिखा है, "राजेश जोशी आज की कविता के उन थोड़े से महत्त्वपूर्ण हस्ताक्षरों में हैं, जिनसे समकालीन कविता की पहचान बनी है।" यह कथन प्रशंसा भी है और यथार्थवादी भी। प्रशंसा इस अर्थ में—केदारनाथ सिंह देख रहे थे कि उनके समय में उनके बाद की एक पीढ़ी कविता में छाई हुई है और उसमें से राजेश जोशी जैसे कुछ कवि समकालीन कविता को भारतीय एवं वैश्विक सन्दर्भ से जोड़ रहे हैं। केदारनाथ सिंह अपने समय की नई रचनाशीलता को जटिल एवं कठोर यथार्थ से मुठभेड़ करते देख रहे थे। यथार्थ के साथ इस सृजनात्मक मुठभेड़ में राजेश जोशी अगुआ रहे। इसलिए यह कहना अधिक संगत है कि केदारनाथ सिंह के शब्द यथार्थ पर जोर देने वाले हैं।

'एक कवि की दूसरी नोटबुक : समकालीन और साहित्य' नाम से राजेश जोशी की कविता एवं साहित्य सम्बन्धी टिप्पणियों की एक पुस्तक है जिसमें उन्होंने समकालीन कविता सम्बन्धी अपनी एक बात रखी है। वे लिखते हैं, उद्दंडता और आतंक के सामने लगभग निरुपाय असहाय से लग रहे माहौल में क्या हम अपनी कविता से कोई उम्मीद कर सकते हैं? क्या हमारी कविता सचमुच कोई छोटा या बड़ा हस्तक्षेप कर सकती है? ये सवाल किसी न किसी रूप में सभी के मन में होंगे। मुझे कई बार लगता है कि कविता से बाहर आकर दृश्य में हस्तक्षेप करना, कविता से बाहर आना नहीं, कविता का ही जैविक विस्तार है। कविता की आन्तरिक इच्छाओं, उसके सपनों, पवित्र दुआओं और गालियों का विकीरण उसके अणु के अनिवार्य और अपरिहार्य विस्फोट में अन्तर्निहित है। ऐसा लग सकता है कि मैं कविता के बारे में कुछ ज्यादा ही वाचाल और मुखर हो रहा हूँ। मार्क्स ने कविता को मनुष्यता की भाषा कहा है। मैं मनुष्यता की इस बोली-बानी के पक्ष में बोलना चाहता हूँ। क्योंकि कविता ही मेरी नागरिकता है। कविता प्रतिरोध की आवाज है,

इसलिए वह यारी के पुल बनाती है। वह ताकतवर और क्रूर की पराजय की इच्छा करती है। वह उन हाथों का गीत गाना चाहती है जो अनाज की गंध और खनिजों की धूल से भरे हैं। (पृ. 21)

राजेश जोशी की पक्षधरता इस वक्तव्य में स्पष्टत: दर्ज है। इसलिए यदि हम उन्हें जीवन का पक्षधर कवि कहें तो वह गलत नहीं होगा। वे अपनी भीतरी रचनात्मक ताकत से पूरी तरह से वाकिफ हैं और वही ताकत इस बाजारू समय में संघर्षरत होने की प्रेरणा देती है। संघर्ष में शामिल सभी का वे पक्ष भी लेते हैं। उनके अनुसार, "प्रतिरोध के नए उपकरण तलाश करने की बेचैनी हमारी पूरी कविता की मुख्य चिन्ता है।" सदैव मनुष्य की चिन्ता और मनुष्यता की खोज करने वाली उनकी कविता समकालीन यथार्थ की बेबाक अभिव्यक्ति है।

'कवि का काम' शीर्षक से राजेश जोशी की एक कविता है जिसमें वे यथार्थ के बहुवर्णी रूप को कविता में अनूदित करना चाहते हैं, उतारना चाहते हैं। कवि का यह काम आसान दिखता है लेकिन वह आसान नहीं है। अपने 'स्व' के प्रति अकारुणिक होने वाला कवि ही यह काम कर सकता है—

पहाड़ों और पठारों दोनों की ही भाषा दुर्गम होती है
आँसुओं के लिए अपनी भाषा में कभी नहीं मिल पाते
उतने ही पारदर्शी शब्द
बेजुबान लोगों के दुख और गुस्से के लिए ढूँढ़ने पड़ते हैं
कवि को सही-सही और उतने ही ताप से भरे शब्द

और चुप के लिए ऐसे शब्द को ढूँढ़ निकालना
कि शब्द में लिखे जाने के बाद भी वह चुप ही लगे
इसके लिए बहुत ही महीन हुनर की जरूरत होती है

और यह सिर्फ एक कवि के ही बस का काम है

राजेश जोशी की यह कविता उनकी एक अन्तरयात्रा की तरह संरचित है। इस यात्रा के दौरान कवि यथार्थ की बारीकियों से मिलते हैं जिनमें दुर्गम रास्तों, आँसुओं, बेजुबान लोगों के दुख और गुस्से तथा उनकी चुप्पी शामिल है। ये कविता के बाह्य यथार्थ के अंग नहीं; बल्कि कविता में अन्तर्निहित यथार्थ के हैं। इस यथार्थ को कविता में उतारने के लिए कवि को सही-सही और ताप भरे शब्दों की जरूरत है जिसकी खोज वे करते रहते हैं।

भाषा और भाषा के उपयोग को अधीनस्थ संस्कृति के सन्दर्भ में देखते हुए राजेश जोशी ने 'भाषा की आवाज' शीर्षक से कविता लिखी है। अधिकार का

कब्जा भाषा पर भी होता है। इस कारण से भाषा के प्रकार बनते हैं। सत्ता की भाषा, अधिकार की भाषा की तरह अधीनों की भाषा भी होती है। भाषा को भी हाशियाकृत करने की प्रवृत्ति हमारी संस्कृति में सुलभ है। कवि का मानना है कि जिस भाषा में हमने स्वतंत्रता प्राप्त करने के लिए संघर्ष किया था, आपसी रिश्तों का व्याकरण रचा था, जीवन के सुख-दुख की बोली-बानी बनाई थी; वह एकाएक अधीनों की भाषा प्रतीत होने लगी है। राजेश जोशी लिखते हैं, "मुझे अपनी आवाज पुराने दासों की तरह लगी।" अधीनों की भाषा की यह प्रतीति एक यथार्थ है। यहाँ पर भाषा पर अनपेक्षित ढंग से अधिकार की भाषा के कब्जे के दृश्य के संकेत हैं। भाषा का एक मनोरम दृश्य यह है कि भाषा सृजनशीलता और स्वतंत्रता के आह्वान की अभिव्यक्ति है—

हमें लगता था कि यह हमारी आजादी की लड़ाई की भाषा है
स्वतंत्रता और नए नगरों के बनने की प्रक्रिया के बीच
लाखों लोगों ने अपने पुराने डेरों के उजड़ने और नए डेरों के बसने के साथ-साथ बनाया है हमारी इस भाषा को

कविता के ये शब्द—'हमारी इस भाषा को'—देश की अस्मिता और उसकी स्वतंत्रता की इच्छा से सृजित है। त्रासदी यही है कि 'इस भाषा की' अधीनों की भाषा के रूप में किसने रूपान्तरित किया? कवि मानते हैं कि चूक हमीं से हुई थी। हमारी स्वतंत्रता के फैसले शासक की भाषा में लिखे गए। अधीनों के लिए अधीनस्थ किए हुए लोगों की भाषा पुनः चरम शीर्ष पर रही—अधिकार की भाषा की भूमिका अदा करते हुए—

आधी रात के अँधेरे में
फैसले तो उसी शासक की भाषा में लिखे गए थे
जिसके खिलाफ हम लड़े थे

कालान्तर में बाजार हम पर कब्जा करने लगा। वह हमारी जेब में रखे सिक्कों को लेकर हमारी भाषा का सौदा करने लगा है। नए दौर में, नए माहौल में, नई भाषा का उपयोग करने के बावजूद हमारी भूमिका विदूषक की तरह हास्यास्पद होती जा रही थी। हमारी भाषा किन्हीं अनजान हाशिए में दुबक चुकी थी जहाँ से उसकी पराजित आवाज आ रही थी।

'भाषा की आवाज' शीर्षक कविता की अन्तिम पंक्ति—'बिना लड़े ही हम हार रहे थे अपनी लड़ाई'—अधिकार की ताकत और उसकी निपुणता को दर्शा रही है। आजादी की लड़ाई हमने लड़ी थी, हम जीत गए थे। परन्तु आज कोई लड़ाई होती नहीं है, दो पक्ष भी होते नहीं हैं—सिर्फ एक ही पक्ष अधिकार का ताकतवर

पक्ष है और दूसरा निरुपाय या निस्सहाय। उसको हारना ही है बिना लड़े। वैश्वीकृत माहौल में अधिकार केन्द्रित शक्ति जीतती जाती है। उस अनपेक्षित लड़ाई को ही बाद में स्वीकृति मिलती है। इसके विरुद्ध किए जाने वाले संघर्ष विस्तृत होते जाते हैं। राजेश जोशी की यह कविता आज के नैतिक युद्ध का पक्ष लेती है। अनैतिक युद्ध की सम्भावना से परिचित होते हुए भी वे अपनी पक्षधरता बिना किसी हीन भाव से ही व्यक्त करते हैं।

टामस मोर की गलती सिर्फ यही थी कि उसने राजा को चर्च का धार्मिक नेता मानने से इनकार कर दिया। सत्ता को वे धर्म से अलग मानने के पक्ष में थे। अधिकार की दृष्टि में उनका विचार गलत साबित हुआ और इसके लिए उन्हें मृत्युदंड दिया गया। यही नहीं कि उनके कटे हुए सिर को लंदन ब्रिज में लटका दिया गया ताकि लोग देख सकें और समझ सकें कि सत्ता का विरोध करने का क्या नतीजा है—

उन्होंने मुझ पर देशद्रोह का अभियोग लगाया
मुकदमा चलाया कि सारी कार्यवाही न्याय संगत लगे
फिर मेरे लिए मृत्युदंड की सजा को तजबीज किया
मृत्युदंड देकर भी लेकिन उन्हें पूरी तसल्ली न हुई
तो उन्होंने मेरा सिर काटकर
लंदन ब्रिज पर लटका दिया
इस तरह शक्ति की एक नई संरचना ने आकार लिया

टामस मोर की कहानी के बहाने राजेश जोशी शक्ति की एक नई संरचना के आकार ग्रहण करने का किस्सा प्रस्तुत कर रहे हैं। यह किस्सा पुराना है। समय बदला, कानून बदले, नैतिकता के प्रतिमान बदले, परन्तु अधिकार की मूल दृष्टि बदली नहीं है। नई-नई शब्दावली में विरोधियों को कुचलने की प्रवृत्ति अब भी जारी है। अर्थात् हम सभ्य हुए ही नहीं हैं; असभ्यता की यह कुत्सित संस्कृति मेधा शक्ति और बौद्धिकता को कुचलने में अब भी तत्पर दिखाई दे रही है।

हमारे सभ्य समाज में शक्ति की नई-नई संरचनाएँ आकार ग्रहण करती रहती हैं। टामस मोर की जीवन-कथा प्रतीकात्मक किस्सा मात्र नहीं है। वह अब भी एक जीवित-कथा है। इसलिए इस कविता में 'मैं टामस मोर का कटा हुआ सिर' वाली पंक्ति कई बार दोहराई गई है। राजेश जोशी ने इस एक पंक्ति को इसलिए दोहराया है कि हमारी निरंकुशता का पर्दाफाश हो जाए। इस आवृत्ति में उनका प्रतिरोध स्पष्ट व्यंजित होता है। सत्ता के सम्मुख भयभीत होकर न झुकने वाले टामस मोर के जीवित एहसास को राजेश जोशी हमेशा सुरक्षित रखते हैं। इसलिए 'मैं झुकता हूँ' जैसी कविता में झुकने के काम को उन्होंने वृहद् परिवेश में प्रस्तुत किया है। झुकना एक आवयिक प्रक्रिया नहीं है, वह मानसिक है। जो पवित्र है, जो मानवीय

है; उसके आगे झुकना एक नैतिक कर्म है। जो अपवित्र है और जो अमानवीय है, उसके आगे न झुकना भी नैतिक कर्म है। धर्म (श्रेष्ठतम नैतिक आचरण के अर्थ में) और अधर्म को लेकर राजेश जोशी के मन में कोई सन्देह नहीं है। इसलिए वे लिख पाते हैं—

झुकता हूँ लेकिन उस तरह नहीं
जैसे एक चापलूस की आत्मा झुकती है
किसी शक्तिशाली के सामने
जैसे लज्जित या अपमानित होकर झुकती हैं आँखें
...
ताकत और अधीनता की भाषा से बाहर भी होते हैं
शब्दों और क्रियाओं के कई अर्थ

अधीन न होने की दृढ़ संकल्पना अपनी कई कविताओं में राजेश जोशी ने व्यक्त की है। स्वतंत्रता को इसलिए वे अपने अधिकार के तहत पहचानना चाहते हैं। यह मुखर वैचारिकी के रूप में उनकी रचनाओं में विन्यस्त नहीं है। उनकी कविताओं की आत्मा में यह बात बसी हुई है। यह समकालीन कविता की मुख्य चिन्ता भी है जिसे कई रूपों, कई रंगों तथा कई बानगियों में उन्होंने व्यक्त किया है।

राजेश जोशी का कविता-फलक अत्यन्त व्यापक है। इसे विषय-वैविध्य कहकर सीमित नहीं किया जा सकता। प्रत्येक विषय के भीतर उनकी कविता कुछ खोज रही है। उनकी कविता की खोज अन्ततः समय की विडम्बनात्मक स्थितियों से उद्‌भूत एक विराट समय की उपस्थिति को भी दर्ज करती प्रतीत होती है। दो प्रकार की कविताएँ राजेश जोशी की मिलती हैं—

पहली श्रेणी में वे कविताएँ आती हैं जो हमारे लघु समाज के लघु जीवन से सम्बन्धित हैं। इसके साथ राजेश जोशी की भोपाल शहर से जुड़ी कविताएँ भी जोड़ दी जा सकती हैं। दूसरी श्रेणी में वैश्वीकरण और उसकी भीषणता से सम्बन्धित कविताएँ आती हैं। बाजार पर केन्द्रित कविताएँ तथा साम्प्रदायिकता पर केन्द्रित कविताएँ इसी श्रेणी में विचारणीय हैं।

एक तरफ जीवन यथार्थ का सामान्य-सा रूप है जो अपनी सीधी-सी गतिमयता के साथ आगे बढ़ता है। विषय सामान्य होने से ऐसी कविताएँ हल्की-फुल्की नहीं हैं। उसकी बाहरी सामान्यता कवि का रचना-तंत्र मात्र है। ऐसी कविताओं की भाषा भी इतनी सामान्य है और कहीं भी संश्लिष्टता नहीं है। लेकिन जो जीवन चिह्नित है वह संश्लिष्ट है जिसकी तरफ किसी का ध्यान नहीं जाता है। हमारे यथार्थ के हाशिए पर ऐसे अनगिनत लोग हैं जो अनदेखे या अवहेलित होकर रह जाते हैं। राजेश जोशी ने उनकी दीनता पर जोर नहीं दिया है जिससे उन्हें महिमामंडित किया जा सके।

उस जीवन का एक सामान्य-सा यथार्थ है जिसे उन्होंने केन्द्र में रखा है। ऐसी कविताओं को पढ़ते समय हमें लगने लगता है कि कविता का जीवन-यथार्थ अपने ढंग से विकसित होता दिखाई देता है—'सेल्फ ग्रोइंग मेथड।'

बिजली सुधारने वाले शीर्षक से जो कविता राजेश जोशी की है उसमें बिजली के कट जाने पर उसे ठीक करने के लिए आने वालों पर प्रकाश डाला गया है—

वे आते हैं
बिजली सुधारने वाले।

कविता में उन्हें स्थानांकित किया गया है चल चित्रात्मक तरीके से। उसके पश्चात् उनकी वास्तविक छवि प्रस्तुत की गई है। मुश्किलों को नजरअन्दाज करते हुए अँधेरे के विरुद्ध उनकी कार्यवाही शुरू होती है वह चित्र इस प्रकार है—

पानी से तरबतर टोप लगाए
पुरानी बरसातियों की दरारों
और कॉलर से रिसता पानी
अन्दर तक
भिगो चुका
होता है उन्हें।
भीगते-भागते
वे आते हैं
अँधेरे की दीवार को
अपनी छोटी-सी टॉर्च से
छेदते हुए।

साधारण-से एक दृश्य को बिना किसी उतार-चढ़ाव के लेकिन संगीतात्मक बनाते हुए राजेश जोशी ने प्रस्तुत किया है। इस दृश्य की संगीतात्मकता पर भी विचार करना आवश्यक है। अपनी कर्मठता में लीन होकर, विपरीत परिस्थितियों में भी, दूसरों को रोशनी प्रदान करने वाले ये बिजली सुधारने वाले स्वयं अपने जीवन में तथा दूसरों के जीवन में तादात्म्य स्थापित कर रहे हैं। इस तादात्म्य का प्रतिफल है कि 'जगमग हो जाती है/ हर घर की आँख'। मामूली-सा प्रतीत होने वाला हर काम कवि के अनुसार, यदि जीवन ज्योति जगाने में सक्षम है तो उसे संगीतात्मक कहा जा सकता है। बड़े-बड़े समाजसेवियों ने बड़े-बड़े कार्य किए हैं। मिथकीय कथाओं में भी जीवन अर्पित करने वाले पात्र मिलते हैं। प्रोमिथ्यु ने आग लाने का कार्य किया, भागीरथ ने जल लाने का काम किया। इतिहास में ऐसे लोगों की लम्बी सूची है। सभी महामना लोगों के बीच ऐसे साधारण लोग भी हैं जो जीवन

के अँधेरे को दूर करने का कार्य कर रहे हैं और हम अपनी सामान्य बोली-बानी में इन्हें मामूली लोग कहते हैं और उनके परिश्रम को सौन्दर्य को तथा उसमें निहित संगीत को अनदेखा और अनसुना करते हैं। पर यहाँ कवि श्रमजीवी मनुष्यों के जीवन को संगीत से जोड़ते हैं।

'वे तीन' शीर्षक से जो कविता है उसमें भी राजेश जोशी ने तीन ऐसे दोस्तों के मुश्किलों से भरे जीवन को प्रस्तुत किया है। उसमें से एक बिजली का सामान बनाने वाले कारखाने में रातभर काम करता है। दूसरा अखबार वितरित करता है और तीसरा नौकरी की खोज में अर्जियाँ लिखता ऑफिसों का चक्कर लगाता है। तीनों के रिश्ते की ऊष्मलता का वर्णन कविता में मिलता है। उस वर्णन के दौरान जो छोटे-छोटे उदाहरण दिए गए हैं वे उनके मामूली जीवन के अनुकूल ही हैं—

पहला अकसर लौटते हुए
एक सितारा चुरा लाता
और बची हुई दो बीड़ियों के साथ
खूँटी पर टँगी तीसरे की कमीज की
जेब में रख देता
चुपचाप
दूसरा अखबार से नौकरी के
विज्ञापन काटकर कतरनें
और थोड़ी-सी धूप
और चालू चाय है जितने पैसे
तीसरे की पैंट की जेब में
खिसका देता
तीसरा जानता था पर चुपचाप रहता था
वह चाहता था एक छोटी-सी नौकरी
एक छोटी-सी नौकरी
जिसमें बचा रहे दूसरों के लिए
अपनापन

इस कविता में आत्मीयता के भीतरी संगीत को जगाने का कार्य किया गया है। जहाँ हमारा रोजमर्रा जीवन संकीर्णताओं से भरा दिखता है वह इस अपनेपन का महत्त्व उसकी संगीतात्मक के कारण श्रेष्ठतम चारुता का उदाहरण बनता नजर आता है। ऐसी बहुत-सी कविताएँ राजेश जोशी ने लिखी हैं।

साम्प्रदायिक निरंकुशता पर समकालीन कवियों ने कई कविताएँ प्रस्तुत की

हैं। साम्प्रदायिकता सभ्य कही जाने वाली हमारी संस्कृति की दिशाहीनता को ही व्यक्त करती है। राजेश जोशी की एक ही शीर्षक में—'सलीम और मैं और उनसठ का साल-1 और 2'—कविताएँ हैं। ये दोनों कविताएँ सम्भवत: हिन्दी में लिखी गई बेहतरीन कविताएँ हैं। साम्प्रदायिकता का मानो उन्होंने एक वृत्तचित्र रचा है। इस वृत्तचित्रात्मक कविता में कई घटनाएँ हैं जिनमें पाशवीयता ने इनसानियत को खारिज कर दिया है। कवि ने पाशवीयता के पल-पल बढ़ते आकार को, उसकी आक्रामकता को तथा उसकी अमानवीयता को प्रस्तुत किया है। निरंकुशता के इन दृश्यों को रचते समय कवि ने समय की बहुआयामी परिदृश्य को भी रच डाला है। उनके अभिधात्मक दृश्य-विन्यासों में एक साथ कई व्यंजनाएँ लक्षित होती हैं और ऐसे में अभिधात्मक दृश्यों का यह शीघ्र परिवर्तन हमारे नैतिक पतन को द्योतित करता है। पतनोन्मुखता का पूरा समय-दैर्घ्य इस कविता में समाया हुआ है।

'सलीम और मैं और उनसठ का साल-1' का पहला दृश्य-विन्यास अपनी सामान्य गति का परिचय देकर शुरू होता है जिसमें सलीम और प्रस्तोता पात्र की यारी का यथार्थ अंकित है। दूसरे दृश्य-विन्यास में अचानक वातावरण को प्रदूषित करने वाली साम्प्रदायिक भीषणता का संकेत मिलता है—

यह उनसठ की धूलैड़ी के आसपास की बात है
मैं भूला नहीं हूँ, वह मार्च के पहले सप्ताह का शुक्रवार था
एक अपरिचित लेकिन डरावनी दुर्गन्ध अचानक फैल गई थी
हवाओं में
—यह कैसी ही बास आ रही है?
मैंने पूछा तुम से
—हवाओं में कबूतर मर रहे हैं
यह तुमने कहा सलीम।

इस तरह आशंकित लेकिन अनजान होकर वे दोनों आगे बढ़ते हैं और वे 'टोल वाली मस्जिद' के पास पहुँच गए थे। यहीं से दृश्य भीषण होते जाते हैं। इस अप्रत्याशित-दृश्य परिवर्तन से वे दोनों दंग रह गए। इस दृश्य में इन किशोरों की निरीहता का परिचय हमें मिलता है। वस्तुत: यह निरीहता हमारी सामान्य नागरिक बोध की है जिसमें सेंध लगाकर विस्फोट करने का कार्य ही साम्प्रदायिक दंगाइयों के माध्यम से होता है।

...कि शुरू हुई थी
पत्थरों की बरसात।
चारों ओर की गलियों से निकले थे चाकू और डंडे
दौड़ते हुए चौराहों की ओर

कितनी सारी भीड़
अचानक पैदा हो गई थी यहाँ
जैसे सड़कें फाड़कर निकल आए हों
लोग

आतंक से भरे उस दृश्य के बारे में एक प्रतिक्रिया भी बीच में व्यंजित मिलती है—'फिर से जीवित हो उठी हों दफन सदियाँ'। समय को जटिल बनाने वाले माहौल में अनैतिकता के बीच अँकुरने लगते हैं। साम्प्रदायिकता संस्कृति की समाप्ति को ही सूचित करती है। दफन सदियाँ सिर उठाने लगती हैं। आदमी भीड़ में परिवर्तित होता है और भीड़ का कोई स्वभाव नहीं होता। इस कविता के दृश्य-विन्यासों में उफनती भीड़ को कवि ने दर्शाया है। भीड़ के सामने आदमी नहीं होता है, होती है एक और भीड़। जो उसकी दृष्टि में दुश्मनों की टोली है। दुश्मनों को खत्म करना ही भीड़ का मकसद होता है।

उस भीड़ से बचते हुए दोनों किशोर भागते हैं। बेसुध होकर वे भाग रहे हैं। लुटती, दुकानों, फूटती बोतलों, बरसते पत्थरों और तेजाब के छींटों से बचते हुए सभी भाग जाते हैं। लूट-पाट का कलुषित वातावरण सब कहीं छाया हुआ है। लेकिन आश्चर्य का विषय है कि सर्राफा बच गया—

बच्चे मार डाले गए
फूल मार डाले गए
शब्द मार डाले गए
कि सर्राफा बच गया।

कविता का दृश्य-विन्यास उपरोक्त घटना पर फोकस कर रहा है। राजेश जोशी ने बच्चों के कत्ल के साथ फूल और शब्दों को भी जोड़ दिया है। उसके बाद सर्राफा के बचने की बात कही है। उसी तरह 'छगनलाल सेठ' के मकान पर एक खरोंच भी नहीं आई। 'फखरू भाई' का पेट्रोल पम्प भी जला नहीं लेकिन 'मोचीपूरे' की पूरी पट्टी साफ हो गई। भीषण दृश्यों के बीच, आगजनी के बीच कुछ लोगों की सम्पत्ति बची रही। कविता के विवरण के बीच हमें इसके संकेत मिलते हैं।

तीन हफ्तों के बाद धीरे-धीरे जिन्दगी अपनी पटरी पर आने लगी। स्कूल खुलने लगे। छात्रों का आना शुरू हुआ। कविता का प्रस्तोता किशोर पात्र तथा सलीम भी आ गए हैं। तीन सप्ताह में बदल गए थे हमारे चेहरे। इसलिए प्रदूषित मन के साथ अलग-थलग होकर भी वे एक ही कक्षा में बैठते हैं—

तुम एक छोर पर थे रशीद और इदरीस के साथ, और मैं था
दूसरे छोर पर फुलवानी के साथ

इस तरह शुरू हुआ था एक नया दिन
इस तरह शुरू हुए थे नए दिन।

यह कोई नई शुरुआत नहीं थी, जबकि वह अन्त था। आत्मीयता का अन्त था भाईचारा का अन्त कहना बेहतर होगा। वह हमारी समावेशिता का भी अन्त था और इस कारण दो यारों के बीच दीवार खड़ी हो गई। मन अलग-अलग छोरों की तरफ यात्रा करने लगा। अपने ही मजहबी सदस्य अब कैसे, इतनी जल्दी आत्मीय हो गए? दुश्मनी का यह व्यूह आखिर रचा किसने? राजेश जोशी की यह कविता साम्प्रदायिकता के अन्तःस्थल के यथार्थ को हमारे सामने ला रही है। जहाँ-जहाँ जो-जो बचना या बच गया और जहाँ-जहाँ जिनकी-जिनकी तबाही होनी थी वह हो गई। साम्प्रदायिकता के इस छिपे हुए रहस्य के साथ विभाजित मन के यथार्थ को भी कविता प्रस्तुत करती है।

'सलीम और मैं और उनसठ का साल-2' पहली कविता की तुलना में फैंटेसीनुमा है। दूसरी कविता की फैंटेसी में भय, आशंका, घृणा और दुश्मनी की कई परतें काई की तरह जमी हुई हैं। पूरी कविता में अँधेरा व्यापकता हुआ दिखाई देता है—'मेरे अन्दर, वह अँधेरे की तरह था, अँधेरे के पेड़ की तरह।' इस घोर अँधेरे में बाहरी विस्फोट से बढ़कर भीतरी विस्फोट ज्यादा ही खतरनाक सिद्ध होता है। उनसठ का वह साल धर्म के अँधेरे में छिप गया—

उनसठ के साल में मैंने देखा उसे एक चाकू की तरह
जहर बुझे नीले चाकू की तरह वह तना हुआ था
शहर की हवा में बीचों-बीच
देखते-देखते ही काट डाला उसने दो
हिस्सों में तरबूज की तरह

दो टुकड़ों में काट दिए गए शहर के लोगों के सपने में चाकू बनकर वह घोर अँधेरा सबको डराने लगा था। वह चाकू इतना चमकीला था कि वह सलीम की शक्ल में बदल जाता था; कभी-कभी दूसरे की शक्ल में। लेकिन दोनों के हृदय से पूरी बात निकलती नहीं थी—

हम दोनों ने छुपाया था अपना डर अपनी घृणा
अपने-अपने अँधेरे के पेड़
एक दूसरे से
लेकिन दंगाग्रस्त शहर की कटी-पिटी हवाओं
और जली-अधजली गलियों से निकलते हुए
हम दो और लँगोटिए यार

शहर के दो विपरीत ध्रुवों की ओर
चले गए
दो विपरीत अँधेरे की ओर

अँधेरा इस कविता का सशक्त रूपक है जिसका इतनी बार प्रयोग हुआ है और उनके असंख्य अर्थ स्तर हैं। राजेश जोशी ने मुक्तिबोध की तरह इस रूपक का भरपूर उपयोग किया है। मुक्तिबोध का समय स्वातंत्र्योत्तर कालखंड है तो राजेश जोशी का समकालीन समय है। दोनों में कोई समानता है तो फासीवादी संस्कृति के अनियंत्रित विकास से सम्बन्धित है। राजेश जोशी ने उसे साम्प्रदायिकता के परिप्रेक्ष्य से जोड़ दिया जो हमारे रोएँ-रेशे में समाया हुआ है। लोगों को, समाज को और संस्कृति को दो टुकड़ों में काटने वाले एक चाकू का रूपक भी कविता में निरन्तर प्रयोग तो हुआ है और कवि के अनुसार 'भयभीत सन्नाटे' में वह चाकू खिलखिला रहा है। उसकी विषलिप्त निरन्तरता की ओर ही दरअसल कवि इशारा कर रहे हैं।

अँधेरे के रूपक का भरपूर इस्तेमाल राजेश जोशी ने अपनी कई कविताओं में किया है। उनकी कविता 'अँधेरे के बारे में कुछ वाक्य' गम्भीर वाचन की माँग करती है। कविता में कवि अँधेरे के घनत्व की तरफ संकेत करते हैं। वह बड़ा अँधेरा होता है। सत्ता की राजनैतिक जिद से या ताकतवरों के आगे घुटने टेकने से उत्पन्न अँधेरा ही कवि के अनुसार खतरनाक है। इसलिए राजेश जोशी लिखते हैं—

एक बौद्धिक अन्धकार मौका लगते ही सारे देश को
हिंसक उन्माद में जो झोंक देता था

अँधेरे के विरुद्ध इसलिए सख्त कार्रवाई की जरूरत है। हमारे सभ्य समाज में, हमारे औसत नागरिक-बोध में अँधेरे के व्यापने की स्थिति को अपनी नियति मान लेने की अनगिनत रीतियाँ हैं। कुछ ही जिद्दी लोग इस नियतिवाद का विरोध करते थे। यह हमारे समय के समानान्तर चलने वाले लोग हैं और उन्हें मालूम है कि उन्हें क्या करना चाहिए—

अँधेरे से जब बहुत सारे लोग डर जाते थे
और उसे अपनी नियति मान लेते थे
कुछ जिद्दी लोग हमेशा बच रहते थे समाज में
जो कहते थे कि अँधेरे समय में अँधेरे के बारे में गाना ही
रोशनी के बारे में गाना है
वे अँधेरे समय में अँधेरे के गीत गाते थे
अँधेरे के लिए यही सबसे बड़ा खतरा था।

यहाँ पर यह गाना व्यापक अँधेरे के तहखाने की तरफ की यात्रा है जिसके

माध्यम से अँधेरे का पूरा खुलासा सम्भव हो सके। अँधेरे समय में अँधेरे के बारे में गाना दरअसल रोशनी के बारे में गाना है। राजेश जोशी इस तरह विरुद्धों में सामंजस्य स्थापित करके बेहतर यथार्थ को हमारे सामने प्रस्तुत करते हैं। उनकी कविता का यथार्थ कभी भी सामान्य नहीं रहता है। वह कई जटिल यथार्थों का एक संश्लिष्ट संकुल है।

हमारे समय का एक बिम्ब

अरुण कमल

राजेश जोशी और उनके सहोदर कवियों के पहले संग्रह सन् 1980 के आस-पास आए। इनकी कविताओं ने तत्कालीन हिन्दी काव्य-मुहावरे में बहुत कुछ जोड़ा और घटाया। इतनी बात तो लगभग हर कोई मानेगा कि इनके प्रकाशन के बाद हिन्दी कविता का दृश्य वही नहीं रह गया जो अब तक था। यहाँ तक कि इन्होंने पिछली कवि-पंक्तियों में भी कुछ परिवर्तन किए। ये सारे परिवर्तन क्या थे, कैसे थे, अभी इस पर बहुत कहने का अवकाश नहीं है। फिर भी कुछ बातें कहना इसलिए जरूरी है कि उनको ध्यान में रखे बिना बाद की कविता पर विचार करने में नहीं बनेगा। स्वयं राजेश जोशी के काम को समझने के लिए यह जरूरी है। पहला काम तो इन कवियों ने यह किया कि कविता को निपट वक्तव्य होने से रोका। कोई बात सीधे-सीधे कह दी जाए—चाहे वह राजनीतिक बात हो या आध्यात्मिक या भावनात्मक—इसके बदले प्रयत्न रहा कि उस भाव-दशा को व्यक्त किया जाए, उस भाव-दशा को प्रसूत करने वाली वस्तु-स्थिति को अंकित किया जाए और इसके लिए समतुल्य बिम्ब की खोज की जाए। छोटी से छोटी घटना को उसके व्यापकतम प्रसार में देखा जाए जैसे कोई वैज्ञानिक देखता है या जैसा गालिब ने कहा है, 'कतरे में दरिया को देखा जाए।'

दूसरी बात यह कि कविता राजनीति के बाह्य चर्म या केवल ऊपरी भाग को छूकर सन्तुष्ट न हो जाए; जरूरी है कि राजनीति को गहराई से समझा जाए क्योंकि राजनीति जीवन के प्रत्येक अंश को प्रभावित तथा बहुत कुछ निर्मित करने लगी है।

इसलिए इनकी कविता बहुत गहरे अर्थों में राजनीतिक आशय की कविता है, प्रतिपक्ष तथा प्रतिरोध की कविता है, भीतरमार की कविता है, केवल फेनिल उच्छ्वासों की नहीं। तीसरी बात यह कि कविता को सम्पूर्ण जीवन का संवाहक बनना है, जीवन का सम्पूर्ण एवं संश्लिष्ट बिम्ब और इसके लिए भाषा के समस्त धन को खर्च करना जरूरी है। और भी बातें हैं। लेकिन अभी मेरी समझ से ये तीन

मुख्य काम हैं जो राजेश जोशी की कविता तथा उनके सहोदर कवियों की कविता ने करने की कोशिश की।

कहाँ तक सफल हुए, यह अलग बात है। और ये काम भी कोई घोषणा-पत्र बनाकर प्रतिज्ञा करके उन्होंने नहीं किया। शायद उस समय इसे लेकर वे बहुत सचेत भी नहीं थे। ये काम होते चले गए। और इसीलिए इनकी कविता ने एक नया स्वाद, नया स्थापत्य और नई काव्य दृष्टि प्रस्तुत की जिसे सहृदय पाठकों का भी पर्याप्त समर्थन मिला और कविता एक बार फिर साधारण पाठक के पास गई। आगे, यानी बाद के बीस वर्षों में इन कवियों का कैसा विकास हुआ, स्वयं ये अपनी आरम्भिक निश्छलता एवं प्रतिबद्धता का कितना निर्वाह कर सके। इनके निजी जीवन-आचरण में क्या-क्या परिवर्तन हुए, यह विचार का विषय है। लेकिन एक बात लगभग तय है कि इन कवियों ने बिना किसी अपवाद के—आज भी न तो अपना वैचारिक पक्ष छोड़ा, न सत्ता-व्यवस्था का कल-पुर्जा बने। एक बात और कि ये अपने-अपने ढंग से विकसित होते रहे; अच्छे-बुरे बदलाव इनकी कविता में आते गए और आज भी ये निरन्तर सक्रिय हैं। अपनी काव्य-दृष्टि तथा काव्य-व्यवहार की रक्षा में इन्होंने दृढ़तापूर्वक वैचारिक तथा आलोचनात्मक लेखन भी किया। संक्षेप में यही इनका काम है और इनमें राजेश जोशी की भूमिका भी अग्रणी है।

'दो पंक्तियों के बीच' राजेश जोशी का चौथा संग्रह है। इस तरह उन्होंने अपने प्रतिद्वंद्वियों की बात झुठला दी जो कहते थे कि ये एक-डेढ़ संग्रहों के कवि हैं।

राजेश जोशी का नवीनतम संग्रह एक कवि की अभ्यास-पुस्तिका मात्र नहीं है, यह श्रेष्ठ कविताओं का संग्रह है, जीवन को और अपने समय को समझने की, उसकी सबसे नई कोशिकाओं को बिलकुल नए ढंग से व्यक्त करने की कोशिश। 'दो पंक्तियों के बीच' की कविताओं को पढ़ते हुए राजेश की पिछली कविताएँ भी याद आती हैं। 'उस प्लम्बर का नाम' पढ़ते हुए बरबस बिजली सुधारने वाले मजदूरों की याद आती है। 'पीठ की खुजली' वाली कविता पढ़ते हुए करमकल्ले वाली कविता याद आती है। यानी वहाँ बहुत कुछ ऐसा है जो राजेश के पिछले अनुभवों के मेल में है, उसका बढ़ाव है और इससे लगता है कि कवि ने अपनी भूमि नहीं छोड़ी है। कविता के सारे तल्ले अन्त तक इसी भूमि पर उठते जाते हैं। राजेश ने निरन्तर उन लोगों के बारे में लिखा है जो सबसे कमजोर और सताए हुए लोग हैं, जो समाज की धुरी हैं—लेकिन जो समाज के लिए जितना ही जरूरी हैं, समाज की दिलचस्पी उनमें उतनी ही कम है। राजेश की कविता ऐसे लोगों से आबाद है, चाहे वे मजदूर हों, चाहे स्त्रियाँ, चाहे मुसीबतजदा कवि-कलाकार। 'बिजली सुधारने वाले मजदूर' ऐसे जीवन का प्रतिनिधि बिम्ब है और ऐसा ही है वो 'प्लम्बर' जिसका नाम गृहपति भूल गया है पर जो गृहिणी को याद है क्योंकि गृहिणी स्वयं ऐसा ही एक बिम्ब है जिसकी गृहस्थी पर समूची दुनिया टिकी है और

खुजलाती हुई पीठ जिसके सहारे के बिना कितना असहाय हो जाती है। 'यवनिका गिरती है' का कलाकार और 'शोकगीत' का पात्र और 'उसकी जीत' का मृत मित्र, 'घर की याद' का फटेहाल शिक्षक सब उसी श्रेणी के लोग हैं जिनका एक प्रतिनिधि बिम्ब है 'खोड़ला गाँव'।

एक कविता है 'दृश्य और बिम्ब' जिसमें नए मॉडल की एक चमचमाती कार धीरे-धीरे सरकती हुई एक विकलांग बच्चे को डरा रही है—'यह एक दृश्य है, जो हमारे समय के बिम्ब में बदल रहा है। किस तरह जो बलवान हैं वे सबसे कमजोर को कुचल रहे हैं—राजेश की कविताओं के अनेकानेक दृश्य इसी वास्तविकता के बिम्ब हैं। उनकी हर कविता, हर श्रेष्ठ कविता, पूरे समय की कविता है, इन्हीं संघर्षरत, कुचलने से अपने को बचाते लोगों की उदात्तता की कविता। बहुत प्रेम और कई बार रुँधे गले से राजेश ने इन चरित्रों का सृजन किया है—मिट्टी के चेहरे, दरकते-फूटते, पर आग में पकते हुए। कुछ विद्वान कहते हैं कि राजेश की कविताओं में संघर्ष नहीं है, संघर्ष करते लोग नहीं हैं। इसका मतलब क्या है? पहली बात तो यह कि कविता कुछ विद्वानों की मंशा की आदेशपूर्ति नहीं होती। फिलहाल इसे मुल्तवी भी कर दें तो पाते हैं कि जो लोग युद्ध से जीवित लौट आए हैं उनके मुताबिक युद्ध-भूमि में हमेशा लड़ाई ही नहीं होती रहती, कई बार तो लगता भी नहीं कि यह युद्ध-भूमि है, लेकिन युद्ध हमेशा जारी रहता है यहाँ तक कि यह युद्ध हमारे खाने की थाली तक फैला होता है। ऐसी ही बात संघर्ष के साथ भी है। संघर्ष तो लगातार चल रहा है—इसका संकेन्द्रण या परिणति किसी खास घटना या क्षेत्र में, किसी खास क्षण में हो सकती है, फिर भी वह उपसंहार या अन्त नहीं है। लेकिन ये सारे लोग, जो जिन्दा रहने के लिए लड़ रहे हैं (जैसे 'घर की याद' का मास्टर), जो कुचलने से बचने के लिए लड़ रहे हैं (जैसे वो 'विकल-अंग बच्चा'), जो होश खोकर भी राजा को गालियाँ बक रही है ('क्यों रोई वो')—ये सब संघर्ष के ही दृश्य हैं। हर साँस एक संघर्ष है, हम अक्सर इस बात को भूलते हैं, लेकिन दमे का रोगी कभी नहीं भूलता। जो 'इत्यादि' हैं वे नामकरण के लिए संघर्ष कर रहे हैं। और इनके विरोध में वे सब हैं, 'बर्बरों से भी अधिक बर्बर' आततायी। 'अहद होटल' का ध्वस्त होना भी इसी बर्बरता और हिंसा का दृश्य है। छुरेबाजी की घटना तो बस एक बहाना है—वो सब कुछ, जो लोगों को एक साथ जमा करता हो, जो लोगों में प्रेम और दोस्ती बढ़ाता हो, आज सबसे ज्यादा चोट उसी पर पड़ रही है। इस संग्रह की कविताएँ उतनी तेज और मुँहफट नहीं हैं जितनी पिछले संग्रह की, जैसे 'वे मारे जाएँगे' या 'धर्म के विरुद्ध है' जैसी कविताएँ जो तत्काल प्रचलन में आ गई थीं। कोई भी सच्चा कवि हमेशा एक जैसा नहीं लिखता—वह कोई ट्रैक्टर का टायर नहीं है कि हमेशा एक जैसी धारियाँ छोड़ता जाए। इस संग्रह की कविताओं में धीरता अधिक है, सावधानी से समझने और बोलने का यत्न। चलते हुए भी

जमीन को थाहते रहना जरूरी है। 'बड़ी उम्र में कार चलाना' इस काव्य-व्यवहार को अच्छी तरह दर्शाती है।

दुर्घटनाओं से बचते हुए दूरियाँ तय करना—वैसे भी आसान काम नहीं है। 'बड़ी उम्र में...बचना चाहते हैं हम किसी भी नए काम को सीखने से, किसी भी नए जोखिम से।' यह स्वयं कवि की नैतिक साहसहीनता का स्वीकार नहीं है। कुछ विद्वान समझते हैं कि कविता में 'मैं' का अर्थ स्वयं कवि होता है। लेकिन नहीं। 'मैं' का अर्थ है हर कोई। जैसा मैंने शुरू में कहा, यह तो एक भाव स्थिति है, एक संश्लिष्ट बिम्ब, जिसको समझना पाठक की जिम्मेवारी है। कवि सचमुच यह नहीं कह रहा कि बड़ी उम्र में नए काम को सीखने से किसी नए जोखिम से बचना चाहिए। नहीं, वह इसके ठीक उलटा कह रहा है। पूरी कविता इस वक्तव्य की काट है। यह कविता मनुष्य के जीवट की कविता है, साथ ही जीवन के सम्मान की, सावधानी और गलतियों से सीखते चलने की कविता है। इसे हम अनेक तरह से, अनेक स्तरों पर और अनेक सन्दर्भों में पढ़ सकते हैं। यहाँ कार चलाना केवल कार चलाना नहीं है।

राजेश की कविता ने इस बीच यह विशेष गुण अर्जित किया है कि वह सिर्फ एक अनुभव या प्रसंग से बद्ध होकर नहीं रह जाती, वरन् उसका प्रसार अब अनेक सन्दर्भों में सम्भव है, बहुत बार तो बिलकुल भिन्न स्थितियों में यानी एक दृश्य-बिम्ब में बदलता जाता है और फिर उस बिम्ब की अनेक छवियाँ अन्यत्र लहलहाती हैं। उसकी जो श्रेष्ठ कविताएँ हैं उनका एक स्थानिक मान होता है और एक स्वतंत्र मान भी।

राजेश अपने समय में हो रहे परिवर्तनों को, लगातार जटिल होते जा रहे जीवन को, लगातार मुश्किल होते जा रहे जीने को बेहतर बनाने के प्रयत्नों को समझते हैं और उनकी कविताएँ इस बात की तस्दीक करती हैं कि हम पूर्वनिर्धारित कार्यक्रमों के अनुसार न तो जीवन में चल सकते हैं, न कविता में। यह बहुत तेजी से बदलता हुआ समय है—'जब तक मैं एक अपील लिखता हूँ...अपील की जरूरत खत्म हो चुकी होती है।' ऐसे समय में क्षत-विक्षत जीवन-अंशों को कविता की अमरता प्रदान करना बहुत कठिन है। और राजेश जोशी का काम यही है। इसके लिए उन्होंने कुछ बिलकुल नए क्षेत्रों का भी स्पर्श किया है। ऐसे अनुभव भी अब उनके यहाँ आते हैं जिन्हें उनकी कविता पहले छोड़ देती थी। जीवन-नदी की पेटी से नई भूमि को निकाल पाना एक कवि की परीक्षा होती है। राजेश ने इस संग्रह में कुछ नई भूमि भी अर्जित की है। चित्र में लड़की की उम्र, रेस्त्राँ में इंतजार, अधूरी इच्छा, पानी की आवाज ऐसी ही कविताएँ हैं। 'चित्र में लड़की की उम्र' बहुत तनी हुई कविता है, ज्वर के बढ़ते तापक्रम के स्वर में, मानव-सम्बन्ध की एक जटिल, गुम्फित स्थिति को आख्यायित करती। 'रेस्त्राँ में इंतजार' भी बेचैनी से भरी हुई कविता है।

'यवनिका गिरती है' स्वयं राजेश की कविताओं में पृथक् है जो जीवन-मृत्यु के द्वंद्व का, व्यक्ति के न रहने पर उसकी रिक्तता का सृजन करती है। यह कविता राजेश का एक शिखर है। 'परछाईं' और 'किसी दूसरे मुल्क में' अनूठे शिल्प की कविताएँ हैं। देखकर आह्लाद होता है कि कई बार सीधे-सपाट बोलने वाले राजेश जानबूझकर ऐसी कविता रचते हैं जिसकी खूबसूरती ही वस्तु को लगातार दूर हटाते जाने से उपजती है। और वास्तविकता से बनाई गई यह दूरी हमें उतनी ही तीव्रता से वास्तविकता का एहसास भी कराती है। राजेश ने अनेक शिल्पों, प्रविधियों का व्यवहार किया है, उनके यहाँ अनेक स्वर हैं—स्वगत भी है, एकालाप भी, संवाद भी और वृंद-गान भी। इसलिए राजेश की भाषा कच्चे बाँस या बेंत की तरह लचीली है जिसमें उसकी अपनी साँस की नमी के साथ-साथ भोपाल शहर की अपनी बोली की नमी भी निरन्तर मौजूद रहती है।

राजेश जोशी के काव्य-स्वर की एक विशेषता यह भी है कि उनका कोई एक साँचाबद्ध स्वर नहीं है—आद्योपान्त स्थिर, अपरिवर्तनशील, डाँटने से लेकर पुचकारने तक एक ही स्वर-त्वरा-ऐसा नहीं है। राजेश किसी निपुण अभिनेता की तरह अनेक स्वर-लहरियों का सृजन करते हैं। इसीलिए उनके यहाँ इतनी विविधता है, इतनी भूमिकाओं में उतरने की साहसिकता और ऐसा इसलिए कि कविता केवल वक्तव्य नहीं है, केवल कथन नहीं, विचार या भाव का, वह उस जीवन-स्थिति की पुनर्रचना है जो तदनुकूल सम्यक् भाव को जाग्रत करे। राजेश की कविता वक्तव्य से अधिक एक रूपक या नाटक होती है, जिसके अनेक पात्र हैं और अनेक स्वर। राजेश की कविता सच्चे माने में एकवचन के विरुद्ध जीवन के बहुवचन की कविता है अथवा वैसा होने का उपक्रम है।

राजेश जोशी अक्सर कविता में भाषा के 'कौतुक' और 'खिलंदड़ापन' का जिक्र करते हैं। इधर कुछ टिप्पणियाँ भी उन्होंने लिखी हैं इस बारे में। शुरू से ही एक चपलता उनकी भाषा में है, यथार्थ की 'हदों' को पार कर 'स्वप्न' के 'बेहद' में जाने की इच्छा। इस संग्रह में यह हठ कुछ प्रबल हुआ है, खास कर आरम्भ में दी गई कुछ कविताओं में। 'अदृश्य परछाईं', 'बेहद के इस अरण्य में कुलाँचें', 'बेचैन आत्माएँ भटकती हुईं' जैसे पद तो हैं ही, साथ-साथ 'चाँद के बारे में', 'धरती के इस हिस्से में', 'नींद में', 'नागलें' जैसी कविताएँ भी हैं जहाँ कविता अतींद्रिय होने लगती है। यह सही है कि कविता पंक्तियों में नहीं, पंक्तियों के बीच होती है जैसा कि अंग्रेजी का चालू मुहावरा है; लेकिन यह भी सही है कि दो पंक्तियों के बगैर बीच की कोई जगह बन भी नहीं सकती। राजेश जब यथार्थ के अन्तर्विरोधों, द्वंद्वों, जटिलताओं, मानव-स्वभाव, चरित्रों के आभ्यन्तर का सन्धान करते हैं तब तक तो उनकी कल्पनाशीलता अपनी शक्ति भर कार्यरत रहती है; जब वे मनोगत वक्तव्यों पर उतर आते हैं तब यथार्थ को काव्य में बदलने का यत्न कम, एक

स्थानापन्न, आभासी काव्य-कौशल अधिक दीख पड़ता है जो असतर्क पाठक को चकमे में डाल दे। यथार्थ से ज्यादा अजूबा कुछ भी नहीं और इस अजूबे को कला में बदलने से बड़ा कौतुक कोई दूसरा नहीं। यदि 'यवनिका गिरती है' कवि-कल्पना का उदाहरण है तो 'दो पंक्तियों के बीच' कपोल-कल्पना का नमूना। सारे महल हवा में बनते हैं, लेकिन सारे महल हवाई नहीं होते। राजेश जिधर मन हो उधर हो आएँ, ठीक ही है।

कवि को हर तरफ, हर गली में जाना चाहिए, मन को मारना ठीक नहीं। लेकिन उनका अपना स्वर वह नहीं है। जो ध्वनियाँ उनकी हैं, उन्हें हमेशा पुकारेंगी—वे चरागाह में खो गई गायें हैं जो रास्ता तलाशती हुई एक दिन आ जाती हैं वापस और बन्द दरवाजों के बाहर रँभाती हैं।

राजेश जोशी : फैलें तो जमाना है

प्रमोद त्रिवेदी

एक भूखंड है
उसका तापमान
आबो-हवा
रवायतें वहाँ की बोली-बानी से बनता है
एक खास रसायन
बनाता है यह आदमी को
औरों से अलग
जैसे राजेश को अलग अपनी भाषा
अपने मिजाज में
राजधानी होती
जालो-जमाल होता
ले-दे होती तमाम
होते सारे काम बदस्तूर
अच्छे-बुरे
पर चौक न होता
इब्राहिमपुरा
जुमेराती न होते—न होते बल्लभ भवन
चार इमली-चौहत्तर बँगले
तब भी
क्या राजेश जोशी
राजेश जोशी होते?
जैसे दर्ज कुछ नाम इतिहास में
दर्ज उनके कारनामे
दर्ज यहाँ के इतिहास-बतकही में
कुछ इजार-पायजामे...

आज अचानक हाथ आ गईं तो कोई बात जरूर होगी। शायद तब राजेश जोशी का लिखा कुछ पढ़ा होगा। क्या, यह तो अब याद नहीं। शायद कोई कविता पढ़ी होगी या शायद उनकी कोई कहानी। जरूर यह प्रतिक्रिया होगी उनके उस लिखे को पढ़े जाने पर। यह कविता का बाना भर है, कविता नहीं। जो जितना आ सका। इस अधूरेपन में आ गया। आधा-अधूरा-सा। यह अधूरापन भी कभी-कभी बहुत वाचाल हो उठता है। जो आ गया, वह उसकी सीमा पर किसी भी वजह से जो आने से आते-आते रह गया, वही रह-रह कर बेचैन करता है, इस सीमा से उस पार जाने के लिए। जो कुछ भी है इस अंश में, उसके निमित्त राजेश जोशी हैं।

यह भोपाल है, अपनी पूरी खासियत के साथ अपनी पूरी रंगत के साथ, जिसके होकर राजेश जोशी, राजेश जोशी हो सके। तब सवाल पैदा होता है कि यह और ऐसी गहरी छाप उन पर ही क्यों, औरों पर क्यों नहीं?

आप पुराने भोपाल की आज भी तफरीह कीजिए। यहाँ एक गली में दूसरी गली खुलती है, और दूसरी में तीसरी। इन गलियों के पुराने मोहल्लों में समय जैसे ठहर गया है। यहाँ के लोग न भीतर से बदले हैं और न ही बाहर से। राजेश जोशी पर अगर किसी चीज का गहरा असर है तो इसी पुराने भोपाल का। चौक, मारवाड़ी रोड से निकलकर राजेश नए भोपाल के सरस्वती नगर में बसे और अब निराला नगर में, लेकिन उन्होंने उन्हीं रंगतों-छापों के रहते हुए अपनी आधुनिक समझ और संवेदना को निरन्तर विकसित किया है। उन्होंने अपने लेखन से सिद्ध किया है कि लेखन के लिए व्यर्थ कुछ भी नहीं होता। समझ होती है और अपनी दृष्टि जो हर व्यर्थ और अनुपयोगी मान लिए को भी रचना में अर्थपूर्ण और मूल्यवान बना देती है। 'जमीन से जुड़ना' और 'अपनी जड़ों की ओर लौटना' राजेश के लिए यथास्थान प्रयोग करने के लिए उपयोगी नारे भर नहीं हैं। अपनी मिट्टी, अपनी जड़ों से दूर होकर मनुष्य और सर्जक भी परजीवी हो जाता है। यदि रोशनी और हवा किसी पेड़ के लिए जरूरी है तो मिट्टी से पोषण भी उतना ही जरूरी है। यह मिट्टी की ही तासीर है, जो बीच में छिपे गुण-धर्म को उजागर करती है। पेड़ को पुख्ता करती है। जिस तरह डूबकर और शिद्दत से—'राग भोपाली' उसके पूरे वैभव और वैविध्य के साथ गाया है, और गा रहे हैं, मेरे देखे इस राग में ऐसी डूब किसी और में नजर नहीं आती। भोपाल का उनमें ग्राफ्टिंग नहीं हुआ, उनके संस्कार का हिस्सा होकर यह झलकता है और यही बात उन्हें अपने समकालीनों से अलग करती है। इसी रचे-बसेपन में वह एक सामान्य जन हो जाते हैं, भोपाल के बाशिन्दे। एक खास रसायन उन्हें सक्रिय करता है, जिसमें बहुत सामान्य भी विशिष्ट और दीप्त हो उठता है।

राजेश जोशी की एक दिलचस्प कविता है—'नाना की साइकिल।' इस साइकिल का पूरा इतिहास है। साइकिल के बहाने यह पूरी परिवार गाथा है। आदिम परिवारों-

कबीलों में कुछ पुरा वस्तुएँ उनकी चिर-परिचित हो जाती हैं। नाना की साइकिल भी एक ऐसी ही पुश्तैनी पहचान है—

पीढ़ियों में इसी तरह हस्तांतरित होती थीं चीजें, आदतें और आवाज
माँ कई बार बिलकुल नानी की तरह लगती थीं
और पिता, बाबा की तरह अचकन पहनकर
मैं साइकिल चलाते हुए नाना की तरह नहीं लगता था
मेरी आवाज मेरे पिता से मिलती थी बहुत ज्यादा
और मेरी नाक नानी की तरह थी
पुरखों की पहचान से ही पुकारते हैं हम लोगों को
हमारी आवाज में बची रहती है
हमारे पुरखों की गूँज...

यहाँ जो महत्त्वपूर्ण है, वह है समयगत परिवर्तनों के बीच शेष कुछ शाश्वतताएँ। ये शाश्वतताएँ कुछ अलग और चमत्कारिक पाठ निर्मित करती हैं अपना और हमारे समकाल का। 'नाना की साइकिल' भी बदलते-बदलते इतनी बदल गई कि नाना की साइकिल नहीं रही, पर कहलाई—नाना की ही साइकिल। जो कुछ हमसे दूर हो गया है या हम उससे आगे निकल गए हैं, वह सब हममें दिखाई देने लगता है, जबकि हम वह हैं ही नहीं। परिवर्तन और शाश्वत की इस लीला को राजेश अकुंठ भाव से स्वीकार करते हैं।

'द्रुत झरो जगत के जीर्णपत्र' हिन्दी कविता की एक धारा यह है। जीर्ण और पुरातन के प्रति यहाँ लगाव तो क्या, सहानुभूति भी नहीं है। यह जो है, तो क्यों है। और है, तो कब तक, जबकि अब इसकी कोई भूमिका शेष नहीं है। राजेश में वक्त के प्रति आकर्षण तो है, पर पुरातन के प्रति सर्वथा उपेक्षा भी नहीं है। आधुनिकता की कई शर्तों में से एक पुरातनता से मुक्ति भी है, क्या कोई ऐसा समय भी है, जिस पर अतीत की छाया नहीं है? हमारी काव्य-परम्परा तो खैर काफी पुरानी है और इसमें बहुत कुछ काम का भी है। यदि कोई धारा है तो उसका जल निरन्तर आगे बढ़ता जाता है, यदि उसमें प्रवाह की शक्ति है तो। राजेश अतीत से टकराते हैं, बचते नहीं। 'नाना की साइकिल' एक सीमा रेखा खींचती है तो इसी कविता में पुरखों की अनुगूँज इस सीमा का अतिक्रमण है। परम्परा के प्रति यह ललक उन्हें नाना तक ही नहीं, भर्तृहरि तक ले जाती है। अतीत में राजेश का घर नहीं है। वह अतीत में उसी तरह जाते हैं, जिस तरह प्रत्यंचा पर चढ़े बाण को पीछे की ओर खींचा जाता है, जिससे वह अधिक से अधिक आगे जा सके। परहेज जैसा राजेश जोशी के यहाँ कुछ भी नहीं है। तुलसी का पत्ता अब कविता का विषय नहीं रहा। ऐसा बिम्ब एक झटके से आज खारिज कर दिया जाता है, पर राजेश के पास ऐसी छुआछूत नहीं है :

हाथ में कटोरी।
कटोरी में जल
जल में पत्ता तुलसी का।

आस्था को व्यक्त करता यह एक बहुत ही स्पष्ट और इकहरा बिम्ब है, पर इस बिम्ब की कई परतें हैं, जो धीरे-धीरे खुलती हैं। धर्म, आस्था, सम्प्रदाय और फिर एक पूरा का पूरा तंत्र, जो कई-कई सवाल खड़े करता है। बिंद्रा के हाथ एक कटोरी जल तो हो सकता है पाव-सा, पर अपनी प्यास बुझाने के लिए तो दो कोस का फासला तय करना पड़ता है। ऐसे कितने ही सवाल हैं, जिनका उत्तर न तो धर्म के पास है, न ही धर्म के तंत्र के पास। ये और ऐसे तमाम सवाल राजेश को विकल करते हैं। इस ओर ऐसी तमाम कविताओं के साथ वह इस पूरे पाखंड से भरे तंत्र के विरुद्ध खड़े नजर आते हैं, बिंदास के साथ। उन्हें मालूम है कि किस तरह यह तिलिस्म टूट सकता है।

एक अन्य कविता में यह तुलसी का पत्ता दीवार पर उग आए भरपूर पीपल के पेड़ के रूप में नजर आता है। पीपल का पेड़ बढ़ रहा है, दीवार कमजोर हो रही है, जड़ों के फैलाव की वजह से। जो भी देख रहे हैं, वे सब जान रहे हैं इस फैलाव का परिणाम, पर सब केवल देख रहे हैं, कोई कुछ भी नहीं कर रहा, पर एक सजग कवि की आँख जब देखती है तो उसका सारा आभिजात्य और धैर्य टूट जाता है—

ऐसी की तैसी इस...
पर असम्भव है इसके आगे कुछ भी कहना
क्योंकि यह
धर्म के विरुद्ध है।

इस 'ऐसी की तैसी' के इस अधूरेपन में ही पूरापन है। यही राजेश जोशी की खूबी है। इसे पूरा कर देने का अर्थ है कि किसी एक बिम्ब में कविता को रिड्यूस कर देना। यदि पीपल की ऐसी की तैसी है—"अश्वत्थ: सर्ववृक्षाणां..." ('वृक्षों में मैं पीपल हूँ' श्रीमद्भागवत गीता) तक को इस 'ऐसी की तैसी' के घेरे में ले लेते हैं। यदि यह केवल भीरुता भरी अन्धश्रद्धा का मामला है तो चोट ऐसे अन्धश्रद्धा और अविवेकी समाज पर है। यही पीपल का पेड़ उनको दूर-दूर तक ले जाता है और निष्कर्षत: वे बुरे और अच्छे आदमी तक पहुँचते हैं। वे देखते हैं, कहाँ क्या हो रहा है। कितना विषाक्त। नजर आते हैं हर तरफ करैत और कौड़िया साँप ही साँप। इनका विष और इनके विषदन्त।

हवा को डस लिया है
किसी करैत ने

या कौड़िया साँप ने
लहर मारता है जहर
थरथराता है रह-रहकर हवा का बदन
भागो-भागो-भागो
जहाँ भी खुला हो
थोड़ा-सा आकाश
जहाँ भी बची हो थोड़ी-सी हवा पवित्र
भागो-भागो-भागो
चीखता है सारा शहर
हमारी हवा को डस लिया है।
किसी करैत ने
कौड़िया साँप ने।

सब तरफ साँप हैं जहरीले और साँस लेने के लिए न तो पवित्र हवा है, न ही कोई जगह इन साँपों और इनके जहर से अछूती। राजेश के कई समकालीन कवियों, कवि-मित्रों को यह 'पवित्र' शब्द जरूर चौंकाने वाला लगेगा। कितना अजीब है कि हमने शब्दों की भी जात-बिरादरी तय कर दी। राजेश चाहते तो 'साफ' या 'ताजा' शब्द के इस्तेमाल से अपना काम चला सकते थे, पर उन्होंने ऐसा नहीं किया। वह इस शब्द के इस्तेमाल से कुछ व्यापक और गहरा अर्थ देना चाहते हैं। साथ ही यह उनको भी जवाब है, जो पवित्र को पूजा-भाव में सीमित कर देना चाहते या कर चुके हैं।

मैं यह तो नहीं कहूँगा कि मेरा और राजेश जोशी का साथ लम्बे समय का है और बहुत गहरा, क्योंकि ऐसा मानने वाले बहुत हैं और इनमें से कई सही भी हैं। फिर भी, इतना तो कह ही सकता हूँ कि बावजूद कुछ असहमतियों के हम एक-दूसरे को पसन्द करते हैं। यों भी यदि असहमतियाँ न हों, रिश्ते हों या कुछ और, सब बेमजा हो जाते हैं। नितान्त सतही और औपचारिक। हमारे बीच एक बात यह भी है कि हम दोनों ने एक-दूसरे का लिखा लगभग पूरा पढ़ा। यों भी सैंतीस-अड़तीस बरस की पहचान कम पुरानी नहीं होती और इतने सालों में किसी की भी सारी खूबियाँ और कमजोरियाँ सामने आ जाती हैं। हमने भी इन कमजोरियों और शहजोरियों को जाना (कमजोरियाँ मेरी और शहजोरी राजेश की ज्यादा रही हैं) यह अच्छी बात रही।

मैंने राजेश का ट्रेड यूनियन में सक्रिय कार्यकर्ता वाला रूप नहीं देखा। वह मेरी रुचि का विषय भी बहुत ज्यादा नहीं रहा, पर मुझे विश्वास है कि उन्होंने उस दौर में जो कुछ किया होगा, पूरी शिद्दत से किया होगा और उसके नतीजे कुछ तो

सकारात्मक ही रहे होंगे। जो हो, मैं उस दौर की गतिविधियों के बारे में ज्यादा नहीं जानता, पर व्यक्ति कुछ भी करे, किसी भी क्षेत्र में वह सीखता जरूर है। उनके बेफिक्रेपन में उनकी संजीदगी बराबर झलकती रही। जहाँ-जहाँ रहकर उन्होंने जो कुछ किया, उसी में उनका परिष्कार हुआ। घर-परिवार का बन्धन-अनुशासन उन्हें कभी रास नहीं आया। शतरंज की बिसात पर जमें तो समय को भूल जाना, पटियों पर बैठकर गप्पबाजी में रस लेना, गहराती रातों में भोपाल की सड़कों को नापना, यारबाशी, मजलिसों, अपने घुमन्तूपन और आवारगियों में ही राजेश ने जीवन के पाठ सीखे। इसी में उनका बतौड़पन विकसित हुआ। 'आवारगी' शब्द कुछ घटिया लग सकता है, पर फिलहाल उनके लिए कोशिश करने पर भी कोई दूसरा मौजूँ शब्द याद नहीं आ रहा, पर इसी जीवनशैली और विद्रोही स्वभाव ने उनमें गहरी और दो-टूक आलोचक दृष्टि और व्यवहार को पुख्ता किया।

याद यह भी रखना चाहिए कि भोपाल, लखनऊ नहीं है—"अमां हुजूर-अमां किबला" वाली नजाकत और नफासत वाला। भोपाल तो पथरीली, ऊबड़-खाबड़, पहाड़ियों-घाटियों, उतार-चढ़ावों पर बसा शहर है। आधा नया और आधा पुराना। नयापन नहीं, यहाँ का पुरानापन ही इसकी पहचान है आज भी। कोरवाँ वाला खड़ा और खरापन इसे और शहरों से अलग करता है। इसमें यदि आपको रमना है तो आपको अपना नाम, इसके साथ जुड़ी उपाधियाँ, प्रतिष्ठा सबको उतारकर 'कोरवाँ' के अनुरूप होना होगा। आधारभूत रूप से वो इसी भोपाल की तराश हैं। एक खास बात और नजर आएगी उनमें यदि कुछ ध्यान से गौर किया हो तो, एक निश्छल भोलेपन के साथ में हेकड़ी। यह मालवा और बुंदेलखंड के सीमान्त का असर है। यही वजह है कि राजेश नएपन के रोब में ज्यादा नहीं आते। इसीलिए वह बार-बार नए भोपाल से टकराते रहते हैं—

शासकीय संस्कृति की छुक-छुक गाड़ी में
दूसरे दर्जे की बोगी में
बैठेंगे शब्द
शब्द बैठेंगे दूसरे दर्जे की बोगी में
संस्कृति की छुक-छुक गाड़ी में पहले दर्जे की बोगी में बैठेगा कौन
पहले दर्जे की बोगी में
पहले दर्जे की बोगी में बैठेंगे गायक
पहले दर्जे में बैठेंगे वादक
पहले दर्जे में बैठेंगे चित्रकार, अधिकारी, मंत्री, मुख्यमंत्री
और महान नृत्यांगनाएँ
विराजेंगी

वातानुकूलित शायिका में
संस्कृति की छुक-छुक गाड़ी में
दूसरे दर्जे की बोगी में
बैठेंगे शब्द।

यह यथास्थिति का वर्णन नहीं, वर्गभेद का प्रतिरोध है। जहाँ-जहाँ यह या ऐसा प्रतिरोध राजेश के लेखन में व्यक्त हुआ है, उनकी तल्खी पुरअसर हुई है। वहीं दूसरी तरफ एक गहरी हार्दिकता भी इनके लेखन में अपनी जगह बनाती है—

रमजान मियाँ
रमजान मियाँ
भोत दिनों में दिखे रमजान मियाँ
इत्ते दिन कां रिये रमजान मियाँ
किया दुश्मनों की तबियत नासाज थी
किया कोई खास बात थी। सब खैरियत से तो है...?
बाल-बच्चे तो खैरियत से हैं न रमजान मियाँ
सब ठीक-ठाक तो चल रिया है न रमजान मियाँ
को खां कां हीट लिए थे
किया हज को गए थे रमजान मियाँ
कां खप गिए थे रमजान मियाँ...। अल्लाह का फजल है।
सब के जवाब में
हर बार यही कहते हैं
रमजान मियाँ...

ये सारे सवाल रमजान मियाँ—किसी व्यक्तिवाची संज्ञा से नहीं, जातिवाचक से पूछे जा रहे हैं। उसके न दिखाई देने पर उपजी एक साथ कई-कई चिन्ताएँ। एक ऐसा स्थानीयपन भाषा में कि इसी भाषा में रमजान मियाँ के साथ हुआ जा सकता है। राजेश उत्तर-आधुनिक भाषा के विन्यास और विखंडन से नावाकिफ नहीं है, पर ग्रास रूट से जुड़ने के लिए वैसी युक्तियाँ और चतुराई काम नहीं आतीं। राजेश का मन इन्हीं रिश्तों में बसता है। बैंक में उन्होंने काफी लम्बी नौकरी की है तो कार्यालयी भाषा जो नोटशीट की भाषा है, पेचवाली भाषा है, औपचारिक और संवेदनहीन कारोबारी भाषा और इसके चरित्र से भी अच्छी तरह वाकिफ होंगे ही, पर वह दिल की भाषा का इस्तेमाल कविता में करते हैं। अक्सर अपनी कविता में वह कोई प्रसंग, किसी कथा के लिए जगह निकाल अपनी कविता को अधिक व्यापक और लोकोन्मुख बनाने की कोशिश करते हैं। वह स्वभावतः एकवचन के नहीं, बहुवचन के कवि हैं। उनकी कविता में 'चाबियाँ' हैं, चाबी नहीं। गाना भी है

तो 'चाबियों का गाना', अकेली किसी चाबी का नहीं। कुल मिलाकर हम फिदा-ए भोपाल / और भोपाल हम पर फिदा / वाला मामला है भोपाल और राजेश जोशी के बीच, नास्टेल्जिक।

एक खास बात उनमें काबिल-ए-गौर है और वह यह कि सारी जमीनी गतिविधियों, जरूरी-गैरजरूरी व्यस्तताओं के बीच भी राजेश का ध्यान अपने लेखन पर सदा बना रहा। यहाँ-वहाँ वह टिके-ठहरे जरूर, पर उनका अपना घर लेखन ही था। लेखन उनके लिए अनायास जैसा मामला नहीं है। लापरवाह से वह नजर चाहे आएँ या दिखाई दें, पर अपने लेखन में और लेखन के प्रति लापरवाह वह कतई नहीं हैं।

ट्रेड यूनियन में सक्रियता का वह दौर कब तक और कितना लम्बा चला, मुझे मालूम नहीं। न ही उस सक्रियता के बारे में मैंने उनसे कभी ज्यादा जानने की कोशिश की। बैंक की नौकरी की तो वहाँ की पूरी कार्यप्रणाली से वह अवगत भी हो गए होंगे, पर नौकरी में कभी अपने को ज्यादा उलझाया, फँसाया नहीं। वहाँ भी उन्होंने एक ऐसा गहरा कोना खोज लिया था, जहाँ बैठकर जरूरी काम निपटाकर वही सब कुछ करते, जो उनके मन का होता। यह नौकरी उनके लिए गाजर की पुंगी थी। जब तक मन चाहा बजाया। ऊब गए बजाकर तो प्रेम से खा लिया।

बहुत बाद में मुझे यह जानकर बेहद खुशी हुई कि राजेश की चित्रकला में न केवल गहरी रुचि रही, बल्कि इसका उन्होंने बाकायदा प्रशिक्षण भी लिया। शुरुआत तो मेरी भी चित्रकला से ही हुई थी और इसी में मैं रहना भी चाहता था, पर चाहने से ही सब कुछ नहीं हो जाता। राजेश अब भी कुछ रंगों-रेखाओं में डूबते हैं या नहीं, पता नहीं, पर उन्हें पढ़ें तो लगेगा, शब्दों से भी वह पेंटिंग ही कर रहे हैं।

"ताजी मूलियों की तरह सफेद झक और नोकदार सुबह थी। सुबह-सुबह इतनी सुबह हो गई थी कि दिन बाँस भर चढ़ा लग रहा था। छतों से उतरती धूप नीचे तक आ गई थी और गली से गुजरते लोगों के सर पर टोपियों की तरह चिपक गई थी। काली मिट्टी के अन्दर ही अन्दर चलती योग साधना ने गली में लगी सिल्लियों को ऊबड़-खाबड़ कर दिया था और जगह-जगह से तोड़ डाला था। गली काफी आँकी-बाँकी थी और घर के एक हाथ बाद ही झोल खाकर आगे बढ़ जाती थी। इसलिए जब दूध वाले गुजरते तो दूध के बड़े-बड़े डबरे आपस में टकराकर खड़खड़ाने लगते। मोड़ के कारण दूध वाले घंटियाँ भी टुनटुनाते।" सींग कहानी के इस शब्दचित्र को ध्यान से देखें तो चित्रकला का व्याकरण समझ में आ जाएगा।

एक दिन मैंने राजेश जोशी को ख्यात नाट्य निर्देशक-अभिनेता राजेन्द्र गुप्त के निर्देशन में अभिनय करते देखा। कभी वे किसी वृत्तचित्र में नजर आए, रेलगाड़ी के डिब्बे में बैठे निराला रचनावली से गुजरते हुए। बंसी कौल जब भोपाल में ही बस

गए तो उनके साथ बैठकर नाटक की बारीकियों को समझा-सीखा तो—'पासे', 'टंकारा का गाना', 'अच्छे आदमी' जैसे नाटक लिखे गए। 'सोमवार' जैसी कहानी पूरी पटकथा है। एक-एक शॉट में विभाजित और पूर्ण! क्लोजप, मिडशॉट, वाइड एंगल की बारीकियों से भरी तफसील।

राजेश जोशी के पास अभिव्यक्ति के कई माध्यम हैं, पर वह इन सबको आजमाते हुए भी अन्ततः कवि ही होना चाहते हैं। इन अनेक युक्तियों का लाभ यह भी है कि अपने मूल माध्यम में जब भी होते हैं, एक नई ताजगी और ऊर्जा के साथ होते हैं। यों उनका गद्य भी एक कवि की कलम का ही परिणाम है। 'एक पत्थर तो तबीयत से उछालो यारो।' राजेश को मालूम है कि सूराख कहाँ करना है और किस पत्थर से। एक क्या, उनके पास तो कई-कई पत्थर हैं और उनकी पहुँच और मारक क्षमता से भी वह अच्छी तरह वाकिफ हैं।

हमारी कथा-परम्परा में कथा सुनाई जाती थी। तमाम व्रत कथाएँ, सारे पुराण, पंचतंत्र, नीति कथाएँ, दादी-नानी के मुँह से कही गई कथाएँ, बेताल पचीसी, सिंहासन बत्तीसी, किस्सा तोता-मैना, अरेबियन नाइट्स की सारी कहानियाँ सुनाने के मकसद से ही सामने आई। श्रोताओं में सुनने का चाव और चाह बराबर बनी रहे, यही इन सफल कहानियों की खासियत थी। कालान्तर में ऐसी सारी कहानियाँ दृश्य में ढलने लगीं तो सुनने-सुनाने का चलन कम होने लगा। आज स्थिति यह है कि माँएँ ही नहीं, आज की दादी-नानियाँ भी कथाविहीन हो गई हैं। आज का जो व्यक्ति कथा में आ रहा है, वह खुद कथाविहीन है। दुनिया में घटनाएँ अट नहीं रहीं, पर कहानी के विन्यास में घटनाएँ भी घटना नहीं लगतीं।

दिलचस्प बात यह है कि राजेश जोशी अपनी छोटी कहानियों में हमारी प्राचीन कथा युक्तियों का इस्तेमाल कर कहानी को सुनने और कहने लायक बना देते हैं। उनकी एक कहानी 'नई आँख' की शुरुआत कुछ इस तरह होती है, "हुआ यूँ कि एक दुर्घटना में पुण्य की टाँग टूट गई और पाप की दोनों आँखें चली गईं। पाप अन्धा हो गया और पुण्य लँगड़ा।" गौर कीजिए, यह वही शैली है, जिसमें कोई एक सयाना कहानी सुनाता है और सब सुनते हैं। थोड़ा और ध्यान दें तो इसमें हुँकारा देने की जगह भी नजर आ जाएगी। इस तरह की कहानी में जब तक हुँकारा न भरा जाए, कहानी जमती नहीं। हुँकारा का मतलब केवल स्वीकृति देना भर नहीं, कथा-रस में दिलचस्पी की सूचनाभर नहीं, कहानी से तादात्म्य होने का भाव व्यक्त होता है। कहानी जिस तरह से आगे बढ़ती है, राजेश बहुत ही रंजक ढंग से अपना मंतव्य पाठक के दिमाग में डाल देते हैं, "वे धर्मात्मा किस्म के लोग जो पहले पाप को देखते ही दुरदुरा देते थे, अब उसे अपने पास बिठाने लगे। उससे गपियाने लगे। कभी-कभी कई मामलों में उसकी सलाह भी ले लेते। उसकी पीठ पीछे भी ये लोग कहते हुए सुने जाते कि पाप अब बदल गया, अब पहले की तरह नहीं है।

समझदार हो गया है।" पाप के बारे में अब तक जो रूढ़ धारणा थी, बदल जाती है। यही हमारे समय का सच है।

पाप-पुण्य की इस कहानी में राजेश के लिए पुराना कथा-शिल्प एक कहानी में एक बार आजमा लेने तक का ही नहीं है। उन्हें हर रोज यदि कोई किस्सा सुनाना है तो यही तरीका अपनाना होगा। यह पाप-पुण्य का मसला भी एक दिन का नहीं, सनातन काल से चला आ रहा है। इसलिए इस कभी न पुराने पड़ने वाले किस्से को वह अपना टेंपर देते हैं। जैसे किसी पेड़ से पुराना पत्ता झड़ने पर जो पत्ता आता है, उसे हम नया पत्ता कहते हैं, पर वह होता है हर तरह से पुराने पत्तों जैसा ही। अपने नए विन्यास में पाप-पुण्य भी ऐसे ही नए हो जाते हैं। पुरानी कथाओं में कोई पात्र भला है तो कोई बुरा यानी सारा मामला नैतिक-अनैतिक पर टिका है और नैतिक हर बार अनैतिक को दचक देता है। यहाँ राजेश की इस कहानी में पुण्य, पाप की 'बगल वाली' सीट पर बैठा नजर आता है। इस तरह यह कहानी हमारे समय की कहानी हो जाती है और राजेश जोशी की अपनी कहानी भी।

गद्य लिखने और इस तरह के लेखन से बचने के बारे में राजेश ने एक बहुत दिलचस्प बयान दिया है, "भुलक्कड़ होने का सुख कहानीकार के लिए नहीं है। मुझे लगता है कि कवि को थोड़ा भुलक्कड़ होना चाहिए और कहानीकार की याददाश्त चाक-चौबन्द होनी चाहिए। कहानीकार का काम भूलने से नहीं चलता। उसे न जाने कितनी चकल्लसों को, भंगिमाओं को, चीजों को, चरित्रों को याद रखना पड़ता है। बार-बार याद करके उन्हें पुकारना पड़ता है...मेरी इच्छा एक कहानीकार होने की थी, पर आदतों में पालथी मारकर बैठे और अराजकताओं के चलते यह सम्भव नहीं हुआ।" गद्य को साध पाना कठिन काम है और उसके लिए जमकर बैठना मेरे स्वभाव में ही नहीं रहा। मेरा स्वभाव मेरी इच्छाओं के आड़े आता रहा। सिर्फ पट्टियों पर दोस्तों के बीच गप्प मारते या शतरंज खेलते हुए ही मैं घंटों एक जगह बैठ सकता हूँ। लिखने और खासकर गद्य लिखने के दौरान तो मैं अक्सर बहाने तलाशकर उससे भागता हूँ। कहानी और कविता के संयुक्त परिवार के टूटने के बाद भी कविता बार-बार अपने उस टूटे और छूटे हुए घर की ओर अलग-अलग ढंग में लौटती रही है। वह उस घर को जोड़ने की नई-नई तरकीबें ईजाद करती रही है, पर कहानी अपने छूटे हुए घर को याद करने से हमेशा बचती रही है।

अड्डेबाजी में राजेश ने अपना वक्त बरबाद किया, ऐसा उन्हें शायद लगता हो, पर यहीं से उन्हें अपने कहने और लिखने का ढंग भी मिला है, खासकर कहानी लिखने का। यों भरे-भरे पृष्ठों के आयतन का सुख भी उन्हें—'कवि की नोटबुक' से अवश्य ही मिला होगा। (हालाँकि उनकी यही किताब मैं देख नहीं पाया।) भोपाल को लेकर एक उपन्यास लिखने की बात भी उनके मन में जरूर है और वह जब भी लिखेंगे, हड़बड़ी में कतई नहीं लिखेंगे, क्योंकि लेखन केवल श्रम नहीं है। उन्होंने

एक बार तय कर लिया तो फिर गप्पबाजी, शतरंज की चालें और यारबाशियाँ उनके उपन्यास लेखन में आड़े नहीं आएँगी।

राजेश जोशी का लेखन दो पंक्तियों के बीच दबे और फँसे होने की छटपटाहट नहीं है और न ही इस फँसेपन से बाहर आने की विकलता। हाँ, एक तरह का तनाव उनमें है, जो उनके लेखन में भी दिखाई देता है। अपने आसपास की जो स्थितियाँ हैं—अप्रिय और अन्यायपूर्ण, धूर्त और पाखंडी लोग हैं हर कहीं, अमानवीय व्यवस्था है, नफरत का फैलाव है और ऐसा ही बहुत कुछ है, इनसे कोई भी संवेदनशील व्यक्ति दुखी होता है। कभी गुस्सा भी करता है। कभी अपने ढंग से सक्रिय भी होता है। एक कार्यकर्ता के रूप में उन्होंने जो कुछ किया, इन्हीं तनावों में किया, पर सर्जक होकर राजेश शब्दों की सामर्थ्य को टटोलते हैं, फिर सतर्कता भरी कोशिश, यथार्थ को रचना में रूपान्तरित करने की। यह दूसरी तरह का तनाव। पहले तनाव से भिन्न। दो पंक्तियों के बीच जो स्पेस है, जहाँ रोशनी और धुँधलके का भी उतना ही महत्त्व है। पहली स्थिति में वह जो देख रहा था, दूसरी स्थिति में एक कीमियागीरी शुरू होती है। इसमें कुछ जोड़ना भी है और साथ ही साथ घटाना भी। यहाँ तनाव भी है और तृप्ति भी। दो पंक्तियों के बीच होकर राजेश असमंजस की स्थिति में नहीं हैं। यह एक व्यक्ति के दो घरों में रहने जैसा है। एक घर में रहते हुए उन्हें अपने ही दूसरे घर की याद सताती है, जबकि दूसरा घर भी उनका अपना ही है और तब वह अपने दूसरे घर में आ जाते हैं, पहले घर में रहने की आदत के साथ।

राजेश का रचना संसार पूरी तरह से भरा-पूरा है, जिसमें हकीकत के लिए ही नहीं, सपनों के लिए भी भरपूर जगह है। इस संसार में बच्चे हैं, स्त्रियाँ हैं, लोकगीत और लोककथाओं जैसी सम्पन्नता है—आकाश है, ग्रह-नक्षत्र हैं, हवा है, कहीं साफ तो कहीं जहरीली। मौत है, आँसू है, अँधेरा है तो रोशनी भी है। तंग गलियाँ हैं तो खुली चौड़ी सड़कें हैं। लोगों का दोमुँहापन है, आतंक है, छल-छद्म है। साजिशें हैं, पाखंड है धर्म का। व्यापार है तो निश्छल हँसी है, बचपन का भोलापन है, पेड़ हैं, अभी भी हरियाली है, चिड़ियाँ हैं, शिकारी हैं, साँप हैं तो उनका जहर भी है। थोड़े ही सही, पर पानीदार लोग हैं, नदियाँ हैं यानी कुल मिलाकर देखा जाए तो इनके रचना संसार में इकोलॉजिकल सन्तुलन है। चुनौतियाँ हैं तो शब्दों में आश्वासन भी है। यही कवि की ताकत है। इसीलिए राजेश अपने शब्दों में न तो थकते हैं, न ऊबते हैं और न शब्दों पर किसी भी तरह की ऊब जाहिर होने देते हैं। यह इसलिए भी सम्भव हो सका है कि उनकी बतकहियों के अन्तहीन सिलसिले उन्हें तरोताजा बनाते हैं।

राजेश जोशी की पुस्तकों में उनका जो परिचय छपा मिलता है, उसमें उनकी शैक्षणिक योग्यता—एम.एस-सी., प्राणीशास्त्र और एम.ए. समाजशास्त्र की अद्‌भुत युति की दीप्ति उनके पूरे लेखन, विशेष रूप से उनकी कहानियों में फैली दिखाई

देती है। ज्ञानात्मक संवेदना और संवेदनात्मक ज्ञान का अद्भुत तालमेल।

वह जो पर्ची अचानक मिल गई थी, जिसका उल्लेख इस आलेख के आरम्भ में आया है, अब इतनी पड़ताल और राजेश जोशी में थोड़ी ताक-झाँक के बाद उसके अधूरेपन को शायद कुछ इस तरह से पूरा किया जा सकता है, पर पूरा होकर भी कुछ पूरी तरह से कभी-भी पूरा नहीं होता। तब भी—

जैसे दर्ज कुछ नाम इतिहास में
दर्ज इनके कारनामे
दर्ज इतिहास में कुछ जामे-पायजामे
नहीं होंगे दर्ज कभी
इतिहास में उस तरह कभी राजेश जोशी, पर जिस तरह राजेश जोशी की कलम से
भोपाल का ताल
सारे बवाल, हवाल और कमाल
पर्दा और जर्दा होंगे दर्ज
होंगे कुछ अलग ही
अलग-अलग किस्सों में होंगे किस्सों के कुछ हिस्से चमकीले
और होंगे कुछ कवि के
आँसुओं में भीगे नम और गीले।

निराशा के झाँसे में नहीं

कुमार अम्बुज

श्री राजेश जोशी फिलहाल चार उम्रों के कवि हैं।

पहली उम्र के हिसाब से आज वे 75 के हो गए हैं।

दूसरी लिखित जन्मतिथि के अनुसार वे 75वें में प्रवेश कर रहे हैं।

तीसरी उम्र उनकी दैहिक सम्भ्रम की है जिससे वे 60 के दिखते हैं।

चौथी उम्र उनके कवि की है जिसका अनुमान, सिवाय इसके कि वह दीर्घजीवी है, अभी कुछ कहना मुमकिन नहीं। सो, सभी उम्रों को देखते हुए उन्हें विशेष बधाई। इस मौके पर उनकी एक कविता 'जिद' पर एक टिप्पणी।

निराशा के झाँसे में नहीं

जैसा कि बार-बार कहा जाता रहा है कि इधर की अधिसंख्य हिन्दी फिल्मों ने समाज के श्रमजीवी, सर्वहारा वर्ग के लोगों को केन्द्रीयता देना समाप्त कर दिया है और तमाम कहानियाँ, उनके पात्र मध्यवर्ग, उच्चवर्ग के हो गए हैं। हिन्दी कविता का अधिकांश भी मानो इसी राह चल पड़ा है। जैसे समाज में अब श्रमजीवी रह ही नहीं गए हैं और पूँजी सिर्फ जड़ होते हुए भी इस संसार को सफलतापूर्वक चला रही है। इसे चालित करनेवाली शक्तियाँ जैसे गायब हैं। जबकि हम जानते हैं, ऐसा सम्भव नहीं हो सकता क्योंकि पूँजी है तो उसे श्रम चाहिए अन्यथा वह कूड़ा है, धोखा है। इस सर्वहारा समाज की तरफदारी भी ठीक से नहीं की जा रही है। इसमें खोट और समस्या बताने की अमानवीय गतिविधियाँ जरूर होती रही हैं। तब यकीनन कविता की जिम्मेदारी और उसकी सामाजिक सक्रियता भी कुछ अधिक मायनों में अपेक्षित हो जाती है। अभी हिन्दी में कुछ कवि हैं जो इस महादेशीय समाज के ईंधन, उसकी ऊर्जा की पहचान करते हैं, उनके पक्ष में व्यंजना में नहीं, अभिधा में खड़े होते हैं।

राजेश जोशी की ज्यादातर कविताएँ अभिधा शक्ति के साथ प्रस्तुत होती हैं। इसलिए उनमें स्पष्टता, सम्प्रेषणीयता का गुण अधिक है। लेकिन वे अपने ही दुख,

कुहासे और धुंध में खो नहीं जातीं। वे पक्ष लेने का साहस करती हैं। विलाप को संघर्ष में बदलने की हिमायत करती हैं। करीब तीन-चार साल पहले भोपाल से प्रकाशित होनेवाली क्षेत्रीय पत्रिका 'राग भोपाली' में 'जिद' कविता पढ़ने के बाद, यह स्मृति में इसलिए शामिल हो गई कि शहर में इसे याद दिलानेवाली घटनाएँ, आयोजन और हादसे लगातार होते रहते हैं।

इसमें कुछ तत्त्व ऐसे हैं जो 'काव्य रचना शिविरों' और 'अग्रज कवियों से प्राप्त उपदेशों' के खिलाफ जा सकते हैं। जैसे, तमाम नाउम्मीदियों के बीच यह आशावाद का न केवल डंका पीटती है, बल्कि निराशा को सीधे सम्बोधित करती है। यह रिपोर्टिंग करती है और घटनास्थल से सूचनाएँ देती है। इस कविता में वर्णित यह जमावड़ा, यह मीटिंग घर अथवा पार्क में सम्भव हुई है और वहाँ की कार्यवाही से आपको अवगत कराती चलती है। यह कविता के लिए सद्गुण समझी जानेवाली बारीकी में नहीं जाती और न ही रेशमी वाक्यों का विन्यास बनाती है। यह लगभग 'कविताई' के खिलाफ जाती है और ऐसा संस्करण तैयार करती है जो आवाज उठाती है, अपने पक्ष का चुनाव करती है, हमारे बीच उपस्थित निष्क्रिय, बड़बोले और मध्यवर्गीय चालाकियों से लबरेज वर्ग को लताड़ती है। अनेक पंक्तियों में लताड़ती ही चली जाती है।

यह प्रतिरोधात्मक लघु गोष्ठियों, सभाओं की महत्ता और आवश्यकता के पक्ष में पुनर्स्थापनाएँ करती हैं। किसानों, मजदूरों और विपन्नों के प्रस्तावों और सक्रियताओं को अब आप निरुपाय लेकिन गम्भीर, गहरी, अनिवार्य और विकल्पहीन कार्यवाहियों की तरह ही देख सकते हैं। उनके पास और क्या विकल्प है, जरा ठहरकर विचार करें। यदि कोई विकल्प है तो बताएँ अन्यथा इन रौनकहीन रैलियों, सभाओं, गोष्ठियों को वृहत्तर, नैतिक और कार्यकारी रूप में देखें। उनका समर्थन करें। आप यदि अपनी कमजर्फ दुनिया में मस्ती से जी रहे हैं तो कम से कम उन्हें हास्यास्पद समझने और बनाने की कोशिश न करें। यह कविता इसके लिए आपको तैयार करती है। याद दिलाती है, सचेत करती है और यह वह कला के, भाषा-शिल्प के नाजुक उपकरणों से नहीं, फटकार के जरिये करना चाहती है। कवि का यह हौसला, कविता के हौसले में बदल जाता है।

जिद करो, दुनिया को बदलो। यह मुहावरा आजकल विज्ञापनों में है। प्रस्तुत कविता में यह मुहावरा विज्ञापन की तरह नहीं, कार्यवाहियों की प्रशस्ति की तरह पेश है। संगी-साथी की तरह उपस्थित है। यह कविता उनके लिए आवश्यक बौद्धिक समर्थन की कमी को पूरा करती है। इसमें एक छोटी सी बात की तरफ इशारा भी है कि अक्सर उनकी खबरें अखबारों में बिना छपी रह जाती हैं। कह सकते हैं कि यह कविता उनके पक्ष में छपी खबर है। सम्पादकीय है।

कमजोर की ताकत की एकजुटता की स्फुट सूचनाएँ देती यह कविता इसकी

जरूरत को रेखांकित करती है। और मध्यवर्ग के भीतर, जिसका प्रतिनिधि कवि स्वयं है, बैठी निराशा से द्वंद्वात्मक संवाद करती है। इस वर्ग की चुप्पी, नाकारापन, अवसरवादिता से विवाद करती है। इसके बरअक्स सताए हुए लोगों की उदासी को यह कर्मठता और प्रतिक्रिया में बदलने का प्रस्ताव रखती है।

हमारे समय में यह एक व्यर्थ और अव्यावहारिक रचना भी हो सकती है क्योंकि विशाल मध्यवर्ग ने और अब पूँजीवादी सत्ताओं ने कमजोर वर्ग की, सर्वहारा की विफलता का आख्यान पहले ही लिख दिया है। लेकिन यहीं, इसी बिन्दु पर इस कविता की वह ताकत दिख सकती है जो इसे स्मरणीय बनाती है।

क्योंकि यह मखौल बनानेवालों का भी मखौल बनाती है। हाशिए पर पड़े लोगों की विजय का छोटा सा ही सही, एक स्वप्न देखती है।

उनके निराशा के झाँसे में न आने पर खुश और सन्तुष्ट होती है।

जिद

निराशा मुझे माफ करो आज मैं नहीं निकाल पाऊँगा तुम्हारे लिए समय
आज मुझे एक जरूरी मीटिंग में जाना है

मुझे मालूम है तुम भी वही सब कहोगी
जो दूसरे भी अक्सर ही कहते रहते हैं उन लोगों के बारे में
कि गिनती के उन थोड़े-से लोगों की बिसात ही क्या है
कि समाज में कौन सुनता है उनकी बात?
कि उनके कुछ कहने से क्या बदल जाएगा दुनिया में?
हालाँकि कई बार उन्हें भी निरर्थक लगती हैं अपनी कोशिशें
फिर भी एक जिद है कि लगे ही रहते हैं वे अपने काम में
कहीं घटी हो कोई घटना
दुनिया के किसी भी कोने में हुआ हो कोई अन्याय
कोई अत्याचार कोई दंगा या कोई दुर्घटना
वे हरकत में आ जाते हैं तत्काल
सूचित करने निकल पड़ते हैं सभी जान-पहचान के लोगों को
और अक्सर मुफ्त या सस्ते में उपलब्ध किसी साधारण सी जगह पर
किसी दोस्त के घर में या किसी सार्वजनिक उद्यान में
आहूत करते हैं वे एक मीटिंग
घंटों किसी घटना पर गम्भीरता से बहस करते हैं
उसके विरुद्ध या पक्ष में पारित करते हैं एक प्रस्ताव

अपनी मीटिंग की वे खुद ही तत्काल खबर बनाते हैं
खुद ही उसे अखबारों में लगाने जाते हैं
प्रतिरोध की इस बहस छोटी-सी कार्यवाही की खबर
कभी-कभी कुछ अखबार सिंगल कॉलम में छाप देते हैं
अक्सर तो बिना छपे ही रह जाती है उनकी खबरें
कई बार उदासी उन्हें भी घेर लेती है
उन्हें भी लगता है कि उनकी कोई आवाज नहीं इस समाज में

निराशा!
मैंने कई-कई बार तुम्हें उनके इर्द-गिर्द मँडराते
और फिर हाथ मलते हुए लौटते देखा है
मैंने देखा है तुम्हारे झाँसे में ज्यादा देर तक नहीं रहते
वे लोग

कभी-कभी किसी बड़े मुद्दे पर वे रैलियाँ निकालते हैं
खुद की ही जेबों को निचोड़कर
खुद ही रात-रात जागकर तैयार करते हैं
मशालें पोस्टर और प्ले कार्ड
अगर रैली में जुट जाते हैं सौ-सवा सौ लोग भी
तो दुगुने उत्साह से भर जाते हैं वे

दुनियादार लोग अक्सर उनका मजाक उड़ाते हैं
असफलताओं का मखौल बनाना ही
व्यावहारिकता की सबसे बड़ी अक्लमन्दी है
कभी-कभी छेड़ने को और कभी-कभी गुस्से में
पूछते हैं दुनियादार लोग
क्या होगा आपके इस छोटे से विरोध से?

पर वे किसी से पलटकर नहीं पूछते कभी
कि तुम्हारे चुप रहने ने ही
कौन-सा बड़ा कमाल कर दिया है
इस दुनिया में?
पलटकर उन्होंने नहीं कहा कभी किसी से
कि दुनियादार लोगो! तुम्हारी चुप्पियों ने ही बढ़ाई है

अपराधों और अपराधियों की संख्या हर बार
कि शरीफजादो! तुम्हारी निस्संगता ने बढ़ाए हैं
अन्यायियों के हौसले
कि मक्कार चुप्पियों ने नहीं छोटी-छोटी आवाजों ने ही
बदली हैं अत्याचारी सल्तनतें

वे दुनियादार लोगों की सीमाएँ जानते हैं
उनके सिर पर भी हैं घर-गृहस्थी और बाल-बच्चों की
जिम्मेदारियाँ
भरसक कोशिश करते हैं कि दोनों कामों में सन्तुलन बना रहे
पर अक्सर ऐसा हो नहीं पाता
घर में भी अक्सर झिड़कियाँ सुननी पड़ती हैं उन्हें
सब उनसे एक ही सवाल पूछते हैं
कि दुनियाभर की फिक्र
वे ही क्यों अपने सिर पर लिए घूमते हैं
कि उनके करने से क्या बदल जाएगा इस समाज में?

वे जो दुनिया की हर घटना के बारे में बोलते हैं
इस सवाल पर अक्सर चुप रह जाते हैं!

चौकन्ने कवि का काम

नीलेश रघुवंशी

1

कविता-संग्रह : 'एक दिन बोलेंगे पेड़', 'मिट्टी का चेहरा' और 'नेपथ्य में हँसी'।
कविताएँ : बिजली सुधारने वाले, एक आदिवासी लड़की की इच्छा, कलाओं का अन्तर्सम्बन्ध, बच्चे काम पर जा रहे हैं, बच्चों की चित्रकला प्रतियोगिता, मारे जाएँगे, मेटल डिटेक्टर, कर्बला।

कई बरस पहले भोपाल में साहित्य परिषद के एक कार्यक्रम में, जिसमें देश के नामचीन साहित्यकार उपस्थित थे। कार्यक्रम जितना आत्मीय था, उतना ही भव्य भी था। कई सत्र के इस आयोजन में अपनी अमिट छाप छोड़ते कवि आलोचक विष्णु खरे ने 'लेखक से मिलिए' सत्र में समकालीन कविता पर अपनी बात रखते हुए हिन्दी की महत्त्वपूर्ण कविताओं का उल्लेख किया। उल्लेखित कविताओं में राजेश जोशी की 'बिजली सुधारने वाले' कविता पर बोलते हुए उन्होंने कहा कि "यह हिन्दी की नायाब कविताओं में से है और जब भी वे इसे पढ़ते हैं, उनके रोएँ खड़े हो जाते हैं।" राजेश जोशी के पहले कविता-संग्रह 'एक दिन बोलेंगे पेड़' में यह कविता संगृहीत है।

बिजली सुधारने वाले

अक्सर झड़ी के दिनों में
जब सन्नाट पड़ती है बौछार
और अंधड़ चलते हैं
आपस में गुत्थम-गुत्था हो जाते हैं कई तार।
या बिजली के खम्भे पर

कोई नंगा तार पानी में भीगता
चिंगारियों में चटकता है।
एक फूल आग का
बड़े तार सा झरता है
अचानक उमड़ आई
अँधेरे की नदी में। मुहल्ले के मुहल्ले
घुप्प अँधेरे में डूब जाते हैं
वे आते हैं
बिजली सुधारने वाले।
पानी से तरबतर टोप लगाए
पुरानी बरसातियों की दरारों और कॉलर से रिसता पानी
अन्दर तक भिगो चुका होता है उन्हें।
भीगते-भागते वे आते हैं
अँधेरे की दीवार को
अपनी छोटी-सी टॉर्च से छेदते हुए।
वे आते हैं हाथों में रबर के दस्ताने चढ़ाए
साइकिल पर लटकाए
एल्युमीनियम की फोल्डिंग नसेनी
लकड़ी की लम्बी छड़
और एक पुराने झोले में
तार, पेचकस, टेस्टर और जाने क्या-क्या भरे हुए।
वे आते हैं
खम्भे पर टिकाते हैं
अपनी नसेनी को लम्बा करते हुए
और चीनी मिट्टी के कानों को उमेठते
एक-एक करके खींचते हैं
देखते हैं
परखते हैं
फिर कस देते हैं किसी में एक पतला-सा तार।
एक बार फिर जगमग हो जाती है
हर घर की आँख।
वे अपनी नसेनी उतारकर
बढ़ जाते हैं
अगले मोहल्ले की तरफ

अगले अँधेरे की ओर
अपनी सूची में दर्ज
शिकायतों पर
निशान लगाते हुए।

अँधेरे से उजाले और उजाले से अँधेरे की ओर जाती यह कविता जितना चकित करती है, उतना ही उम्मीद भी जगाती है। वे आएँगे और अँधेरा पलक झपकते में जुगनू की तरह गायब हो जाएगा। तड़तड़ाती बारिश में उजाले से अँधेरे की ओर जाते हुए, वे फिर से अँधेरे की जगह उजियारे को पसार देंगे। यह अनवरत यात्रा है। एक क्रम है, जिसमें जरा भी ठहराव नहीं। इसमें थकान नहीं, ऊब और चिढ़ भी नहीं, बल्कि एक ऊर्जा है। ऐसी सकारात्मक ऊर्जा जो चारों ओर व्यापती है। बिजली सुधारने वालों को देखकर ही एक उम्मीद जन्म लेती है कि ये आ गए हैं और इनके आते ही अँधेरा भाग जाएगा कि अँधेरा ज्यादा देर ठहर न सकेगा और उजाला बहुत देर तक छिप न सकेगा। अँधेरे-उजाले की इस कविता में किसी एक की नहीं, बल्कि हर घर की आँख जगमग हो जाती है। 'बिजली सुधारने वाले' कविता सामूहिकता का बहुत सुन्दर आख्यान है। यहाँ 'हम' पर जोर है, 'मैं' पर नहीं। अँधेरे में डूबे तो सब डूबे, उजियारे में जगर-मगर हुए तो सब जगर-मगर हुए। मुहल्ले के मुहल्ले घुप्प अँधेरे में डूबते हैं। वे 'बिजली सुधारने वाले' आते हैं और हर घर की आँख को जगमग कर अगले मोहल्ले की तरफ, अगले अँधेरे को, उजाले में बदलने की ओर बढ़ जाते हैं। समकालीन कविता के सशक्त हस्ताक्षर राजेश जोशी की कविता का आकलन बहुत सोच-समझकर, ठहरकर, बड़े धैर्य के साथ करना होगा।

छोटी-छोटी चीजों और छोटी-छोटी इच्छाओं से ही यह जीवन है। जीवन के आर क्या है और जीवन के पार क्या है। एक समर्थ कवि ही जीवन के आर-पार देख पाता है। वह जीवन को किसी एक ओर से नहीं, बल्कि हर ओर से पकड़ना चाहता है। इसी संग्रह में एक कविता है—

एक आदिवासी लड़की की इच्छा
लड़की की इच्छा है
छोटी-सी इच्छा
हाट इमलिया जाने की
सौदा-सूत कुछ नहीं लेना
तनिक सी इच्छा है—काजर की
बिंदिया की।

सौदा-सूत कुछ नहीं लेना
तनिक सी इच्छा है—तोड़े की/बिछिया की।
लड़की की इच्छा है
छोटी-सी इच्छा
हाट इमलिया जाने की।

दूसरे कविता-संग्रह 'मिट्टी का चेहरा' में कविता है—'कलाओं का अन्तर्सम्बन्ध' कविता, जिसमें ट्रेन की दूसरी बोगी में सारे कलाकार हैं और शब्द अकेले फूलों का हार लिये खड़े हैं। सतही तौर पर देखें तो कह सकते हैं कि शब्द भी वातानुकूलित बोगी में यात्रा की लालसा में कुड़कुड़ा रहे हैं, लेकिन यहाँ ऐसा नहीं है। ये शब्द ही हैं जो भारतीय समाज की जनरल बोगी में यात्रा कर रहे हैं। जिसमें पाँव धरने की भी जगह नहीं है और लोग एक-दूसरे के ऊपर चढ़कर धकियाते एक-दूसरे के लिए जगह बनाते अपने गंतव्य तक पहुँचते हुए मानवीय और भाईचारे का रिश्ता बनाते हैं। यहीं इसी जगह राजेश जोशी की कविता उन्हें सोचने और उकसाने पर ठहराती है कि क्यों, आखिर क्यों? जिस समाज को उन्होंने गढ़ा है, उसी समाज में उनके पास बित्ता भर भी जगह बैठने के लिए क्यों नहीं है? आखिर, वे कौन सी शक्तियाँ हैं, जो आम जन के हिस्से का पानी भी पी जाती हैं और उनकी जगह को घेरकर उसमें वो आलीशान लोक रच रही हैं, जिसकी खिड़कियाँ सिर्फ समृद्ध और आततायी जनों के लिए खुलती हैं।

तीसरे कविता-संग्रह—'नेपथ्य में हँसी' की भूमिकानुमा छोटे से फ्लैप में कवि राजेश जोशी लिखते हैं, "ये कविताएँ पिछले सात-आठ बरसों में लिखी गई हैं। हमारे आसपास इस बीच बहुत तेजी से परिवर्तन हुए हैं। घटनाओं की गति इतनी तेज और अप्रत्याशित, बल्कि कहना चाहिए कि विस्मित कर देने वाली है कि उसे अवधारणाओं में पकड़ना अगर असम्भव नहीं तो कठिन अवश्य हो गया है। दृश्य गहरी मानवीय तकलीफों और बेचैनियों से भरा है। इन कविताओं में शायद इसके कुछ संकेत मिलें। शायद इसीलिए इन कविताओं में 'मूड्स' की बहुत भिन्नताएँ हैं। निराशा, उदासी और उन्माद के इस दृश्य के बीच भी उम्मीद बची है। और यह उम्मीद है, इस देश की विराट श्रमशील जनता—जो बहुत थोड़े में अपना गुजर-बसर करते हुए भी, ज्यादा से ज्यादा जगह को मनुष्य के रहने लायक और सुन्दर बनाने में जुटी है। ये कविताएँ उस धुँधले उजाले को देख और दिखा सकें ऐसी मेरी इच्छा है।"

राजेश जोशी भारतीय आमजन को संघर्ष का बीज रूप देते हैं और उसे अपने हक के लिए उठ खड़े होने को ललकारते हैं। यहीं इसी जगह वे विमर्श को आन्दोलन में बदलने की कोशिश करते हैं। बच्चे काम पर जा रहे हैं—

बच्चे काम पर जा रहे हैं
हमारे समय की सबसे भयानक पंक्ति है यह
भयानक है इसे विवरण की तरह लिखा जाना
लिखा जाना चाहिए इसे सवाल की तरह
काम पर क्यों जा रहे हैं बच्चे?

कलेजे को चीरता यह सवाल जितना पुराना होता जा रहा है, उतना ही धारदार होता जा रहा है। कुछ सवाल ऐसे होते हैं, जिनके उत्तर जल्दी मिल जाएँ और वे हमेशा के लिए बिला जाएँ। खत्म हो जाएँ। इस दुनिया से उनका नामोनिशान मिट जाए, लेकिन हमारी विडम्बना या कहें कि हमारे समय की विडम्बना कि वे बजाय खत्म होने के दिन दूने रात चौगुने बढ़ते ही जाते हैं। ऐसी धार अपने भीतर बनाए रखते हैं कि संवेदनशील कलेजे छलनी होते जाते हैं।

बच्चों की चित्रकला प्रतियोगिता

चीजों को बनाते चले जाने के उत्साह में
इतना ज्यादा भर गया चित्र
कि गेंद को रखने की कोई जगह ही
नहीं बची चित्र में
तब समझ आया उन्हें
कि बड़ों ने कैसी-कैसी गलतियाँ की हैं
इस दुनिया को बनाने में।

'बच्चे काम पर जा रहे हैं' और 'बच्चों की चित्रकला प्रतियोगिता' दो छोर हैं, हमारे समय के। राजेश जोशी के लिए प्रतिबद्धता एक आन्तरिक मामला है। अपने एक लेख में अजय तिवारी ने कहा है, "भारतीय समाज की नई जटिलताओं के साथ राजेश अपनी काव्य सामग्री को पुनर्व्यवस्थित करते हैं और मानव-मन के नए पेचों को सामने लाते हैं।"

'वसन्त का छीजना और विष का बढ़ना' अपने मूल्यांकनपरक लेख में पंकज चतुर्वेदी की यह टिप्पणी राजेश जोशी के समूचे काव्य परिदृश्य को बखूबी उजागर करती है कि "राजेश जोशी ने कविता के पारम्परिक या प्रदत्त साँचों का अनुसरण करते हुए किसी महाआख्यान की या किताबों की रचना नहीं की है, बल्कि अपने समय के सम्पूर्ण या केन्द्रीय सच को उजागर करने के लिए विनम्र 'सहयोगी प्रयास' के अन्तर्गत कविताएँ लिखी हैं। कई बार आकार में छोटी, किन्तु अपने प्रभाव में बहुत समर्थ और व्यापक व्यंजना को सम्भव करने वाली कविताएँ। उनकी

कविता पर उनके व्यक्तिगत या अनुभूत जीवन की गहरी और मजबूत पकड़ है। एक पारदर्शी व्याकुलता। इसलिए उनकी कुछ कविताएँ अगर पाठकों की स्मृति ही नहीं, उनके सक्रिय जीवन का अनुषंग हो गईं, पोस्टर और स्लोगन बन सकीं तो अपने महत्त्व के चलते। अपने समय में फासीवाद से लड़ने की उनकी ऐतिहासिक भूमि और भूमिका को समझना जरूरी है।" (*पहल* 74, 2003 वसन्त का छीजना और विष का बढ़ना : पंकज चतुर्वेदी)

वहीं अरुण कमल की ये टिप्पणी उनकी राजनैतिक प्रखरता की ओर इशारा करती है, "उनकी कविता साहस के साथ सत्ता के सभी पायदानों पर वार करती है; एक विराट सत्ता जो अर्थव्यवस्था से लेकर हमारी रसोई तक व्याप्त है। नागार्जुन और धूमिल के बाद सत्ता के तिलिस्म को उघाड़ने वाले सर्वाधिक सशक्त कवि राजेश जोशी हैं।"

मारे जाएँगे

जो इस पागलपन में शामिल नहीं होंगे
मारे जाएँगे
कठघरे में खड़े कर दिए जाएँगे, जो विरोध में बोलेंगे
जो सच सच बोलेंगे, मारे जाएँगे
बर्दाश्त नहीं किया जाएगा कि किसी की कमीज हो
'उनकी' कमीज से ज्यादा सफेद
कमीज पर जिनके दाग नहीं होंगे, मारे जाएँगे
धकेल दिए जाएँगे कला की दुनिया से बाहर, जो चारण नहीं
जो गुन नहीं गाएँगे, मारे जाएँगे
धर्म की ध्वजा उठाए जो नहीं जाएँगे जुलूस में
गोलियाँ भून डालेंगी उन्हें, काफिर करार दिए जाएँगे
सबसे बड़ा अपराध है इस समय
निहत्थे और निरपराध होना
जो अपराधी नहीं होंगे
मारे जाएँगे।

किसी छोटी सी चीज या मामूली सी घटना को व्यापकता और सार्वजनिकता का ऐसा जामा कि घटना स्थानीय होते हुए राष्ट्रीय और अन्तर्राष्ट्रीय सन्दर्भों तक जा पहुँचती है। व्यापकता उनकी हर कविता को तराशती है या कहें कि उसका स्वभाव है। यह रचाव उनकी ज्यादातर कविताओं में लक्षित किया जा सकता है। 'कर्बला' कविता इसका सुन्दर उदाहरण है—

पानी पियो तो याद करो प्यास इमाम हुसैन की
पानी पियो तो याद करो उस शख़्स को
तपते रास्तों में जिसने दिया गुड़ और पानी
जिसने रास्तों में बिठाईं ठंडे पानी की सबीलें
उसका शुक्रिया अदा करो
उसका भी जिसने कम से कम इच्छा की प्याऊ लगाने की।

और 'मेटल डिटेक्टर' कविता, मुक्तिबोध की 'कैसी ट्रेजडी है नीच' की याद दिलाती हुई कवि की राजनैतिक प्रखरता की ओर इशारा करती है।

वाह! कविता के सम्मान का कैसा भव्य समारोह!
वाह रे प्रतिपक्ष के कवि का हश्र!
(धिक्कार! धिक्कार!
किया ही क्यों स्वीकार
सत्ता के हाथों यह पुरस्कार!!)

मूलत: राजेश जोशी अपने समय और समाज का एक बिम्ब गढ़ते हैं। जो अपनी खामियों और खूबियों से भरा है। जिसमें बौद्धिक प्रलाप और मानवीय सामाजिक सम्बन्धों में आई छीजता यह उजागर करती है कि मौजूदा समय सामाजिक नहीं, राजनैतिक समय है।

इसी अर्थ में राजेश जोशी एक राजनैतिक कवि हैं, लेकिन गहरे आशयों में वह राजनीति से भरे समय के सामाजिक कवि भी हैं।

2

कविता-संग्रह : 'दो पंक्तियों के बीच'

कविताएँ : दो पंक्तियों के बीच, इत्यादि, रुको बच्चो, दो नन्हे मोजे, जब तक मैं एक अपील लिखता हूँ, बर्बर सिर्फ बर्बर थे।

दो पंक्तियों के बीच

कविता की दो पंक्तियों के बीच मैं वह जगह हूँ
जो सूनी सूनी सी दिखती है हमेशा।
शब्दों की ऊँची आड़ के बीच मैं एक खुला आसमान हूँ
कवि के मन्सूबों के उकाब जहाँ भरते हैं लम्बी उड़ान
अदृश्य की आड़ के पीछे छिपी हैं यहाँ कुछ ऐसी सुरंगें

जो अपने गुप्त रास्तों से
शब्दों की जन्म-कथा तक ले जाती हैं।
यहाँ आने से पहले अपने जूते बाहर उतार कर आना
कि तुम्हारे पैरों की कोई आवाज न हो
एक जरा सी बाहरी आवाज नष्ट कर देगी
मेरे जादुई तिलिस्म को!

राजेश जोशी को जादू से खासा लगाव है। कह सकते हैं कि एक अजीब सा राग कवि और जादू के बीच है। यह जो बीच है, इसी में स्वप्न विराजते हैं। यह और बात है कि स्वप्न भी एकल और सामूहिक होते हैं। यहाँ जादू और स्वप्न संसार का बेड़ा पार लगाने के लिए हैं। राजेश जोशी की कविताओं में यथार्थ और फैंटेसी का अद्‌भुत चित्रण है या कहें कि बहुत सुन्दर अन्तर्गठन है। एक बेहतर जीवन का स्वप्न और उसके लिए लगातार यथार्थ से सीधी मुठभेड़ कवि की ताकत है। एक पैनी और चौकन्नी निगाह अपने समय और समाज पर कवि की ताकत है। स्थानिकता उनका स्वभाव है, जिसकी परिणति सार्वभौमिकता में होती है।

इत्यादि

कुछ लोगों के नाम का उल्लेख किया गया था
जिनके ओहदे थे
बाकी सब इत्यादि थे।
इत्यादि हर जगह शामिल थे पर उनके नाम कहीं भी
शामिल नहीं हो पाते थे
इत्यादि बस कुछ सिरफिरे कवियों की कविता में
अक्सर दिख जाते थे।

आज का समय तमाम अन्तर्विरोधों और विकृतियों से भरा समय है। संसार को नरक में धकेलने वाली सारी ताकतें सक्रिय हैं। विडम्बना ही है कि ये समय आततायियों का भी है और कवि का भी। आततायी संसार को मटियामेट करने पर उतारू हैं और कविता हमें उम्मीद जगाती सच का साथ देती आखिरी दम तक लड़ने की ताकत दे रही है। राजेश जोशी आम बोलचाल और बहुत सशक्त लिरिकल शक्ति के साथ-साथ राजनीति पर पैनी नजर रखते हैं। उनकी कई कविताएँ राजनैतिक पैम्फलेट हैं जो संघर्ष की जमीन से उगी हुई हैं और प्रतिरोध की जमीन तैयार कर रही हैं, इस विश्वास और भरोसे के साथ कि वे एक दिन सर्वहारा को जिता ही देंगी। ये कविताएँ छिपे, दबे और चुप पड़े हुए को उद्‌घाटित करती हैं।

इसलिए उनकी कविता सबकी अपनी कविता है, जो कि जीवन को बेहतर बनाने के लिए बरहमेश उकसाती रहती है। ये कविता किताबों का जीवन और जीवन की किताब को एकमेक करती हमारे भीतर एक ऐसी झनझनाहट को जन्म देती है कि हम तमाम सकारात्मक और नकारात्मक प्रभावों को दरकिनार करते हुए जीवन के पक्ष में जा खड़े होते हैं। राजेश जोशी के यहाँ अच्छे या बुरे समय की आहट सबसे पहले होती है। उनकी कविता को पढ़ते हुए हम इस विश्वास से भर उठते हैं कि कविता कभी भी छल नहीं कर सकती बल्कि निहत्थे और निपट अकेले आदमी को अपना कन्धा देती है। चक्रव्यूह में फँसे समय और समाज को बाहर निकालने का रास्ता दिखाती है, उनकी कविता। ये उनकी खूबी और ताकत है कि कमजोर या पीड़ित दया या भीख के पात्र नहीं वरन् अपने हिस्से और हक के लिए लड़ते हैं। हर सच्ची कविता असमानता और शोषण का विरोध करती है वह आकाश और धरती को बँटते हुए नहीं देख सकती। वह आततायियों का विरोध और जीवन का गुणगान करती है। राजेश जोशी कविता में जिस टोन में बात करते हैं वह टोन उनका नहीं रह जाता, बल्कि पाँत के आखिर में बैठे व्यक्ति का टोन हो जाता है। एक सच्चे अनुभव की सच्ची अभिव्यक्ति है, उनकी कविता। ऐसे समय में जब सारी चीजें और स्थितियाँ गड्डमड्ड और उलझी हुई हैं कि रास्ता नहीं सूझता। वे बड़ी आसानी से एक पगडंडी बनाते हैं। एक बेहतर आज और कल को गढ़ते हैं, अपनी कविताओं में। एक ऐसे समाज की कोशिश, जिसमें कोई भी इत्यादि न हो।

रुको बच्चो

रुको बच्चो रुको
सड़क पार करने से पहले रुको
तेज रफ्तार से जाती इन गाड़ियों को गुजर जाने दो।
सुरक्षा को एक अन्धी रफ्तार की दरकार है
रुको बच्चो इन्हें गुजर जाने दो
इन्हें जल्दी जाना है
क्योंकि इन्हें कहीं नहीं पहुँचना है।

गहरे सामाजिक अभिप्राय से भरी इस कविता के मूल में एक अन्देशा है जो कि गहरे जीवन संकट की ओर इशारा करता है। आत्मीयता और लयात्मकता के साथ मनुष्यता को बचाए रखने की कोशिश। एक निरन्तर संघर्ष। दिनोंदिन नष्ट होती जा रही मनुष्यता और मानवीय मूल्यों को बचाए रखने की बेचैनी। केदारनाथ सिंह ने कहा है कि "राजेश जोशी आज की कविता के उन थोड़े से महत्त्वपूर्ण हस्ताक्षरों में हैं, जिनसे समकालीन कविता की पहचान बनी है।"

दो नन्हे मोजे

इतने छोटे हैं ये मोजे कि आश्चर्य में डूबा है मेरी बेटी का चेहरा
कि कभी इतने छोटे भी थे उसके पाँव
बहुत छोटी और साधारण चीजों में ही बचा है शायद
इतना अपनापन और इतनी गुदगुदी।

जीवन की धड़कन से उपजी इस कविता का सौन्दर्य और भाव दोनों ही निराले हैं। कमजोर नहीं, ताकतवर नस पर हाथ रखना शायद इसी को कहते हैं। रिश्तों की गहराई और कभी-कभार पीछे लौटकर देखने से जो ऊर्जा मिलती है, वह जीवन को धारदार रास्तों पर चलना सिखा देती है। एक ऐसा अनुभव जो सबके पास है, जिसमें कहने के लिए नया कुछ भी नहीं है। उसी अनुभव को एक कोरे अनुभव की तरह कविता में ले आना राजेश जोशी की खूबी है। ऐसे कोमल अनुभव के साथ 'जब तक मैं एक अपील लिखता हूँ' जैसी कविता भी कवि के पास है जो कि शुद्ध राजनीतिक होने के साथ-साथ अमानवीय होते जाते समाज का पर्दाफाश करती है। एक ऐसा राजनीतिक समय और समाज जो दिनोंदिन बर्बर होता जा रहा है। कई बार तो ऐसा लगता है, जैसे कि वह बर्बर होते जाने की प्रतियोगी परीक्षा की तैयारी कर रहा है, जिसमें कि उसे और-और बर्बर होते हुए इस परीक्षा में अव्वल आना है।

जब तक मैं एक अपील लिखता हूँ

जब तक मैं एक अपील लिखता हूँ
आग लग चुकी होती है सारे शहर में
हिज्जे ठीक करता हूँ जब तक अपील के
कर्फ्यू का एलान करती घूमने लगती है गाड़ी
अपील छपने जाती है जब तक प्रेस में
दुकानें जल चुकी होती हैं
मारे जा चुके होते हैं लोग
छप कर जब आती है अपील
अपील की जरूरत खत्म हो चुकी होती है।

बर्बर सिर्फ बर्बर थे

बर्बर सिर्फ बर्बर थे
अपनी बर्बरता के लिए उनके पास कोई तर्क नहीं था
बर्बर सिर्फ बर्बर थे
उनके पास किसी धर्म की कोई ध्वजा नहीं थी

बर्बर सिर्फ बर्बर थे
उनके पास भाषा का कोई छल नहीं था
नहीं थे उनके पास दुख या पश्चात्ताप जैसे शब्द
बर्बर सिर्फ बर्बर थे
हम उन्हें कई युग पीछे छोड़ आए।

अपनी एक टिप्पणी में कवि नरेश सक्सेना कहते हैं, "मार्क्सवाद के संस्पर्श से जिन कवियों ने अपनी समझ और संवेदना को गहरा किया है राजेश जोशी को उनमें अलग से चिह्नित किया जा सकता है। समय, स्थान और गतियों के अछूते सन्दर्भों से भरी है राजेश की कविता। यहाँ काल का बोध गहरा और आत्मीय है। अपने मनुष्य होने के एहसास और उसे बचाए रखने की जद्दोजहद हैं राजेश की कविताएँ।"

3

कविता-संग्रह : 'चाँद की वर्तनी' और 'जिद'।

कविताएँ : मैं झुकता हूँ, रात किसी का घर नहीं, एक से मकानों का नगर, बहन, बेटी की विदाई, विनम्रता, कवि चाँद और बिल्लियाँ, अतिरिक्त चीजों की माया, राजा भोज ने तालाब बाँधा।

भारतीय समाज का लेखा-जोखा रचते हुए, वह सम्पूर्ण समाज को रचने की कोशिश करते हैं। जीवन के सारे पक्ष जिसमें प्रेम, घर, गृहस्थी, भाईचारा और संघर्ष है। उनके यहाँ विन्रमता और उदात्तता एक साथ मिलते हैं। वे दैनन्दिन जीवन के खटराग को एक बड़े दृश्य में बदलते हैं, जो घर-परिवार-समाज से बढ़कर वैश्विक हो जाते हैं।

मैं झुकता हूँ

दरवाजे से बाहर जाने से पहले
अपने जूतों के तस्मे बाँधने के लिए मैं झुकता हूँ
रोटी का कौर तोड़ने और खाने के लिए
झुकता हूँ अपनी थाली पर
जेब से अचानक गिर गई कलम या सिक्के को उठाने को झुकता हूँ

झुकता हूँ लेकिन उस तरह नहीं
जैसे एक चापलूस की आत्मा झुकती है

किसी शक्तिशाली के सामने
जैसे लज्जित या अपमानित होकर झुकती हैं आँखें
झुकता हूँ
जैसे शब्दों को पढ़ने के लिए आँखें झुकती हैं
ताकत और अधीनता की भाषा से बाहर भी होते हैं
शब्दों और क्रियाओं के कई अर्थ

झुकता हूँ
जैसे घुटना हमेशा पेट की तरफ ही मुड़ता है
यह कथन सिर्फ शरीर के नैसर्गिक गुणों
या अवगुणों को ही व्यक्त नहीं करता

कहावतें अर्थ से ज्यादा अभिप्राय में निवास करती हैं।

'चाँद की वर्तनी' कविता-संग्रह के फ्लैप में कवि अरुण कमल का कथन है, "राजेश की कविता हमारे समय का ऐसा संघनित दस्तावेज है कि केवल उसके आधार पर हम समकालीन भारत का एक दृश्य-लेख बना सकते हैं। इतने तात्कालिक ब्योरे हैं यहाँ, इतने प्रसंग, पात्र और राजनीतिक-सामाजिक उद्वेलन। साथ ही उनकी कविता जीवन के उन तन्तुओं की खोज करती है, जहाँ उन उद्वेलनों का कम्पन सबसे तीव्र है, और उन लोगों का यशोगान करती है, जो निरन्तर संघर्ष करते हुए जीवन को बदलने का ताब रखते हैं।"

रात किसी का घर नहीं

रात किसी का घर नहीं होती
किसी बेघर के लिए
किसी घर से निकाल दिए गए बूढ़े के लिए मेरे जैसे आवारा के लिए
रात किसी का घर नहीं होती
उसके अँधेरे में आँसू तो छिप सकते हैं कुछ देर
लेकिन सिर छिपाने की वह जगह नहीं देती।
मैं उस बूढ़े से पूछना चाहता हूँ
पर पूछ नहीं पाता कि जिस तरफ वह जा रहा है
क्या उस तरफ उसका घर है?

मानवीय करुणा और गहरी संवेदनशीलता से उपजी यह कविता मर्म को भीतर

तक बेध देती है। यह किसी एक की बेबसी नहीं, बल्कि सारे समाज की बेबसी है। आखिर यह दुनिया ऐसी बन कैसे गई? व्यक्ति से समाज और समाज से व्यक्ति तक पहुँच जाना कवि की बहुत बड़ी ताकत है।

एक-से मकानों का नगर

नए वास्तुशिल्पियों ने कैसे ढाँचे
तैयार किए हैं नए मकानों के
कि एकदम एक जैसे होते जाते हैं सारे शहरों के नाकनक्श।
एक दिन एकाएक हम अपने ही घर का नम्बर भूल जाएँगे
अपने ही शहर में अपना ही घर ढूँढ़ते हुए भटकेंगे
और अपना घर नहीं ढूँढ़ पाएँगे।

'बहन' और 'बेटी की बिदाई' कविताएँ एकदम दूसरे छोर की कविताएँ हैं। नितान्त वैयक्तिक होते हुए भी, साधारण से असाधारण का बखान करती कविताएँ। कवि और उसका अपना कविता का संसार। दुनिया को बेहतर से बेहतर बनाने की कोशिश और उसके लिए सत्ता से सीधे मुठभेड़। जीवन के सारे राग। सारे संघर्ष। कोई भी रंग अछूता नहीं। सारे स्वाद, सारी गंध और देखने का नजरिया भी सारे जन समाज के लिए।

विनम्रता

दूब जिसे विनम्रता का लगभग पर्याय मान लिया गया है
तमाम रुकावटों को पार करती
फैल जाती है सारी धरती पर
बावजूद सारी कोशिशों के बड़े से बड़ा पेड़
नहीं फैल सकता कभी उस तरह।
जो पिटता है हारता है, हर जगह हर रोज
उसकी दयनीयता को विनम्रता समझने की भूल मत करो
विनम्रता ताकतवर की मुद्रा है।

'जिद' कविता-संग्रह के फ्लैप में अपने एक आत्मकथ्य के अंश में राजेश जोशी कहते हैं, "आग पहिया और नाव की ही तरह भाषा भी मनुष्य का एक अद्वितीय आविष्कार है। इस अर्थ में और भी अद्वितीय कि यह उसकी देह और आत्मा से जुड़ी है। भाषा के प्रति हमारा व्यवहार वस्तुतः जनतंत्र और पूरी मनुष्यता के हमारे व्यवहार को ही प्रकट करता है। हम एक ऐसे समय से रूबरू हैं, जब वर्चस्वशाली

शक्तियों की भाषा में उद्दंडता और आक्रामकता अपने चरम पर पहुँच रही है। बाजार की भाषा ने हमारे आपसी व्यवहार की भाषा को कुचल दिया है। विज्ञापन की भाषा ने कविता से बिम्बों की भाषा को छीनकर फूहड़ और अश्लीलता की हदों तक पहुँचा दिया है।"

कवि, चाँद और बिल्लियाँ

मन के एक टुकड़े से चाँद बनाया गया
और दूसरे से बिल्लियाँ
मन के एक टुकड़े से चाँद बनाया गया और दूसरे से बिल्लियाँ
चाँद के हिस्से में अमरता आई
और बिल्लियों के हिस्से में मृत्यु
इसलिए चाँद से गप्प लड़ाते कवि का
उन्होंने अकसर रास्ता काटा
इस तरह कविता में संशय का जन्म हुआ
वो अपने सद्य:जात बच्चे को अपने दाँतों के बीच
इतने हौले से पकड़कर एक जगह से
दूसरी जगह ले जाती हैं
कवि को जैसे भाषा को बरतने का सूत्र
पकड़ा रही हों।

अतिरिक्त चीजों की माया

बाजार से लेने जाता हूँ जरूरत की कोई चीज
तो साथ थमा दी जाती है एक और चीज मुफ्त
उस चीज की कोई जरूरत नहीं मुझे
पर लेने से इनकार नहीं कर पाता उसे
और बस इसी एक पल पकड़ लिया जाता हूँ
उस अतिरिक्त के लिए जरूरत की चीजों के बीच
थोड़ी जगह बनाता हूँ
तो जरूरी चीजों की जगह थोड़ी सिकुड़ जाती है
अतिरिक्त हमारे मन की कमजोरी को पहचानता है
लालच धीरे-धीरे पाँव पसारता है
एक अतिरिक्त दूसरे अतिरिक्त को बुलाता है

और दूसरा अतिरिक्त तीसरे अतिरिक्त के लिए
जगह बनाता है
एक दिन सारी जगह
अतिरिक्तों से भर जाती है।

नरेश सक्सेना ने राजेश जोशी की कविताओं पर कहा है, "राजेश की कविता की ताकत रेटारिक का अर्थ ही बदल देती है। वह देखते-देखते भाषा को वस्तु और वस्तु को अन्तर्वस्तु में बदल देती है। भोपाल राजेश की कविताओं में एक आर्गेनिक संरचना की तरह गुँथा है। वह उनकी बोली, बानी, मिजाज, मौसम सभी कुछ में व्याप्त है। शायद इसी को लक्ष्य कर ऋतुराज ने लिखा था, वह अपने अनुभव को सिरजते वक्त शोकगीत की लयात्मकता नहीं छोड़ते। लय उनकी कविताओं में सहज भाव से आती है, जैसे कोई कुशल सरोदवादक आलाप में भोपाल राग का विस्तार कर रहा हो।"

राजा भोज ने तालाब बाँधा

दो पहाड़ियों के बीच राजा भोज ने एक तालाब बाँधा
तो छह स्रोत कम पड़ गए
राजा का बस चलता तो छह स्रोत के एवज में
वर्ष की गणना से छह दिन घटा देता
सूरज के एक टुकड़े पर काला कपड़ा बाँध देता
चाँद का टुकड़ा तोड़कर कुत्तों को खिला देता
चक्की का पाट बाँध देता धरती सहित सारे ग्रहों के पैरों में
पर उसे तो तीन सौ पैंसठ स्रोतों वाला तालाब चाहिए था
उसी में बन्द था उसके रोगों का उपचार
दो पहाड़ियों के बीच राजा भोज ने एक तालाब बाँधा।

देवीप्रसाद मिश्र लिखते हैं, "समकालीन हिन्दी कविता में राजेश जोशी की उपस्थिति एक दिलेर उपस्थिति है—कविता लिखना और उसके लिए लड़ना भी। उनमें एक काव्य व्यक्तित्व भी है, जो कविताएँ लिखने वाले कई कवियों में नहीं भी हुआ करता है। उनकी यह उपस्थिति एक लोकतांत्रिक उपस्थिति है, जहाँ आप ढेर सारा संवाद कर सकते हैं।"

न सिर्फ कविता बल्कि गद्य में भी राजेश जोशी की उपस्थिति दिलेर उपस्थिति है। 'एक कवि की नोटबुक', 'समकालीनता और साहित्य—एक कवि की दूसरी नोटबुक', 'कविता का शहर', 'वह हँसी बहुत कुछ कहती थी' (गद्य की किताबें)

'किस्सा-कोताह' (आख्यान), 'सोमवार तथा अन्य कहानियाँ', 'कपिल का पेड़' (कहानी-संग्रह) 'जादू जंगल', 'पाँसे', 'अच्छे आदमी', 'सपना मेरा यही सखी', 'तुम सदाअत हसन मंटो हो' (नाटक) गद्य और कविता से राजेश जोशी का एक भरा-पूरा रचना संसार बनता है। जिसमें हमें अपना समय और समाज अपने हर एक रूप में दिखाई देते हैं। इसमें हम कवि के स्वभाव, व्यवहार, आवारगी और जिम्मेदारी को पहचान और पकड़ सकते हैं। कभी बहुत बड़ी तो कभी बहुत छोटी फाँकें हमें दिखाई देती हैं। समाज, जीवन और समूचा जगत जिसमें सब कुछ शामिल है और अगर कुछ छूटता है या कहें कि अधूरा रह जाता है तो वह कवि का दोष नहीं, बल्कि समय और समाज का दोष है। आखिरकार हम सब एक बौने समय में जी रहे हैं। या कहें कि बौने समय में जीने को अभिशप्त हैं। राजेश जोशी अपने समय की पड़ताल बहुत महीनता के साथ तीखी आवाज में करते हैं। कवि की आवाज महीन, तीखी और भरोसेमन्द आवाज है। कवि और समाज दोनों को संवेदनशीलता की दरकार है। 'कवि की पीठ' (गद्य) में राजेश जोशी लिखते हैं, "उसने कहा कि कवि का काम सिर्फ पाँच इन्द्रियों के चौकन्ना होने से नहीं चलता। कवि की पीठ भी संवेदनशील होनी चाहिए, स्त्रियों की तरह।" राजेश जोशी के समूचे रचनाकर्म से गुजरते हुए हमें यह एहसास बार-बार होता है कि हम एक चौकन्ने कवि के साथ हैं। इतना ही नहीं, कवि अपना यह चौकन्नापन पाठक को भी देता चलता है। एक भरी-पूरी आँख जो समय के आर-पार देख और दिखा सके।

राजेश जोशी की कविताओं में फैंटेसी

बसन्त त्रिपाठी

समकालीन कवियों में राजेश जोशी ऐसे कवि हैं जिनकी कविता का कैनवस बहुत बड़ा है। यथार्थ, फैंटेसी, जादू, साधारण जीवन-दृश्य, आख्यान, रोमांच, रहस्य, साम्राज्यवादी आतंक, बाजारवादी विस्तार, राजनीतिक उठापटक और मध्यवर्गीय विडम्बनाओं की एक भरी-पूरी दुनिया; और महत्त्वपूर्ण यह कि इनके बीच टहलते हुए वे एक विशिष्ट जन की भूमिका अख्तियार कर व हैरतअंगेज प्रदर्शन कर अपने पाठक को हतप्रभ या आतंकित नहीं करते बल्कि स्वयं अपने निजी अनुभवों द्वारा पाठक से साझा सम्बन्ध बनाने की कोशिश करते हैं। यह कोशिश समय के साथ लगातार परिपक्व होती गई है इसलिए उनकी कविता में सहजता के प्रति स्वाभाविक आग्रह भी बढ़ता गया है। उनकी सहजता का राजनीतिक पक्ष कभी बहुत मुखर होता है और कभी बहुत मद्धिम, लेकिन 'पॉलिटिकल करेक्टनेस' की कसौटी पर वे गलत नहीं साबित होते। राजेश जोशी की कविता पर बहुत कुछ लिखा और स्वीकार किया गया है। लेकिन उनकी फैंटेसी पर कम ध्यान दिया गया है, जबकि फैंटेसी के प्रति उनकी कविताओं में आरम्भ से ही जबरदस्त आकर्षण दिखता है।

राजेश जोशी की फैंटेसी को पढ़कर शुरू-शुरू में लगता था कि वे एक गैर-जिम्मेदार कवि हैं जो जमीनी हकीकत की बातें करते-करते अचानक चाँद या अन्तरिक्ष में पहुँच जाते हैं और अपनी चीजें वहीं भूल आते हैं। आखिर एक कवि को, जो यथार्थवादी होने का दम भरता है और अपने आसपास के दृश्यों, घटनाओं, पात्रों से अपनी कविता बुनता है, क्या हक है कि अपने जीवन-यथार्थ से निजात पाने के लिए फैंटेसी की रहस्यात्मक दुनिया में चला जाए? बिलकुल प्रसाद के 'मेरे नाविक' की तरह, 'ले चल वहाँ भुलावा देकर, मेरे नाविक धीरे-धीरे'। प्रसाद जी लगभग गिड़गिड़ाते हुए अपनी स्मृति से गुजारिश कर रहे हैं कि मुझे वहाँ ले चलो, जहाँ सागर की लहरें अम्बर के कानों में अपनी निश्छल प्रेम कथा कह रही हों! समय की गति और प्रगतिशील यथार्थवाद ने राजेश जोशी से गिड़गिड़ाने की यह

सुविधा छीन ली है, फिर भी वे जब-तब भाग जाते हैं। तो क्या प्रसाद की गुजारिश क्रिया बनकर राजेश जोशी की कविता में लौटी है? यदि ऐसा है तो वे छायावाद की वैचारिकी से बहुत पीछे के कवि हुए। लेकिन ठहरिए जनाब, निर्णय पर पहुँचने से पूर्व जरा फैंटेसी की प्रक्रिया पर विचार कर लें।

फैंटेसी और मुक्तिबोध की अवधारणा एक-दूसरे से इतनी घुल-मिल गई है कि उस पर बात करने से पहले मुक्तिबोध की फैंटेसी सम्बन्धी अवधारणा की चर्चा आवश्यक है क्योंकि हिन्दी में फैंटेसी पर कोई भी राय अक्सर उनकी अवधारणा और कविता के आधार पर कायम की जाती है। यदि मुक्तिबोध के 'तीन क्षण' को ध्यान से देखें तो हर कविता 'फैंटेसी' है क्योंकि उसमें प्रयुक्त आख्यान मूलकथा या घटना का काव्यात्मक रूपान्तरण है जिसे कवि अपने अनुभूत सत्य और विवेक के द्वारा गढ़ता है। मुक्तिबोध की इस अवधारणा को उनकी कविता पर तो लागू किया जा सकता है लेकिन हर कविता पर नहीं। मसलन त्रिलोचन की कविता 'उस जनपद का कवि हूँ' को फैंटेसी कैसे कहेंगे, क्योंकि इसमें 'पहला क्षण', 'तीसरे क्षण' से भिन्न नहीं है। यदि कला की सृजन-प्रक्रिया को तीन क्षणों की यात्रा का सच मान भी लें तो कला का हर क्षण पूर्व क्षण से अनिवार्यत: भिन्न नहीं होता और न ही उसकी श्रेष्ठता इस आधार पर तय होती है कि वह पूर्व क्षण से भिन्न है अथवा नहीं। मुक्तिबोध जब कला के तीन क्षण की सैद्धान्तिकी रच रहे थे तब उनकी नजर में स्वयं की कविता के अलावा इंप्रेशनिस्ट चित्रकारों के काम अधिक रहे होंगे, जिनमें दर्शक-विस्तारक (चित्रकार, कवि) के बीच की भिन्नता की पहचान आसानी से की जा सकती है। इस पूरी प्रक्रिया में 'फैंटेसी' एक ऐसा शब्द है जिसका बिला वजह अत्यधिक प्रयोग हुआ है।

'फैंटेसी' मूलत: मनोविज्ञान का पारिभाषिक शब्द है जिसका अर्थ है अतार्किक या परस्पर असम्बद्ध दृश्यों से रची गई कथा अथवा तर्क। इसलिए स्वप्न या स्वप्न-कथाएँ फैंटेसी के काफी करीब हैं। फैंटेसी के कई रूप हो सकते हैं—स्वप्न कथा, लोककथा, काल्पनिक-जादुई कथा, अतींद्रिय कथन आदि। इसलिए मुक्तिबोध की मान्यता, कि हर कविता दूसरे क्षण से ही एक फैंटेसी में बदलती जाती है, बहुत ठीक नहीं है। फैंटेसी के उक्त मनोवैज्ञानिक अर्थ को ध्यान में रखकर देखें तो 'मिथ' भी फैंटेसी है। फर्क इतना है कि 'मिथ' बहुश्रुत, इसलिए सामाजिक होते हैं जबकि फैंटेसी का सम्बन्ध व्यक्ति-विशेष की मनोरचना से है। यहाँ तक तो फैंटेसी आख्यान की तरह प्रतीत होती है लेकिन वह केवल आख्यान नहीं है। इसके मार्फत कवि बहुधा ऐसे दृश्य या कथ्य को रखना चाहता है जिसे रखने के लिए या तो उसके पास यथार्थ की प्रचलित छवियों का अभाव है या मूल कथ्य या तथ्य के जादू को वह कविता में रूपान्तरित करने के लिए बेचैन है। कई बार दोनों चीजें आपस में घुली-मिली होती हैं। फैंटेसी के जरिये समय की असम्बद्ध

और परस्पर विरोधी बातों की जटिलता को रखा जा सकता है। यही ताकत मिथकों की भी होती है लेकिन मिथकीय कथा-तत्त्व में मिथ की सत्ता अपराजेय होती है जबकि फैंटेसी में कथा और कवि के उद्‌देश्य के बीच बराबर का रिश्ता होता है। कवि का उद्‌देश्य फैंटेसी के समक्ष घुटने नहीं टेक देता। फैंटेसी ही विकसित और स्वीकृत होकर मिथ में बदल जाती है जिसके भीतर सत्ता-संघर्ष की छवियाँ और जन-आस्थाएँ घुली-मिली होती हैं। मिथ चूँकि प्रचलित होते हैं इसलिए उसे काव्यात्मक रूप देना अपेक्षाकृत आसान होता है। मिथ चूँकि सत्ता संघर्ष के दौरान किसी एक पक्ष की चाकरी करते हैं इसलिए उसके प्रयोग के राजनीतिक खतरे भी अधिक हैं क्योंकि जहाँ 'पॉलिटिकल करेक्टनेस' की बात आएगी, वहाँ वे 'जन' का साथ छोड़ भी सकते हैं। फैंटेसी में उसे पलायनवादी मान लेने के अलावा, दूसरे राजनीतिक खतरे कम हैं। फैंटेसी को कवि अपनी कल्पना शक्ति से गढ़ता है जबकि 'मिथ' उसे विरासत में मिलते हैं। राजेश जोशी यदि फैंटेसी पर 'मिथ' से ज्यादा यकीन करते हैं तो इसका सीधा अर्थ है कि वे 'पॉलिटिकल करेक्टनेस' के प्रति ज्यादा सावधान हैं। 'नई कविता' के बाद, ध्यान से देखें तो, 'मिथ' के प्रति कवियों का आग्रह कम हुआ है।

राजेश जोशी की कविताओं में फैंटेसी का प्रयोग दो तरह से होता है; कुछ कविताओं के बीच-बीच में और कुछ कविताओं में सम्पूर्ण आख्यान के रूप में। इसके दो वर्ग और बनाए जा सकते हैं। कभी वे फैंटेसी का प्रयोग करने के बावजूद यथार्थ को ओझल नहीं होने देते और कभी फैंटेसी द्वारा एक ऐसा सशक्त आख्यान रचते हैं कि यथार्थ उससे बाहर ही रह जाता है लेकिन हर फैंटेसी में लोककथाओं की, परीकथाओं की बानगी है। 'असली किस्सा तबीयत का हिरन हो जाने का कुछेक कविताएँ इसका अपवाद हैं। लोककथाओं और परीकथाओं की फैंटेसी अपनी अभिधा और व्यंजना, दोनों में जादुई और व्यंग्यात्मक होती है। अर्थ, व्यंजना के माध्यम से ही खुलता है लेकिन अभिधा गौण नहीं हो जाती।

पहले उन कविताओं को लें, जिनमें बीच-बीच में फैंटेसी का प्रयोग हुआ है। ऐसी कविताओं में फैंटेसी अर्थ को चमत्कृत एवं दीप्त कर देती है। अपनी इस भूमिका का निर्वाह करने के उपरान्त उसका कविता के प्रवाह में शमन हो जाता है। रस के प्रसंग में जो भूमिका संचारी भावों की होती है कुछ-कुछ वैसी ही भूमिका इनकी भी है। ये फैंटेसी अर्थ को दीप्त तो करती हैं, साथ ही परीकथाओं की मासूमियत के साथ अपने कथ्य का निर्वाह भी करती हैं। इसके पीछे कवि का उद्‌देश्य शायद भयावह दृश्यों को सम्पादित कर सम्प्रेषित करना भी है। 'मिट्टी का चेहरा' की पहली ही कविता 'मैं उड़ जाऊँगा' को लें। यह कविता भोपाल गैस त्रासदी के उपरान्त लिखी गई है जब पर्यावरणविदों ने हरी सब्जियाँ खाने से मना कर दिया था। अब कविता की शुरुआत देखें—

सबको चकमा देकर एक रात
मैं किसी स्वप्न की पीठ पर बैठकर उड़ जाऊँगा

स्वप्न की पीठ पर बैठकर उड़ जाने की इच्छा बचपन में सुनी हुई कथाओं की याद दिलाती है। एक भयावह दृश्य को स्मृति में बसे कथानक के माध्यम से रखने का साहस जोखिम भरा है। राजेश जोशी इसे साधने का प्रयास करते हैं। यह कविता एकबारगी पलायनवादी कविता भी लगती है लेकिन जो बात इसे पलायनवादी होने से बचाती है, वह यह कि कवि अपने स्वप्नों को गूँथकर एक लम्बी नसेनी बनाना चाहता है और सारे भले लोगों को ऊपर चढ़ाकर सीढ़ी खींच लेना चाहता है। ठीक है, प्रतिबद्धता को सामने रखकर देखें तो यहाँ संघर्ष करने की बजाय पृथ्वी को छोड़ देने की इच्छा है। लेकिन ध्यान रहे कि यह इच्छा गहरी हताशा से जन्मी है। इस हताशा को फैंटेसी के माध्यम से व्यक्त करके राजेश जोशी आत्मधिक्कार की भावना से बच जाते हैं। वे किसी और ग्रह पर तंदूर लगाने और हरी सब्जियाँ उगाने की बात कहते हैं। इस पूरी कविता में फैंटेसी की ताकत पर विचार करें। यदि वह इसमें न हो तो गैस त्रासदी के भयानक चित्रों, भगदड़, हताशा और मृत्युबोध के अलावा इसमें और क्या हो सकता था? फैंटेसी कई बार यथार्थ को व्यक्त होने का एक नया अवसर, एक नई भंगिमा देती है। लेकिन कथ्यानुसार उसके चुनाव की सतर्कता न हो तो वह कविता को ध्वस्त भी कर सकती है। गैस त्रासदी पर 'भोपाल : शोकगीत 1984' सीरीज में आठ कविताएँ उनके 'मिट्टी का चेहरा' संग्रह में अलग से भी हैं लेकिन वे फैंटेसी नहीं हैं। वहाँ दहशत, दुख और आशंका की सन्तुलित उपस्थिति है। राजेश जोशी फैंटेसी पर न तो पूरी तरह निर्भर हैं और न ही उसे त्याज्य मानते हैं। इसी से मिलता-जुलता बोध उनके संग्रह 'जिद' की कविता 'परिंदे पर कवि को पहचानते हैं' में भी है। कविता शुरू होती है बहुत ही तथ्यात्मक तरीके से—सालिम अली की किताबें पढ़ते हुए मैंने परिंदों को पहचानना सीखा। लेकिन आगे—

न जाने किन कहानियों से उड़ान भरते
कुछ अजीब-से परिंदे हमारे पास आते थे
जो गाते-गाते एक लपट में बदल जाते
और देखते देखते राख हो जाते
और एक दिन बरसात आती
और वे अपनी ही राख से फिर पैदा हो जाते

फैंटेसी कई बार राजेश जोशी की कविता को थोड़ा और रोमांटिक बना देती है। यथार्थ की कठोर जमीन पर चलते हुए तलुओं को अचानक थोड़ी राहत मिल जाती है। कटु यथार्थ को सम्प्रेषित करने का यह भिन्न तरीका ही है। उनकी कविता

‘झूठ के भीतर’ को देखें, जो उनके संग्रह ‘नेपथ्य में हँसी’ में संकलित है—

कपड़ों की कीमत बढ़ रही थी और
पूरे आसार थे कि अभी और बढ़ेंगी कीमतें
मैंने झूठ को एक नई कमीज की तरह पहन लिया
और एक कीमती बैज की तरह उसकी कॉलर पर
आसमान से तोड़कर एक सितारा लगा लिया

कविता की अन्तिम पंक्तियाँ हैं—

मैंने झूठ की चमचमाती थाली में
आसमान को एक विशाल
रूमाली रोटी की तरह रखा
और बड़े-बड़े कौर तोड़कर खाने लगा

इस कविता में कवि, फैंटेसी की शरण में कपड़ों की बढ़ती कीमत से परेशान होकर गया है। फैंटेसी का चुनाव यहाँ यथार्थ से परेशान होकर ख्वाबगाह में जाने का मानवीय मनोविज्ञान है। यह मनुष्य का स्वाभाविक पक्ष है। ‘राम की शक्तिपूजा’ में भी राम पराजय की घोर निराशा के बीच सीता से पहली बार मिलने के क्षणों को याद करते हैं। फैंटेसी के निर्वाह में भले ही कोई राजनीतिक पक्षधरता हर बार स्पष्टतः न दिखती हो, उसका सम्बन्ध मनुष्य के मनोविज्ञान से अनिवार्यतः होता है।

कुछ और उदाहरण देखें। उनकी एक कविता है ‘रात-भर’—

चाँद ने जाने क्या कहा झरने से
कि झरना हँसा रात-भर
रात-भर सारी घाटी में गूँजी
उसकी हँसी। (एक दिन बोलेंगे पेड़)

चाँद और झरने की यह बातचीत बिम्ब नहीं है। यह कविता मनुष्य के प्रत्यक्षतः चुप रहने पर भी उनके भीतर चलते उन गोपन संवादों को रखती है जो किसी भी बड़े परिवर्तन के लिए भूमिका का काम करती है। लेकिन यह अर्थ अपना सारा चमत्कार प्रयुक्त हुए दृश्यों से प्राप्त करता है। ऐसा ही उनकी एक कविता ‘धूप घड़ी की परछाईं में’ भी है। एक साधारण-सा अनुभव कि कवि एक घड़ी की दुकान में है जहाँ कुछ घड़ियाँ रुकी हैं और कुछ चल रही हैं। चल रही घड़ियों के समय अलग-अलग हैं। परस्पर असम्बद्ध दृश्यों और एक ही समय में भिन्न-भिन्न समयों से जुड़ जाने का अवसर, जो फैंटेसी का पक्ष है, कवि को और कहाँ मिलेगा? कविता ‘कवि, चाँद और बिल्लियाँ’ (जिद) को भी इसी श्रेणी में रखना चाहिए।

राजेश जोशी की फैंटेसी की एक ताकत यह भी है कि यथार्थ हमेशा दृश्य-पटल से ओझल नहीं रहता। 'उसके स्वप्न में जाने का यात्रा-वृत्तान्त' एक खूबसूरत और विकसित फैंटेसी है लेकिन इसके बीच में ही पंक्तियाँ आती हैं—

आखिरी दिन थे महीने के
चिल्लर की तलाश में हाथ
जेबों में जब कोलम्बस हो जाते हैं
सो ऐसी ही फोकट की चीजों से भरी जा सकती थी जेबें।

इस तरह की कविताएँ अपने ही तिलिस्म को ढहा देती हैं। क्या अपने ही द्वारा निर्मित तिलिस्म को ध्वस्त करना किसी के लिए आसान हो सकता है? राजेश जोशी के लिए भी यह आसान होता होगा, यह कहना तो मुश्किल है। लेकिन अपनी कई कविताओं में ऐसा वे करते हैं। इसलिए वे उसके मोह में नहीं फँसते, उसकी आवृत्ति के शिकार नहीं होते, उसकी मुग्धता से बाहर निकल आते हैं। उनकी यह ताकत 'आखेट' कविता में ज्यादा मुखर तरीके से दिखती है। यह कविता फैंटेसी के भीतर ही फैंटेसी का विरोध है। कवि जब नींद में अपने ही हिरन को कुलाँचे भरने के लिए छोड़ देता है और शिकार पर पाबन्दी की तख्तियाँ लगा देता है तब उसकी ही थकान से रक्त में एक शिकारी पैदा होता है जो स्वप्नलोक की चाँदनी रात में हिरनों का शिकार करता है और रात भर कवि हिरनों की चीत्कार सुनता है। ये हिरन उसके स्वप्न ही हैं, उसकी फैंटेसी, जिसका विरोध उसकी हताशाओं से ही जन्म लेता है। फैंटेसी में फैंटेसी के विरोध की यह महत्त्वपूर्ण कविता है। 'परिंदे पर कवि को पहचानते हैं' के अन्त में भी वे कुछ इसी अन्दाज में कहते हैं—

पाँव में जंजीर न होती तो शायद
एक न एक दिन मैं भी किसी कवि के हत्थे चढ़कर
ऐसे ही किसी परिंदे में बदल गया होता।

यह तो हुई फैंटेसी के निर्माण की सृजनात्मक प्रक्रिया और उसका मनोवैज्ञानिक पक्ष, अब उसके शिल्प पर विचार करें। ऊपर कहा गया है कि राजेश जोशी की फैंटेसी में लोककथाओं और परिकथाओं का शिल्प है। इसके लिए एक लड़की से बातचीत, तितलियाँ, करमकल्ले और सारस का बच्चा, शहद जब पकेगा, अनकही रह गई बातें, जादूगरनी, किस्सा काली धोबन का, राजा भोज ने तालाब बाँधा जैसी कविताओं को ध्यान से देखें। इन कविताओं को पढ़ते हुए बचपन में सुनी या पढ़ी हुई लोककथाएँ या परिकथाएँ याद आ जाती हैं। लोककथाओं या परिकथाओं की सबसे बड़ी ताकत उसका आख्यान पक्ष है। सशक्त प्रवाह के कारण वे पाठक या श्रोता के मन में जिज्ञासा और उत्तेजना तो पैदा करते ही हैं, उनमें एक मासूमियत भी

होती है जिसका सम्बन्ध बाल मन से है। ऊपर जिन कविताओं का जिक्र हुआ है वे इसी तरह की कविताएँ हैं। केवल दो कविताओं को उदाहरणस्वरूप लें—'शहद जब पकेगा' और 'अनकही रह गई बातें'। 'शहद जब पकेगा' में धूप से, चिड़िया से, सन्तरे के पेड़ से और मधुमक्खी से गुजारिश है कि वे कुछ दिनों के लिए ऑफिस चले जाएँ ताकि स्त्री को प्रेम के लिए थोड़ा समय मिल सके। क्या एक कामकाजी स्त्री के जीवन की साँसत इसमें नहीं दिखती? इसी तरह फजल ताबिश की स्मृति में लिखी गई कविता 'अनकही रह गई बातें' में कवि उन अनेक अनकही बातों को पेड़ की खोखल में रखना चाहता है, पहाड़ और हवा से कहता है कि वे उन बातों को रख लें लेकिन कोई भी तैयार नहीं होता। यथार्थ जीवन में घट रही घटनाओं को लोककथा की तरह की फैंटेसी में रचकर ज्यादा मूर्त कर दिया है। जबकि 'किस्सा काली धोबन का' या 'जादूगरनी' जैसी कविताओं में कवि का अभिप्राय किसी कथ्य विशेष को अर्जित करने से अधिक अपने जादुई कथा-तत्त्व से बाँधना है। इसे रचने में उन्हें कई बार इतना रचनात्मक आनन्द मिलता है कि तर्क के स्पर्श से अपने बनाए हुए जादू को तोड़ते नहीं। जैसे 'राजा भोज ने तालाब बनाया' कविता को लें। पर्यावरण और आदिवासी के अन्तर्सम्बन्धों को समझाती हुई लोककथा शैली में लिखी गई यह दिलचस्प कविता है। इसकी अन्तिम पंक्तियाँ देखें—

लोगो, एक बात तो लेकिन मैं बताना भूल ही गया
पर क्या करूँ परिंदों ने कसम दी है
कि वह बात किसी को बताना नहीं
तो तुम्हीं कहो कि कसम कैसे तोड़ दूँ
तो इस किस्से को यहीं छोड़ता हूँ...। (जिद)

पाठक सोचता रह जाता है कि आखिर वह कौन-सी बात थी जिसे न बताने की कसम परिंदों ने दी है। हालाँकि वे अपनी कविताओं में फैंटेसी को बीच में तोड़ते भी हैं। ऐसी कुछ कविताओं का जिक्र ऊपर हो चुका है। मुक्तिबोध और राजेश जोशी की फैंटेसी का मूल अन्तर यही है। राजेश जोशी की फैंटेसी तरलता, रोचकता और सुखावेग लिए हुए है जबकि मुक्तिबोध की फैंटेसी में अँधेरा, ऊबड़-खाबड़ भू-दृश्य और अन्तरात्मा की तीखी बहस का एक दहला देने वाला परिदृश्य है, रात की गंध और उजाड़ इलाके उसे और अधिक भयावह और रहस्यात्मक बना देते हैं।

राजेश जोशी की फैंटेसी पाठक के भीतर के उस बच्चे से भी संवाद करती है जिससे पीछा छुड़ाने की कोशिश एक उम्र के बाद मनुष्य ताउम्र करता रहता है। लेकिन कर नहीं पाता। इसके लिए जादुई विवरणों के अलावा दूसरा कौन-सा शिल्प हो सकता है? उनके ऐसे कुछ जादुई विवरणों को देखें—

हरी घास पर खरगोश
खरगोश की आँख में नींद
नींद में स्वप्न
चाँद का (तितलियाँ, मिट्टी का चेहरा)

तट के पास से ही मछुआरों से
मैंने एक नाव माँग ली और
बाँध लिया उसे अपने दाहिने कंधे पर
(उसके स्वप्न में जाने का यात्रा-वृत्तान्त, मिट्टी का चेहरा)

अन्तरिक्ष में सूख रही हैं तुम्हारी कमीजें और हड़बड़ी में
तुम अपनी चप्पलें चाँद पर भूल आए हो!
(मोटी आया का किस्सा, नेपथ्य में हँसी)

खामोशी और आवाजों को बाँधती काली धोबन
समय को विभाजित करके एक लम्बे पतले-से तार पर
फैला देती है बड़ी-बड़ी सफेद चादरें और रंग-बिरंगे कपड़े
फिर चाँद के पत्थर से अपनी एड़ियाँ रगड़ती है
(किस्सा काली धोबन का, चाँद की वर्तनी)

ये उदाहरण उनके अलग-अलग संग्रहों से लिए गए हैं। फैंटेसी का जादू राजेश जोशी का स्थायी स्वभाव नहीं है बल्कि एक स्वभाव है जो समय-समय पर उनकी कविता में लौटता है। इस स्वभाव और इस तरह की शैली के पक्ष में वे अपनी ही कविता में बयान देते हैं कि 'स्वप्न किसी के पराधीन नहीं होते' और 'तरह-तरह के नफरतों से भरे इस बर्बर समय में प्रेम का एक मनगढ़ंत किस्सा कहने में हर्ज ही क्या है?' मासूमियत पर अत्यधिक निर्भरता या आग्रह विवेकसम्मत दृष्टि का विरोधी भी हो सकता है इसलिए उसका सन्तुलित इस्तेमाल होना चाहिए। वह जीवन का एक पक्ष है लेकिन सम्पूर्ण जीवन नहीं है। फैंटेसी की उपस्थिति राजेश जोशी में इसी चेतना के साथ है इसलिए उनके किसी भी संग्रह में 5-6 से अधिक ऐसी कविताएँ नहीं हैं। 'बच्चों की चित्रकला प्रतियोगिता' में वे लिखते भी हैं—

चीजों को बनाते चले जाने के
उत्साह में
इतना ज्यादा भर गया चित्र
कि गेंद को रखने की कोई जगह ही

नहीं बची चित्र में
तब समझ में आया उन्हें
कि बड़ों ने कैसी-कैसी गलतियाँ की हैं
इस दुनिया को बनाने में। (नेपथ्य में हँसी)

राजेश जोशी की फैंटेसी की गेंद, उनकी पूरी कविताई के चित्र में एक गेंद जितनी जगह ही घेरती है।

राजेश जोशी की फैंटेसी के सम्बन्ध में जितनी भी बातें ऊपर लिखी गई हैं, उनकी एक कविता 'असली किस्सा तबीयत के हिरन हो जाने का' पर फैंटेसी के जादुई तत्त्व के अलावा अन्य कोई बात लागू नहीं होती। इस लम्बी कविता का पूरा विन्यास मुक्तिबोध के काफी करीब है। इसमें परिकथाओं की-सी मासूमियत नहीं है। दरअसल यह कविता नशे की हालत में स्वैर-कल्पनाओं की एक पूरी श्रृंखला है, जो बेरोजगारी की भयानक यंत्रणाओं से गुजरते हुए नक्सलवादी क्रान्ति के स्वप्न तक पहुँचती है। फैंटेसी से शुरू हुई यह कविता स्नायविक उत्तेजना के रास्ते नक्सलवादी क्रान्ति तक पहुँच रही है। क्या यह राजनीतिक सतर्कता का मामला है? इस पर विचार होना चाहिए। इस कविता की कई पंक्तियाँ तो बिलकुल मुक्तिबोध की कविता की तरह लगती हैं—

नीचे खनखना रहा था
सारा सर्राफा सटोरियों की आवाज में
चमचमा रहे थे निजी व्यवसाय में लगे
चिकित्सकों के चेहरे
कि चाँदी के दलदल से उड़ते हुए
सारे देश में फैल रहे थे
दिमागी बुखार के कीटाणु
हाय! चाँदी के एनाफ्लीज
सोने के वायरस
हीरे जवाहरात के बैक्टीरिया!! (मिट्टी का चेहरा)

यह राजेश जोशी की फैंटेसी का स्वाभाविक पक्ष नहीं है इसलिए उनकी बाद की कविताओं में इस तरह के प्रयोग नहीं दिखते। उनके संग्रह 'जिद' में फैंटेसी के शिल्प में एक अद्भुत कविता है 'मेरा नया फोन नम्बर'। इस कविता को पढ़कर कुछ-कुछ परसाई की याद आती है। व्यंग्य के अन्दाज में भारतीय राजनीति में सत्ता और जनता के बीच की बढ़ती दूरी को रखने वाली बेहद महत्त्वपूर्ण कविता है यह। राजेश जोशी के भीतर एक किस्सागो भी रहता है। 'किस्सा-कोताह' के पाठक इसे

जानते हैं। इस कविता में भी उन्होंने चुटीले अन्दाज में राजनीति की विडम्बनाओं को रखा है। अपने किस्सागो और नाटककार का जिस तरह से मेल उन्होंने किया है वह इसे और भी रोचक बना देता है।

फैंटेसी के प्रति उनका पक्ष उनकी ही कविता 'प्रजापति' में ज्यादा खुले रूप में आता है—

चीजों का हूबहू दिखना अपनी ही शक्ल में
कविता में मुझे पसन्द नहीं बिलकुल

मैं चाहता हूँ
कि कविता के भीतर फैली आसमान की टेबिल पर
मैं जब सूरज के साथ चाय पी रहा होऊँ
एक विशाल समुद्र की तरह दिखे मेरा कप।

अपनी फैंटेसीपरक कविताओं के पक्ष में यह कवि का तर्क है। यह उनका सर्वमान्य कवि-तर्क नहीं है। फैंटेसी जीवन का एक पक्ष है, समूचे जीवन का प्रतिरूप नहीं। राजेश जोशी के कवि को तो इसका ध्यान है। क्या उनके पाठकों और आलोचकों को भी इसका ध्यान है?

एक नई दुनिया का स्वप्न अर्थात्रा जेश जोशी का कवि-कर्म

जितेन्द्र श्रीवास्तव

कविता सम्भवतः हमारे समय की वह आखिरी आवाज है जिसे बाजार और हिंसा अभी तक मलिन और गुमराह नहीं कर सकी है।

पचहत्तर के हो रहे राजेश जोशी हिन्दी के अत्यन्त महत्त्वपूर्ण कवियों में एक हैं। उन पर और उनकी पीढ़ी पर टिप्पणी करते हुए नन्द किशोर नवल ने लिखा है, "राजेश की पीढ़ी के पहले हिन्दी कविता पर साठोत्तरी कवि छाए हुए थे, जिनमें धूमिल का प्रभाव सबसे ज्यादा था। धूमिल मोहभंग के कवि थे, उनमें आक्रोश की मात्रा बहुत अधिक थी एक ठेठपन भी था, लेकिन उनका मुहावरा एक तो पेचीदा था और दूसरे, उनमें सहज आत्मीयता और घरेलूपन का अभाव था। राजेश और उनकी पीढ़ी में ये चीजें भरपूर मात्रा में थीं। इसलिए इस पीढ़ी के सभी कवियों को पाठकों ने हाथों-हाथ लिया। यह समय हिन्दी में नवप्रगतिवाद के उत्थान का भी था। उससे राजेश जैसे कवियों के निर्माण में मदद मिली और प्रसार में भी।"

राजेश जोशी का स्वर अपने आरम्भिक दौर में भी अपने समकालीनों से बिलकुल अलग था और लगभग पैंतालीस वर्ष बाद आज भी उनका स्वर न सिर्फ अन्यों से अलग है बल्कि बहुत प्रभावी भी है। राजेश जोशी की कविताओं की प्रभावोत्पादकता का कारण उनकी 'काव्य निर्मिति' में है। कुछ उत्साही आलोचक इस 'काव्य निर्मिति' को प्रश्नांकित कर सकते हैं। वे इसे बनावट-बुनावट के खाने में डालना चाहेंगे क्योंकि बेतरतीबी उनके सौन्दर्यशास्त्र की नींव है। नहीं भूलना चाहिए कि एक ऐसे समय में जब काव्य रसिक और कविता के साधारण पाठक भी निरन्तर कम होते जा रहे हैं तब कवियों की नैतिक जिम्मेदारी (अपने अस्तित्व के लिए भी) है कि वे अपनी 'काव्य निर्मित' का मूल्यांकन करें और देखें कि कमी कहाँ है? आखिर वे कौन से कारण हैं जो कविता और पाठक के बीच लगातार दूरी पैदा

कर रहे हैं? क्या अलग से बताने की जरूरत है कि कविता अनिवार्य रूप से कला भी है—एक जीवनधर्मी और समाजधर्मी कला! यदि यह कला न होती तो राजेश जोशी अपने दैनन्दिन जीवन में बार-बार सहजता से झुकने और चापलूसी एवं भय से झुकने के अन्तर को 'मैं झुकता हूँ' शीर्षक कविता में इस तरह न कह पाते—

झुकता हूँ लेकिन उस तरह नहीं
जैसे एक चापलूस की आत्मा झुकती है
किसी शक्तिशाली के सामने
जैसे लज्जित या अपमानित होकर झुकती हैं आँखें
झुकता हूँ
जैसे शब्दों को पढ़ने के लिए आँखें झुकती हैं

और जब इस तरह कोई कविता किसी पाठक के पास पहुँचती है तो वह चौंक उठता है, इसलिए नहीं कि ऐसी कविता चौंकाऊ होती है बल्कि इसलिए कि उसे अपने ही जीवन की भागम-भाग में लस्त-पस्त कभी अपना और अपने सहज स्वाभिमान का बोध ही न हो सका था। कहना न होगा कि अच्छी कविताएँ पाठकों को अपने जीवन को देखने, समझने और इससे कहीं आगे मूल्यांकित करने को प्रेरित करती है। दूसरे शब्दों में कहें तो जीने का हुनर सिखाती हैं।

राजेश जोशी की कविताएँ पढ़ने में जैसा और जितना सुख देती हैं, सुनने में भी वैसा ही और उतना ही सुख देती हैं। उनकी कविताओं में गजब की सम्प्रेषणीयता है। कई आलोचक और कवि यह मानते हैं कि सम्प्रेषणीयता पर ध्यान देने से कविता की गुणवत्ता प्रभावित होती है जबकि यह पूरा सच नहीं है। यदि कवि सहज और सचेत है और कविता की वास्तविक शक्ति में उसका भरोसा है तो उसकी कविता जरूर सम्प्रेषित होगी। नागार्जुन और केदारनाथ अग्रवाल की कविताएँ गुणवत्ता और सम्प्रेषणीयता का अद्‌भुत उदाहरण थीं और हैं। कविता और सम्प्रेषणीयता के सन्दर्भ में राजेश जोशी इसी परम्परा की अगली कड़ी हैं।

राजेश जोशी की एक कविता में बेटियों का प्रसंग इस प्रकार आता है—

तुमने देखा है कभी
बेटी के जाने के बाद कोई घर?
जैसे बिना चिड़ियों की सुबह
जैसे बिना तारों का आकाश
बेटियाँ इतनी एक-सा होती हैं
कि एक की बेटी में दिखती है दूसरे को अपनी
बेटी की शक्ल।

कवि राजेश जोशी की बहुत साधारण सी लगती इन पंक्तियों में कुछ असाधारण सा है, जो रोकता है। जाहिर है कि कल्पना 'बिना चिड़ियों की सुबह' और 'बिना तारों का आकाश' में ज्यादा है और शायद इन पंक्तियों को पढ़ते हुए मस्तिष्क झंकृत भी होता है लेकिन जो बात भावजगत में स्थायी जगह बनाती है, वह है असंवेदनशील समय में पुत्रियों के प्रति पिताओं का अकथ अनुराग। लेकिन यह भी कहना जरूरी है कि यह कविता सिर्फ पिताओं के अनुराग या दुख तक सीमित नहीं है, यह बेटियों के प्रति सकारात्मक दृष्टिकोण निर्मित करने वाली रचना है। बिलकुल तात्कालिक प्रसंगों में जीवन राग को किस तरह घोला जाए कि वह महज भावुक प्रसंग या खबर बनकर न रह जाए, यह कविता इस कला का एक सुन्दर उदाहरण है।

राजेश जोशी की एक बहुचर्चित, बहुप्रशंसित, बहुपठित और बहुउद्धृत कविता है—'मारे जाएँगे'। इस कविता की प्रभावोत्पादकता असन्दिग्ध है। पूरी कविता इस प्रकार है—

जो इस पागलपन में शामिल नहीं होंगे
मारे जाएँगे
कठघरे में खड़े कर दिए जाएँगे, जो विरोध में बोलेंगे
जो सच सच बोलेंगे, मारे जाएँगे
बर्दाश्त नहीं किया जाएगा कि किसी की कमीज हो
'उनकी' कमीज से ज्यादा सफेद
कमीज पर जिनके दाग नहीं होंगे, मारे जाएँगे।
धकेल दिए जाएँगे कला की दुनिया से बाहर, जो चारण नहीं
जो गुण नहीं गाएँगे, मारे जाएँगे
धर्म की ध्वजा उठाए जो नहीं जाएँगे जुलूस में
गोलियाँ भून डालेंगी उन्हें, काफिर करार दिए जाएँगे
सबसे बड़ा अपराध है इस समय
निहत्थे और निरपराध होना
जो अपराधी नहीं होंगे
मारे जाएँगे।

लगभग नारे की शक्ल में लिखी गई इस कविता में किसी निर्दिष्ट पागलपन का जिक्र नहीं है। विवेकशील पाठकों को कवि ने स्वतंत्रता दी है कि वे अपने समय और समाज में होने वाले किसी भी अमानवीय कृत्य के विरोध में इस कविता का मानवीय उपयोग कर सकें। कोई कह सकता है कि यह आदि से अन्त तक निराशा की कविता है लेकिन यहीं इस सन्दर्भ में यह कहना जरूरी है कि इस कविता में उपस्थित निराशा के पीछे परिदृश्य को बदलने की गहरी छटपटाहट को भी महसूस

किया जाना चाहिए। दरअसल यह छटपटाहट ही इस कविता की ताकत है और वही इसमें असर का संचार करती है। कहना न होगा कि इस समय हिन्दी में सार्थक और असरदार कविताओं की बहुत जरूरत है। राजेश जोशी की यह कविता बदलाव की मानसिकता तैयार करने वाली कविता है। कोई कविता किस प्रकार बदलाव की जमीन तैयार करती है, इसे स्वयं राजेश जोशी इस प्रकार स्पष्ट करते हैं।

राजेश जोशी विनाशकारी प्रवृत्तियों को रेखांकित करते हुए निर्माण की आकांक्षा रखने वाले कवियों में अन्यतम हैं। यह देखना महत्त्वपूर्ण है कि जो राजेश जोशी 'बसन्त 1985' शीर्षक कविता में बेहद निराश हैं वे ही 'झींगुर' शीर्षक कविता में उम्मीद का दामन थामे हुए हैं—

खत्म हो जाएगा सारा जीवन
तब भी बचे रहेंगे झींगुर

बचेंगे सिर्फ झींगुर
जो अगली दुनिया बसने तक
तोड़ते रहेंगे सन्नाटा दिन-रात।

इसी के साथ उसी दौर की राजेश जोशी की लम्बी कविता 'असली किस्सा तबीयत के हिरन हो जाने का' को भी पढ़ा जाना चाहिए। बेहद संश्लिष्ट इस कविता की अन्तिम पंक्तियाँ राजेश जोशी के कवि-मन की बनावट की ओर संकेत करती हैं—

बदलो! बदलो!
बदलो इस संसार को!!
मैंने खटखटाए तमाम सितारों के दरवाजे
और हुक्म दिया उन्हें कि कल आना
हाजिर होना कल
हमारे दरबार में

कल लिखाऊँगा मैं तुम्हें
नई दुनिया की संरचना का
नया ड्राफ्ट!!

राजेश जोशी की कविताओं का मूल स्वभाव समझौता विरोधी है। उनकी कविताओं में 'चल रही व्यवस्था' में सुधार की आकांक्षा नहीं बल्कि 'नई व्यवस्था' की संकल्पना है। लगभग साढ़े चार दशक की लम्बी काव्य-यात्रा में राजेश जोशी ने न तो यथार्थ से मुँह मोड़ा और न ही उम्मीद का दामन छोड़ा। उन्होंने समय

के साथ बढ़ती यथार्थ की संश्लिष्टता को पूरी गम्भीरता और ईमानदारी के साथ पहचानते हुए अपनी कविताओं में आने दिया लेकिन बहुतेरे कवियों की तरह सिर्फ यथार्थ की रिपोर्टिंग करने वाले दर्जे में नहीं गए। वे अच्छी तरह जानते हैं कि श्रेष्ठ कवि की पहचान यथार्थ की रिपोर्टिंग से नहीं, बल्कि इससे होती है कि उसकी कविता में मानवीय गरिमा और जीवन को किस तरह समझा और प्रस्तुत किया गया है। यहाँ यह भी उल्लेखनीय है कि कविता में आए ब्योरे कविता का सौन्दर्य बढ़ाते हैं तो घटाते भी हैं। ब्योरों का सर्जनात्मक प्रयोग कवि की कलात्मक और वैचारिक परिपक्वता पर निर्भर करता है। राजेश जोशी की कविताओं में भी ब्योरे हैं लेकिन वे काव्य शक्ति की तरह हैं। आज के समय में निश्चय ही कवि-कर्म की जटिलता बढ़ गई है। राजेश जोशी ने अपने समय के कवि-कर्म की जटिलता को व्यक्त करते हुए लिखा है, "इस समय जो कविता लिख रहा है वह एक ऐसा कवि है जो दो शताब्दियों के बीच आवाजाही कर रहा है। उसके पास पिछली सदी में बने और टूटे स्वप्न और स्मृतियाँ भी हैं और इस सदी की नई वास्तविकताएँ भी। आज के कवि को उद्योग और प्रौद्योगिकी जैसी दो अलग-अलग चरित्रों वाली विकट प्रणालियों और उसकी जटिल वास्तविकताओं के बीच आवाजाही करनी पड़ रही है। अन्त:करणविहीन मुक्त बाजार और लोकतांत्रिक स्पेस को दिनोंदिन कम करती प्रौद्योगिकी ने समाज की गति और संरचना को ही नहीं बदला है, हर रचना की प्राख्या और उपाख्या को भी बदल दिया है। नई सदी को समझने और उसके अन्तस् में उतरने के लिए पिछली सदी के अँधेरे बन्द कमरों में बार-बार चक्कर लगाना और उसके बन्द तहखानों में झाँकना जैसे हमारी नियत बन गया है। मनुष्यता के एक बड़े सच को व्यक्त करने के लिए कविता को अपने समय के कठिन ब्योरों में जाने और उनका अतिक्रमण करने की जरूरत है। शमशेर ने शायद कविता के इसी काम को मनुष्य के सामाजिक जीवन के उत्कर्ष के लिए निरन्तर संघर्ष की लीला कहा था।"

राजेश जोशी का काव्य परिसर बड़ा है। सलीम, रफीक मास्टर साहब, भोपाल गैस कांड, बेटियों की विदाई, राजनीति के प्रश्न, नव साम्राज्यवाद के प्रहार, आम आदमी के जीवन के छोटे-छोटे पल राजेश जोशी की कविता न जाने कितने कोने-अँतरों तक जाती है। वे किसानों की आत्महत्या से व्यथित हैं लेकिन निराशा के विरुद्ध भी हैं। वे जानते हैं कि इन दिनों हँसना मुश्किल हो गया है लेकिन वे आम आदमी से हँसने की अपील करते हैं। देखना चाहिए कि एक कवि को कितने स्तरों पर आत्मसंघर्ष करना पड़ता है। यही कवि-कर्म की जटिलता, संश्लिष्टता और सार्थकता है। इनमें से किसी को भी अलगाकर देखने पर 'कवि-कर्म' की व्याख्या अधूरी रहेगी। राजेश जोशी के अब तक के अन्तिम दौर की तीन कविताओं के माध्यम से कवि-कर्म के विस्तार और उसकी सार्थकता को समझा जा सकता है।

ये कविताएँ हैं—इस आत्महत्या को अब कहाँ जोड़ूँ, जिद और हँसी शीर्षक कविता में वे लिखते हैं—

गुस्से में बेसुध होकर थूकता हूँ सरकार के चेहरे पर
पर वह सरकार नहीं, सरकार की रंगीन छवि है
और वह भी मेरे सिर से बहुत ऊपर
थूक के छींटे मेरे ही चेहरे पर गिरते हैं
खिसियाकर आस्तीन से अपने चेहरे को पोंछता हूँ
तभी कोई कान में फुसफुसाता है
एक किसान ने कुछ देर पहले ही आत्महत्या कर ली
तुम्हारे अपने गाँव में...!

लेकिन आज के समय में केन्द्रीय तत्त्व की तरह गहरे पैठी निराशा और पीड़ा के इस पक्ष के बावजूद वे 'जिद' शीर्षक कविता लिखते हैं, जिसका आरम्भ ही होता है 'निराशा मुझे माफ करो, आज मैं नहीं निकाल पाऊँगा तुम्हारे लिए समय।' यहीं राजेश जोशी अपने अग्रज कवि रघुवीर सहाय को याद करते हुए 'हँसी' शीर्षक से एक कविता लिखते हैं, जिसमें वे बिना किसी लागलपेट के 'धरती पर हँसी के कम होने की विडम्बना को' एक तथ्य की तरह प्रस्तुत करते हैं लेकिन वे जानते हैं कि मात्र विडम्बना की पहचान से कविता नहीं बनती। इसलिए वे उससे आगे जाते हैं। इस कविता की अन्तिम पंक्तियाँ ही इस 'कविता' को और 'उल्लेखनीय' बनाती हैं—

अपराध बढ़ रहे हैं धरती पर
ज्यादा खूँखार और ताकतवर हो रहे हैं अपराधी
ओ मेरे समय के लोगो!
मैं अनुरोध करता हूँ कि हँसो
शासक की अन्धी ताकत से बचने के लिए डरकर नहीं
हँसो कि हँसने के पल कम हो रहे हैं हमारी धरती पर
हँसो कि विरोध करने की ताकत कम हो रही है
हमारे समाज में
हँसो कि स्वप्न देखने का रोमान चुक रहा है!
हँसो!!

नन्द किशोर नवल ने 'दो पंक्तियों के बीच' संग्रह पर लिखते हुए राजेश जोशी के विषय में बिलकुल ठीक लिखा है, "राजेश चूँकि कथाकार भी हैं, इसलिए उनमें यथार्थ-चित्रण अथवा 'नैरेशन' की पर्याप्त क्षमता है। उनकी कई कविताएँ इसका उदाहरण उपस्थित करती हैं। ऐसी स्थिति में यदि वे अपनी कविताओं में यथार्थ

का अतिक्रमण करते हैं, तो उसका कुछ गम्भीर अर्थ होता है। अब यथार्थ उनके लिए चीजों के आर-पार झाँक लेने की वस्तु नहीं रहा, वह भी अपने साथ एक रहस्य लिए हो सकता है।" बहुत से कवि थोड़ी-सी पूँजी के साथ काव्य क्षेत्र में आते हैं और थोड़े दिन चमक-दमक कर न जाने कहाँ बिला जाते हैं। 'बड़ा' और 'अपने समय का प्रतिनिधि कवि' बनने के लिए बड़ी पूँजी (बड़ी प्रतिभा), निष्ठा, निरन्तरता, व्युत्पत्ति, अध्यवसाय और कवि मन (जो बहुतेरे 'कवि' कहे जाने वाले लोगों के पास होता ही नहीं) की जरूरत होती है। इनमें से किसी एक की कमी भी 'कवि' को बहुत पीछे कर देती है, अक्षम बना देती है।

राजेश जोशी की बाद के दौर की तीन कविताओं—दो पंक्तियों के बीच, सहायक क्रिया और इत्यादि में गहरी कलात्मकता है लेकिन सिर्फ कलात्मकता ही इनका जीवद्रव्य नहीं है। कला के अतिरिक्त भी कुछ बातें हैं जो इन कविताओं को अविस्मरणीयता की राह पर ले जाती हैं। पहले इन कविताओं की कुछ पंक्तियों को सामने रखते हैं—

जैसी दिखती हूँ
उतनी अकम्पित उतनी निर्विकार-सी जगह नहीं हूँ
एक चुप हूँ जो आ जाती है बातचीत के बीच अचानक
तैरते रहते हैं जिसमें बातों के टुकड़े
कई चोर गलियाँ निकलती हैं मेरी गलियों से
जो ले जा सकती हैं
सबसे छिपाकर रखी कवि की एक अज्ञात दुनिया तक।

(दो पंक्तियों के बीच)

वह जितनी चुप-चुप-सी लगती है उतनी ही जिद्दी भी है
वह चाहे तो गड़बड़ा सकती है पूरे वाक्य को अकेले। (सहायक क्रिया)
इत्यादि यूँ तो हर जोखिम से डरते थे
लेकिन कभी-कभी जब वो डरना छोड़ देते थे
तो बाकी सब उनसे डरने लगते थे। (इत्यादि)

इन कविताओं के सन्दर्भ में कहना बस इतना है कि दो पंक्तियों के बीच दिखने वाली सूनी जगह की अर्थवत्ता वही कवि बता सकता है जो हाशिए (इत्यादि) और औजार मात्र होने (सहायक क्रिया) की त्रासदी को भी सलीके से रेखांकित करना जानता हो। जो जानता हो कि 'इत्यादि' हो या 'सहायक क्रिया'—एक संरचना की सार्थकता में उनका किसी भी अन्य से कम का योगदान नहीं होता। जो जानता हो कि 'खालीपन' ही 'भरेपन' को अर्थ देता है। निश्चय ही राजेश जोशी की ये कविताएँ

प्रकारान्तर से आम आदमी की ताकत का बखान करती हैं। कवि का दृढ़ विश्वास है कि दुनिया आम आदमियों के भरोसे ही चल रही है और एक दिन बदलेगी भी उन्हीं के द्वारा। इन कविताओं की ध्वन्यात्मकता दूर तक महसूस की जाएगी।

राजेश जोशी अपने समय को पहचानने वाले और पूरी प्रभावोत्पादकता के संग कविता रचने वाले कवि हैं, यह पूर्व में भी कहा जा चुका है। न तो वे 'कथ्य' का साथ छोड़ते हैं और न ही 'कला' का। यही कारण है कि वे 'विनम्रता' जैसी अचूक पहचान वाली कविता लिखते हैं। इस कविता के आरम्भ में आता है—

चीन की एक नीति कथा कहती है
कि दाँत इसलिए गिर जाते हैं
कि वे सख्त होते हैं
कि जीभ नरम होती है इसलिए
बनी रहती है उम्र भर।

और फिर कविता के अन्त से थोड़ा पहले वे पंक्तियाँ आती हैं जिनमें इस कविता की जान है—

एक जादू-सा असर करती है हर विनम्रता
काम ही नहीं कर पाती है अक्ल
कि जान सके उसके पीछे का मंतव्य
विनम्रता हमारी इस कमजोरी को अच्छी तरह जानती है।

विनम्रता के सन्दर्भ में रोचक यह है कि यह सामन्ती दौर में जितना क्रूर हथियार थी उससे कहीं अधिक क्रूरता उसने साम्राज्यवादी दौर में हासिल की और इन दिनों तो आप उसे अपने आसपास कहीं भी पा सकते हैं अपने सबसे चालाक स्वरूप में। 'विनम्रता' जैसी कविताएँ अपने पाठकों को विवेकशील बनाती हैं। आचरण और जीवन का कठिन गणित धीरे से समझाने का यत्न करती है और यह कोई छोटी बात नहीं है। हाँ, इस सन्दर्भ में एक बात कहना जरूरी है कि कई बार विनम्रता स्वाभाविक भी होती है—बिलकुल मानवीय। हमारे समय में जरूरी है कि इस मानवीय गुण को उसकी सम्पूर्णता में इस तरह बचाया जाए कि वह किसी शोषक का हथियार न बन जाए।

'चाँद की वर्तनी' में एक कविता है 'कौवा और मूर्ति'। यह एक विलक्षण राजनीतिक कविता है। सपाटबयानी की ताकत को ऐसी ही कविताओं से समझा जा सकता है। इस कविता में प्रसंग है कि गांधी जी की मूर्ति पर एक कौवा बैठा है और अँधेरे के कारण वह मूर्ति का हिस्सा प्रतीत होता है। आगे कविता की पंक्तियाँ हैं—

सिर पर कौवे का बैठना
मृत्यु की आशंका का संकेत करता एक अशुभ लक्षण है।

जाहिर है कि यह लोक में प्रचलित एक धारणा है, जिसका काव्यात्मक प्रयोग कवि ने इस कविता में किया है। कविता जहाँ समाप्त होती है वहाँ कवि रेखांकित करता है कि मूर्ति अँधेरे में विलीन हो गई है और कौवे के बीट का सफेद दाग अँधेरे में चमक रहा है। अब प्रश्न यह है कि आखिर इस कविता के निहितार्थ क्या हैं? गांधी जी आधुनिक भारत के महान चिन्तक और नेता के रूप में इतिहास में दर्ज हैं। मुक्ति की एक पूरी परिकल्पना उनसे जुड़ी हुई है। उनके दर्शन की सीमाएँ हैं लेकिन एक दार्शनिक और नेता के रूप में उनकी ईमानदारी पर प्रश्नचिह्न नहीं है। राजेश जोशी गांधीवादी नहीं हैं लेकिन भारतीय हैं। भारत में होने वाली घटनाओं और राजनीतिक दुश्चक्र का असर उनके मन पर पड़ता है। उपनिवेशवाद से मुक्ति के बाद के पिछले साठ सालों में अधिकांश समय इस देश में उस राजनीतिक दल का शासन रहा है जो घोषित तौर पर अपने को गांधीवादी कहता है। कवि अपनी इस कविता में इसी ओर इशारा कर रहा है। इन गांधीवादियों ने दर्शन के उजास को अँधेरे में बदल दिया है। वैचारिकता को मूर्ति पूजा में बदल दिया है।

पाठकों के लिए यह लक्षित करना मुश्किल नहीं होना चाहिए कि गांधी जी की मूर्ति पर बैठा कौवा किसकी मृत्यु का प्रतीक है। कवि बताना चाहता है कि सत्तालोलुपों ने चारों ओर बेईमानी का अँधेरा फैला रखा है और लोग वास्तविक और कृत्रिम अँधेरे का फर्क करना भूलते जा रहे हैं। स्थिति इतनी विडम्बनापूर्ण हो गई है कि गांधी जी की वास्तविक चिन्ताएँ कहीं अँधेरे में डूब गई हैं और अवसरवाद एवं भ्रष्टाचार की बीट का दाग चमक रहा है। कवि सिर्फ खबर नहीं दे रहा है बल्कि खबरों में जिसे सायास छिपाया जा रहा है उसे बहुत कलात्मक ढंग से सामने कर रहा है। आजादी के बाद अँधेरे को काव्य रूपक बनाने वाले महान कवि मुक्तिबोध अभिव्यक्ति के जिस खतरे को उठाने की बात बहुत गम्भीरता से करते हैं, वह ऐसी कविताओं में साफ-साफ दिखता है।

किसी कवि की पहचान का एक प्रतिमान यह भी है कि वह 'आधी आबादी' के विषय में 'क्या' और 'कैसे' सोचता है। यह सुखद है कि राजेश जोशी की कविताओं में स्त्रियों की उपस्थिति भरपूर है। वे उस नए मनुष्य का प्रतिनिधित्व करते हैं जो 'निरा पुरुष' नहीं है बल्कि लगातार अपने भीतर एक स्त्री की उपस्थिति को महसूस करता है। उसका यह महसूसना उसे बेहतर मनुष्य बनाता है। दूसरे शब्दों में कहें तो एक स्त्री को अपने भीतर लगातार महसूस करता पुरुष हमेशा अपने साथ एक सुसंस्कृत आलोचक लेकर चलता है। एक ऐसा आत्मीय आलोचक जो इस तरह घिरा सके—

कितने आलसी होते जा रहे हो तुम
अपने जूतों को देखो
बरसों से इन पर तुमने पालिश नहीं किया
पिछली बरसात की मिट्टी चिपकी है अभी तक इन पर

यह अकारण नहीं है कि ऐसे कायान्तरित पुरुष को यह प्रतीत होता है—

जितनी देर घर में रहती है
बस कुछ न कुछ बोलती ही रहती है हमेशा
कि वह हो न हो
घर के हर कोने में बचा रहता है
उसका बोलना!

और अलग से बताने की जरूरत नहीं है कि कवि जिसे घर कह रहा है, दरअसल वह नए पुरुष का मन है। इस तरह के कायान्तरित पुरुष से ही कोई पूर्व प्रेमिका पूरे विश्वास से कह सकती है—

...शादी के बाद
मुझे एक दिन तुम्हारी बहुत याद आई
यह सोच-सोच कर मुझे बहुत दुख होता था
कि मैंने जबरन ही तुम्हारा दिल दुखाया
पर सच कहूँ कि तुम इतने आवारा और लापरवाह थे
कि लगता ही नहीं था कि तुम जिन्दगी में कुछ कर पाओगे।

इन कविताओं के विषय में यह कहना जरूरी है कि इस तरह के विचार लम्बे सांस्कृतिक द्वंद्व के परिणाम हैं। इसके पीछे एक लम्बा युद्ध है जिसे बहुत सारे मनुष्यधर्मी लोगों ने लड़ा है।

राजेश जोशी की बहन पर लिखी कविता पढ़ते हुए हममें से अधिकांश को अपनी बड़ी बहनें याद आती हैं तो 'रैली में स्त्रियाँ' जैसी कविता पढ़ते हुए बदले समय में स्त्री की वास्तविक शक्ति का एहसास होता है। इस कविता की आखिरी पंक्तियाँ एक बड़ा बिम्ब रचती हैं—

रैली में चलती स्त्री
जैसे ब्रह्मांड में अनथक चलती पृथ्वी को देखना है
बाहर वह जितनी दिख रही है
उससे उसके सपनों और उसके भीतर मची उथल-पुथल का
अनुमान लगाना नामुमकिन है

उसकी आँख में असमय चला आया आँसू
उसकी हार का नहीं
उसके गुस्से का बाँध दरक जाने का संकेत है।

यह कविता शक्ति के नए संचार का उद्यम करती है। बिलकुल उसी तरह जिस प्रकार किसी भी अच्छी कविता को करना चाहिए। आखिर हम कविता से क्या उम्मीद करें? राजेश जोशी ने इस विषय पर विचार करते हुए लिखा है, "उद्दंडता और आतंक के सामने लगभग निरुपाय और असहाय से लग रहे माहौल में क्या हम अपनी कविता से कोई उम्मीद कर सकते हैं? क्या हमारी कविता सचमुच कोई छोटा या बड़ा हस्तक्षेप कर सकती है? ये सवाल किसी न किसी रूप में सभी के मन में होंगे। मुझे कई बार लगता है कि कविता से बाहर आकर दृश्य में हस्तक्षेप करना, कविता से बाहर आना नहीं, कविता का ही जैविक विस्तार है। कविता की आन्तरिक इच्छाओं, उसके सपनों, पवित्र दुआओं और गालियों का विकिरण उसके अणु के अनिवार्य और अपरिहार्य विस्फोट में अन्तर्निहित है।"

'नेपथ्य में हँसी' संग्रह में थोड़ी सी जगह, बच्चे काम पर जा रहे हैं, 'बच्चों की चित्रकला प्रतियोगिता' और 'प्रजापति' शीर्षक कविताएँ लगातार क्रम में हैं। कवि की इच्छा होगी कि इन्हें इसी क्रम में पढ़ा भी जा रहा है लेकिन यदि इन्हें विपरीत क्रम में पढ़ें तो भी अर्थ विस्तार बाधित नहीं होता है इन्हें विपरीत क्रम में पढ़ने पर राजेश जोशी की काव्य-कला को समझने में मदद भी मिलती है। 'प्रजापति' शीर्षक कविता के आरम्भ में राजेश जोशी लिखते हैं—

चीजों का हूबहू दिखना अपनी ही शक्ल में
कविता में मुझे पसन्द नहीं बिलकुल।

इन पंक्तियों की व्याख्या करते हुए कोई कह सकता है कि यह कविता में 'अभिधा' का विरोध है लेकिन पूरी कविता इस स्थापना के विरुद्ध जाती है। कविता की इन आरम्भिक पंक्तियों का जन्म सर्जक के इस स्वप्न से हुआ है, जिसमें सृष्टि के 'सुन्दरतम और मनुष्योचित' होने का भाव होता है। यह कवि 'चीजों' को उनकी ही शक्ल में हूबहू देखना नापसन्द करता है लेकिन इसका यह आशय नहीं कि वह उन्हें किसी आवरण के साथ देखना चाहता है। याद रखना चाहिए कि यह वही कवि है जो मानता है कि कवि सिर्फ मनुष्यों का नहीं, "पेड़, पहाड़ और पंछी का भी मन खोलते हैं।"

इस कविता में आगे की पंक्तियाँ हैं—

मैं चाहता हूँ मेरा फटा पुराना जूता भी दिखे वहाँ
पूर्णिमा के पूरे चाँद की तरह

एक साबुन की तरह दिखे मेरी आत्मा
छोटी-छोटी विकृतियाँ और अन्तर्विरोध भी दिखें वहाँ
फूली हुई नसों वाले राक्षसों से इतने बीभत्स और दैत्याकार
कि आसानी से की जा सके उनसे घृणा
की जा सके नफरत।

राजेश जोशी जब कहते हैं, "मैं चाहता हूँ मेरा फटा-पुराना जूता भी दिखे वहाँ पूर्णिमा के पूरे चाँद की तरह और "छोटी-छोटी विकृतियाँ और अन्तर्विरोध भी दिखे वहाँ," तो वे सिर्फ सदिच्छा नहीं व्यक्त करते बल्कि अपनी वैचारिकता, पक्षधर और सौन्दर्यबोध का भी पता देते हैं। इस कविता के अन्त से ठीक पहले वे उन पंक्तियों का सृजन करते हैं, जिनसे इस कविता का शीर्षक अर्थवेत्ता प्राप्त करता है—

बदल जाए, बदल जाए लोगों के चेहरे
जब वे मेरी कविता में आए
हीरे की तरह चमकती हुई दिखें लोगों की
बहुत छोटी-छोटी अच्छाइयाँ
कि आत्महत्या करता आदमी पलट कर दौड़ पड़े
जीवन की ओर चिल्लाता हुआ
कुछ नहीं है जीवन से ज्यादा सुन्दर
जीवन से ज्यादा प्यारा
जीवन की तरह अमर।

कवि इसलिए 'प्रजापति' नहीं होता कि वह कविता का सृजन करता है बल्कि इसलिए प्रजापति होता है क्योंकि वह कविता में 'जीवन के पुनर्सृजन' करता है। 'पुनर्सृजन' की यह क्षमता और विशिष्टता ही एक कवि को दूसरे कवि से अलग करती है जिस कवि में यह क्षमता जिस मात्रा में होती है, उसी मात्रा में वह अपने समय का प्रतिनिधित्व कर पाता है। यह अकारण नहीं है कि हर कवि अपने समय और अपनी भाषा का बड़ा कवि नहीं होता। राजेश जोशी जब अपनी कविता 'बच्चों की चित्रकला प्रतियोगिता' में लिखते हैं—

उन्होंने मकान, सड़कें और पुल भी बनाए
जिन्हें ईश्वर ने भी नहीं बनाया था कभी

तो वे सृजन को परिभाषित करते हैं और अन्त में जब लिखते हैं—

...चीजों को बनाते चले जाने के उत्साह में
इतना ज्यादा भर गया चित्र

कि गेंद को रखने की कोई जगह ही
नहीं बची चित्र में
तब समझ आया उन्हें
कि बड़ों ने कैसी-कैसी गलतियाँ की हैं
इस दुनिया को बनाने में!

तो वे पुनर्सृजन की आवश्यकता को रेखांकित करते हैं।

राजेश जोशी की सर्वाधिक प्रसिद्ध कविताओं में से एक है—'बच्चे काम पर जा रहे हैं'। इस कविता की आरम्भिक पंक्तियों को 'प्रजापति' शीर्षक कविता की आरम्भिक पंक्तियों के साथ पढ़ा जाना चाहिए। इससे कवि के 'विजन' को परिभाषित करने में सहायता मिलती है इस कविता की आरम्भिक पंक्तियाँ हैं—

कोहरे से ढकी सड़क पर बच्चे काम पर जा रहे हैं
सुबह-सुबह
बच्चे काम पर जा रहे हैं
हमारे समय की सबसे भयानक पंक्ति है यह
भयानक है इसे विवरण की तरह लिखा जाना
लिखा जाना चाहिए इसे सवाल की तरह।

यहाँ कवि सिर्फ लिखता नहीं है, बल्कि यह भी रेखांकित करता है कि 'किस तरह लिखा जाना चाहिए।' यही कवि होने (प्रजापति होने) का आशय है। किसी सर्जक को अपने लिए 'बहुत की' आकांक्षा नहीं हेती। उसके लगभग सारे स्वप्न 'अन्य' के लिए होते हैं। राजेश जोशी अपनी कविता 'थोड़ी सी जगह' में हाशिए के लोगों और उनके जीवन को एक पारदर्शी आईने की तरह कविता में लाते हैं लेकिन 'हूबहू' दिखाने के लिए नहीं। यहाँ 'देखें' के साथ 'अनदेखे' यथार्थ भी हैं। इसमें 'वे जो इस धरती के नमक हैं', जैसी पंक्तियाँ भी हैं जिसे आभिजात्य वर्ग कभी स्वीकार नहीं कर सकता। ऐसी पंक्ति वह कवि सृजित करता है जो श्रम के सौन्दर्य को सौन्दर्य और जीवन का सर्वोपरि प्रतिमान मानता है। इस कविता की कुछ पंक्तियाँ इस प्रकार हैं—

वे जो बचाते हैं
आग को पानी को हवा को आकाश को
धरती को बचाते हैं बंजर होने से
हमारी भाषा में जो नहीं घेरते
अपने नाम जितनी भी जगह

वे अक्सर जिन्दगी के हाशिए पर रह लेते हैं
अनाम और चुपचाप।

वे जो इस धरती के नमक हैं।
उन्हें चाहिए बस उतनी ही जगह
जितनी
चाँद का अक्स घेरता है पानी में।

इस कविता और ऐसे लोगों का महत्त्व तब और बढ़ जाता है जब हम अपने चारों ओर 'अतिरिक्त चीजों की माया' देखते हैं।

निश्चय ही राजेश जोशी हिन्दी के उन कवियों में से एक हैं जो कवि होने के मर्म को पूर्णता में पहचानने की कोशिश करते हैं।

उनकी आवाज हमारे समय की प्रतिनिधि आवाजों में से एक है।

हमारे समय की आखिरी आवाज और राजेश जोशी की कविताएँ

विवेक निराला

राजेश जोशी अस्सी के दशक की कविता के अत्यन्त महत्त्वपूर्ण कवि हैं। आठवें दशक की बहुलांश कविता अपनी पिछली कविता यानी साठोत्तरी कविता के साथ एक आलोचनात्मक सम्बन्ध बनाकर ही विकसित होती है। इस आठवें दशक की कविताओं में राजेश जोशी की कविताओं को अलग से पहचाना जा सकता है। संवेदनशीलता और जनपक्षधरता उनकी कविताओं का सहज गुण है। 90 के दशक में समाजवादी वटवृक्ष सोवियत यूनियन के विघटन के साथ ही एकध्रुवीय हो चुके विश्व और उदारीकरण, निजीकरण तथा बाजारवाद की आँधी में मनुष्यता तिनकों की तरह बिखरती गई। इस क्षत-विक्षत मनुष्यता को बचाने की कोमल जिद से राजेश जोशी का काव्य-संसार बनता है। कवि जानता है कि—

कठघरे में खड़े कर दिए जाएँगे, जो विरोध में बोलेंगे
जो सच सच बोलेंगे, मारे जाएँगे
धकेल दिए जाएँगे कला की दुनिया से बाहर
जो चारण नहीं होंगे
जो गुण नहीं गाएँगे, मारे जाएँगे
धर्म ध्वजा उठाने जो नहीं जाएँगे जुलूस में
गोलियाँ भून डालेंगी उन्हें, काफिर करार दिए जाएँगे
सबसे बड़ा अपराध है इस समय
निहत्थे और निरपराध होना
जो अपराधी नहीं होंगे
मारे जाएँगे!

राजेश जोशी की 'मारे जाएँगे' शीर्षक यह कविता 1989 के आसपास जब आई और प्रतिष्ठित पत्रिका 'पहल' ने जब इसका पोस्टर जारी किया तो यह खूब चर्चित

रही। यह वे दिन थे जब हम लोगों ने समकालीन कविता की पाठकीय दुनिया में प्रवेश ही किया था और इस कविता के पोस्टर हमारे कमरे का जरूरी हिस्सा थे। मगर, आज जब इस कविता को देखता हूँ तो लगता है कि जैसे यह अभी-अभी लिखी गई कविता हो। आज जब लोकतांत्रिक विरोध की सारी आवाजें बर्बरतापूर्वक कुचली जा रही हों, लेखकों-बुद्धिजीवियों की नृशंस हत्याएँ की जा रही हों, तब यह कविता हमारे समय की आवाज बनकर हमारे सामने आ खड़ी होती है।

कोई कविता मानवीय संवेदनशीलता के बिना नहीं सम्भव हो सकती। मानवीय संवेदना से युक्त कविता ही हमारे अन्त:करण के आयतन को भी बड़ा करती है। प्राय: कवियों ने कविता की वस्तु को राजनैतिक वस्तु बनाने की भी कोशिशें की हैं। उनका विरोध राजनीति से नहीं उस हल्ले से है जो राजनीति के नाम पर संकीर्णता को बढ़ाता है। नब्बे के बाद के इस दौर की कविता की भाषा और उसके मुहावरे भी बदल गए हैं। भूमंडलीकरण के बाद समय और समाज में आए इन बदलावों को कविता की अन्तर्वस्तु बनाने की भी तमाम कोशिशें कविता में दिखाई देती हैं। इसी समय में हरे-भरे खेतों को उजाड़कर बंजर 'स्पेशल इकोनॉमिक जोन' बना दिए गए हैं, सदानीरा नदियाँ या तो बाँध दी गई हैं या खतरनाक रसायनों से अटी हैं। पहाड़ और जंगल पर औद्योगिक इकाइयाँ सीधा हस्तक्षेप कर रही हैं और इसी समय में कविता प्रकृति और मनुष्य के शोषण के युग्म को बेपर्दा करते हुए अपना तीखा विरोध कर रही है। ऐसा करते हुए कविता इस पूरी बंजरता-वृद्धि के बरअक्स और उर्वर होकर हमारे पास, हमारे साथ खड़ी होती है। इस दौर में जब लोगों से उनकी जमीनें छीनकर विस्थापित किया जा रहा है, किसान आत्महत्या करने पर विवश हैं, तब एक किसान ही महानायक हो सकता है। किसानों की आत्महत्या पर लिखी गई राजेश जोशी की कविता 'इस आत्महत्या को अब कहाँ जोड़ूँ' की कुछ पंक्तियाँ इस सन्दर्भ में द्रष्टव्य हैं—

देश के बारे में लिखे गए
हजारों निबन्धों में लिखा गया
पहला अमर वाक्य एक बार फिर लिखता हूँ
भारत एक कृषि प्रधान देश है
दुबारा उसे पढ़ने को जैसे ही आँखें झुकाता हूँ
तो लिखा हुआ पाता हूँ
कि पिछले कुछ बरसों में
डेढ़ लाख से अधिक किसानों ने
आत्महत्या की है इस देश में।

राजनीति हमारे समय के नए 'बाजार' की कठपुतली बन चुकी है। पुराने बाजार

में एक सामाजिकता और सामूहिकता थी। लोगों के बीच संवाद थे। परस्पर काम आ पाने की चाह थी। नए बाजार ने सहकारिता के इस भाव को अपदस्थ कर दिया है। आदमी बाजार में होते हुए भी अकेला रह गया है। पुराने बाजार की सामूहिकता नए बाजार के अकेलेपन में तब्दील हो गई है। सामूहिकता अगर पुराने बाजार का मूल चरित्र था तो नए बाजार का मूल चरित्र अकेलापन हो गया है। इस नए बाजार में सपनों की भूमिका बदल गई। बाजार की इच्छा यहाँ महत्त्वपूर्ण है। राजेश जोशी अपनी 'खिलौना' शीर्षक कविता में कहते हैं—

मुझे बनाने वाले कलाकार ने बाजार की नजर बचाकर
बाजार की इच्छा के बीच स्वप्न को भी रख दिया है मुझमें।

नया बाजार किसी भी तरह के संवाद के बजाय चीजों से आक्रान्त चेतना का निर्माण करता है। स्पष्ट है कि बाजार आज अपने सम्पूर्ण चरित्र में आक्रामक हो गया है। यह आक्रामकता भूमंडलीकरण की प्रक्रिया के चलते आई है। आज का बाजार और उसका उपभोक्तावाद दरअसल भूमंडलीकरण की प्रक्रिया की आड़ में चलने वाली नव साम्राज्यवादी नीति का हथकंडा बन गया है। उपभोक्तावाद और बाजारवादी अर्थव्यवस्था की मिली-जुली संस्कृति के लिए हिन्दी में 'बाजारवाद' शब्द प्रचलित है। जो फर्क बाजार और बाजारवाद में है, वही फर्क उपभोग और उपभोक्तावाद में भी है।

हमारे देश में बच्चों को भगवान का रूप माना जाता है, फिर भी बच्चों से बाल मजदूरी कराई जाती है। जो दिन बच्चों के पढ़ने, खेलने और कूदने के होते हैं, उसमें उन्हें बाल मजदूर बनना पड़ता है। इससे बच्चों का भविष्य अन्धकारमय होता जा रहा है। कहने को सरकारें बाल मजदूरी को खत्म करने के लिए बड़े-बड़े वादे और घोषणाएँ करती हैं, फिर भी होता सिर्फ ढाक के वही तीन पात है। इतनी जागरूकता के बाद भी भारत देश में बाल मजदूरी का खात्मा नहीं हो पाया है। इसके उलट बाल मजदूरी दिन ब दिन बढ़ती जा रही है। मौजूदा समय में गरीब बच्चे सबसे अधिक शोषण का शिकार हो रहे हैं। जो गरीब बच्चियाँ होती हैं उनको पढ़ने भेजने की जगह घर में ही बालश्रम कराया जाता है। छोटे-छोटे गरीब बच्चे स्कूल छोड़कर बाल-श्रम हेतु मजबूर हैं। इस बाल मजदूरी पर सवाल उठाते हुए राजेश जोशी कहते हैं—

कोहरे से ढकी सड़क पर बच्चे काम पर जा रहे हैं
सुबह सुबह
बच्चे काम पर जा रहे हैं।
हमारे समय की सबसे भयानक पंक्ति है यह
भयानक है इसे विवरण की तरह लिखा जाना

लिखा जाना चाहिए इसे सवाल की तरह
काम पर क्यों जा रहे हैं बच्चे?

हमारे समय की सबसे भयानक बात यह है कि छोटे-छोटे बच्चों को काम पर जाना पड़ रहा है। इस बात को हम जिस सरलता से कह रहे हैं, यह कवि को और भयानक लग रहा है। जबकि हमें इसकी ओर ध्यान देना चाहिए और यह जानना या पता लगाना चाहिए कि पढ़ने-खेलने की उम्र में बच्चों को अपना पेट पालने के लिए यूँ काम पर क्यों जाना पड़ रहा है। इसे हमें समाज से एक प्रश्न की तरह पूछना चाहिए कि इन छोटे बच्चों को काम पर क्यों जाना पड़ रहा है? जबकि इनकी उम्र अभी खेलने-कूदने और पढ़ने-लिखने की है। क्यों ये बच्चे अपना मन मारकर इतनी सुबह-सुबह ठंड में काम पर जाने के लिए विवश हैं। कवि सोचता है कि क्या खेलने के लिए सारी गेंदें खत्म हो चुकी हैं या आकाश में चली गई हैं? क्या बच्चों के पढ़ने के लिए एक भी किताब नहीं बची है? क्या सारी किताबों को दीमकों ने खा लिया है? क्या बाकी सारे खिलौने कहीं किसी काले पहाड़ के नीचे दब गए हैं? जो अब इन बच्चों के लिए कुछ नहीं बचा? क्या इन बच्चों को पढ़ाने वाले मदरसे एवं विद्यालय भूकम्प में टूट चुके हैं, जो ये बच्चे पढ़ाई एवं खेल-कूद को छोड़कर काम पर जा रहे हैं?

संस्कृति और इतिहास एक-दूसरे से सम्बद्ध होते हैं। कभी-कभी संस्कृति और इतिहास की मिथकीय धारणाएँ भी स्वस्थ सामाजिक-राजनैतिक वातावरण को गहरे आघात दे जाती हैं। सांस्कृतिक अस्मिता पर संकट दिखाकर जनता का ध्रुवीकरण करके अपने राजनैतिक हितों की पूर्ति की जाती है। धर्म और जाति पूरे भारत की कमजोरी थी और आज भी है। अगर अतीत में अलग धर्म और संस्कृति के आधार पर अलग देश की माँग की जाती है तो आज भी जाति के आधार पर राजनैतिक दल हिन्दी पट्टी में राजनीति करते हैं। साम्प्रदायिकता का विरोध इस दौर की कविता की जमीन थी क्योंकि साम्प्रदायिकता ने हमारे सांस्कृतिक ताने-बाने को ही छिन्न-भिन्न कर दिया था। यह सुखद है कि हिन्दी के अधिकांश कवियों ने साम्प्रदायिकता का विरोध किया है। हिन्दी कविता के इतिहास पर नजर डालें तो 1947 में भारत-पाक विभाजन और उससे बने घोर साम्प्रदायिक माहौल में भी इतनी और इस तरह की कविताएँ नहीं लिखी गईं। लेकिन, हमारे समय की कविता धर्म के इस शोषक स्वरूप को नकार कर आगे बढ़ती है क्योंकि गुजरात के नरसंहार के बाद उसके रचनात्मक मानस की निर्मिति में यह इनकार का साहस भी आ चुका था। इस सन्दर्भ में राजेश जोशी की कविता 'वली दकनी' देखी जा सकती है—

बात इक्कीसवीं सदी की पहली दहाई के शुरुआती दिनों की है
जब बर्बरता और पागलपन का एक नया अध्याय शुरू हो रहा था

कई रियासतों और कई किस्म की सियासतों वाले एक मुल्क में
गुजरात नाम का एक सूबा था
जहाँ अपने हिन्दू होने के गर्व और मूर्खता में डूबे हुए क्रूर लोगों ने—
जो सूबे की सरकार और नरेन्द्र मोदी नामक उसके मुख्यमंत्री के
पूरे संरक्षण में हजारों लोगों की हत्याएँ कर चुके थे।

सत्ता को हिन्दी-उर्दू की साझी विरासत के इतिहास से सबसे बड़ा खतरा है, इसलिए वह इसका इतिहास ही मिटा देना चाहती है। वह वली दकनी की मजार तोड़ देती है, और ऐसा करके वह हर निशान मिटा देना चाहती है, जो इस महादेश की हिन्दी-उर्दू की शानदार परम्परा और इतिहास का प्रतीक हो। मूर्खता का आलम तो यह है कि—

अपने हिन्दू होने के गर्व और मूर्खता में डूबे उन लोगों को
जब अपने इस कारनामे से भी सुकून नहीं मिला
तो उन्होंने रात-दिन मेहनत-मशक्कत करके
गेंदालाल पुरबिया या छज्जूलाल अढ़ाऊ जैसे ही
किसी नाम का कोई एक कवि और उसकी कविताएँ ढूँढ़ निकाली

और उन्होंने दावा किया कि वली दकनी से भी अगले वक्त का कवि है।

हर समय में अँधेरा अपनी सत्ता का प्रसार करता रहा है और साहित्य के आरम्भ से ही कवि अँधेरे से प्रकाश की ओर जाने की अभ्यर्थना करता रहा है। निराला अपने समय के अँधेरे को साहित्य में दर्ज भी कर रहे थे और उससे जूझ भी रहे थे। निराला लिखते हैं कि—गहरा अन्धकार छाया हुआ है और यह संसार स्वार्थ के गहरे अँधेरेपूर्ण कारावास की तरह बन गया है। संसार की स्वार्थपरता ने हमारी चेतना का नाश कर दिया है। जड़ता की दीवारें हमें घेरकर खड़ी हैं, इसने हमारा मार्ग अवरुद्ध कर दिया है। स्वार्थ के कारण लोग सीधे मुँह बात भी नहीं करते। इस आकाश में अब न सूर्य रहा न चन्द्रमा और ना ही तारे। इस सन्दर्भ में हम मुक्तिबोध की चर्चित कविता 'अँधेरे में' की भी याद आती है। अँधेरा तो हमारे यहाँ वर्षों से फैल रहा है। अँधेरे के बारे में बात करना थोड़ा कम हो गया है। लोग चकाचौंध से बहुत मोहित होते हैं। चकाचौंध पिछले चार-पाँच-छह वर्षों में बहुत बढ़ी है। वह चकाचैंध अँधेरे को छुपाने वाली है।

अँधेरे में सबसे बड़ी दिक्कत यह थी कि वह किताब पढ़ना
नामुमकिन बना देता था
पता नहीं शरारतन ऐसा करता था या किताब से डरता था
उसके मन में शायद यह संशय होगा कि किताब के भीतर

कोई रोशनी कहीं न कहीं छिपी हो सकती है
हालाँकि सारी किताबों के बारे में ऐसा सोचना
एक किस्म का बेहूदा सरलीकरण था
ऐसी किताबों की संख्या भी दुनिया में कम नहीं,
जो अँधेरा पैदा करती थीं
और उसे रोशनी कहती थीं।

लेकिन हमारे समय में इतना धुँधलका छाया है कि किताबें भी जो हमेशा से ज्ञान और उजाले का पर्याय रही हैं, वे खुद अँधेरा पैदा कर रही हैं और उसे ही रोशनी कह रही हैं। यहाँ रोशनी की पहचान भी और मुश्किल हो गई है—

लेकिन इससे भी बड़ा अँधेरा था
जो सत्ता की राजनीतिक जिद से पैदा होता था
या किसी विश्वशक्ति के आगे घुटने टेक देने वाले
गुलाम दिमागों से!
एक बौद्धिक अन्धकार मौका लगते ही सारे देश को
हिंसक उन्माद में झोंक देता था।

यहाँ सत्ता की राजनीतिक जिद से पैदा होने वाले अँधेरे अथवा विश्वशक्ति के आगे घुटने टेक देने वाले गुलाम दिमागों से पैदा अँधेरे का जिक्र किया गया है। एकध्रुवीय हो चुकी दुनिया में एकमात्र महाशक्ति के सामने लगभग सभी नतमस्तक हैं। ऐसे में कवि कहता है—

अँधेरे से जब बहुत सारे लोग डर जाते थे
और उसे अपनी नियति मान लेते थे
कुछ जिद्दी लोग हमेशा बच रहते थे समाज में
जो कहते थे कि अँधेरे समय में अँधेरे के बारे में गाना ही
रोशनी के बारे में गाना है।
वो अँधेरे के समय में अँधेरे के गीत गाते थे।

अपनी बेचैनी में कवि पीछे मुड़कर देखता है जहाँ उसे बहुत से लोग डरे हुए दिखते हैं जो अँधेरे को अपनी नियति मान चुके हैं। कुछ जिद्दी लोग भी दिखे जो अँधेरे का गीत गाने में ही अपनी सुरक्षा समझते थे, अँधेरे के बारे में गाना ही वे रोशनी के बारे में गाना मानते थे। राजेश जोशी की यह कविता पढ़ते हुए बर्तोल्त ब्रेख्त की उन मशहूर पंक्तियों की याद अनायास आ जाती है—

क्या अँधेरे वक्त में भी गीत गाए जाएँगे
हाँ, गाए जाएँगे
अँधेरे वक्त में भी अँधेरे के गीत गाए जाएँगे।

अपने सद्य:प्रकाशित काव्य संकलन 'जिद' की भूमिका में उन्होंने लिखा है कि आग, पहिया और नाव की ही तरह भाषा भी मनुष्य का एक अद्वितीय आविष्कार है! इस अर्थ में और भी अद्वितीय कि यह उसकी देह और आत्मा से जुड़ी है! भाषा के प्रति हमारा व्यवहार वस्तुत: जनतंत्र और पूरी मनुष्यता के प्रति हमारे व्यवहार को ही प्रकट करता है! हम एक ऐसे समय से रूबरू हैं जब वर्चस्वशाली शक्तियों की भाषा में उद्दंडता और आक्रामकता अपने चरम पर पहुँच रही है! वे कहते हैं, "बाजार की भाषा ने हमारे आपसी व्यवहार की भाषा को कुचल दिया है। विज्ञापन की भाषा ने कविता से बिम्बों की भाषा को छीनकर फूहड़ और अश्लीलता की हदों तक पहुँचा दिया है। इस समय के अन्तर्विरोधों और विडम्बनाओं को व्यक्त करने और प्रतिरोध के नए उपकरण तलाश करने की बेचैनी हमारी पूरी कविता की मुख्य चिन्ता है। उसमें कई बार निराशा भी हाथ लगती है और उदासी भी लेकिन साधारण जन के पास जो सबसे बड़ी ताकत है और जिसे कोई बड़ी से बड़ी वर्चस्वशाली शक्ति और बड़ी से बड़ी असफलता भी उससे छीन नहीं सकती, वह है उसकी जिद।" अपनी एक कविता में कवि कहता है—

बीसवीं सदी की क्रांतियों और युद्धों के
बोझ से लदी हमारी आवाज
समय की गति से मिला ही नहीं पाती अपने कदम
कान के पास आकर कोई फुसफुसाता है
उतार फेंको उतार फेंको स्मृतियों का बोझ
और दौड़ो
वरना ढूँढ़ नहीं पाओगे कभी
अपनी आवाज के लिए नए शब्दों से बना कोई घर

राजेश जी कहते हैं कि मेरी इन कविताओं में यह शब्द कई बार दिखाई देगा। शायद यह जिद ही है जो इस बाजारू समय में भी कवि को धुंध और विभ्रमों के बीच लगातार अपनी जमीन से विस्थापित किए जा रहे मनुष्य की निरन्तर चलती लड़ाई के पक्ष में रचने की ताकत दे रही है। सबसे कमजोर रोशनी भी सघन अँधेरे का दम्भ तोड़ देती है। इसी उम्मीद से ये कविताएँ यहाँ हैं।

राजेश जोशी हँसी का बहुत रचनात्मक इस्तेमाल करते हैं। उनकी हँसी रघुवीर सहाय की हँसी से भिन्न है। राजेश जोशी के लिए हँसी प्रतिरोध का औजार है। एक ओर उनके यहाँ हँसी आँसुओं को छिपाती है तो दूसरी ओर वह सत्ता, उसकी

ताकत और उसके पाखंड का उपहास भी करती है। राजेश जी 'चुटकुलों के पक्ष में दलील' देते हैं—

जबकि वे एक खतरनाक वायरस की तरह
फैल सकते हैं
हद और बेहद को पार करते हुए
रातों-रात किसी भी तंत्र में सेंध लगा सकते हैं
और नाक में दम कर सकते हैं किसी भी तानाशाह की
कई संगीन खतरों की महीन सूचनाएँ छिपी होती हैं उनमें
अपना स्वतंत्र संचार-तंत्र विकसित कर लेने के लिए
वो किसी भी व्यवस्था के मोहताज नहीं होते
निर्भय होने का एक मंत्र जो छिपा होता है
उनकी आन्तरिक तहों में
डरी और सहमी जनता उसे बहुत अच्छी तरह जानती है
अत्याचारियों को पल भर में ही वो एक मखौल में बदल सकते हैं।

राजेश जोशी का खयाल है कि चुटकुले एक 'सार्वजनिक और सामूहिक हँसी पैदा करते हैं'। वह जानते हैं कि चुटकुले 'नाक में दम कर सकते हैं किसी भी तानाशाह की'। उनका यह भी मानना है कि हँसकर लोग सत्ता के आतंक का तिलिस्म तोड़ सकते हैं। राजेश जोशी अपनी 'हँसी' शीर्षक कविता में कहते हैं—

हँसी कम होती जा रही है धरती पर
अब तो नाटकों में विदूषक और सर्कसों में मसखरे भी
कभी-कभार ही दिखते हैं
अपनी तमाम कोशिशों के बाद भी सिर्फ बच्चों को ही
हँसा पाते हैं वो बमुश्किल

मनुष्य के जीवन के तमाम संकटों और खतरों पर बात करते हुए वे अपनी कविताओं में मनुष्य के बेहतर जीवन का एक विराट स्वप्न रखते हैं। वे ऐसे यथार्थ के आग्रही कवि हैं कि जो जैसा है उसे तुरत-फुरत कविता में बदल देते हैं और इसे कविता का जादू कहते हैं। इस रोज बनती दुनिया के दृश्य भी रोज बदलते रहते हैं। इसमें सत्ता का सर्वग्रासी रूप और भी हिंसक होता जाता है। राजेश जोशी की कविताएँ वस्तुतः इसके प्रतिरोध की कविताएँ हैं। वे कहते हैं कि कविता प्रतिरोध की आवाज है और कविता ही मेरी नागरिकता है। कविता एक जिद्दी आशा है क्योंकि वह सिर्फ पिटते हुए मनुष्य को ही नहीं लड़ते हुए मनुष्य को देखने और उसके पक्ष में बोलने का साहस कर सकती है। प्रतिरोध की इन कविताओं को रचने

के लिए कवि को जितने पारदर्शी शब्दों की जरूरत होती है उतने ही 'ताप से भरे शब्द' की भी। वह अच्छी तरह जानता है कि—

ताकत और अधीनता की भाषा से बाहर भी होते हैं
शब्दों और क्रियाओं के अर्थ।

इसीलिए उन्हें लगता है कि—

यह अधीनों की भाषा है
जिसमें मैं सोच रहा हूँ और बोल रहा हूँ।

राजेश जोशी के लिए भाषा भी लड़ाई का एक हथियार है और इसी तरह से राजेश जोशी अपने समय की हर सत्ता को चुनौती देते हुए अपनी प्रतिबद्धता और पक्षधरता निर्धारित करते हैं।

मधुमक्खी के छत्ते में सपनों को पकाता कवि

वसन्त सकरगाए

कवि जब दुनिया को लहलहाते सपनों से सम्पन्न देखना चाहता है, तब वह सपनों के शिल्प, भाषा और उनके संवर्धन के तौर-तरीकों को लेकर बहुत चौकस रहता है। उसकी चिन्ता के मूल में समाज के स्वप्न ही नहीं, स्वस्थ व स्वप्नदायी नींद भी शामिल रहती है। ऐसे समय कवि की भूमिका उस माँ की तरह होती है, जो शब्दों को लोरियों में पिरोती है। सुरीले स्वर देती है। दु:स्वप्न की आँच से बचाने के लिए सारी-सारी रात जागकर बच्चे को मखमली थपकियाँ देती हैं। हरदम फिक्रमन्द रहती है कि बच्चा किसी भयावह स्वप्न से डरकर चीखें भरकर नींद से अधबीच में न जाग जाए। अलबत्ता यह सुखद अनुभव चाहती है कि मीठे स्वप्न से सम्पन्न बच्चा किलकारियाँ भरता हुआ उठे। राजेश जोशी नींद और स्वप्न के इसी संकल्प के अपने अन्त:करण की वृत्ति के अनूठे और सर्वाधिक विश्वसनीय कवि हैं।

पाँव लेते बच्चे को राजेश जोशी घर-आँगन के भूगोल तक सीमित नहीं रखते। (जैसे कि आम मानसिकता होती है कि बच्चा घर में चलना सीख लेगा तो अपने आसपास की रची-बसी दुनिया के ढर्रे पर जीवन के कदम आगे बढ़ा लेगा)। राजेश जोशी का स्वप्न, पाँव लेते बच्चे के कदमों के तले संसार की सारी नेमतें और व्यापक सरोकार बिछाए जाने का पक्षधर है—

पहाड़ पीछे सरक रहे हैं
नदियाँ पीछे सरक रही हैं
पेड़ पीछे सरक रहे हैं
चौड़ी हो रही है जमीन
मैदान चौड़ा हो रहे हैं
लम्बी हो रही हैं सड़कें
ऊँचा हो रहा है आकाश

यानी राजेश जोशी के स्वप्न के पाँव लेते बच्चे को कोई अभाव नहीं, सद्भाव,

समभाव व समरसता चाहिए। यही वजह है कि उनके सपनों के बच्चे पाँव लेने के तुरन्त बाद, जब कोहरे से ढकी सड़कों पर काम करने जाते हैं तो इस भयानकतम दृश्य से उनकी आत्मा काँप उठती है। कवि ने इस क्रूरता की कल्पना तो हरगिज नहीं की थी। उन्होंने तो पाँव लेते बच्चे के लिए चौड़ाते मैदान, लम्बी सड़कों (काम पर जाने के लिए नहीं।) और ऊँचे आकाश की पासदारी रची है। बेशक वहाँ रंग-बिरंगी किताबें न होने की पीड़ा है। और निस्सन्देह इसे विवरण और सवाल की तरह पूछे जाने की दरकार है। ऐसा नहीं है कि दुनिया के पास अपने भविष्य अर्थात अपने बच्चों की भलीभाँति परवरिश की इच्छा नहीं है। लेकिन यह इच्छा लोकतांत्रिक क्यों नहीं है? बच्चों के अधिकार इतने विभक्त और पक्षपातपूर्ण क्यों हैं? क्यों बहुत सारे बच्चों से उनके नैसर्गिक अवसर छीन लिये गए हैं? जबकि वे नादान अपने जन्मजात अधिकारों से अनभिज्ञ हैं, क्यों बहुतेरे बच्चों के हिस्से के मदरसे बन्द हो गए हैं!

फिर, रोजमर्रा का यह दृश्य देखना कितना कष्टदायक है कि गर्मी में झुलसते, ठंड में ठिठुरते और बारिश में भीगते अथवा सामान्य मौसम ही क्यों न हो, बच्चों को सड़क पार करने से इसलिए रोका जाता है कि पहले अतिविशिष्ट व्यक्ति को अपनी कार से गुजरना है। राजेश जोशी सड़क पार कर रहे बच्चों से रुकने की अपील करते हैं। और नजर करते हैं सत्ता और व्यवस्था की लम्पट छबियाँ, जिनमें मक्कार अफसर, टालू न्यायाधीश, सुस्त पुलिस अफसर और आलसी मंत्री की कामचोरियाँ उजागर होती हैं। और विडम्बना है कि ऐसे लोगों की रफ्तार के लिए बच्चों को सड़क पार करने के लिए रुकना पड़ रहा है। राजेश जोशी के अनुभव में विकलांग बच्चे को डराती चमचमाती कार का दृश्य और बिम्ब भी है, जिसके तमाशबीन अन्दर ही अन्दर डरते हुए हैं और यह दृश्य हमारे समय के बिम्ब में बदल रहा है। 'माँ कहती है' की पंक्तियाँ हैं—

माँ कहती है
डरावने सपने इससे
डर जाते हैं
दिनभर फिरकनी-सी खटती
माँ
हमारे सपनों के लिए
कितनी चिन्तित रहती है!

राजेश जोशी के पास सपनों के छोटे-मोटे बिम्ब और घटनाएँ नहीं हैं। बल्कि आकाश को फाँदकर अन्तरिक्ष तक की ऊँचाई तथा पृथ्वी के इस छोर से उस छोर तक की विस्तृति है। किसी के सपने में जाने शऊर, जीवन की ऊहापोह से लदा-फँदा प्रेम का यथार्थवादी यात्रा-वृत्तान्त है, जो शहद के पकने की कामना

करता है। चाँद से सारी-सारी रात गप्प लड़ाने के आदी राजेश जोशी के पास नींद के लिए अवकाश नहीं है। और है भी तो उनकी नींद का आकार इतना छोटा है कि इस छोटी-सी नींद में सपने प्रवेश पाकर अपने आपको छिन्न-भिन्न व अधूरा करना नहीं चाहते। वे राजेश जोशी की देहरी से लौट जाते हैं। सपने तभी आते हैं, जब पलकों के दरवाजे बन्द हों। मगर दुनिया के लिए बेहतर स्वप्न की इच्छा, चिन्ताएँ राजेश जोशी को पलक झपकने का अवकाश नहीं देतीं। इसी कारण उनकी नींद की प्रतीक्षा में उनकी देहरी पर खड़े सपनों को किसी अन्य आँखों में जाने को विवश होना पड़ता है। 'उसके सपने में जाने का यात्रा-वृत्तान्त' बताता यह कवि, निखालिस प्रेमिल रूमानियत के बजाय, प्रेमिका के स्वप्न में जीवन की आपाधापी की वास्तविकताएँ, यथोचित वातावरण और संगति-विसंगतियों का मूल्यांकन भी दर्ज करता है—

उसकी आँखों में दूर तक फैली नींद, मेरे पहुँचने तक
एकदम स्वप्नविहीन थी। कैलेंडर के तारीखहीन हिस्सों-सी उस एकदम
खाली-सी नींद में
वह खुश थी न उदास...। मैंने जल नहीं हिलाया, लहर नहीं बनाई
हवा को नहीं कोंचा, पेड़ नहीं झिंझोड़ा
कि मछलियाँ भागतीं या जागतीं चिड़ियाँ।

राजेश जोशी की कविता के बिम्ब कई दफे अर्थ का अनर्थ करते-से लगते हैं लेकिन तर्क की सार्थक गुंजाइश भी उत्पन्न करते हैं। सर्वविदित है—धुएँ से मधुमक्खी का जन्मजात वैर है। छत्ते पर धुआँ लगते ही मधुमक्खियाँ तिलमिला उठती हैं और बेहद आक्रामक हो जाती हैं। किन्तु कवि की प्रेमिल महत्त्वांकाक्षा मधुमक्खियों को मनुष्य की सांसारिकता से जोड़ती है और उन्हें छत्ते से रुखसत करने का दिलचस्प बहाना गढ़ती है—

शहद का छत्ता है तुम्हारा प्यार
हल्की-हल्की आँच के धुएँ में
जिसे पकाएँगे हम
तुम छुट्टी ले लो कुछ दिन
और साथ-साथ बाजार कर लो
मधुमक्खियों से बोलो
निपटा लेंगी घर का कामकाज
और शहद भी पक जाएगा तब तक

'चाँद की वर्तनी' में 'कुछ सूक्तियाँ' की अन्तिम सूक्ति है—

हम सोना चाहते थे
सो पाते तो सपने भी देखते
पर इस कमबख्त निजाम में
चैन की नींद कहाँ?

राजेश जोशी भारतीय कविता के इसलिए महत्त्वपूर्ण कवि नहीं हैं कि वे आम आदमी की बेचैनियों के झकझोरने वाले सवाल उठाकर कविता-संसार में सनसनी फैलाने का उपक्रम रचते हैं और यह भी नहीं, कि इसी मात्र से उनकी प्रतिभा की अत्यन्तता सिद्ध होती है और इतना करने के बाद वह चुप्पी साधकर बैठ जाते हैं। बल्कि उनकी सतत काव्य-यात्रा रतजगे, स्वप्न और नींद का अनवरत पीछा करती है। यही वजह है कि रतजगे करते इस कवि से प्रधानमंत्री जब फोन पर बजने वाला समय पूछता है तो प्रधानमंत्री की घड़ी में और साधारण नागरिक की घड़ी में बजनेवाले समय की विसंगतियों को लेकर कवि की तकरीरें 'इस कमबख्त निजाम' की बखिया उधेड़कर रख देती हैं।

वाकई राजेश जी की नींद सिकुड़कर बहुत छोटी-सी रह गई है। वे अकसर हम मित्रों से नींद की यह शिकायत करते हैं। हम मित्रगण और किताबें उन्हें नींद आने के कुछ नुस्खे बताते हैं। उन्हें वे आजमाते भी हैं। मगर, कमबख्त उनकी नींद का घटाव है कि उन्हें कोई व्यक्तिगत सपना नहीं देखने देता। जैसे ही कोई स्वप्न देहरी पर आकर खड़ा होता है। अधबीच ही नींद खुल जाती है। फिर...

उसने किसी और की नींद का दरवाजा खटखटाया हो
कहा हो : कृपया करके मेरी बात सुनें
बात यह है कि मैं राजेश जोशी की नींद में जाने को
निकला था पर क्या करूँ उसकी नींद तो आधी रात को
अधबीच ही खुल गई...
पर अब मैं समझ नहीं पा रहा हूँ कि मैं रात कहाँ बिताऊँ
अगर आपकी नींद में कोई स्वप्न न हो तो
कृपा करके मुझे अपनी नींद में आने दीजिए।

बेशक रात हवा के हजार-हजार घोड़ों पर सवार होकर आती हो। करोड़ों लोगों की नींद और सपनों का बहुत सारा माल-असबाब से लदी हुई। लेकिन नींद से जरा-सी भूल-चूक हो जाए, तब देखिए कैसा बावेला मचता है। कहते हैं रात को कमबख्त नींद नहीं आई। दिन अनमना। न हाजमा ठीक। भूख लगे न प्यास। नींद न आने के अन्यान्य कारण हो सकते हैं। नींद कितनी ही हल्की अथवा कई घंटों की लम्बी हो। लेकिन 'नींद' कविता में राजेश जोशी नींद के पक्ष में खड़े होते हैं—

एक नन्ही-सी जान
बिचारी पर
कितनी ढेर जिम्मेदारियाँ!

इसी संवेदना के मद्देनजर राजेश जोशी तमाम कवियों की ओर से नींद को कुछ रिआयत बख्शते हों!

और उनकी छोटी-सी नींद में जो सपना आता है, बेशक उसकी पीठ पर बैठकर तमाम सपनों को गूँथ-गूँथ कर एक लम्बी नसेनी बनाने की इस प्रबल इच्छा से भरे हों, कि सारे अच्छे लोगों को ऊपर चढ़ा लेंगे। लेकिन यह काम वे आनेवाले पचहत्तर सालों तक के लिए मुअत्तल रखें। और इसके बाद भी सोचा जाएगा कि उन्हें चकमा देकर उड़ने दिया जाएगा अथवा नहीं!

जो नहीं कहा राजेश जोशी ने, उनकी कविताओं ने कहा

सुभाष राय

संकट बढ़ रहा है
छोटे-छोटे खेत अब नहीं दिखेंगे इस धरती पर!
कॉरपोरेट आ रहे हैं
कॉरपोरेट आ रहे हैं
सौंप दो उन्हें अपनी छोटी-छोटी जमीनें
मर्जी से नहीं तो जबरदस्ती छीन लेंगे वे
कॉरपोरेट आ रहे हैं
जमीनें सौंप देने के सिवा कोई और विकल्प नहीं तुम्हारे पास।
नहीं नहीं, यह तो गलत वाक्य बोल गया मैं
विकल्प ही विकल्प हैं तुम्हारे पास
मसलन भाग सकते हो शहरों की ओर
जहाँ तुम न किसान रहोगे न मजदूर
घरेलू नौकर बन सकते हो वहाँ
जैसे महान राजधानी में झारखंड के इलाकों से आईं
लड़कियाँ कर रही हैं झाड़ू-बासन के काम
अपराध जगत के दरवाजों पर नो वैकेंसी का
कोई बोर्ड कभी नहीं रहा
अब भी लामबन्द न होना चाहो, लड़ना न चाहो अब भी
तो एक सबसे बड़ा विकल्प खुला है आत्महत्या का
कि तुमसे पहले भी चुना है यह विकल्प तुम्हारे कई भाई-बन्दों ने
लेकिन इतना जान लो...
मृत्यु सिर्फ मर गए आदमी के दुख-तकलीफें दूर करती है

लेकिन बचे हुओं की तकलीफों में हो जाता है
थोड़ा इजाफा और...!

हमारे समय के महत्त्वपूर्ण कवि राजेश जोशी की कविता 'विकल्प' में आज के समय की ज्यादा स्पष्ट, कहूँ तो थोड़ी लाउड भी, ध्वनि सुनी जा सकती है। नब्बे के दशक में उदारीकरण और वैश्वीकरण की हलचल और उसके सम्भावित दुष्परिणामों को नजर में रखते हुए किसानों पर राजेश जी ने दो कविताएँ लिखी थीं, 'इस आत्महत्या को अब कहाँ जोड़ूँ' और 'विकल्प'। इन्हें पढ़ते या सुनते हुए कोई भी समझ सकता है कि ये कविताएँ अपने समय के आईने में किस तरह 2021 के किसान आन्दोलन को साफ-साफ देख रही थीं। राजेश जी ने बहुत पहले समझ लिया था कि किसानों का संकट बढ़ने वाला है और उन्हें इससे दो-दो हाथ करने के लिए लामबन्द होना पड़ेगा। इसी बात को राजेश जी के ही शब्दों में कहूँ तो कहूँगा, 'कविता बदलाव की प्रक्रिया के लिए अग्नि की समिधा को इकट्ठा करती है। वह जब किसी अँधेरे कोने से हमें अचानक आवाज लगाती है तो हम अचकचा से जाते हैं। चौंक जाते हैं, थोड़ा सा डर भी जाते हैं। हम कई बार उस कविता से बचना चाहते हैं जो तीलियों की माँग करती है। जो हमें एहसास कराती है कि हमारे पास एक माचिस है...कविता एक जिद्दी आशा है क्योंकि वह सिर्फ पिटते हुए मनुष्य को ही नहीं, लड़ते हुए मनुष्य को देखने और उसके पक्ष में बोलने का साहस कर सकती है। समाज में कवि इसीलिए महत्त्वपूर्ण होता है कि वह जो कुछ जैसा है, उसे वैसा ही स्वीकार नहीं करता। वह बदलाव चाहता है। वह दुनिया को और सुन्दर बनाना, देखना चाहता है, इसीलिए यथास्थितिवाद का और यथास्थितिवादियों का लगातार विरोध करता है, उन्हें मिटा देना चाहता है।' बकौल राजेश जोशी जी, 'सुन्दरता तक पहुँचने के सारे रास्ते अक्सर ही बहुत दुरूह होते हैं। यह सुन्दरता जगह की हो, समाज की या रचना की। एक सुन्दर समाज तक पहुँचने का रास्ता शायद सबसे अधिक कठिन है। कभी-कभी ऐसा भी होता है कि रास्तों के कठिन होने के कारण जगह सुन्दर लगने लगे। सुन्दरता का रास्ता सरल नहीं और सरलता का रास्ता सबसे कठिन है।' जोशी जी यहाँ किसी जगह, समाज के साथ रचना के सौन्दर्य की भी बात कर रहे हैं। एक ऐसी रचना या कविता तक पहुँचना बहुत कठिन होता है, जिसे सुन्दर कहा जा सके। कविता के सुन्दर होने की एक शर्त उसका सरल होना भी है और यह सरल होना सचमुच बहुत कठिन होता है।

समकालीन कविता में राजेश जोशी जी की अपनी एक विशिष्ट जगह है। कविता के बारे में वे अपने नोट्स में और अपनी कविताओं में बार-बार बात करते हैं। एक जगह वे कहते हैं, 'एक कविता में आया जीवनानुभव एक समय और समाज का अनुभव होता है। एक रचना जितनी रचनाकार की होती है, उतनी ही

या उससे भी कहीं अधिक वह उससे स्वतंत्र बृहद समुदाय की होती है। इसीलिए उसमें बेहतर जीवन की उम्मीद नाउम्मीदी से पराजित नहीं हो सकती।' एक अन्य जगह वे लिखते हैं, 'जीवन का अनुभव जितना बड़ा होगा, उतना एक विधा में आना मुश्किल होगा। वैसे गद्यकार को कविता की जरूरत नहीं पड़ती। प्रेमचन्द ने कभी कोई कविता नहीं लिखी। कविता एक ऐसी विधा है, जिसमें जीवन के सारे अनुभव नहीं अटते। निराला ने गद्य लिखा, प्रसाद ने उपन्यास, कहानी, नाटक सब लिखा, महादेवी ने संस्मरण, रेखाचित्र लिखे। दुनिया के तमाम कवियों ने बहुत गद्य लिखा। गद्य से छुटकारा नहीं है। जीवन काफी गद्यमय है। भाषा तो गद्य है, उसमें आप कुछ ऐसी लय डालते हैं कि कविता बन जाती है।' ये तो एक-दो उदाहरण हैं और कुछ चुनिन्दा उदाहरणों से नहीं समझा जा सकता कि कविता के बारे में राजेश जोशी जी के क्या विचार हैं। कविता में उम्मीद होती है, लय होती है लेकिन और भी बहुत कुछ होता है, बहुत कुछ होने की सम्भावना होती है। राजेश जी ने कविता के बारे में जितना लिखा है, जितना बोला है, उससे बहुत ज्यादा अभी अबोला छूटा हुआ है। उनसे बात करते हुए इसे अच्छी तरह समझा जा सकता है। बातों-बातों में हमेशा कोई न कोई नई बात आ जाती है। उनकी कविताओं के बारे में ज्यादा बेहतर तरीके से उनकी कविताओं से ही जाना जा सकता है। उनके पास कुछ अच्छी कविताएँ हैं, कुछ बहुत अच्छी कविताएँ हैं और कुछ ऐसी हैं, जिन्हें हिन्दी कविता में अनपैरलल कहा जा सकता है। उनकी जो बहुत अच्छी कविताएँ हैं, वे श्रोताओं और पाठकों द्वारा अपनी बना ली गई हैं। वे उनकी जुबान पर हैं। जगह-जगह पढ़ी, सुनी और गाई जाती हैं। वे पाठकों की, वृहत्तर अर्थों में जनता की ही हो गई हैं।

एक बहुत महत्त्वपूर्ण सवाल है कि कोई कविता अच्छी या बहुत अच्छी कैसे हो जाती है, बड़ी या बहुत बड़ी कैसे हो जाती है? कैसे वह सुनने या पढ़ने वालों की जुबान पर ठहर जाती है, उन्हें याद हो जाती है? कवि क्या करता है कि उसकी पंक्तियाँ अपने समय का मुहावरा बन जाती हैं और कवि के समय के आगे भी जब भी जरूरत पड़ती है, बोलती रहती हैं, दखल देती रहती हैं? कोई कविता अगर समय के किसी बन्धन में नहीं बँधती और समय के आर-पार, उससे परे भी अपने अर्थ, अपनी शक्ति और अपनी व्यंजना के साथ बनी रहती है, तो क्यों? क्या होता है उसमें? क्या होता है कि किसी कवि को लोग बार-बार उद्धृत करते हैं? यह किसी की प्रतिभा से, श्रम से सम्भव होता है या कोई और बात होती है? कोई कबीर बड़ा हो जाता है, कोई पाब्लो नेरूदा विश्वविख्यात हो जाता है तो कैसे? केवल समय किसी कवि को बड़ा बना देता है, केवल परिस्थितियाँ किसी कविता को महत्त्वपूर्ण बना देती हैं या कवि की प्रतिभा या कुछ और? एक बड़ी कविता जन्म लेती है तो उसके रक्त में क्या-क्या होता है? कवि चुनता है कोई

विषय और बड़ी कविता रच देता है या फिर कविता चुनती है कवि को भी और विषय को भी, कला को भी और अपने विस्तार को भी? राजेश जोशी इन प्रश्नों के उत्तर बहुत सीधे, सपाट नहीं देते। वे बहुत खुलकर अपनी रचना प्रक्रिया के बारे में भी नहीं बताते। वे इसे कुछ जादू जैसा कहते हैं। जोशी जी बेशक हमारे समय के बड़े कवि हैं। केवल इसलिए नहीं कि हम सब मानते हैं कि वे बड़े कवि हैं बल्कि कई अन्य कारणों से भी। वे 72-73 से कविताएँ लिख रहे हैं। यह वही समय है जब देश धीरे-धीरे आपातकाल की ओर सरक रहा था। राजनीतिक और सामाजिक तनाव से भरा हुआ समय। ज्यादतियों और डरावनी गूँज से आक्रान्त समय। कवि जीवन के प्रारम्भ में ही आपात समय के ताप ने राजेश जोशी को जल्दी परिपक्व होने में मदद की। ज्यादा वक्त नहीं लगा उन्हें अपना रास्ता बनाने में, अपनी भाषा गढ़ने में, अपने मुहावरे तैयार करने में। तब से कवियों की चार पीढ़ियाँ आईं। राजेश जोशी इस पूरे समय में लगातार एक प्रभावशाली और धारदार कंसिस्टेंसी के साथ मौजूद रहे। सिद्धान्त में भी और व्यवहार में भी, शब्द में भी और अशब्द में भी, बातचीत में भी और कविता में भी। समय के साथ उनकी एक कवि के रूप में विशिष्टता और श्रेष्ठता स्वीकार की गई। नहीं कहूँगा कि राजेश जोशी किसी आलोचक या आलोचकों के समूह की स्वीकृति से एक बड़े कवि बने या वे इस तरह की किसी स्वीकृति के कभी मोहताज रहे। उन्हें बड़ा बनाया उनकी कविताओं ने, उनके पाठकों और श्रोताओं ने। हर समय में कुछ ऐसे कवि रहे हैं, जिनकी कविताएँ उनके पाठकों, श्रोताओं को याद रहती आई हैं। उनके समय में भी और उनके समय के बाद भी। इसके पीछे कवि की कम कविता की विशिष्टता ज्यादा रही है। समकालीन कविता भी अपवाद नहीं है। इसमें अनेक ऐसे कवि दिखाई पड़ते हैं, जिन्होंने समय के सीने पर अपनी अमिट छाप छोड़ी है। यह कहें तो गलत नहीं होगा कि सिर्फ वही कविताएँ लोगों को याद रह जाती हैं, जो सुनते हुए या पढ़ते हुए हृदय तक जाती हैं, अन्त:करण को स्पर्श करती हैं, उद्वेलित करती हैं, स्पंदित और संवेदित करती हैं। कभी-कभी कुछ पंक्तियाँ इतनी चमकीली होती हैं कि वे सामाजिक परिवर्तन की प्रक्रिया में हथियार की तरह शामिल हो जाती हैं, नारे की तरह इस्तेमाल होने लगती हैं। मैंने राजेश जोशी जी को कई बार काव्य-पाठ करते सुना है। देखा है सुनने वालों को उनसे कविताओं की फरमाइश करते हुए, उनके बोलने के पहले उनकी पंक्तियाँ बोलते हुए या उनके साथ उनकी कविताएँ दुहराते हुए। बहुत गम्भीर अभिप्राय वाली कविताओं पर भी लोगों को ठीक उसी बिन्दु पर तालियाँ बजाते देखा है, जहाँ कविता एप्रीसिएशन चाहती है, जहाँ प्रत्याशितता की सम्भावना नहीं होती। जोशी जी की कुछ कविताएँ इतनी बार सुनी गई हैं कि वहाँ कोई अप्रत्याशितता शेष नहीं है, लेकिन हर बार लोग उन्हें सुनना चाहते हैं क्योंकि उनमें सुनने वालों

की आवाज होती है, उनमें समय की विसंगतियों, विद्रूपताओं की साफ ध्वनि होती है। लेकिन यह बहुत मामूली बातें हैं, केवल इन बातों के कविता में आ जाने भर से कोई कविता इतनी प्रभावशाली, संवेद्य और सुघड़ कैसे हो जाती है? जाहिर है कुछ और भी तत्त्व होते हैं जो कविता को बड़ा बनाते हैं।

राजेश जोशी जी अक्सर इन सवालों से बचते हैं क्योंकि उनके मुताबिक इनका जवाब ढूँढ़ पाना बहुत मुश्किल होता है और इन्हें बता पाना तो और भी मुश्किल होता है। कोई अपने नजरिये से उन्हें समझे तो हो सकता है, वह बहुत सुन्दर भाषण दे पाए और उनके आधार-तर्क भी जुटा पाए लेकिन विश्वसनीयता कवि के अपने अनुभव की ज्यादा होती है। तो क्या राजेश जोशी जी ने कविता के कविता होने या बड़ी कविता होने के कुछ तर्क अपने गद्य में या अपनी कविताओं में दिए हैं? जरूर दिए हैं। तो आइए उन सूत्रों की मदद से समझने की कोशिश करते हैं उनकी कविता के उत्स को, उसकी धार को, उसकी बहा ले जाने की ताकत को। वे स्वयं कहते हैं, 'कविता की रचना-प्रक्रिया मुझे हमेशा लगता है, एक जादुई और रहस्य भरी प्रक्रिया है। उसके बारे में जितना जानने की कोशिश करता हूँ, वह उतनी ही उलझ जाती है, वह जितना अपने को प्रकट करती है, उससे ज्यादा अपने को छिपा लेती है। हर नई कविता पिछले सारे अनुभवों को गच्चा देकर अलग ही ढंग से अवतरित होती है।' उनकी एक कविता भी है, 'जादू है कविता'—

जादू है
जादू है
जादू है कविता। जो है
जो जैसा है
तुरत-फुरत
पलक झपकते
सब कुछ की शक्ल
बदल डालने की ललक जादू। जादू खाली टोकरी से
निकलता है
कबूतर
गुटरगूँ करता
भरता है
लम्बी-लम्बी उड़ान।

तो क्या सचमुच कविता जादू है? जादू के कई अभिप्राय हैं। जादू इस तरह होता है कि अच्छा तो लगता है पर दर्शक और श्रोता समझ नहीं पाते कि कैसे हुआ। वह सब कुछ बदल देता है। जो आप सोच रहे होते हैं, बिलकुल वैसा ही

नहीं होता बल्कि कुछ ऐसा होता है, जो कोई सोच नहीं रहा होता है। जोशी जी जब कविता को जादू कह रहे होते हैं तो वह उसकी अप्रत्याशितता की बात कर रहे होते हैं। जब कविता होती है तो कवि भी नहीं समझ पाता कि कविता किधर जाने वाली है, किधर ले जाने वाली है। कविता जब आती है तो वह कवि के अनुमान या चिन्तन के साथ नहीं चलती है, बल्कि वह कवि को भी गच्चा देकर आगे बढ़ जाती है। इतना ही नहीं वह यथास्थिति या यथार्थ भर का पीछा नहीं करती, वह सब कुछ बदल देना चाहती है। वह एक नई दुनिया बनाना चाहती है, उसके बारे में कल्पनाएँ करती है, कुछ नया तलाशने के लिए उड़ान भरती है। कविता की बात करते हुए जोशी जी जादू के साथ ही सपने की भी बात करते हैं। वे कहते हैं, 'पहले जब सुनता था कि कुछ ऐसी कविताएँ हैं, जो स्वप्न में लिखी गईं तो आश्चर्य होता था लेकिन अब मुझे इन बातों पर विश्वास होता है कि ऐसा हो सकता है। कोई कविता स्वप्न में भी हो सकती है।' एक जगह वे और स्पष्ट करते हुए कहते हैं, 'कविता बहुत तरह से आपके पास आती है। कोई एक सेट फार्मूला नहीं हो सकता। कभी आप कोई प्रभावशाली दृश्य देखते हैं और वह कविता में बदल जाता है। कभी कोई पुराना अनुभव अचानक किसी घटना से जाग्रत हो जाता है और वो कविता में बदल सकता है। कभी-कभी एक शब्द कविता में ढल सकता है और उससे एक नई कविता शुरू हो सकती है।' राजेश जोशी जी अपनी कविताओं में अपनी रचना-प्रक्रिया और कविता के बारे में बार-बार टिप्पणियाँ करते रहते हैं। 'कवि, चाँद और बिल्लियाँ', 'सुकवि की मुश्किल', 'अधूरी कविताएँ', 'कवि का काम', 'दो पंक्तियों के बीच' जैसी कविताओं में वे कवि की जिम्मेदारी, कविता के स्वरूप, कविता के काम और कविता लिखे जाने की प्रक्रिया के बारे में कहीं बहुत स्पष्ट तो कहीं सूक्ष्म संकेत करते हैं। कविता सवाल करती है और सवाल करने की भूमिका संशय से निर्मित होती है।

चाँद के हिस्से में अमरता आई
और बिल्लियों के हिस्से में मृत्यु
इसीलिए चाँद से गप्प लड़ाते कवि का
उन्होंने अक्सर रास्ता काटा
इस तरह कविता में संशय का जन्म हुआ।

कविता के लिए सिर्फ सौन्दर्य वांछित नहीं है, चाँद से गप्प लड़ाने का समय चला गया, अब कवि पर समाज की, जनता की भी जिम्मेदारी है, उसके प्रति होने वाले अन्याय से टकराने का भी दायित्व है। यह जिम्मेदारी निभा पाना संशय के बिना सम्भव नहीं है। सब कुछ ठीक चल रहा है या नहीं। कोई दुखी, कोई परेशान तो नहीं है। किसी का हक तो नहीं मारा जा रहा। ये सब सवाल तभी उठेंगे जब संशय

होगा। बिना संशय के सवाल उठते ही नहीं। इसी कविता में बिल्ली के माध्यम से राजेश जोशी जी एक कवि को भाषा बरतने की सीख भी देते हैं।

वो अपने सद्यःजात बच्चे को अपने दाँतों के बीच
इतने हौले से पकड़ कर एक जगह से
दूसरी जगह ले जाती है
कवि को जैसे भाषा को बरतने का सूत्र बता रही हो।

आपने बिल्ली को अपने तुरन्त जन्मे हुए कोमल बच्चे को अपने नुकीले दाँतों के बीच दबाकर ले जाते हुए जरूर देखा होगा। वह इतने डेलिकेट तरीके से बच्चे को पकड़ती है कि वह मुँह से छूटकर गिरता भी नहीं और दाँत गड़ने से घायल भी नहीं होता। एक कवि को भाषा ऐसे ही बरतनी होती है। कोई ऐसा शब्द न आ जाए जो कविता पढ़ने, सुनने या कहने में अनावश्यक अवरोध पैदा करे, कोई फालतू शब्द न हो, कोई ऐसा शब्द न रह जाए, जिसे अपनी जगह से हटाया जा सके, जो अपनी जगह अवांछित हो, गैर-जरूरी हो। कविता में भाषा को, शब्दों को भी बहुत ही डेलिकेट तरीके से, बहुत सावधानी से पेश करने की जरूरत होती है। एक अच्छी कविता में शब्दों का, उनकी जगह का बहुत ही महत्त्व होता है। दीवार में लगे ऐसे पत्थर की तरह कि उसे हटाते ही दीवार भरभराकर ढह जाए। शब्द इतने कसे और सधे हुए होते हैं कि न तो उनकी जगह बदली जा सकती है, न ही उनकी जगह उनका कोई पर्याय लाया जा सकता है। यह कला है, अभ्यास से आती है लेकिन ज्यादातर इनट्यूशन से, जिसे जोशी जी जादू कहते हैं। कवि होना, कविता करना बहुत आसान नहीं होता। लगता है आसान लेकिन बहुत पेचीदा होता है। आजकल कवियों की बाढ़ आई हुई है। ऐसी समझ बन गई है कि छोटी-बड़ी पंक्तियों में कुछ लिख देना ही काव्य है और ऐसे में कोई भी कवि बन जाए सहज सम्भाव्य है। वैसे लिखना कोई खराब बात नहीं है। ज्यादा से ज्यादा लोग लिखें, इसमें कोई बुराई नहीं है लेकिन लिखने के साथ ही निरन्तर यह भी समझने का प्रयास करना जरूरी होता है कि अच्छी कविता क्या है, कैसे बनती है। जोशी जी कहते हैं कि केवल काव्य प्रतिभा ही जरूरी नहीं है, उसे माँजने के लिए अभ्यास भी जरूरी है। कविता कोई भी लिख सकता है, कविता लिखना तो आसान है लेकिन अच्छी कविता लिखना कठिन है, बहुत पेचीदा है। एक कवि को 'नदियों की कल-कल करती आवाजों', 'पेड़ों के हहराने' और 'हजारों प्रजातियों की चिड़ियों के चहचहाने' का अनुवाद करना होता है। प्रकृति की अपनी भाषा होती है, एक जाग्रत कवि ही उसे समझ सकता है। वही नदी के दर्द को महसूस कर सकता है, चिड़ियों की खुशी को समझ सकता है, पेड़ों की कराह को सुन सकता है। 'कवि का काम' में जोशी जी लिखते हैं—

आँसुओं के लिए अपनी भाषा में कभी नहीं मिल पाते
उतने ही पारदर्शी शब्द
बेजुबान लोगों के दुख और गुस्से के लिए ढूँढ़ने पड़ते हैं
कवि को सही-सही और उतने ही ताप से भरे शब्द
और चुप के लिए ऐसे शब्द को ढूँढ़ निकालना
कि शब्द में लिखे जाने के बाद भी वह चुप ही लगे
इसके लिए बहुत महीन हुनर की जरूरत होती है
और यह सिर्फ एक कवि के ही बस की बात है।

दुख, गुस्से, आँसू और चुप्पी के लिए कवि को नई भाषा गढ़नी होती है जो बिना अभिधा में गए किसी के गुस्से को, किसी के दुख को, किसी के आँसू को व्यंजित कर सके। एक कवि के लिए यह बहुत जरूरी है कि वह रूढ़ अर्थों वाले शब्दों के प्रयोग से बचे। मुक्तिबोध कहते हैं कि उनकी कविताएँ कभी पूरी नहीं होतीं। राजेश जोशी अपने पुरखे की परम्परा को और आगे ले जाते हैं। वे यह तो मानते ही हैं कि कोई भी कविता कभी पूरी नहीं होती लेकिन वे यह भी सोचते हैं कि कुछ कविताएँ हमेशा पूरी होने के लिए छटपटाती रहती हैं लेकिन कुछ अपने अधूरेपन में ही सन्तुष्ट कवि की विस्मृतियों में जाकर कहीं छिप जाती हैं।

वे कुछ कहती नहीं हैं पर लगता है जैसे कहती हों
हम आधे-अधूरे ही ठीक हैं
कौन सी कविता है ऐसी जो पूरी की पूरी आई हो धरती पर
जैसे-तैसे कुछ जोड़-घटाकर पूरी या पूरी सी कर ली जाती है।

जब जोशी जी कहते हैं कि 'अधूरी कविताएँ देखती रहती हैं एकटक अपनी अन्तिम पंक्ति के बाद कागज पर रह गई खाली जगह को' तो मुझे लगता है कि वे एक ऐसी कविता की ओर इशारा कर रहे होते हैं जो दुनिया भर के सारे कवि मिलकर लिख रहे हैं लेकिन वह पूरी नहीं होती। वह पूरी हो भी तो कैसे। जब तक धरती पर कहीं भी पीड़ा रहेगी, दुख रहेगा, कोई भी कविता पूरी कैसे हो सकेगी। वे लिखते हैं—

यूँ भी दुनिया में सबसे बड़ी तादाद अधूरी कविताओं की है
पूरी कविताओं में भी कहीं न कहीं बचा ही रहता है एक अधूरापन
...हर कवि को हमेशा ही लगता है कि कविता में कहीं न कहीं कुछ छूट गया है
जो होना था...हो सकता था।

'दो पंक्तियों के बीच' कविता में एक अच्छी कविता की विशेषता बहुत सूक्ष्म तरीके से राजेश जोशी ने बताई है। कविता कभी पूरी बात नहीं बोलती है और न ही वह सपाट अभिधा में बोलती है। दो पंक्तियों के बीच भी अबोली बातें होती हैं जो पाठक या श्रोता को समझनी पड़ती हैं। उस खाली जगह में जो होता है, उसके बारे में जोशी जी और स्पष्ट कहने की कोशिश करते हैं जो आसानी से दो पंक्तियों के बीच की अनकही बातों को समझने में मदद कर सकती हैं।

शब्दों से छन-छन कर गिरती रहती हैं यहाँ कई ध्वनियाँ
कभी-कभी तो शब्दों के कुछ ऐसे अर्थ भटकते हुए
चले आते हैं यहाँ
बिगड़ैल बच्चों की तरह जो भाग गए थे बहुत पहले
अपना घर छोड़कर,
कई चोर गलियाँ निकलती हैं मेरी गलियों से
जो ले जा सकती हैं
सबसे छिपाकर रखी कवि की एक अज्ञात दुनिया तक।

और आखिर में—

यहाँ आने से पहले अपने जूते बाहर उतार कर आना
कि तुम्हारे पैरों की कोई आवाज न हो
एक जरा सी बाहरी आवाज नष्ट कर देगी
मेरे पूरे जादुई तिलिस्म को।

एक कविता को समझने के लिए, उसके जादू को खोलने के लिए सबसे जरूरी बात होती है, दो पंक्तियों के बीच झरती ध्वनियों को सुन पाने की क्षमता। कवि किसी गद्यकार की तरह सब कुछ नहीं बोलता है, वह कुछ बोलता है, कुछ छोड़ देता है बिना बोले। वह जो नहीं बोलता है, उसमें जो आवाजें होती हैं, सबसे मुश्किल और चुनौतीपूर्ण होता है उन्हें समझना। इस तरह राजेश जोशी जी ने अपनी कविताओं में, अपने नोट्स में लगातार केवल अपनी कविता को डिकोड करने के सूत्र ही नहीं दिए हैं बल्कि किसी भी अच्छी कविता को समझने के रास्ते भी बताए हैं। वे कविताओं पर तो खूब बोलते हैं पर अपनी कविताओं पर बोलना नहीं चाहते, संकोच करते हैं, टाल जाते हैं। हाँ, अपनी कविताओं को नहीं रोकते, उन्हें बोलने की पूरी छूट देते हैं। हम उनकी कविताओं से उनकी कविताओं के बारे में पूछ सकते हैं, जान सकते हैं।

वरिष्ठ कवि नरेश सक्सेना ने राजेश जोशी की कविताओं पर लम्बी और सार्थक बात की है। उसका एक अंश है, 'राजेश की कविता की ताकत रेटरिक

का अर्थ ही बदल देती है। वह देखते-देखते भाषा को वस्तु और वस्तु को उसकी अन्तर्वस्तु में बदल देती है...। राजेश की राजनीतिक चेतना किताबी नहीं है। उनके मंतव्य स्पष्ट हैं। निष्कर्षों को लेकर दुविधा नहीं है। राजेश की राजनीतिक कविताएँ रेटरिक या स्थूल होने की जगह बारीकी और नफासत का नमूना पेश करती हैं। मार्क्सवाद के संस्पर्श से जिन कवियों ने अपनी समझ और संवेदना को गहरा किया है, राजेश जोशी को उनमें अलग से चिन्हित किया जा सकता है। समय, स्थान और गतियों के अछूते सन्दर्भों से भरी हुई है राजेश की कविता। अपने मनुष्य होने के एहसास और उसे बनाए रखने की जद्दोजहद हैं राजेश की कविताएँ।' यहाँ नरेश जी राजेश जोशी की कविताओं की कुछ ऐसी विशिष्टताओं की बात करते हैं, जिनकी मदद से हम यह समझ सकते हैं कि समकालीन कविता की दुनिया में कुछ बहुत प्रभावशाली और बेहतरीन कविताएँ राजेश जोशी के नाम हैं तो क्यों। वैसे तो उनके पास ऐसी बहुत सारी कविताएँ हैं, जिन्हें पाठकों ने या यूँ कहें कि समय ने बड़ी और महत्त्वपूर्ण कविताओं के रूप में स्वीकार किया है, जो कविता के पाठकों में जोशी जी को एक बड़े कवि के रूप में स्थापित करती हैं। 'चाँद की वर्तनी', 'दो पंक्तियों के बीच', 'जब तक मैं एक अपील लिखता हूँ', 'बर्बर सिर्फ बर्बर थे', 'मेरा नया फोन नम्बर', 'बच्चे काम पर जा रहे हैं', 'मारे जाएँगे', 'यह धर्म के विरुद्ध है', 'इत्यादि', 'मैं झुकता हूँ', 'टामस मोर', 'कवि चाँद और बिल्लियाँ', 'जिद', 'जादू है कविता' के अलावा अनेक ऐसी महत्त्वपूर्ण कविताएँ मैं यहाँ गिना सकता हूँ लेकिन उन सब पर अलग-अलग बात करने की जगह कुछ ऐसी विशिष्टताओं पर बात करना ज्यादा समीचीन होगा, जो बड़ी कविताओं के रचाव में दिखाई पड़ती हैं, जिसे राजेश जोशी जी 'जादू' या 'तिलिस्म' कहते हैं।

किसी भी कविता में कंटेंट महत्त्वपूर्ण होता है लेकिन कोई भी कविता केवल बेहतर कंटेंट से अच्छी और बड़ी कविता नहीं हो जाती। कंटेंट तो गद्य में भी होता है और कविता निरा गद्य नहीं होती। सूक्ष्मता, सौन्दर्य, शिल्प और संरचना के बिना कोई कविता नहीं हो सकती। उसमें कुछ नया होना चाहिए, जो अब तक न कहा गया हो या कहने का ढंग अभूतपूर्व होना चाहिए। इतिवृत्त, कथा या साधारण वर्णन की जगह कविता कुछ इस तरह आगे बढ़ती है, जिसकी प्रत्याशा नहीं होती। यह अप्रत्याशितता पाठक को चौंकाती भी है और आनन्दित भी करती है। कविता की दुनिया में राजेश जोशी जी की जिस कविता की सर्वाधिक माँग होती है और जो बार-बार सुनने के बाद भी बार-बार सुने जाने की अन्त:प्रेरणा के साथ उपस्थित होती है, वह है 'मारे जाएँगे।' जोशी जी स्वयं स्वीकारते हैं कि 'मनुष्यता के एक बड़े सच को व्यक्त करने के लिए कविता को अपने समय के कठिन ब्योरों में जाने और उनका अतिक्रमण करने की जरूरत है।' यही बात है जो किसी भी कविता को अपने समय से मुक्त कर कालजयी बनाती है। 'मारे जाएँगे' आठवें दशक में जब

लिखी गई, तब जैसा समय था, जैसा तनाव था, जैसी निराशा थी, जैसा असमंजस था, खीज थी, जिस तरह मनुष्य के सपनों, विश्वासों को आहत किया जा रहा था, धर्म के नाम पर जो पाखंड और असहिष्णुता फैली हुई थी, सत्ताएँ जिस छल और अहंमन्यता में डूबी हुई थीं, वह असाधारण था लेकिन परिस्थिति और परिवेश की यह असाधारणता बार-बार लौटकर आती है, कई बार और भी उग्र और खतरनाक रूप में। जैसा वर्तमान समय में दिख रहा है। नफरत, हत्या, असहिष्णुता, जड़ता और अतीत-मोह का जो घटाटोप आज है, वैसा शायद ही कभी आदिम समय में भी रहा हो। ऐसा समय जब भी आएगा, 'मारे जाएँगे' की प्रासंगिकता और बढ़ जाएगी। क्या सत्ता और धर्म के घालमेल का पागलपन आज अपने तीक्ष्णतम और विकरालतम रूप में दिखाई नहीं पड़ रहा है? जो भी लोग इस पागलपन के विरोध में खड़े हैं या इसमें शामिल होने को तैयार नहीं हैं, उनसे जीने का अधिकार छीन लेने की कोशिशें नहीं की जा रही हैं? कलबुर्गी, दाभोलकर, पानसरे, गौरी लंकेश को क्यों जान गँवानी पड़ी? कमजोर, दलित, स्त्री, अल्पसंख्यक और किसान के पक्ष में बोलने वालों या दंगापीड़ितों को न्याय दिलाने की हिमायत करने वालों को जेलों में नहीं डाला जा रहा? क्या जनता को असहमति, आन्दोलन और विरोध के संवैधानिक अधिकारों से निर्ममतापूर्वक वंचित नहीं किया जा रहा है? लोकतांत्रिक और धर्मनिरपेक्ष देश होने के बावजूद क्या राजनीति धर्म का औजार भर बनकर नहीं रह गई है? और जो लोग भी समय के इस अन्धकार की ओर उँगली उठा रहे हैं, उन्हें अलग-थलग करने और मार देने तक की कोशिशें नहीं की जा रही हैं? क्या धर्म के नाम पर भीड़तंत्र, अन्धराष्ट्रवाद और लिंचिंग तक को मान्यता दिलाने की कोशिशें नहीं हो रही हैं? क्या निहत्थे और निरपराध लोगों को कपड़े, खान-पान और वेश-भूषा के आधार पर पहचानकर हत्याएँ नहीं की जा रही हैं? सितम्बर 1988 में लिखी यह कविता हमारे मानस में और उससे बाहर रोज घटित हो रही है। इसी अर्थ में इस कविता ने अपने काल का अतिक्रमण किया है। इसी अर्थ में यह कालजयी रचना है। लेकिन यह तो रही कंटेंट की बात। यही बात गद्य में कही जाकर भी क्या इतनी ही प्रभावशाली हो सकती थी? नहीं, तब शायद कोई दूसरी बार भी यह बात सुनना नहीं चाहता। इस कविता की जो अन्य विशेषताएँ इसे एक बड़ी कविता बनाती हैं, उनमें संरचना बहुत महत्त्वपूर्ण है। समकालीन कवियों में राजेश जोशी की कविताएँ संरचना की दृष्टि से बहुत समृद्ध हैं। इस कविता में भी 'मारे जाएँगे' का पदबन्ध बार-बार आकर न केवल इस कविता में एक संगीत-ध्वनि पैदा करता है बल्कि इस कविता में जिस खतरे की ओर संकेत किया गया है, उसकी बार-बार याद दिलाता है, उसकी याद को गहन और डरावना बनाता है। यह इस कविता को निरा गद्य हो जाने से भी बचाता है और इसमें ध्वनि सौन्दर्य की सृष्टि भी करता है। अपने कलात्मक ढाँचे के कारण यह कविता स्मृति में उतर जाती है और

आसानी से याद हो जाती है। भाषा भी किसी कवि को अपने पाठकों या श्रोताओं से जोड़ने में महत्त्वपूर्ण भूमिका निभाती है। जोशी जी लगातार आम बोलचाल की भाषा में बात करते हैं। कविता की ये विशेषताएँ उसके पाठ का सौन्दर्य भी बढ़ा देती हैं और ज्यादा से ज्यादा लोगों को कवि की प्रस्तुति से या उसकी कविता की लय और उसमें अनुस्यूत समय से जोड़ने का काम करती हैं। शब्दों की आड़ के बीच एक खुले आसमान की तरह राजेश जोशी जी की अधिकांश कविताएँ अपने समय का पुनर्पाठ तो प्रस्तुत करती ही हैं, वे अपने संरचनात्मक सौन्दर्य के कारण पठनीय और श्रवणीय भी बनी रहती हैं। इसी नाते वे समकालीन कवियों में एक ऐसे विशिष्ट कवि के रूप में सामने आते हैं, जो आम जन के मन में गहराई तक रचा-बसा है, जिसकी पंक्तियाँ बार-बार कोट की जाती हैं, जो एक साथ अपनी गम्भीरता बनाए रखते हुए भी लोकप्रिय बना रहता है।

व्यापक जीवन सन्दर्भ के कवि राजेश जोशी

अरुण होता

1

आज हमारे समय के सर्वाधिक महत्त्वपूर्ण कवि राजेश जोशी (1946) पचहत्तर के हो गए हैं। राजेश जी सबसे अधिक पढ़े जाने वाले और पसन्द किए जाने वाले कवियों में अग्रगण्य हैं। समकालीन कविता को ऊँचाई प्रदान करने में इस कवि की भूमिका महत्त्वपूर्ण है। पिछली सदी के आठवें दशक से आज तक अर्थात् लगभग पचास वर्षों से राजेश जोशी का कवि-कर्म सक्रिय रहा है। हमारे समय के सर्वाधिक जरूरी कवि हैं राजेश जोशी। जरूरी इसलिए नहीं कि उनके सात कविता संग्रह प्रकाशित हो चुके हैं। जरूरी इसलिए कि उनकी कविताओं में हमारा समय पूरी शिद्दत के साथ रूपायित हुआ है। इनमें हमारा अतीत मौजूद है और भविष्य की सम्भावनाएँ भी। इनमें हमारा समकाल अपनी पूरी शक्ति, सामर्थ्य और सीमा के साथ विद्यमान है।

राजेश जोशी का कविता में आगमन काल सामाजिक और राजनीतिक दृष्टि से काफी हलचलों से भरपूर रहा। एक ओर जयप्रकाश नारायण का आन्दोलन जारी था तो दूसरी ओर हरित क्रान्ति के प्रवर्तन का स्वप्न। सामाजिक और आर्थिक दृष्टि से पिछड़े वर्ग यानी हाशिए के समाज को केन्द्र में प्रतिष्ठित करने के सपने भी इसी दौर में देखे गए। गरीबी हटाओ के नारे बुलन्द हो रहे थे तो समाज में विभाजन और विस्थापन के दर्द भी उभर रहे थे। साम्प्रदायिकता के नए-नए रूप सामाजिक सद्भाव और सौहार्द को बाधित करने लगे थे। इन सामाजिक और राजनीतिक घटनाओं और परिघटनाओं से रचनाकार का संवेदित होना स्वाभाविक है। समय और समाज की विषम और जटिल होती स्थितियों में सत्ता की चालाकियों और उसके छल-छद्मों को एक जागरूक कवि उघाड़ता है। सत्ता की क्रूरता और अमानवीयता से पीड़ित आमजन की शोचनीय स्थिति एवं उसके जीवन यथार्थ को अंकित करना नहीं भुलाता है।

2

किसी भी कालखंड में रचनाकार का महत्त्व रचनाओं में निहित उसकी चिन्ता, सरोकार, अनन्यता, जीवन दृष्टि आदि के आधार पर निर्णीत होता है। अपनी रचनागत विशिष्टताओं के आधार पर उसकी पहचान होती है। राजेश जोशी के लिए काव्य सृजन का आशय स्थितियों और घटनाओं का ब्योरा मात्र नहीं है। कलात्मक सौन्दर्य का निखार भी नहीं है। उनके लिए सृजनधर्मिता में गम्भीर प्रभाव का स्थान सर्वोपरि है। जानी-पहचानी स्थितियों और 'आँखिन देखी' घटनाओं को सहृदयों तक संवेदित करते हुए उसे नए अर्थ सन्दर्भों से सम्बद्ध करना इस कवि का प्रमुख रचना वैशिष्ट्य है। इस खूबी के कारण राजेश जोशी न केवल अपनी पीढ़ी में (अरुण कमल, उदय प्रकाश, विष्णु नागर, असद जैदी, मनमोहन जैसे) बल्कि समकालीन हिन्दी कविता की दुनिया में अपनी निजी छाप छोड़ने और खास पहचान बनाए रखने में भी समर्थ हैं। स्त्री, दलित, आदिवासी, पर्यावरण, सत्ता, अल्पसंख्यक आदि अनेकानेक चिन्ताओं और सरोकारों से इनकी कविताएँ समृद्ध हैं।

राजेश जोशी अपने समय की विडम्बनाओं और विसंगतियों को भली-भाँति समझते हैं। उन्हें मालूम है कि भले ही हत्यारा और अपराधी को राजकीय संरक्षण प्राप्त हो तथा वह सीना तानकर घूमता फिरे लेकिन जो निरपराध हैं, निहत्थे हैं उनका जीवन संकटपूर्ण है। संकट यदि संकट के रूप में आमजन के सामने खड़ा हो जाए तो कोई बात नहीं। संकट से आमजन कभी पीछा छुड़ाना नहीं चाहता, उसे लड़ना आता है। लेकिन तेजी से बदलते दौर में संकट भी भेष बदलकर आ धमकता है। इसलिए पिंजरे में बँधी चिड़िया से कवि का आग्रह है, "ताव खाना भी सीख।"

क्रूरता सत्ता की विशेषता है। उसका स्वभाव है कि वह निर्विरोध रहे। उसे किसी तरह का कोई सवाल पसन्द नहीं है। सत्ता का यह चरित्र इधर खूब उभरकर सामने आया है। सत्ता की किसी नीति से असहमत होने का मतलब ही हो गया है देशद्रोही होना, टुकड़े-टुकड़े गैंग का मेम्बर होना, आतंकवादी होना, अर्बन नक्सल होना और इस कारण टेरोरिस्ट एंड डिसरप्टिव ऐक्टिविटीज (प्रीवेन्सॉन) ऐक्ट अथवा अनलॉफूल ऐक्टिविटीज (प्रीवेन्सॉन) ऐक्ट के अन्तर्गत जेल की सजा काटना है। ऐसी स्थिति में सितम्बर 1988 में लिखी गई राजेश जोशी की कविता 'मारे जाएँगे' की निम्नलिखित पंक्तियाँ खूब याद आती हैं—

सबसे बड़ा अपराध है इस समय
निहत्थे और निरपराध होना
जो अपराधी नहीं होंगे
मारे जाएँगे। (राजेश जोशी, प्रतिनिधि कविताएँ, पृ. 80)

3

यह सच है कि कवि को अपनी समकालीन स्थितियाँ हताश करती हैं। लेकिन वह अपनी हिम्मत नहीं हारता है। यह इसलिए कि भले ही अकेले क्यों न हो आम आदमी अपने-अपने ढंग से संघर्ष कर रहा है। यही संघर्ष कवि के अन्त:स्थल में उम्मीदों की किरण जगाता है। कवि ने इस भावबोध के आधार पर लिखा है—

एक चिड़िया
एकदम आस-पास
हमारे साथ-साथ
अपने गीत और अंडे की हिफाजत के लिए लड़ रही है
लड़ रही है बाज से
...उसकी परछाईं
एक उफनती नदी है (एक दिन बोलेंगे पेड़, उसकी परछाईं, पृ. 23)

आमजन की परछाईं का उफनती नदी में बदल जाने अथवा संघर्षशील मनुष्य का बाज रूपी हिंस्र व्यवस्था से लड़ने का विश्वास कवि के मन में इसलिए भर उठता है कि समाज के एक वर्ग में अभी भी पारस्परिक आत्मीयता पर आधारित एक मजबूत रिश्ता बचा हुआ है।

राजेश जोशी की कविताओं की सबसे बड़ी खूबी यह है कि ये हमें प्रतिकूल परिस्थितियों में भी निराश नहीं करती हैं। उदास नहीं करतीं। अन्याय, दमन, शोषण, अत्याचार, अन्धकार आदि के वातावरण में भी हममें आशा, आकांक्षा और सपनों को पूरा करने के लिए नई ऊर्जा का संचार करती हैं। उम्मीदों और सम्भावनाओं के द्वार उन्मुक्त करने हेतु प्रेरित करती हैं। छोटी-छोटी खुशियों के सहारे महाजीवन का वृत्तान्त रचा जा सकता है—

कितनी अनमोल, कितनी अद्वितीय होती हैं वे साधारण चीजें
जिनके सहारे चलता है यह महाजीवन।

(राजेश जोशी, प्रतिनिधि कविताएँ, जन्म, पृ. 69)

4

राजेश जोशी के काव्य संसार से गुजरकर उनकी स्त्री दृष्टि से परिचित हुआ जा सकता है। 'माँ की याद', 'माँ कहती है', 'उसकी गृहस्थी', 'उस प्लम्बर का

नाम', 'पीठ की खुजली', 'प्रतिध्वनि', 'आधा वृत्त', 'रैली में स्त्रियाँ', 'बेटी की बिदाई' जैसी अनेक कविताओं के माध्यम से कवि की स्त्री चिन्ता और चेतना का साक्षात्कार किया जा सकता है। इस कवि के यहाँ माँ, पत्नी, पुत्री, कामकाजी स्त्री, समाज को बदलने के सपने सँजोकर रैली में चलने वाली स्त्री आदि विविध रूप में अंकित हैं। विविध भावों से सम्बलित इन कविताओं का एक साथ पाठ हो तो कवि की स्त्री की दुनिया का एक सम्पूर्ण वृत्त पूर्ण होता है।

गृहस्थ जीवन के माधुर्य और पुरुष के जीवन में स्त्री जीवन की अनिवार्यता तथा महत्ता पर प्रकाश डालने वाली कविता है 'उसकी गृहस्थी' तो 'उस प्लम्बर का नाम क्या है' भी इस भावबोध की है। दुनिया के तमाम तानाशाहों के बारे में जानने वाले पुरुष को पाइप लाइन की गड़बड़ी दुरुस्त करने वाले का नाम किसी भी तरह याद नहीं हो पाता। उसे पत्नी की शरण में जाना ही पड़ता है। इस कविता में स्त्री को पुरुष की तुलना में कहीं अधिक संवेदनशील भी स्वीकारा गया है। साथ ही पुरुष का बुद्धि-विलास और उसके वर्चस्व की भावना स्त्री की सहजता और संवेदनशीलता के सामने ठिंगने प्रतीत होते हैं।

कवि ने अपनी कविता में अपने हक के लिए लड़ने-जूझने वाली संघर्षशील स्त्रियों का सुन्दर चित्रण किया है। इन स्त्रियों के अन्दर और बाहर की दुनिया से भी पाठकों को परिचित कराया है। जीवन में बेहतरी का सपना सँजोकर, बुलंद हौसला के साथ आगे बढ़ने वाली स्त्रियों के साहस और उनकी जिजीविषा का साक्षात्कार करवाया है। कवि के अनुसार रैली में शामिल स्त्रियों की आँखों से असमय निकलने वाला आँसू उनकी हार का नहीं बल्कि उनके क्रोध के बाँध के टूटने का संकेतक है—

रैली में चलती स्त्री
जैसे ब्रह्मांड में अनथक चलती पृथ्वी को देखना है
बाहर वह जितनी दिख रही है
उससे उसके सपनों और उसके भीतर मची उथल-पुथल का
अनुमान लगाना नामुमकिन है
उसकी आँख में असमय चला आया आँसू
उसकी हार का नहीं
उसके गुस्से का बाँध दरक जाने का संकेत है।

(चाँद की वर्तनी, रैली में स्त्रियाँ, पृ. 33)

राजेश जोशी की स्त्री संवेदना की मार्मिकता को समझने के लिए उनकी 'बेटी की बिदाई' शीर्षक कविता का पाठ किया जा सकता है।

5

राजेश जोशी केवल कविता नहीं लिखते हैं वे कविता में अपने समय की समझ को भी बिम्बित करते हैं। उनकी कविताओं में समय की धड़कनें साफ सुनी जा सकती हैं। वे समय और समाज को कुत्सित बनाने वाले तत्त्वों की पहचान करते हैं। परतंत्र भारत, आजाद भारत, यहाँ तक कि भूमंडलीकृत भारत में साम्प्रदायिकता ने भारत की एकता और अखंडता के समक्ष गम्भीर चुनौती खड़ी की है। इससे भी गहरा संकट है मानवता शर्मसार हो रही है। उल्लेख करना जरूरी है कि बदलते समय के साथ-साथ साम्प्रदायिकता का स्वरूप भी बदला है। दिनोंदिन यह अधिक बारीक हुआ है। साम्प्रदायिकता का संचालन सूत्र कभी धार्मिक ढोंगी नेताओं के हाथ तो कभी राजनेताओं के हाथ और कभी पूँजी के हाथ में हुआ करता है।

'सलीम और मैं और उनसठ का साल-1', 'सलीम और मैं और उनसठ का साल-2', 'मेरठ-87', 'घृणा के बारे में कुछ शब्द', 'बर्बर सिर्फ बर्बर थे' 'रफीक मास्टर साहब और कागज के फूल' जैसी कविताओं के माध्यम से कवि की साम्प्रदायिकता विरोधी दृष्टि उजागर होती है। दो अभिन्न किशोर हृदयों में साम्प्रदायिकता का बीज बोने में मानव विरोधी शक्तियाँ कैसे कारगर होती हैं और उसका दुष्परिणाम कैसे भयानक हो उठता है, इसे राजेश जोशी ने 'सलीम और मैं और उनसठ का साल' शीर्षक लम्बी कविता में बड़ी मार्मिकता के साथ प्रस्तुत किया है—

लेकिन दंगाग्रस्त शहर की कटी-पिटी हवाओं
और जली-अधजली गलियों से निकलते हुए
हम दो लँगोटिए यार
शहर के दो विपरीत ध्रुवों की ओर चले गए
दो विपरीत अँधेरों की ओर

(एक दिन बोलेंगे पेड़, 'सलीम और मैं और उनसठ का साल-2', पृ. 60)

'हमारा डर' कविता के अनुसार धार्मिक होना अपराध नहीं है। उसका साम्प्रदायिक होना अपराध है। साम्प्रदायिक होने पर 'इन सबके चेहरे एकदम यकसाँ हैं, यकसाँ खूँखार' भी दिखाई पड़ता है। 'घृणा के बारे में कुछ शब्द' में कवि मानता है कि घृणा करना बुरी बात है, लेकिन फासीवादियों और साम्प्रदायिक ताकतों से अनिवार्य रूप से घृणा करनी चाहिए। साम्प्रदायिक दंगों में मासूम बच्चे, स्त्रियाँ, नौजवान और बुजुर्ग बर्बरतापूर्वक मार दिए जाते हैं। इस बर्बर समय में राजेश जोशी की एक छोटी कविता 'बर्बर सिर्फ बर्बर थे' पढ़ी जानी चाहिए।

मेरठ में हुए साम्प्रदायिक दंगों (1987) पर आधारित कविता है 'मेरठ-87'। इस कविता में रेलगाड़ी में खिड़की के पास बैठे लड़के से एक बुजुर्ग हर स्टेशन पर पूछता है कि कौन सा स्टेशन आया। उत्तर एक ही मिलता है मेरठ। लोगों की चिन्ता देखी जा सकती है—

पीली बत्तियों वाली बोगी में
ठसाठस भरे लोग बुदबुदाते हैं
मेरठ से कब बाहर निकलेगी
यह रेलगाड़ी?

(राजेश जोशी, प्रतिनिधि कविताएँ, मेरठ-87, पृ. 81)

रेलगाड़ी देश का, बूढ़ा अतीत का और लड़का वर्तमान का प्रतीक है। मेरठ कोई स्थान विशेष नहीं है। न ही भोपाल। जहाँ-जहाँ भी दंगे होते हैं उन स्थानों के लिए संकेतित है। साम्प्रदायिक तनाव, हिंसा और आतंक से भारत या दुनिया की मुक्ति कामना को इस छोटी सी कविता में व्यक्त किया गया है। लोगों की बुदबुदाहट स्थिति से उबरने की उम्मीद को बलवती कर रही है। दंगे और साम्प्रदायिक हिंसा करवाने वालों को पहचानना बहुत जरूरी है।

6

राजेश जोशी की कविताओं पर चर्चा करते हुए अक्सर उनकी लोकचेतना की चर्चा नहीं होती है। लेकिन कवि की प्रसिद्धि के मूल में इसकी महत्ता कम नहीं है। कवि अपने लोक की संस्कृति, परम्परा, संवेदना, आत्मीयता आदि को बचाए रखना चाहता है। उसका विश्वास है कि लोक बचेगा तो सब कुछ बचेगा। इस सन्दर्भ में 'बचाना' की कुछ पंक्तियाँ उद्धृत हैं—

एक औरत हथेलियों के ओट में
दीये की काँपती लौ को बुझने से बचा रही है
एक बहुत बूढ़ी औरत कमजोर आवाज में गुनगुनाते हुए
अपनी छोटी बहू को अपनी माँ से सुना गीत
सुना रही है (दो पंक्तियों के बीच, बचाना, पृ. 66)

'नेपथ्य में हँसी' कविता-संग्रह में कवि ने नट और बंजारनों का चित्रण किया है। 'नट' शीर्षक कविता में जगह-जगह दीमक खाए बाँस, जर्जर हो चुकी रस्सी पर खेल या करतब दिखाने वाले नट की कला के माध्यम से जीवन-दृष्टि को उज्जीवित किया है—

जीवन की जोत पर जब तक टिकी रहें आँखें
कौन डरता है यमराज के भैंसे से?
मैं इस जर्जर रस्सी पर नहीं बाबू
भरोसे की डोर पर चलता हूँ दिन रात।

(राजेश जोशी, प्रतिनिधि कविताएँ, नट, पृ. 71)

कवि ने एक बुंदेलखंडी लोकगीत सुनकर 'एक आदिवासी लड़की की इच्छा' कविता में इमलिया हाट जाने की छोटी सी इच्छा का अंकन किया है। काजर की बिंदिया, तोड़े की बिछिया के साथ वह हाट से लाना चाहती है।

गाँव, देहात, वन-जंगल में ही लोक नहीं होता। लोक कस्बे और शहर में भी होता है। राजेश जोशी की कविताओं में शहर में स्थित लोक का अंकन हुआ है। 'घर की याद', 'हमारे शहर की गलियाँ-1', 'हमारे शहर की गलियाँ-2' जैसी कविताओं से गुजरकर स्पष्ट होता है कि बिना लोक में धँसे, उससे गहरी सम्बद्धता के अभाव में ऐसा सृजन सम्भव नहीं है। गलियों के नामकरण से लेकर वहाँ के जनजीवन को बड़ी शिद्दत के साथ रूपायित किया गया है। इन कविताओं को पढ़कर यह विश्वास दृढ़ हो जाता है कि कवि के यहाँ लोक गहरे और सशक्त रूप में मौजूद है। लोक मान्यता और लोक में प्रचलित अन्धविश्वास को कवि की 'खोडला गाँव' कविता के माध्यम से उजागर किया जा सकता है। इस कविता के अनुसार इस गाँव का नाम दिन भर के थके-माँदे मेहनतकश लोगों के लिए कम से कम एक बार जी खोलकर हँसने का माध्यम है। 'एक दिन बोलेंगे पेड़' संग्रह की 'माँ कहती है' कविता की निम्नलिखित पंक्तियाँ पढ़ी जा सकती हैं जहाँ एक ओर लोक विश्वास है तो दूसरी ओर रिश्तों की प्रगाढ़ता—

सोने से पहले
माँ टुइयाँ के तकिए के नीचे
सरौता रख देती है बिना नागा
माँ कहती है
डरावने सपने इससे
डर जाते हैं।

कवि की कविताओं में भोपाल बार-बार झाँकता नजर आता है। 'जिद' संग्रह की अन्तिम कविता 'राजा भोज ने तालाब बाँधा' में लोक कथा का सुन्दर प्रयोग किया गया है। अत: कहा जा सकता है कि राजेश जोशी की कविताओं में आदिवासी, जनजाति, ग्रामीण और शहरी लोक सुन्दर ढंग से अभिव्यक्त हुआ है।

7

राजेश जोशी के कविता-संसार में प्रकृति और पर्यावरण की चिन्ता प्रमुखता के साथ अभिव्यंजित हुई है। 'एक दिन बोलेंगे पेड़' कविता-संग्रह में ही नहीं, अन्य सभी संग्रहों में कवि ने अपनी इस चिन्ता को शिद्दत के साथ प्रस्तुत किया है। मानवीय संवेदना के ह्रास के दौर में विकास के नाम पर विनाश की लीलाएँ रची जा रही हैं। कवि इस छद्म और धोखे को अनावृत्त करता है। कॉरपोरेटी पूँजी के जमाने में पूरा जंगल साफ हो रहा है। कवि अपनी कविताओं में अमानवीय चेहरों का उद्घाटन करता है। पारिस्थितिकी तंत्र के असन्तुलन के तमाम दुष्प्रभावों का शिकार मानव समाज हो रहा है। याद आती है 'मुनीर मियाँ और मौसम' की पंक्ति "बस चारे भर की ही पत्तियाँ पेड़ से रोज तोड़ते हैं।" आदिवासी हों अथवा बकरी पालन करने वाले मुनीर मियाँ जैसे लोग हमेशा जंगल की रक्षा के लिए कटिबद्ध रहते हैं। लेकिन, उपभोक्तावादी समय और समाज में हमारी राजनीतिक सत्ता बहुराष्ट्रीय कम्पनियों को पानी की दर पर हरियाली से भरे-पूरे जंगल बेच देती है ताकि वे कल-कारखाने और उद्योग-धन्धे लगाएँ और खूब मुनाफा कमाएँ। प्रकृति और वन-जंगल के उजड़ने से उनका क्या? कवि ने पर्यावरण असन्तुलन पर गहरी चिन्ता प्रकट करते हुए लिखा है—

कम हो रहा है धरती में पानी
कम हो रहा है कुओं में, नदियों में, तालों में पानी
आँखों में पानी कम हो रहा है
बिना पानी का सोना बिना पानी की चाँदी
कैसी लगेगी पायल, कैसा लगेगा हार?

(जिद, रतजगा, पृ. 115)

नदियाँ या तो नाले में तब्दील हो रही हैं अथवा कहीं बिला गई हैं। अदृश्य हो रही हैं। उनका रास्ता अब उनका नहीं रह गया। पूँजीवादी समय ने उनके रास्ते पर अपनी सड़क बना ली है। अस्तित्वविहीन हो चुकी हैं नदियाँ। कवि कहता है—

कभी किसी किताब में भूले से कोई पढ़ेगा उस नदी का नाम
तो ढूँढ़ भी नहीं पाएगा कि कहाँ किस रास्ते गुजरती थी नदी
कोई चिड़िया चहककर बताना भी चाहेगी कभी
तो कौन समझेगा उसकी भाषा

(जिद, नदी का रास्ता, पृ. 116)

8

राजेश जोशी अँधेरे समय को मूर्त करने वाले कवि हैं। ध्यान देने की बात है कि मुक्तिबोध के अँधेरे के स्वरूप से राजेश जोशी के अँधेरे का स्वरूप भिन्न है। यहाँ अँधेरा का कोई एक चेहरा नहीं है। यह बहुरुपिया है। कभी राम मन्दिर तो कभी गोधरा के रूप में यह अन्धकार अपने सघन रूप में सामने खड़ा हो जाता है और पूरा देश उसकी चपेट में आ जाता है। 'सारे देश को हिंसक उन्माद में झोंकने' को उद्यत यह अँधेरा अपना 'विराट रूप' प्रदर्शित करता नजर आता है—

हम एक ऐसे समय के नागरिक हैं
जिसमें हर दिन महँगी होती जाती है रोशनी
और बढ़ता जाता है अँधेरे का क्षेत्रफल लगातार।

(जिद, बिजली का मीटर पढ़नेवाला से बातचीत, पृ. 41)

कवि का समय उलझा हुआ, अबूझ और अँधेरा से भरपूर है। लेकिन कवि की जिद है कि वह अँधेरे समय में अँधेरे का ही गीत गाएगा। क्योंकि कवि के अनुसार, "साधारण जन के पास जो सबसे बड़ी ताकत है और जिसे कोई बड़ी से बड़ी वर्चस्वशाली शक्ति और बड़ी से बड़ी असफलता भी उससे छीन नहीं सकती, वह है उसकी जिद। —शायद यह जिद ही है जो इस बाजारू समय में भी कवि को धुंध और विभ्रम के बीच लगातार अपनी जमीन से विस्थापित किए जा रहे मनुष्य की निरन्तर चलती लड़ाई के पक्ष में रचने की ताकत दे रही है। सबसे कमजोर रोशनी भी सघन अँधेरे का दम्भ तोड़ देती है।" इसलिए कवि अँधेरे से निडर होकर लड़ने की बात करता है। इसी लड़ाई में उम्मीद छिपी है और अँधेरे को समाप्त करने की रोशनी भी—

कुछ जिद्दी लोग हमेशा बच रहते थे समाज में
जो कहते थे कि अँधेरे समय में अँधेरे के बारे में गाना ही
रोशनी के बारे में गाना है

(जिद, अँधेरे के बारे में कुछ वाक्य, पृ. 14)

राजेश जोशी की कविताओं में अँधेरे की शक्तियों की पहचान है। लेकिन, उसकी शक्तियों की सीमाओं की भी शिनाख्त है। भूमंडलीकरण, बाजार, पूँजी और सत्ता के मानव तथा मनुष्यता विरोधी षड्यंत्रों का खुलासा है। अपने समय और समाज के अन्तर्विरोधों, विसंगतियों और विडम्बनाओं का प्रभावशाली अंकन करने में राजेश जोशी अपनी पीढ़ी के ही नहीं समकालीन हिन्दी कविता के विशिष्ट हस्ताक्षर हैं। सत्ता संरचना की विद्रूपताओं को उनकी कविता प्रभावी ढंग से रेखांकित करती है।

उनकी कविताओं से गुजरने का आशय है अपने समकाल का साक्षात्कार करना। उनकी कविता से समकालीन कविता के अन्त:करण का आयतन बदल गया है। उनके कवि-कर्म की महत्ता को स्वीकार करते हुए केदारनाथ सिंह ने यथार्थत: कहा है, "राजेश जोशी आज की कविता के उन थोड़े से महत्त्वपूर्ण हस्ताक्षरों में हैं, जिनसे समकालीन कविता की पहचान बनी है।"

राजेश के प्रतिध्वनि

प्रफुल्ल शिलेदार

हिन्दी के वरिष्ठ और मेरे प्रिय कवि राजेश जोशी अपने जीवन के पचहत्तर वर्ष या अरुण कमल जी के शब्दों में कहा जाए तो पचहत्तर वसन्त पूरे किए जा रहे हैं। इस बात को केवल एक लम्बे काल को लाँघने के लिहाज से नहीं तो एक लम्बे समय तक अपने कवि-कर्म को भलीभाँति निभाने की सार्थकता के रूप में देखा जाना उचित होगा। कविता के कारण ही उनसे मेरा सम्बन्ध बना। मेरा किसी दूसरी भाषा का कवि होना कभी हमारे स्नेह के लिए बाधा नहीं बना, बल्कि वह एक अच्छी वजह बनी। राजेश बड़ी सहजता से अपनी भाषा से परे जा सकते हैं। अपनी भाषा के दायरे से बाहर निकलकर दूसरी भाषा से रूबरू होना, उस भाषा की कविता से जुड़ जाना उनका स्वभाव है। समय बीतते यह स्नेह बढ़ता गया जिसका कारण उनका बहुत ही उम्दा और ऊर्जा से भरा कवि-व्यक्तित्व ही है।

राजेश जोशी को पहली बार नागपुर के एक आयोजन में सुनने का प्रसंग आया, जो आज भी मुझे याद है। उन्होंने 'नेलकटर' शीर्षक की कविता पढ़ी थी।

यह नेलकटर बरसों से हमारे घर में है
पुश्तैनी भी कहा जा सकता है इसे

अब मैं इसी से अपने नाखून काटता हूँ
फाइल पर घिसकर गोल करता हूँ
बची खुची नोकें
मुझे याद नहीं कितने बरसों से मैंने
किसी से 'नहीं' नहीं कहा!

उनका नेलकटर कविता का यह पाठ काफी दिनों तक मेरे जेहन में गूँजता रहा। उन्हीं की आवाज में मुझे वह कविता कई दिनों तक याद आती रही। रोजमर्रा के जीवन में उपयोग में लाई जानेवाली एक वस्तु को कविता के बिम्ब में बदलना

और उस बिम्ब से कई अर्थों को सृजित करना इस बात का वस्तुपाठ वह कविता दे रही थी। इससे भी आगे जाकर उस बिम्ब से सृजित अर्थ पाठकों की जकड़ी हुई सोच को जड़ से हिलाने का और अन्तर्मुख होकर सोचने को मजबूर करने का काम कर रहा था। बहुत सादगी से बखान करती यह कविता आसानी से एक बड़े कैनवस पर जा रही थी।

बिम्ब एक कवि के लिए कविता में उड़ान लेने का रनवे होता है। अगर उड़ान सम्भव न हो पाई तो कवि बिम्बों के जंजाल में फँसकर भाषा की जमीन पर लुढ़कता रहता है। इस तरह की कविता में बिम्ब मानो कविता के पाँव की बेड़ियाँ भी बन सकता है। कविता को तो भाषा की सतह से ऊपर उठना होता ही है। कई बार कवि वस्तुओं में और बिम्बों में इस तरह अटके हुए होते हैं जैसे किसी कबाड़ में फँस गए हों। लेकिन राजेश जोशी की कविताएँ इस दृष्टि से एक व्यापक पटल पर जाकर बड़ी सहजता से भाषा की सतह से ऊपर उठने में सफल होती दिखाई देती है।

राजेश जोशी कविता में यह बात हासिल कर सके इसके लिए कुछ कारणों का अनुमान लगाया जा सकता है। राजेश की कविता में विचारधारा की ठोस उपस्थिति सतत दिखाई देती है जो उनकी कविता को एक बुनियादी आधार देती रहती है। कविता में विचारधारा की उपस्थिति किस अन्दाज में होनी चाहिए इस बात की पड़ताल करना है तो राजेश की कविताएँ पढ़नी चाहिए। राजेश की कविता के बिम्बों का जो संसार है वह भी अनूठा है। उनकी कविताओं में कई तरह की वस्तुएँ आती हैं, वह भी अपने अलग अन्दाज में आती हैं। कई जगहें आती हैं, कई लोग आते हैं, मानो उनकी कविता की दुनिया एक भरा-पूरा संसार है। इस संसार में हमारे जीवन से सीधे जुड़े कई पात्र दिखाई देते हैं। हमारे रोजमर्रा के जीवन की त्रासदियाँ आती हैं, हमारे जीवन के कई पेच आते हैं, जिसके कारण हम कविता से सीधे जुड़ जाते हैं। राजेश अपनी कविता से शब्दों की ताकत का और शब्दों को ऊर्जा देनेवाली सत्य के खोज की ताकत का अनुभव देते हैं। यह बात उनकी कविता को भाषिक समूह की मर्यादा लाँघकर एक व्यापक परिदृश्य में ले आती है। इसलिए वे समस्त भारतीय समाज से और भारतीय कविता की परम्परा से आसानी से जुड़ सकते हैं।

राजेश जोशी के पास लोकजीवन की भाषा है। उनकी भाषा पाठक से सीधे बात करती है। उनकी कविता पाठक के साथ आसानी से जुड़ती है। बहुत गम्भीर होने के बावजूद यह कविता लोकप्रिय भी होती गई। एक गम्भीर बात भी वे अनूठे काव्यात्मक ढंग से सीधे पाठक के हृदय तक पहुँचा पाते हैं इसका कारण उनकी भाषा और कविता का अपना शिल्प है। राजेश के व्यक्तित्व में और उनके स्वभाव में जो सहजता है, किस्सागोई है, वह उनकी कविता में भी दिखाई देता है। जब वे अपनी कविता में लिखते हैं—

जब थक कर मैंने उसे आवाज लगाई
सुनो...उस प्लम्बर का नाम क्या है?

तब वे केवल अपनी पत्नी से उस प्लम्बर का नाम नहीं पूछते हैं तो वे अपनी बोलचाल की भाषा से अपनी कविता में एक सामान्य कारीगर को जगह देकर उसे कविता में स्थापित करते हैं।

'जिद-दो' इस कविता की ये पंक्तियाँ देखें—

पर वे किसी से पलट कर नहीं पूछते कभी
कि तुम्हारे चुप रहने ने ही
कौन-सा बड़ा कमाल कर दिया है
इस दुनिया में?
पलट कर उन्होंने नहीं कहा कभी किसी से
कि दुनियादार लोगो! तुम्हारी चुप्पियों ने ही बढ़ाई है
अपराधों और अपराधियों की संख्या हर बार
कि शरीफजादो! तुम्हारी निस्संगता ने ही बढ़ाए हैं
अन्यायियों के हौसले
कि मक्कार चुप्पियों ने नहीं छोटी-छोटी आवाजों ने ही
बदली हैं अत्याचारी सल्तनतें

राजेश जोशी की कविता की भाषा यहाँ न बिम्बों से बोझिल हुई है, न किसी भाषिक अलंकारों से मढ़ी है। यह सीधी बयानी है लेकिन सपाट बयानी नहीं है। नदी के बहते पानी जैसी सीधी-सरल भाषा अपनी पूरी गहराई के साथ उनकी कविता में आती है। उनकी कविता की भाषा में जो संवादात्मकता है उससे वह अधिक असरदार होती है। राजेश की कविता की भाषा इस दृष्टि से बहिर्मुखी है। वह अन्तर्मन की बात तो कहती है लेकिन कहन का अन्दाज बहिर्मुखी होता है। कविता में संवादात्मकता निरन्तर बरकरार रहती है। एक बात और भी दिखाई देती है कि राजेश की कविता के इस बतियाते अन्दाज में कई बार एक सूक्ष्म सा ह्यूमर भी उपस्थित रहता है। इस ह्यूमर के कारण कविता पढ़ना खत्म होते-होते हमारे चेहरे पर एक ज्ञानात्मक स्मित उभरकर आता है। उदाहरण के लिए 'नेपथ्य में हँसी' संग्रह से 'स्वर्ग के बारे में कुछ जानकारियाँ' इस शीर्षक के अन्तर्गत आई कविताएँ जरूर पढ़ ली जाएँ।

राजेश ऐसे कवि हैं जिनके प्रतिध्वनि सिर्फ हिन्दी भाषा में ही नहीं तो देश की दूसरी भाषाओं से भी आते रहे है। मराठी कविता में तो मुझे बहुत स्पष्ट रूप से उनके प्रतिध्वनि सुनाई देते हैं। हिन्दी के श्रेष्ठतम कवि गजानन माधव मुक्तिबोध पर लिखे एक आलेख में मैंने जिक्र किया था कि मुक्तिबोध का सीधा प्रभाव समकालीन मराठी कविता पर या उसके बाद की मराठी कविता पर दिखाई नहीं देता। लेकिन

मुक्तिबोध का गहरा प्रभाव जिस साठोत्तर और उसके बाद की हिन्दी कविता पर रहा, उस कविता के प्रभाव के चिन्ह मराठी कविता पर जरूर दिखाई देते हैं। हो सकता है, अन्य भारतीय भाषाओं में भी यह प्रभाव दिखाई दे रहा हो। इस बात को मैं अन्तिमत: मुक्तिबोध विचार का प्रभाव मानता हूँ। इस साठोत्तर और बाद की पीढ़ी के जो हिन्दी कवि अनूदित होकर मराठी में आए और जिनका प्रभाव मराठी कविता पर हो रहा है, उनमें से एक महत्त्वपूर्ण कवि राजेश जोशी भी हैं।

राजेश जोशी अपनी पीढ़ी के साथ जब हिन्दी कविता के परिदृश्य में उभरे उस समय मराठी कविता में भी साठोत्तर पीढ़ी लिख रही थी। हिन्दी में लघु पत्रिकाओं का आन्दोलन चल रहा था उसी तरह मराठी में भी लघु पत्रिकाओं का आन्दोलन शुरू था। उसी आन्दोलन से मराठी के अरुण कोलटकर, नामदेव ढसाल, दिलीप चित्रे जैसे महत्त्वपूर्ण कवि मराठी में उभरे। भारतीय कविता में यह सत्तर और अस्सी का दशक महत्त्वपूर्ण माना गया। इसी समय भारतीय कविता का कई अंगों से, खास कर राजनीतिक चेतना के अंग से अधिक विस्तार हुआ। साठ की पीढ़ी के बाद हिन्दी कविता के परिदृश्य में सत्तर के दशक में उभरे और अस्सी के दशक में अपनी पहचान मजबूत करने वाले महत्त्वपूर्ण कवियों में वेणुगोपाल, आलोक धन्वा, ज्ञानेन्द्रपति, गोरख पांडेय, अरुण कमल, मंगलेश डबराल और राजेश जोशी आते हैं। आज लिखी जा रही मराठी कविता का इस पीढ़ी की कविता के साथ रिश्ता निश्चित ही बना है।

मराठी कविता की अपनी आठ शतकों की परम्परा है। लेकिन कवि दूसरी भाषाओं से भी लेता रहता है। अपनी भाषा से बाहर जाकर दूसरी भाषाओं से पढ़ना, कुछ समझना, कुछ ग्रहण करना जरूरी भी है। हिन्दी भाषा मराठी से कई मायनों में करीब होने से उसे भलीभाँति पढ़ा जाता है और उससे अच्छे-बुरे प्रभाव ग्रहण किए जाते हैं। मराठी पाठकों को और कवियों को हिन्दी कविता की मुख्यधारा में उस कविता की पक्षधरता और गहरी राजनीतिक चेतना के कारण रुचि है। प्रगतिकामी हिन्दी कविता की धारा के कवियों ने मुक्तिबोध को पथदर्शक कवि मानकर अपनी राह चुन ली। प्रतिरोध विचार तो मराठी में भी था। मराठी में शाहू महाराज, महात्मा फुले, बाबासाहेब आंबेडकर, विट्ठल रामजी शिंदे, ताराबाई शिंदे जैसे विचारकों ने और समाज सुधारकों ने आधुनिक काल में प्रतिरोध की नींव रखी। मराठी संतों की परम्परा भी प्रतिरोध विचार को बल देती रही। मराठी समाज ने जातीय विषमता के खिलाफ की लड़ाई को प्राथमिकता दी जिसका प्रतिबिम्ब हमें मराठी कविता में दिखाई देता है। हिन्दी का प्रतिरोध वर्गबोध पर आधारित रहा तो मराठी कविता का प्रतिरोध जातिबोध पर आधारित था। साठ के दशक में दलित कविता का प्रवाह मराठी में बड़ा विद्रोह लेकर उभरा। इस प्रवाह ने मराठी कविता की स्थितिशीलता को एक परिवर्तनकामी आयाम दिया जो आज तक बरकरार है। इस कविता के

प्रवाह के बाहर की कविता को अपना राजनीतिक स्वर पाने के लिए जो प्रखर राजनीतिक चेतना की परम्परा चाहिए थी वह मराठी कविता में बहुत क्षीण रूप में उपलब्ध थी। मार्क्सवादी राजनीतिक चेतना की पहली आवाज मराठी कविता में गजानन माधव मुक्तिबोध के छोटे भाई शरच्चन्द्र मुक्तिबोध की है। उनका संग्रह 'नवी मळवाट' (1949) इस दृष्टि से बहुत महत्त्वपूर्ण माना जाता है। आगे नारायण सुर्वे, तुलसी परब जैसे कुछ महत्त्वपूर्ण कवि इस विचारधारा में आए। लेकिन इस विचार की सशक्त परम्परा बन नहीं पाई। समय बीतते शरच्चन्द्र मुक्तिबोध भी अपनी प्रखर मार्क्सवादी भूमिका से अलग मोड़ लेकर अन्तर्मुखी होकर आध्यात्मिकता की ओर झुके। मराठी कविता को जिस मार्क्सवादी राजनीतिक चेतना की जरूरत थी उसे उसने हिन्दी कविता में खोजना शुरू किया। साठोत्तर हिन्दी कविता और सत्तर-अस्सी के दशक की हिन्दी कविता के जो अनुवाद मराठी में हुए हैं, जिसमें राजेश जोशी भी शामिल हैं, उसमें बहुत सारे अनुवाद मार्क्सवादी चेतना के कवियों के हुए हैं। चन्द्रकान्त पाटील सम्पादित 'समकालीन हिन्दी कविता' यह पहला संकलन 1991 में प्रकाशित हुआ। उससे पहले अस्सी के दशक से इस संकलन की कविताएँ मराठी पत्रिकाओं में प्रकाशित होती रहीं। इस संकलन में अनूदित बहुत सारे कवि मुक्तिबोध प्रभाव के हैं। अपना वामपंथी राजनीतिक स्वर खोजने में यह कविता मराठी कविता के लिए मददगार साबित हुई। अनुवाद के माध्यम से हम किसी भी भाषा से अपना जीवनरस निश्चित ही पा सकते हैं। हिन्दी से अन्य अनुवाद भी हुए और होते आ रहे हैं। इस पूरी प्रक्रिया में राजेश जोशी की कविता ने भी महत्त्वपूर्ण भूमिका निभाई है।

राजेश जोशी की उपस्थिति हिन्दी भाषा में जितनी महत्त्वपूर्ण मानी जाती है उतनी ही उनकी उपस्थिति अन्य भारतीय भाषाओं में भी है। कई अन्य भारतीय भाषाओं में उनके अनुवाद हुए हैं। उनमें से एक मराठी भाषा है जो राजेश जोशी से किसी अपनी भाषा के कवि जैसा प्यार करती है। मराठी में हिन्दी साहित्य के पाठक बहुत हैं और उन्हें अच्छी कविता का स्वाद भी पता है। इसलिए राजेश जोशी को वे चाहते हैं। देखा गया है कि पाठक पहले अनुवाद पढ़ते हैं और कुछ दिनों बाद मूल हिन्दी भी पढ़ने लगते हैं। किसी कवि का अनुवाद होना यानी असल में उस भाषा से कवि की ओर जाने के लिए एक राह बनना होता है। और राजेश जोशी के लिए तो मराठी से हिन्दी तक की पक्की सड़क बनी है। उनके कविता-संग्रह 'दो पंक्तियों के बीच' का अनुवाद मराठी के अनुवादक बलवंत जेउरकर द्वारा हुआ है। अन्य लोगों ने भी समय-समय पर उनकी कविताओं के अनुवाद किए हैं और वे अंकों में छपते आए हैं। यह कवि मराठी में घुलता गया। पाठक उनकी कविता के स्वर को पहचानने लगे। लेखों में, भाषणों में आदि कई जगह उनकी कविताएँ उद्धृत की जाने लगीं। हमारे मित्र और जाने-माने मराठी नाटककार-कहानीकार जयंत पवार

जनवरी 2015 में विद्रोही साहित्य सम्मेलन के अध्यक्ष हुए। उनके अध्यक्षीय भाषण में एक पूरा अंश 'मारे जाएँगे' इस शीर्षक से है जिसमें उन्होंने राजेश जोशी की कविता 'मारे जाएँगे' को आधारभूत रखकर अपने विचार रखे हैं। जयंत पवार कहते हैं, "आज हमारे देश में सांस्कृतिक राष्ट्रवाद का साँप अपना फन ताने समरसता की बात कर रहा है, संविधान का जो समानता का भाव है उसे तहस-नहस करने जा रहा है। वह शान्ति की भाषा बोल रहा है लेकिन उस शान्ति के भीतर भय और खतरे की बस्तियाँ बढ़ती जा रही हैं। आवाजों को दबोचा जा रहा है। अब विचारों के भी साँचे तैयार करके उन्हें तुम्हारे मस्तिष्क में ढाला जाएगा। इस भयावह और हिंसक राष्ट्रवाद के बवंडर में दबाए जाने के खिलाफ, सेंसरशिप के खिलाफ, लेखक-कलाकार-विचारकों की मुखबन्दी के खिलाफ आवाज उठाने का यही वक्त है।" इसलिए राजेश जोशी की पंक्तियाँ याद आती हैं—

जो इस पागलपन में शामिल नहीं होंगे
मारे जाएँगे
कठघरे में खड़े कर दिए जाएँगे, जो विरोध में बोलेंगे
जो सच सच बोले जाएँगे, मारे जाएँगे

सबसे बड़ा अपराध है इस समय
निहत्थे और निरपराध होना
जो अपराधी नहीं होंगे
मारे जाएँगे

राजेश जी की यह कविता अब उनकी नहीं रही। हर दबा हुआ, प्रताड़ित, वंचित, दहशत से भयभीत व्यक्ति अब उसे अपनी आत्मा की आवाज मानता है। अपनी कविता की डोर अपने हाथ से छूट जाना और कविता किसी एक के ही नहीं तो हर किसी के जुबान पर घुल जाना इससे बड़ा भागधेय किसी कविता का हो नहीं सकता। मुझे विनोद कुमार शुक्ल की कविता 'हताशा से एक व्यक्ति बैठ गया था' याद आती है, या रघुवीर सहाय की कविता 'रामदास' याद आती है। ये कविताएँ अब लोगों की अमानत सी हो गई हैं। अपने मन की उद्विग्नता, मन के अव्यक्त भाव, इन कविताओं के माध्यम से अभिव्यक्त होते हैं। ये कविताएँ मानो एक मुहावरा सा बन गई हैं। किसी कविता का इस तरह लोकात्म होना यह उस कवि के लिए और उस कविता के लिए बहुत बड़ी बात है।

राजेश जोशी की कविताओं के अलावा उनका गद्य भी मेरे लिए एक प्रिय विषय है। उनकी 'एक कवि की नोटबुक' तथा बाद में आई 'कविता का शहर' मेरी प्रिय किताबें हैं। मैं हमेशा उन्हें पढ़ते रहता हूँ। हाल ही में प्रकाशित 'वह हँसी बहुत

कुछ कहती थी' यह किताब पढ़ी तो उनके गद्य का अनूठा स्वाद फिर से चखने को मिला। हिन्दी में कवियों ने लिखे गद्य की बहुत सशक्त परम्परा है। इस गद्य में संस्मरण आते हैं, यात्रा-वृत्तान्त आता है, अपने समकालीनों के प्रति रहा भावबोध खुलेपन से आता है। मुझे हिन्दी कवियों में मंगलेश डबराल और राजेश जोशी ये दोनों कवियों का गद्य पठनीय लगता है। इस तरह के लेखन की जरूरत मैं मराठी में भी महसूस करता हूँ। इस किताब को पढ़ते हुए नजर गई 'हरसूद : एक नीली खिड़की और कुछ दरवाजे' इस संस्मरण पर। इस लेख को पढ़ते-पढ़ते याद आया, हरसूद डूब पर चन्द्रकांत देवताले जी की भी एक कविता है, 'कठफोड़वा' शीर्षक से, जो उनके संग्रह 'पत्थर फेंक रहा हूँ' में संकलित है। इस कविता का उपशीर्षक है 'हरसूद डूब का अन्तिम दिन : 30 जून, 2004'। मैं राजेश जी का लेख पढ़ते गया तो उसी लेख में सन्दर्भ आया, जब वे हरसूद को उस अन्तिम दिन भेंट देने गए थे तो उनके साथ चन्द्रकांत देवताले जी भी थे। मतलब ये दोनों कवि उस दिन एक साथ हरसूद गए थे। हरसूद गाँव उस दिन के बाद नर्मदा के बाँध के पानी के नीचे डूबने वाला था। वह उस गाँव की साँस का अन्तिम दिन था। गाँव के सभी लोग बेचैन थे। यह बेचैनी इन दो कवियों के मन में भीतर तक धँस गई। चन्द्रकांत जी ने इस पर कविता लिखी तो राजेश जी ने इस बेचैनी को अपने गद्य में ढाल दिया।

चन्द्रकांत देवताले जी की कविता में भी राजेश के व्यक्तित्व के प्रतिध्वनि सुनाई देते हैं। चन्द्रकांत जी की एक कविता है, 'क्या रक्खा होना चाहिए किसी शहर में'। इन्दौर से भोपाल के रेलवे सफर में साथ के राहगीर से हुई बातों में अचानक राजेश जोशी उतर आते हैं और कविता में ये पंक्तियाँ आती हैं—

यह तो मैंने अपने राजेश जोशी को याद करते कहा
जो मटके से बाहर पड़े पानी की तरह है
पिछले कई महीनों से इन्दौर के चमन में
और टेक की तरह दोहराता रहता है
क्या रक्खा है इस इन्दौर में
मेरी बात पर दोनों फूट कर हँसने लगे
फिर कहा उसकी पत्नी ने—
इन्दौरियनों की तरह उसे रहना सिखा दो

कुछ देर सोचते रहने के बाद मैंने कहा—

मुझे तो उज्जैन उतरना है
और फिर भोपाल के भव्य सांस्कृतिक जंगल से आए

राजेश को मेरे लिए नामुमकिन है
इन्दौर की नदी में तैरना सिखाना

मुझे याद आता है, तबादला होने के कारण उन दिनों राजेश इन्दौर में थे और चन्द्रकांत जी भी इन्दौर में ही थे। चन्द्रकांत जी का राजेश को 'भोपाल के भव्य सांस्कृतिक जंगल से आया' बताना मजेदार लगता है।

राजेश जोशी के गद्य की एक अनूठी पुस्तक है 'कविता का शहर'। इस अध्ययन के बारे में राजेश जी से मेरी बात हुई थी जब उनका शिमला में राष्ट्रीय अध्येता के रूप में निवास चल रहा था। उसी वक्त भालचन्द्र नेमाड़े जी का भी वहीं निवास था। राजेश के साथ शहर और संस्कृति के बारे में चर्चा हुई थी। शहर यह हमेशा मानवी संस्कृति का बड़ा केन्द्र रहा और संस्कृति का वहन करने में, उन्हें विकसित करने में शहरों का बड़ा योगदान रहा, इस बात को वे महत्त्वपूर्ण मानते थे। मैं कभी बहस में गाँव के या लोक के संस्कृति में योगदान के बारे में मुद्दा उठाता। मराठी कविता में भी अपने आप को नागर मानने में जो हिचक या नकारात्मकता है उसकी बात करता। मानवी सभ्यता के इतिहास में नगरों का सम्पूर्णतया मानव निर्मित होने को वे महत्त्वपूर्ण मानते हैं। इस पुस्तक में इस विषय का परामर्श उन्होंने 'स्वाधीन भारत का नगरबोध : नई नागरिकता और शहर बनाम गाँव' इस खंड में लिया है। इसी खंड में वे कहते हैं, 'कविता गाँव का शुक्ल पक्ष ही सामने रखती रही उसके कृष्ण पक्ष पर उसकी निगाह नहीं थी।' इसी में गांधी के गाँव और शहर के बारे में भी विचार का परामर्श लिया है। साथ ही गांधी बनाम नेहरू के नगरबोध के बारे में भी रोचक टिप्पणी की है। नेहरू का औद्योगीकरण को अपरिहार्य मानना और गांधी का शहरीकरण को औपनिवेशिक आधिपत्य की निशानी मानना इस पेच की गुत्थी सुलझाना भी एक जटिल काम है। यह किताब पढ़ने की मुझे इच्छा थी। पुस्तक जैसे आई वैसे ही उसे लेकर पढ़ा, तो पाया कि इस पुस्तक में राजेश जी ने नगरों के बारे में और कविता में आए नगर के रूप के बारे में एक ऐतिहासिक और समकालीन नजरिये से बहुत महत्त्वपूर्ण निरीक्षण दिए हैं। कई कविताओं के उदाहरणों के साथ राजेश अपनी बात रखते हैं। वे कहते हैं, "कितने विशाल नगर मनुष्य ने बनाए हैं, इतिहास इसका साक्षी है। उन अद्‌भुत नगरों ने मनुष्य के रहन-सहन को, उसके सोचने-समझने को, उसकी संवेदना को कितना बदल दिया है, इसे कौन नहीं जानता। मनुष्यों ने न जाने कितने असम्भवों को सम्भव कर डाला है। उसके लगातार सभी, सामाजिक और आधुनिक होते जाने की गाथा उसके द्वारा बसाए गए शहरों की गाथा से नाभिनालबद्ध है।" यह तो नगर की बात रही, लेकिन कविता में जो नगर दिखाई देता है उसे भी बखूबी रचनेवाला कवि भी कोई नगरशिल्पी से या वास्तुशिल्पी से कम नहीं होता यह बताकर कविता के शहर की अद्‌भुत संरचना की

परतें वे इस पुस्तक में खोलते हैं। अयोध्या से काशी तक और दिल्ली से कलकत्ता तक वे नागर संस्कृति के रचने, बनने, बिगड़ने, उजड़ने और पुन: स्थापित होने की पड़ताल लेते हैं। शहर के बदलते चरित्र का शहरनामा इस पुस्तक में उन्होंने रचा है। मराठी साहित्य में भी शहर कई लेखकों के साहित्य के केन्द्र में आता है। भाऊ पाध्ये, नामदेव ढसाल, मनोहर ओक, मलिका अमरशेख, जयंत पवार जैसे लेखकों के लेखन के केन्द्र में वास्तवदर्शी नगरबोध आता है। नब्बे के बाद के लेखन में भी यह बोध दिखाई देता है। हो सकता है राजेश की यह पुस्तक शहर की तरफ देखने के नजरिये को और एक कोण जोड़ दें यह सोचकर मैंने मेरे कुछ मराठी लेखक मित्रों को यह पुस्तक भेंट दी। उन्हें यह किताब बहुत दिलचस्प लगी।

राजेश जोशी के गद्य का गुण यह है कि वह बहुत पठनीय तो है ही, लेकिन साथ ही वह अपनी पठनीयता में पूरा जकड़कर पाठक को सोचने पर मजबूर भी करते जाता है। गद्य लेखन में विचारों के संकल्पनात्मक पक्ष से नहीं बल्कि उसके रूखेपन से उन्हें परहेज है। उन्हें पचाकर वे विचारों के जीवनगामी पक्ष को अपने लेखन में उजागर करते हैं। यह एक कवि का गद्य है। और कवि हमेशा अपने हर लिखे को सीधे जीवन के साथ जोड़ना चाहता है। राजेश के गद्य में उनकी कविता की प्रतिध्वनि सुनाई देती है और साथ ही उनकी कविता के नेपथ्य में उनके गद्य की ठोस वैचारिकता, प्रतिबद्धता और बौद्धिक आवाहन दिखाई देता है। राजेश के गद्य की यही खासियत है।

राजेश जोशी विचारों को अपनी खास शैली में समझते और समझाते हैं। कभी वे सृजनात्मकता और सार्थकता की चर्चा करते हैं, कभी सफलता और असफलता की बात करते हैं, कभी सकारात्मकता और नकारात्मकता की बात करते हैं। अपने एक लेख में वे सकारात्मकता और नकारात्मकता के बीच का भेद खोलते हुए लिखते हैं, "बच्चा जब पहली बार 'नहीं' कहना सीखता है तभी उसके दिमाग का विकास शुरू होता है। कहा जा सकता है कि 'नहीं' एक नकारात्मक शब्द है, लेकिन यही मस्तिष्क के विकास की सकारात्मक प्रक्रिया को आगे बढ़ाता है।" इसी बात को अन्त तक ले जाते हुए वे कहते हैं कि "हमारे समय में, जो कुछ भी हाशिए पर धकेल दिए गए मनुष्य के पक्ष में है, वही सार्थक है और वही सही अर्थ में सकारात्मक है।" ('वह हँसी बहुत कुछ कहती थी', पृ. 135, 137)

सफलता को एक मूल्य की तरह स्थापित करनेवाले बाजारवाद की महीन परतें भी वे खोलते जाते हैं और उसका सीधा सम्बन्ध कलाओं से कैसे स्थापित हो सकता है इसकी भी पड़ताल करते हैं। पूँजीवाद और सृजनात्मकता के बारे में बात करते-करते उन्होंने अमूर्तता पर की हुई एक टिप्पणी पढ़ते हुए मैं थोड़ी देर के लिए रुक गया। राजेश लिखते हैं, "वह (पूँजीवाद) अमूर्तता और अराजकता को ज्यादा उन्नत कला के रूप में स्थापित करता है।" "भाषा में अधिक कलात्मक अमूर्तता ज्यादा

सम्मान से देखी जाने लगती है। श्रम की बहुत बारीक श्रेणियाँ इस तरह अस्तित्व में आती हैं। पूँजीवाद का यह खेल सृजनात्मकता के क्षेत्र में कई-कई स्तरों पर अपना काम करता है। इसका ताना-बाना बहुत जटिल और उलझा हुआ है।" (वह हँसी बहुत कुछ कहती थी, पृ. 145-46) साहित्य या कलाओं में अमूर्तता का भी एक मूल्य है। अमूर्तता को अनेकार्थता के रूप में देखा जाता है। उसे अनेक सम्भावनाओं से देखा जाता है। राजेश कलात्मक अमूर्तता का सम्बन्ध पूँजीवाद से जोड़कर उसे सृजनात्मक क्षमता को ठेस पहुँचानेवाली बात बताते हैं। इसी आत्यंतिक अमूर्तता को वे सामूहिकता के खिलाफ खड़े व्यक्तिवाद से भी जोड़ते हैं जिसे सामूहिक संरचना को मलिन और गुमराह करनेवाले बाजारवाद की परिणति भी कहा जा सकता है। अमूर्तन के एक अलग पहलू की ओर वे यहाँ निर्देश करते हैं।

समकालीन परिस्थिति के नैतिक पतन के मद्‌देनजर कविता की जिम्मेवारी को रखते हुए वे अपनी टिप्पणी में लिखते हैं, "सांस्कृतिक रूप से इतना विपन्न और बौद्धिक रूप से दिवालिया मध्यवर्ग पहले कभी नहीं रहा। लेकिन शायद यही समय है जब कविता को अपने समय की आवाजों को सबसे अधिक सतर्कता से सुनने की जरूरत है।" (वह हँसी बहुत कुछ कहती थी, पृ. 158) इसी परिच्छेद में वे आगे मराठी कवि नारायण सुर्वे द्वारा बताई गई एक कहानी का भी जिक्र करते हैं। राजेश जोशी ने खुद अपनी कविता में इस जिम्मेवारी को खूब निभाया है। राजेश की कविता में हमें इसी मध्यवर्ग के पतन का और त्रासदी का रूप बहुत तीखेपन से दिखाई देता है। अपना कवि-कर्म निभाते हुए अपनी कविता से वे केवल पाठक को ही नहीं तो लिखनेवाले कवियों को भी शब्दों की शक्ति पर विश्वास दिलाते हैं। उनकी एक कविता है 'मेटल डिटेक्टर'। इस कविता में राजेश लिखते हैं—

है, है, एक बहुत खतरनाक चीज है
खतरनाक चीज है, शब्द, जो मेरे पास है
तुम्हारा मेटल डिटेक्टर जिसे पकड़ नहीं सकता
पकड़ नहीं सकता!
हर शब्द के भीतर बैठा है एक दहकता हुआ सच
सच की ताकत जानते हो?
जानते हो सच की ताकत?
नंगा कर सकता है वह तुम्हारे सारे तामझाम को
सारे तामझाम को!

राजेश जोशी कविता से उनकी अपेक्षा क्या है यह भी लिखते हैं। वे कहते हैं, "क्या हम सचमुच कोई ऐसी कविता लिख पा रहे हैं जिससे चाहे सत्ता का तिलिस्म न टूटे लेकिन कम से कम हमारे भीतर बैठा कायर तो टूट सके।" (वह

हँसी बहुत कुछ कहती थी, पृ. 139) आज के समय में जबकि सभी जनवादी शक्तियों का साथ आकर संघर्ष करना बेहद जरूरी है, राजेश जोशी जैसे कवि का होना निश्चित ही इस संघर्ष को केवल बल ही नहीं, बल्कि आकार भी देता है। बाजारवाद से प्रभावित आज का समय मनुष्यता के खिलाफ है, अभिव्यक्ति के खिलाफ है। व्यक्तिगत और सामाजिक स्वतंत्रता की व्याख्या दिन-ब-दिन सिकुड़ती जा रही है। ऐसे वक्त में राजेश फिसलते समय की फिसलन को शब्दों में पकड़ने का काम करते हैं। अपनी कविता में उन्होंने दमनकारी व्यवस्था का हमेशा विरोध किया है। पूँजीवादी विकास की प्रखर आलोचना की है। हाशिए पर धकेले गए मनुष्य का पक्ष हमेशा लिया है। राजेश की कविता में एक विश्वबोध दिखाई देता है जिसके नैतिक मानवीय सन्दर्भ हर मनुष्य को आवाज उठाने की हिम्मत देते हैं। राजेश की कविता के प्रतिध्वनि निश्चित ही समय से परे होकर जीवन के हर कोने से हमें लम्बे समय तक सुनाई देते रहेंगे।

काम पर क्यों जा रहे हैं बच्चे?

मीता दास

काम पर क्यों जा रहे हैं बच्चे?

क्या अन्तरिक्ष में गिर गई हैं गेंदें
क्या दीमकों ने खा लिया है
सारी रंग-बिरंगी किताबों की
क्या काले पहाड़ के नीचे दब गए हैं सारे खिलौने...

यह एक वाजिब चिन्ता जो कवि राजेश जोशी जी के मन और जेहन को मथती है और वे कह उठते हैं कि..."यह हमारे समय की भयानक पंक्ति है कि बच्चे काम पर जा रहे हैं।"

राजेश जोशी जी लगभग पिछले चार दशकों से लगातार लिख रहे हैं। वे जन कवि धूमिल के या जनवादी परम्परा के कवियों में एक प्रमुख नाम हैं। राजेश जोशी बहुविध सृजनकार हैं। उन्होंने कविताएँ भी लिखीं, आलोचनाएँ भी और गद्य भी प्रमुखता से लिखीं। उनकी भाषा शैली में एक अनोखापन दिखता है। वे सपाट लहजे में और कम शब्दों में बड़ी बात कह देने का हुनर रखते हैं।

राजेश जोशी एक कवि, गद्यकार, नाटककार और पार्टी के कार्यकर्ता क्या कहूँ, खूब नफासतपसन्द एक इनसान हैं। वे कविताओं या गद्य कहीं भी फूहड़ता से पेश नहीं आते और न ही मशीनी कारीगरी या कलम के पेचोखम में ही उलझते हैं। सीधी, साफ भाषा में जो लोगों तक पहुँचे और वापस न आए, सीधे दिलो-दिमाग में उतर जाए ऐसी ही भाषा का प्रयोग करते हैं।

राजेश जोशी जी की कविताओं को पढ़ते हुए मुझे अक्सर महसूस होता है कि उनकी कविताओं में एक दबा हुआ गुस्सा या एक-दूसरे के धर्म और समाज में खत्म होते मनुष्य के प्रति सहानुभूति से विचलन को या खत्म होते हुए सौहार्द

को महसूसकर, समझकर परिभाषित करने वाला एक गुस्सैल कविता का हथियार लिए दिखते हैं।

धर्म की ध्वजा उठाए जो नहीं जाएँगे जुलूस में
गोलियाँ भून डालेंगी उन्हें, काफिर करार दिए जाएँगे...

पर जब उनसे रूबरू होती हूँ तो उनके चेहरे में एक भोली मुस्कान खेलते हुए देखती हूँ। एक विचार जैसे ही कोमल या संवेदनशील मन में कौंधता है तब वह कुछ अक्षरों के झुंड में तब्दील हो जाते हैं और यही विचार उसके विचारधारा को संग लेकर एक कविता में समा जाती है। कुछ ऐसा ही घटता हुआ दिखलाई पड़ता है कवि राजेश जोशी की कविताओं में मुझे।

एक शायर जिसका नाम वली दकनी था का मजार तोड़ डाला!
वह हिन्दी-उर्दू की साझी विरासत का कवि था
जो लगभग चार सदी पहले हुआ था और प्यार से जिसे
बाबा आदम भी कहा जाता था।
हालाँकि इस कारनामे का एक दिलचस्प परिणाम सामने आया
कि वह कवि जो बरसों से चुपचाप अपनी मजार में सो रहा था
मजार से बाहर आ गया और हवा में फैल गया!
इक्कीसवीं सदी के उस शुरुआती साल में एक दूसरे कवि ने
जो मजार को तोड़ने वालों के सख्त खिलाफ था
किसी तीसरे कवि से कहा कि
मैं दंगाइयों का शुक्रिया अदा करना चाहता हूँ
कि उन्होंने वली की मजार की मिट्टी को
सारे मुल्क की मिट्टी, हवा और पानी का
हिस्सा बना दिया!

हमारे देश यानी भारतवर्ष को साम्प्रदायिकता के जहर ने एक लपटों की धौंकनी से उठता हुआ चूल्हा बना दिया है जिस पर धर्म की हाँड़ी पर मानव रक्त या देह पकता है और गन्धाता है पूरे वातावरण में तब कोई भी कवि चुप नहीं बैठ सकता न राजेश जोशी, न मंगलेश डबराल, असद जैदी, गौहर रजा और न ही मदन कश्यप। नए कलमकारों की भी कलम चली और वे भी तड़प उठे इस ज्वाला में।

1. *एक मुल्क में*
   गुजरात नाम का सूबा था
2. *गुजरात के मृतक का बयान*

3. *सलाम, अरे आसिफा!*
तुमको मेरा और तुम्हारी खाला का सलाम पहुँचे!
4. *नया लिबास पहनकर के ये क्यूँ सोचते हो कि*
सारे खून के धब्बों को तुम छुपा लोगे?
5. *क्योंकि वह जुनैद था, जुनैद को मारो*
6. *जुनैद के बहाने*

ऐसी कितनी ही कविताएँ मँडरा जाती हैं जेहन में और सोचते रह जाते हैं हर रोज हो रहे सांविधानिक धर्मनिरपेक्षता की हत्या के बारे में। उनमें से 'वली दकनी' भी एक मारक कविता है।

सबसे बड़ा अपराध है इस समय निहत्थे और निरपराध होना
जो अपराधी नहीं होंगे, मारे जाएँगे।

राजेश जोशी जी कहते हैं, "इक्कीसवीं सदी की पहले दहाई के शुरुआती दिनों में जब बर्बरता और पागलपन का एक नया अध्याय शुरू हो रहा था तब...एक शायर का मजार तोड़ डाला गया और वो शायर हिन्दी और उर्दू का खासा नामी कवि था। जिसे लोग बाबा के नाम से पुकारा करते थे। ऐसा होने पर सब खुश थे कि जो शायर बरसों से अपनी मजार में चुपचाप लेटा था, मजार से बाहर आया और पूरे फिजा में फैल गया।" यह कविता मुझे जरा गद्यात्मक लगी पर कवि की कविताई ने मुझे घेर लिया। कवि का इस कविता में यह कहना कि...जिन्होंने मजार तोड़ा वे केवल शरीर ही शरीर थे, आत्माएँ उनके पास नहीं थीं। और कवि यह भी कहते हुए नहीं चूकते कि "अगर उनका बस चलता तो वे प्लास्टिक सर्जरी से अपनी शक्लों को हिटलर या मुसोलिनी की शक्लों में ढाल लेते।"

कवि कहते हैं मुझे माफ करना मैं बहक जाता हूँ, भटक जाता हूँ और अच्छा किस्सागो भी नहीं हूँ। एक दिन कोर्स की किताबों से वली दकनी वाला सबक निकाल दिया गया कोर्स से फिर भी उन्हें सुकून नहीं मिला तब उन्होंने पुरातत्त्वविदों और इतिहासकारों को बुलाया और कहा इस शायर को इतिहास से भी बाहर करो। कवि चिन्तित था कि इतिहास से सभी बाहर किए जाएँगे और इसमें कोई शक भी नहीं एक-एक कर सभी बाहर किए जा रहे हैं और पुराने नाम बदले जा रहे हैं।

इस तरह हम एक-एक कर बाहर कर दिए जाएँगे!

एक बौद्धिक अन्धकार मौका लगते ही सारे देश को
हिंसक उन्माद में झोंक देता था।

और कवि कह उठते हैं...
वो अँधेरे समय में अँधेरे के गीत गाते थे।

अँधेरे के लिए यही सबसे बड़ा खतरा था।

शताब्दियों पहले दफनाया जा चुका
कोई तानाशाह
अपनी टाँगें और जूते कब्र में भूलकर
हड़बड़ी में जैसे आ गया हो
आधा बाहर!!

कितनी ही कविताओं में उन्होंने यह बताने या समझाने की कोशिश की है कि मेहनत और मेहनतकश के बिना ये धरती कितनी सूनी और निर्जीव प्रतीत होती है। इन विचारों से ओतप्रोत हमें कई कविताएँ याद आती हैं...ताला सुधारने वाले, बिजली बनाने वाले, रँगरेजों का कमाल, उस प्लम्बर का नाम क्या है, बच्चे काम पर जा रहे हैं आदि।

स्त्री विमर्श को लेकर भी राजेश जोशी जी ने अपनी कलम चलाई है...

वे कहीं भी नारी की महिमा को अन्य कवियों की तरह नहीं बखानते वरन् यह एहसास दिलाते हैं कि स्त्री का कद छोटा नहीं अपितु हम जैसा ही है और जो काम उनका है, वे सुचारु रूप से वहन करती ही हैं और हमारे बाकी के काम भी बगैर कहे उन्हें याद रहते हैं...

'जैसे उस प्लम्बर का नाम'

स्त्री हमेशा उनके समानान्तर खड़ी दिखती है।

जैसे आप कोई बात, कोई काम या किसी का नाम भूल रहे हों पर स्त्री को सब याद रहता है...वे कहते हैं, "स्त्रियाँ ही उन लोगों के बारे में ज्यादा जानती हैं जो आड़े वक्त पे काम आते हैं जो जीवन की छोटी-छोटी गड़बड़ियों को दुरुस्त करने का हुनर जानते हैं पत्नी जानती थी कि चार दिन पहले जमादारिन के यहाँ बच्चा हुआ है वो उसके बच्चे के लिए हमारी बेटी के बचपन के कपड़े निकाल रही थी उस वक्त"...उसे याद था प्लम्बर का नाम।

स्त्री चेतना पर उनकी दृष्टि साफ और सुघड़ है, वे स्त्री को कभी भी अपनी रचनाओं में कमजोर नहीं पाते। और वे उन्हें दृढ़चेता दर्शाना नहीं भूलते। वे स्त्री को दीन-हीन न बताकर उसे एक सजग, मेहनती के रूप में गढ़ते हैं अपनी रचनाओं में। उन्हें अधिक महत्त्वाकांक्षी भी नहीं दर्शाते।

'रैली में स्त्रियाँ' (चाँद की वर्तनी)

"वे अपना घर-दुआर, चूल्हा-चौका और न जाने कितने कामकाज छोड़कर आई हैं। आज कुछ स्त्रियों की गोद में उनके दूध पीते बच्चे हैं जो बीच-बीच में

कुनमुनाने लगते हैं।" इस कविता को पढ़ते हुए मैं हर मजदूर स्त्री और रैलियों में चल रही या शाहीनबाग की स्त्रियों में कोई अन्तर नहीं ढूँढ़ पाती। कितना मान देते हैं कवि स्त्रियों को अपनी कविताओं में। वे कहते हैं कि कितना दोहरा जीवन जीती हैं ये स्त्रियाँ अपने अधिकारों की खातिर और अपना पारिवारिक सन्तुलन बनाए रखने के लिए।

ये कामकाजी स्त्रियाँ अगर एक दिन के लिए भी अपना काम बन्द कर दें तो सारा का सारा सामाजिक व्यवस्था पर करारी चोट पहुँचेगी।

चाँद राजेश जोशी का प्रिय बिम्ब है कि हर दूसरी कविता में उसकी उपस्थिति भिन्न हो जाता है और खास बात यह कि इसके जितने भी बिम्ब आए हैं उनमें एक गजब तरह का रोमानी सम्मोहन दिखता है। उनका एक पूरा काव्य संकलन ही है 'चाँद की वर्तनी'।

राजेश जोशी की कविताओं का जितना मजबूत पक्ष उनकी सामाजिक-सांस्कृतिक चेतना है उतना ही मजबूत मानवीय और प्राकृतिक प्रेम भी है। प्रारम्भिक दो संग्रहों 'एक दिन बोलेंगे पेड़' और 'मिट्टी का चेहरा' में प्राकृतिक सौन्दर्य के प्रति सम्मोहन का भाव काफी प्रमुखता से अभिव्यक्त हुआ है। पेड़-पौधे, पक्षी, पहाड़, नदियाँ, तालाब और पत्थर—इनके बहुत सारे बिम्ब अपने सौन्दर्यात्मक स्वरूप में व्यक्त हुए हैं वही बाद के संग्रहों में इन बिम्बों के आते ही कवि का मन आहत सा हो गया दिखता है। 'चाँद की वर्तनी' नामक संग्रह की किस्सा उस तालाब का शीर्षक कविता में प्राकृतिक सौन्दर्य के नष्ट होने से आहत एक कवि मन की बेचैनी साफ देखी जा सकती है।

कविता के भीतर इन्हें देखना हो तो 'मैं और सलीम और उनसठ का साल', 'मेरठ 87', 'जब तक मैं एक अपील लिखता हूँ' और 'बर्बर सिर्फ बर्बर थे' जैसी कविताएँ देखी जा सकती हैं। इसी तरह राजेश जोशी जब अपने समय की विडम्बनाओं की ओर इशारा करते हैं तो 'बच्चे काम पर जा रहे हैं' जैसी कविता बनती है। किसी भी देश की इससे बड़ी विडम्बना और क्या हो सकती है कि देश का भविष्य बाल मजदूरी करने को विवश हो। जिस उम्र में एक बच्चे को अपने भविष्य के सपने बुनने चाहिए, उस उम्र में वह परिवार का बोझ ढोने को विवश है। जिन हाथों में किताब होनी चाहिए, उन कोमल हाथों में छेनी-हथौड़ा या फिर झाड़ू है।

राजेश जोशी आज की कविता के उन महत्त्वपूर्ण कवियों में हैं, जिनसे समकालीन कविता की पहचान बनी है। यह बात केदारनाथ सिंह ने कही थी। कहते हैं कि राजेश जोशी की कविताओं को पढ़ना एक पीढ़ी और उसके समय से दस-पन्द्रह साल पीछे की कविता और उससे जुड़ी बहसों के बारे में सोचना, और इतने ही साल आगे की कविता और उसकी मुश्किलों की ओर ताकना है।

राजेश जी अपने एक साक्षात्कार में कहते हैं कि वे कविता बचपन से लिखते

थे पर वह कविताएँ होती थीं इस पर उन्हें संशय है कारण कई हैं जो किसी काव्य सम्मेलन सुनकर जब घर लौटते थे तो किसी कवि से इम्प्रेस होकर उनके जैसे दो-चार लाइन लिख मारते थे। मैं साइंस का विद्यार्थी हूँ इसलिए कविता के व्याकरण के बारे में बिलकुल ढीला हूँ। कविताएँ या मेरी कहानियाँ जो जरा पकीं वे सब वेणुगोपाल और अशोक आत्रेय के भोपाल आने के बाद और उनसे मेरे सम्पर्क गाढ़े होने के बाद ही हुए। बिम्ब क्या होते हैं? कविता के क्या-क्या तत्त्व होने चाहिए इन सभी से मैं कोसों दूर था पर धीरे-धीरे वेणुगोपाल ने मुझसे कविता लिखवा लिए।

काव्य संकलन 'जिद' की भूमिका में उन्होंने लिखा, आग, पहिया और नाव की ही तरह भाषा भी मनुष्य का एक अद्वितीय आविष्कार है! इस अर्थ में और भी अद्वितीय कि यह उसकी देह और आत्मा से जुड़ी है! भाषा के प्रति हमारा व्यवहार वस्तुतः जनतंत्र और पूरी मनुष्यता के प्रति हमारे व्यवहार को ही प्रकट करता है! हम एक ऐसे समय से रूबरू हैं जब वर्चस्वशाली शक्तियों की भाषा में उद्दंडता और आक्रामकता अपने चरम पर पहुँच रही।

बाजार की भाषा ने हमारे आपसी व्यवहार की भाषा को कुचल दिया है! विज्ञापन की भाषा ने कविता से बिम्बों की भाषा को छीनकर फूहड़ और अश्लीलता की हदों तक पहुँचा दिया है! इस समय के अन्तर्विरोधों और विडम्बनाओं को व्यक्त करने और प्रतिरोध के नए उपकरण तलाश करने की बेचैनी हमारी पूरी कविता की मुख्य चिन्ता है! उसमें कई बार निराशा भी हाथ लगती है और उदासी भी लेकिन साधारण जन के पास जो सबसे बड़ी ताकत है और जिसे कोई बड़ी से बड़ी वर्चस्वशाली शक्ति और बड़ी से बड़ी असफलता भी उससे छीन नहीं सकती, वह है उसकी जिद!

पृथ्वी का गुरुत्वाकर्षण खत्म हो रहा है

कभी भी फिसल जाती है राष्ट्राध्यक्ष की जबान
कब किसकी जबान फिसल जाएगी कोई नहीं जानता
श्लोक को धकियाकर गिरा देती है फिसलकर आती गालियाँ
गड्डमड्ड हो गए हैं सारे शब्द
वाक्य से फिसलकर बाहर गिर रहे हैं उनके अर्थ
ऐसी कुछ भाषा बची है हमारे पास
जिसमें कोई किसी की बात नहीं समझ पाता
संवाद सारे खत्म हो चुके हैं, स्वागत कर रहा है
नाटक का हर पात्र।

समकालीन कविता में राजेश जोशी सबसे महत्त्वपूर्ण कवि हैं। भोपाल की त्रासदी पर लिखी गई उनकी जितनी कविताएँ हैं उनके भीतर एक उच्च आत्मीयता

बोध मौजूद है जो पाठक को अन्दर तक भेदती है। यह आत्मीयता निरी भावुक न होकर आलोचनात्मक रुख के साथ व्यक्त हुई है। उनकी कविताएँ जीवन के मूल्यों की कविताएँ हैं। भोपाल गैस त्रासदी एक ऐसी घटना है जिस पर बहुत सारे कवियों ने बहुत सारी कविताएँ लिखीं लेकिन भोपाल गैस त्रासदी पर राजेश जोशी की कविताएँ हमें अब भी बेचैन करती हैं। इस कविता में वे लिखते हैं—

कुछ दिनों बाद वहाँ घास उग आएगी
कुछ दिनों बाद मिट्टी कड़ी हो जाएगी वहाँ
नमक और फास्फोरस की मात्रा बढ़ जाएगी
जहाँ दफनाए गए थे
दो दिसम्बर की रात मारे गए लोग!
एक और कविता की कुछ लाइनें...
अब यहाँ कोई नहीं रोता।

लोग बहुत जल्दी थक जाते हैं और
बहुत जल्दी ऊब जाते हैं।
एक शंका रह रह कर शहर का चक्कर काटती है।
एक डर लोगों के साथ-साथ चलता है
परछाईं की तरह हर वक्त।
हवा गुजरती है बच्चों की कब्र को छूती हुई
और एक खरखराता हुआ शब्द गूँजता है
रुँधे गले जैसे कोई बच्चा
आखिरी बार पुकार रहा हो
माँ
अब यहाँ कोई नहीं रोता।

(भोपाल : शोकगीत 1984—कोई नहीं रोता...कोई भूल सकता है भला?)

राजेश जोशी आज के समय के एक महत्त्वपूर्ण ही नहीं जरूरी कवि हैं। मुझे उनकी कुछ कविताओं का बांग्ला भाषा में अनुवाद करने का मौका मिला और वो कविताएँ बांग्ला पत्रिकाओं में छपीं भी। उनकी हर कविता भीतर तक सिहरा जाती हैं।

मुझे उनका किस्सा कोताह जो डायरीनुमा एक गप्पी की डायरी जिसे वे उपन्यास नहीं मानते पढ़ने का मौका मिला। बेहद उम्दा लेखन शैली जिसमें उन्होंने उन पात्रों को शामिल किया है जो इतिहास के पात्र न होते हुए भी उनकी जिन्दगी से सीधे-सीधे जुड़े हुए थे। पूरे नरसिंहगढ़ के रियासत को उन्होंने उकेरकर रख

दिया है उस किस्सा कोताह में। और इस समय मुझे राजेश जोशी की या कविता बेहद याद आ रही है...शायद यह समय ही कुछ ऐसा है जिसकी आहट राजेश जोशी ने पहले ही सुन ली।

यह समय...
यह मूर्तियों को सिराए जाने का समय है।
मूर्तियाँ सिराई जा रही हैं।
दिमाग में सिर्फ एक सन्नाटा है
मस्तिष्क में कोई विचार नहीं
मन में कोई भाव नहीं।
काले जल में, बस, मूर्ति का मुकुट
धीरे-धीरे डूब रहा है!

राजेश जोशी की कविता के बहाने

अमरजीत कौंके

राजेश जोशी हिन्दी के उन कुछ चुनिंदा कवियों में से एक हैं जिन्हें पढ़ना मुझे बेहद प्रिय है। राजेश जोशी की कविताओं में उनकी काव्य-दृष्टि और उनका शिल्प, उनका कविता कहने का अन्दाज उनको एक विलक्षण कवि के रूप में स्थापित करता है। मैंने उनकी सभी पुस्तकों को पढ़ा है बल्कि अनेक बार पढ़ा है। ये पढ़ना इसलिए हुआ क्योंकि मैं उनकी चुनिंदा कविताओं का पंजाबी में अनुवाद करना चाहता था, वो अनुवाद हुआ और पंजाबी में 'मारे जाणगे' नाम से प्रकाशित हुआ जिसकी पंजाबी साहित्य जगत में बहुत सराहना हुई और राजेश जोशी की चुनिंदा कविताओं को समूचे रूप में पढ़ा और सराहा गया। इसी शृंखला में साहित्य अकादेमी दिल्ली से मुझे उनकी पुरस्कृत पुस्तक 'दो पंक्तियों के बीच' का अनुवाद करने का सौभाग्य भी प्राप्त हुआ।

राजेश जोशी की कविताओं की इस यात्रा में मैंने बहुत सी बातें महसूस कीं जो उन्हें एक उम्दा कवि के रूप में स्थापित करती हैं। सबसे पहली बात जो उनकी कविताओं में सराहनीय है वो है उनकी दृष्टि। उनका वस्तुओं, स्थितियों, व्यक्तियों, घटनाओं को देखने का नजरिया बहुत स्पष्ट है। जब कवि के पास बाहरी और भीतर के जगत को देखने की एक ऐसी मानववादी दृष्टि हो तो उसकी हर कविता, उसके वक्तव्य में वह दृष्टि एक सन्देश बनकर प्रवाहित होती है। राजेश जोशी की कविताओं को इसी कोण से देखा जा सकता है। उनकी कविता के केन्द्र में समूचा सामाजिक, राजनैतिक परिवेश घटित होता दिखाई पड़ता है। आधुनिक दौर की चकाचौंध में उलझे हम अपनी परम्परा और संस्कृति से बहुत दूर आ गए हैं। पुरानी मान्यताएँ छोड़ चुके हैं। इस अन्धी दौड़ में बहुत कुछ अच्छा था जो मनुष्य को मनुष्य से जोड़ता था, हम मॉडर्न होने के भ्रम में उससे भी कहीं दूर निकल आए हैं। राजेश जोशी की कविता उस छूट गए सब कुछ को अपने में सहेजकर रखना चाहती है।

बीसवीं सदी के अन्तिम दिनों में हो रहा था ये सब
और वह भी एक महानगर में
बूढ़ा अन्दर ही अन्दर भीगता जाता था
बुदबुदाता था...अभी सब कुछ नष्ट नहीं हुआ है...

इस महानगरीय चेतना में हमने अपने रिश्ते खो दिए हैं। अपने संस्कार खो दिए हैं, अपने परिवार खो दिए हैं। हमने वो वस्तुएँ, स्थान खो दिए हैं जिनके माध्यम से हम एक-दूसरे से जुड़े हुए थे। जिनके माध्यम से रिश्ते में मुहब्बत कायम थी—

बरसों पहले खो चुके खिलौने थे
पतंगें थीं उनकी घिर्रियाँ थीं मांजे और डोर से भरी हुईं

राजेश जोशी इन सबके माध्यम से अपने बीते की ओर लौटते हैं यहाँ मनुष्य और सम्बन्ध अधिक सुरक्षित थे और मनुष्य जीवन के बेहद निकट था।

राजेश जोशी की कविताएँ सामाजिक-राजनैतिक परिवेश में सीधा हस्तक्षेप करती हैं। इस आधुनिक युग में फैले भ्रष्टाचार और अराजकता के खिलाफ उनकी कविताएँ तीखे व्यंग्य कसती नजर आती हैं—

रुको बच्चो
उस न्यायाधीश की कार को निकल जाने दो
कौन पूछ सकता है उससे कि तुम जो चलते हो इतनी तेज कार में
कितने मुकदमे लम्बित हैं तुम्हारी अदालत में कितने साल से

इस कविता में राजेश जोशी एक ही समय में भारतीय न्याय प्रणाली, पुलिस तंत्र, अफसरशाही, राजनैतिक तंत्र पर कितने ही तीखे प्रहार करते हैं। ऐसा ही प्रहार 'अहद होटल' कविता में बहुत खूबसूरती से देखने को मिलता है।

इस तरह एक दिन
व्यापारियों और पुलिस की आँख में
काँटे की तरह गड़ने वाला अहद होटल खत्म हुआ
धीरे-धीरे खत्म होने लगी
लेखकों और सोचने-समझने वालों के बीच अड्डेबाजियाँ
जहाँ कभी अहद होटल था
अब वहाँ चमचमाते जूतों की एक आलीशान दुकान है

अपने काव्य-वस्तु को धारदार और पैने व्यंग्य के साथ जैसे वो अपनी कविता में अभिव्यक्त करते हैं वह पाठक की चेतना पर असर छोड़ता है। घर कैसे मनुष्य

के लिए एक सुरक्षित जगह है, जिसमें उसके सपने और उसका व्यक्तित्व साँस लेता है। लेकिन घर से दूर मनुष्य कैसे मानसिक तौर पर विक्षिप्त महसूस करता है लेकिन इस व्यवस्था में ऐसी मानवीय भावनाओं की कोई जगह नहीं। राजेश जोशी की कविता 'घर की याद' ऐसी ही मनोस्थिति का वर्णन करती है—

कोई नहीं सुनता
कोई नहीं सुनता साला मेरी आवाज
न जाने किस किसको गाली निकालता
अचानक सुबकने लगता है मास्टर
अगल-बगल खड़े लोग देखते हैं जैसे देखते हों तमाशा

भावनाओं का तमाशा बन जाना ही इस समय का सबसे बड़ा और दुखान्त है। राजेश जोशी की बहुत सी कविताओं में इस दुखान्त का दृश्य-अदृश्य वृत्तान्त देखने को मिलता है।

राजेश जोशी की कविताएँ कुछ ही शब्दों में एक ऐसा बिम्ब, ऐसा दृश्य सृज देने की क्षमता रखती हैं जो हमारे समाज में खत्म होती जा रही संवेदना और मानवीयता की गवाही देते हैं। दृश्य और बिम्ब उनकी ऐसी कविताओं की प्रतिनिधि कविता के रूप में देखी जा सकती हैं—

एक सिनेमा घर के सामने छूटी हुई जगह में
एक नए मॉडल की कार
एक विकलांग बच्चे को डरा रही है
ड्राइवर मुस्करा रहा है
और आसपास खड़े तमाशबीन अन्दर ही अन्दर डर रहे हैं
तरस खा रहे हैं
पर हँस रहे हैं
यह एक दृश्य है
जो हमारे समय के बिम्ब में बदल रहा है

ऐसे दृश्य का बिम्ब में बदलना, लोगों का तमाशबीन बनकर अन्याय को देखना, स्थितियों का विरोध करने की बजाय उन पर हँसना, एक मूकदर्शक बन जाना, समय की ऐसी भयानक त्रासदी को कुछ ही पंक्तियों में पकड़ पाना, ये काम कोई बड़ा कवि ही कर सकता है।

राजेश जोशी की कविताओं में अपने संस्कारों, परम्पराओं से लगाव जगह-जगह कविताओं में प्रकट होता है। शक नहीं कि उन्हें अतीत से मोह है। वर्तमान इतना भयावह है कि कवि बार-बार अपने पीछे की तरफ लौटता है। कवि को लगता है

कि वहाँ जरूर कुछ ऐसा था जो अब से बेहतर था। उनकी अनेक कविताओं में अतीत के प्रति ये भाव उजागर होते हैं। 'नेलकटर', 'दो नन्हे मोजे' जैसी अनेक कविताओं में ऐसे भाव देखे जा सकते हैं। 'संयुक्त परिवार' कविता की ये पंक्तियाँ देखने योग्य हैं—

कम हो रहा है मिलना-जुलना
कम हो रही है लोगों की जान-पहचान
सुख-दुख में भी पहले की तरह इकट्ठे नहीं होते लोग
तार से आ जाती है बधाई और शोक सन्देश

राजेश जोशी अपनी कविता में कविता के पुराने प्रतिमानों को भी खंडित करके एक नई भाषा शैली गढ़ते हैं। उनकी कविताएँ पाठक को उसका हाथ पकड़कर अपने साथ ले जाती हैं। जैसे हम किसी को कोई बात सुनाते हैं, राजेश जोशी उसी तरह से पाठक से आत्मीय होकर उससे अपनी कविता जैसी बातें करने लगते हैं। पाठक उनकी बात का हुँकारा भरता है।

अहद होटल में अजमल कमाल को कवि का बार-बार सम्बोधन सिर्फ अजमल कमाल का ही सम्बोधन नहीं रहता बल्कि वो कविता पढ़ने वाले हरेक पाठक का सम्बोधन बन जाता है। अहद होटल के बहाने जहाँ वे एक और शहर की बदल रही संस्कृति को परिभाषित कर रहे हैं वहीं दूसरी ओर वे एक पूरे मानवीय इतिहास और नैतिकता के बिम्ब के परिवर्तित होने को भी चिन्हित कर रहे हैं, जहाँ खूबसूरत शब्दों से भरी जगहें अब चमकदार जूतों से सुसज्जित हो रही हैं—

अजमल कमाल
यही है हमारे समय का एक सब से पूरा बिम्ब
और एक दिलचस्प प्रहसन भी
कि जो जगह भरी होती थी कभी खूबसूरत शब्दों से
वहाँ अब चमकदार जूते भरे हैं

इसी तरह क्यों रोई वो इतने बरस बाद कविता में बेंडी किशनी का दर्द पाठक के मन में इतना गहरा उतर जाता है कि देर तक बेंडी किशनी की चीखें और उसका विलाप पाठक के मन में गूँजता रहता है। भाषा और शिल्प का ऐसा सधा हुआ प्रयोग निस्सन्देह किसी बड़े और समर्थ कवि के हिस्से में ही आता है।

राजेश जोशी की कविताएँ आम आदमी की कविताएँ हैं। ये आम आदमी जिससे देश और दुनिया चलती है लेकिन आधुनिक समय की कैसी भयानक विडम्बना है जब वही आदमी कहीं किसी जगह पुलिस की गोली से मारे जाते हैं तो उनका नाम इत्यादि में शुमार हो जाता है। ये इत्यादि उनकी हर कविता के भीतर-बाहर फैले हुए

हैं। राजेश जोशी की कविताओं में उनकी बेचैनी और लाचारी देखने को मिलती है।

ना जाने वो कौन से अधूरे सपने हैं
जिन्हें ढूँढ़ता वह नींद में ही निकल आया है सड़कों पर
पता नहीं वो कौन से तनाव में है कि नींद में भी चैन नहीं उसे

राजेश जोशी की कविताएँ बीत गए को पुन: चित्रित करती हैं। कवि के भीतर उन जगहों के प्रति एक ऐसी टीस दिखाई देती है जहाँ वे अपने कठिन और उदास दिनों में कभी रहे हैं या जिनसे उनका गहरा लगाव है। राजेश जोशी के भीतर का कवि अतीत की इन स्मृतियों को आने से रोकता भी नहीं। यही स्मृतियों की टीस उनकी कविताओं में बार-बार उठती दिखाई देती है।

जिसने सबसे कठिन दिनों में मेरा साथ दिया
मुझे नौकरी दी
मेरी रोटी पानी का इंतजाम किया
उस गाँव का नाम मत पूछो...

ये वो दिन थे हमारे सपनों और हकीकत के बीच
हमेशा झगड़ा मचा रहता था
हम झुकी हुई छतों वाले घरों से थे
जिनके दरवाजे इतने छोटे थे
कि गर्दन उठाते ही
बारसक से सिर फूटता था...

राजेश जोशी की कविताओं से गुजरना अपने ही भीतर एक ऐसे संसार से गुजरना है जो हर इनसान के भीतर रहता है लेकिन जोशी साहब की कविताएँ उस संसार को अजब तरीके से नुमायाँ कर देती हैं। एक बात मैं अन्त में बेहद नम्रता से स्पष्ट कर देना चाहता हूँ कि जितना आनन्द मैंने राजेश जोशी जी को पढ़ते वक्त, उन्हें अनुवाद करते वक्त लिया, उसका तिनका मात्र ही यहाँ लिख पाया हूँ।

राजेश जोशी : जिनसे नई पीढ़ी बहुत कुछ सीख सकती है

दिनकर कुमार

कॉलेज में पढ़ते समय मैं जिन हिन्दी कवियों की कविताएँ पढ़कर बेहद प्रभावित हुआ था, उनमें राजेश जोशी का नाम प्रमुखता से लिया जा सकता है। यह मैंने कल्पना भी नहीं की थी कि परवर्ती समय में मुझे उनका सान्निध्य भी प्राप्त होगा। यह मेरा सौभाग्य है कि मुझे उनसे तीन-चार बार मिलने का और संवाद करने का अवसर भी मिला है।

अस्सी के दशक के अन्त में जब मोबाइल-इंटरनेट का प्रचलन शुरू नहीं हुआ था और मैं कविता लिखने का अभ्यास कर रहा था, उसी समय मुझे राजेश जोशी का एक पत्र मिला था। वे एक पत्रिका 'वर्तमान साहित्य' के कविता विशेषांक का सम्पादन कर रहे थे और उन्होंने मुझे अपनी कविता के साथ असमिया कविताओं का अनुवाद भेजने के लिए कहा था। मैं उनका पत्र पढ़कर रोमांचित हो उठा था। एक नए कवि को जब एक बड़े कवि का पत्र मिलता है तो उसे स्वाभाविक रूप से खुशी होती ही है।

फिर काफी अरसे बाद (साल मुझे याद नहीं) भिलाई में आकाशवाणी की तरफ से सर्व भारतीय कवि सम्मेलन का आयोजन हुआ। मुझे उस आयोजन में भाग लेने का अवसर मिला। मुझे बोडो कवयित्री जयश्री ब्रह्म की कविता का अनुवाद पढ़ना था। मंच पर मैंने खुद को राजेश जी के बगल में बैठा पाया। मुझे अपार खुशी हुई। उनसे परिचय हुआ। उनके व्यक्तित्व से मैं बहुत प्रभावित हुआ। बातचीत में उनका हास्यबोध अनायास ही सामने वाले को गुदगुदा देता है। उस सम्मेलन में राजेश जी ने अपनी प्रसिद्ध कविता 'मैं झुकता हूँ' का पाठ किया—

दरवाजे से बाहर जाने से पहले
अपने जूतों के तस्मे बाँधने के लिए मैं झुकता हूँ
रोटी का कौर तोड़ने और खाने के लिए

झुकता हूँ अपनी थाली पर
जेब से अचानक गिर गई कलम या सिक्के को उठाने को
झुकता हूँ
झुकता हूँ लेकिन उस तरह नहीं
जैसे एक चापलूस की आत्मा झुकती है
किसी शक्तिशाली के सामने
जैसे लज्जित या अपमानित होकर झुकती हैं आँखें
झुकता हूँ
जैसे शब्दों को पढ़ने के लिए आँखें झुकती हैं
ताकत और अधीनता की भाषा से बाहर भी होते हैं
शब्दों और क्रियाओं के कई अर्थ
झुकता हूँ
जैसे घुटना हमेशा पेट की तरफ ही मुड़ता है
यह कथन सिर्फ शरीर के नैसर्गिक गुणों
या अवगुणों को ही व्यक्त नहीं करता
कहावतें अर्थ से ज्यादा अभिप्राय में निवास करती हैं।

राजेश जी अत्यन्त प्रभावशाली तरीके से कविता पाठ करते हैं। एक सधे हुए कलाकार की तरह वे शब्दों का उच्चारण करते हैं और उन शब्दों में निहित अर्थों को सीधे श्रोताओं के हृदय तक सम्प्रेषित करते हैं। यह दक्षता आज के कवियों में दिखाई नहीं देती। अधिकतर कवि जब अपनी ही कविता का पाठ करते हैं तो उनका चेहरा भावहीन होता है और वे जल्दबाजी में कविता को इस तरह पढ़ते हैं मानो उनकी ट्रेन छूटने वाली हो। राजेश जी के कविता पाठ से पहले मैं असमिया के वरिष्ठ कवि नीलमणि फुकन का कविता पाठ सुनकर अत्यन्त प्रभावित हुआ था। वे भी शब्दों में निहित अर्थों को अपने उच्चारण से जीवन्त कर देते हैं और श्रोता अभिभूत हो जाता है।

भिलाई में तीन दिनों का यादगार प्रवास रहा। वीरेन डंगवाल, लीलाधर मंडलोई सहित कई दिग्गज भारतीय कवियों का समागम हुआ था। शाम की गोष्ठी में मैं देखता था राजेश जी ही प्रमुख वक्ता होते थे। हर विषय पर उनका ज्ञान और धारदार टिप्पणी को देखकर एहसास होता था कि हम एक विलक्षण साधक को सुन रहे हैं।

फिर राजेश जी का गुवाहाटी आगमन हुआ। गुवाहाटी के बोरझार स्थित केन्द्रीय विद्यालय में इन्द्रजीत सिंह प्रिंसिपल बनकर आए थे। इन्द्रजीत सिंह को 'हिन्दी का संसार : गीतकार शैलेंद्र' पर किए गए असाधारण कार्य के लिए जाना जाता है। वे शैलेंद्र के नाम पर हर साल पुरस्कार भी देते हैं। उनका एक और परिचय है—वे

स्कूल में नियमित रूप से बड़े साहित्यकारों को बुलाकर साहित्यिक आयोजन भी करते रहे हैं। उनके ही निमंत्रण पर राजेश जी, मंगलेश डबराल आदि साहित्यकार गुवाहाटी आए थे और मुझे भी उस आयोजन में भाग लेने का अवसर मिला था।

एक आयोजन में भोपाल गया तो कवि मित्र वसन्त सकरगाए अपने साथ पहले-पहल प्रकाशन के दफ्तर में आयोजित 'शाम की महफिल' में ले गए। इस कार्यक्रम में भी राजेश जी ही प्रमुख वक्ता थे। भोपाल के कई लेखकों से परिचय हुआ। आखिरी बार राजेश जी से तब मिला जब वे अपनी श्रीमती जी के साथ चेरापूँजी से घूमकर एक रात के लिए गुवाहाटी में रुके थे। वसन्त जी ने मुझे फोन कर बताया था कि राजेश जी मिलना चाहते हैं। उनसे मिलने गया। काफी देर तक बातें हुईं। उनकी सहजता को देखकर अन्दाजा नहीं लगाया जा सकता कि हम आज के समय के एक शक्तिशाली कवि का स्नेह प्राप्त कर रहे हैं।

वसन्त जी की राजेश जी से काफी अन्तरंगता है। जब भी हम फोन पर बात करते हैं तो मैं राजेश जी का हालचाल पूछना नहीं भूलता।

आज के समय में हिन्दी की कविता में जिस तरह कृत्रिमता, मानसिक कुंठा और अमूर्त बिम्बों के सहारे अपठनीय सामग्रियों की भरमार देखी जा सकती है, राजेश जी एक मील के पत्थर की तरह या दिशा दर्शक की तरह दिखाई देते हैं। उनकी कविता में आम जनजीवन के दुख-दर्द से उपजी पीड़ा और प्रतिवाद को स्पष्ट रूप से महसूस किया जा सकता है। नई पीढ़ी उससे बहुत कुछ सीख सकती है।

पानी की भाषा में एक नदी

(कवि राजेश जोशी के कविता-संसार पर एकाग्र)1

विशाल श्रीवास्तव

मैं इसलिए कविता रचता हूँ कि
बगावत की मेरी आवाज
जड़हृदयों के भीतर तक चोट कर जाए
और कहीं से तो
एक चिंगारी उठे।

मैं कविता रचता हूँ
क्योंकि आप भी समझ लें कि
कविता रचने के बिना
मैं रह नहीं सकता (राजेश जोशी : बसन्त 1985)

इस आलेख का शीर्षक राजेश जोशी की ही एक काव्य पंक्ति है, किन्तु इसका आशय यहाँ भिन्न है और एक पाठक के निजी अनुभव से दीप्त है। राजेश जोशी का काव्य-संसार सचमुच पानी की भाषा में लिखित एक नदी की तरह है, पूरी तरह पारदर्शी, तरल, स्वच्छ और विचार के इलाकों में अपने मनचाहे प्रवाह से किनारों को तराशता हुआ। एक ऐसी काव्यभंगिमा, जिसमें कहीं कोई आक्रामकता नहीं है, लेकिन एक गहरा आत्मालोचन है, एक सजग समाज-समीक्षा है और अपने समय की चुनौतियों के बारे में एक सटीक पूर्वदृष्टि है। हर कवि के लिए कविता लिखने के अपने कारण होते हैं और हो सकते हैं किन्तु राजेश जोशी ऊपर उद्धृत अपनी कविता में स्वयं ही स्पष्ट कर देते हैं कि उनकी कविता प्रतिपक्ष की कविता है, क्रान्ति की कविता है और वह इसका प्रलाप मात्र नहीं है अपितु एक सजग कार्यवाही है लोक को जाग्रत करने की। उनके लिए कविता लिखना एक सायास कर्म नहीं है, बल्कि कविता ही उनकी शरणस्थली है, कविता रचे बिना वे अपने होने की कल्पना नहीं

कर सकते। यही कारण है कि उनकी कविताएँ किसी शिल्पविशेष का सहारा लेकर बुनी हुई कविताएँ न होकर अपनी सहजता में अभिव्यक्त होते यथार्थ के आयामों की जीवन्त छवियाँ हैं। राजनीति, विचार, सहज जीवन, आत्मिक सम्बन्ध और सौन्दर्य को अपने विस्तार में आच्छादित करतीं उनकी कविताएँ हमारे समय को सम्पूर्णता में व्याख्यायित करने में पूरी तरह सक्षम दिखती हैं।

उनके काव्य-संसार में प्रवेश करते ही स्पष्ट दिखता है कि जीवन की त्रासदियों की जगह टुकड़ों में बँटी उसकी चमक को देखने का काम एक कवि के रूप में राजेश जोशी बखूबी करते हैं, तमाम साधारण चीजों के बीच जीवन का यह सौन्दर्य तलाशना मनुष्य की उत्कट जिजीविषा के इतिहास को स्वीकृति देना है। 'जन्म' शीर्षक कविता जो संग्रह 'नेपथ्य में हँसी' में संकलित है, बंजारों के कठिन जीवन को देखते हुए उनकी 'सम्पत्ति' में मौजूद साधारण चीजों की विशिष्टता को उद्घाटित करती है। साधारणता के सौन्दर्य की ओर कवि का यह आकर्षण उदारीकरण और बाजार की चमक के प्रति लोक का परिश्रमसमृद्ध और सुन्दर प्रतिसंसार रचने का प्रयास है। तीव्रता से परिवर्तित होती दुनिया में एक कवि अपनी कलात्मक जिम्मेदारी का निर्वहन करता हुआ दिखाई देता है, वह बाजार के आतंक को भले प्रभावित न कर सके, लेकिन उसके बरअक्स वह अपनी कला के माध्यम से सहजता के साधारण सौन्दर्य को रूपायित कर सकता है, काम्य बना सकता है। इस कविता में कवि कहता है—

कितनी अनमोल, कितनी अद्वितीय होती हैं वे साधारण चीजें
जिनके सहारे चलता है यह महाजीवन

वो छोटी-सी काली हँड़िया जिसमें पकाई जाती है दाल
और रख ली जाती हैं जीवन की छोटी छोटी खुशियाँ
पुराने अखबार का वो कोई छोटा सा टुकड़ा
जिसमें बाँधकर रखा जाता है नमक
इतने सहेजकर रखती है वह बंजारन औरत नमक को
कागज में बाँध लिया हो जैसे उसने पूरा अरब सागर।

पुराने अखबार के टुकड़े में नमक सहेजने के बहाने पूरे अरब सागर को बाँध लेने का जो यह बिम्ब है, वह अपूर्व है। हमारे समूचे जीवन में नमक अरसे से एक बड़े प्रतीक के रूप में उपस्थित रहा है। आज हर छोटी-बड़ी दुकान पर थैलियों में नमक उपलब्ध होने से भी उसका मूल्य, उसकी गरिमा कम नहीं होती है, हमारे इतिहास में नमक की स्थायी जगह है, गांधी द्वारा नमक के लिए किया गया आन्दोलन उसकी अर्थवत्ता को सुपरिभाषित करता है। इस सिलसिले में 'नमक' शीर्षक से

कवि की एक अन्य कविता को भी याद किया जाना चाहिए, जिसमें वे आजादी की लड़ाई में नमक और भाषा को सम्बद्ध करते हुए कहते हैं—

समुद्र से मुझे निथारकर लाने की प्रक्रिया से
शुरू हुई आजादी की लड़ाई
और लोगों ने एक नई भाषा को ईजाद किया
चाहो तो माना जा सकता है उसे
हिन्दी गद्य का जन्मदिन भी
साँवली कही जाने वाली जिस महाजाति का जीवन-संग्राम
लिखा है हिन्दी के गद्य ने

'जन्म' कविता में भी बंजारन औरत द्वारा नमक को बाँधने के बहाने कवि मनुष्य द्वारा अटूट जीवनशक्ति पर नियंत्रण का रूपक रचित करता है। इस कविता के बारे में बात करते हुए राजस्थान के कवि प्रभात की कविता 'बंजारा नमक लाया' की बात न करना किसी अपराध जैसा होगा, प्रभात की इस कविता में भी साँभर झील से ऊँटगाड़ी में नमक लाता हुआ एक बंजारा है। कविता में नमक के सौन्दर्य को प्रभात ने बर्फ, चाँद और चाँदी से तुलनीय बनाया है। राजस्थान के सुदूर गाँव में नमक का कितना मूल्य है कि स्त्रियाँ घर के सारे काम छोड़कर नमक लेने भागती हैं, नमक को लेकर उनकी आकांक्षाएँ भी कितनी विस्तृत हैं, नमक उन्हें घर के लिए भी रखना है, बेटी को भेजना है, नमक की उधारी भी वापस करनी है, कविता इस नोट पर समाप्त होती है कि बंजारे के इस आगमन ने फीके जीवन में नमक डाल दिया है। इन उदाहरणों से यह विश्वास मजबूत होता है कि कला अन्ततः जीवन के फीकेपन में इस नमक को बचाने की कोशिश है, जिसका बखूबी अभ्यास राजेश जोशी की कविता भी करती है और यह अकारण नहीं है कि इसी भावनात्मक इलाके की दूसरी कविता 'खुशी' में भी कवि इसी सहज प्रसन्नता के वैभव को रेखांकित करता है—

कैसी खुशी थी!
चीजों के कीमती होने की मोहताज नहीं थी
जब आना ही होता था उसे
सात समुद्र और सात हजार नदियाँ
पार करती चली आती थीं
कागज की नाव में बैठकर

राजेश जोशी शहरी जीवन के ऐसे पर्यवेक्षक हैं, जिसे शहर और जीवन से असीमित प्रेम है। उनकी तमाम कविताएँ ऐसी हैं, जिनमें वे शहर के विभिन्न हिस्सों

में दृश्यों, याकि सिनेमाई भाषा में कहें तो फ्रेम्स को भाषा में रूपान्तरित करते हैं। इस रूपान्तरण में वे अपनी संवेदना और करुणा को समूचे दृश्य पर किसी छाया की तरह सम्मिलित करते हैं, उनका कौशल यह है कि यह सम्मिलन कभी भी सायास नहीं लगता। वे अपने साथ पाठक को उस फ्रेम में आहिस्ते से ले जाते हैं, जैसे कोई अपने मित्र के कन्धे पर हाथ रखकर ले जा रहा हो, यह कहते हुए कि जरा इसे देखो, जरा इसे महसूस करो। कुछ इन्हीं कारणों से राजेश जोशी की कविता में यह करुणा कभी अपने सान्द्रतम रूप में उपस्थित नहीं होती बल्कि प्राय: तो एक 'विट' दिखता है, जिसके बारे में शायद यह कहा जा सकता है कि वह कुछ न कर पाने की लाचारगी से उपजी एक निरर्थक हँसी का संकोच मात्र हो। यही कारण है कि उनकी इस तरह की कविताओं में एक निरपेक्ष काव्यात्मक सहानुभूति को लक्षित किया जा सकता है, जो पाठक को किसी सकारात्मक दिलासा देने का अभिनय नहीं करती। वे एक कवि के रूप में उस असुविधाजनक यथार्थ को हमारे समक्ष रख देना चाहते हैं, फिर चाहे वह हमें कितना भी विचलित करे। 'प्लेटफार्म पर', 'थोड़ी सी जगह', 'घोंसला' कुछ ऐसे ही दृश्यों पर केन्द्रित कविताएँ हैं। राजेश जोशी की सर्वाधिक उद्धरित की जाने वाली उनकी लोकप्रिय कविताओं में से एक 'बच्चे काम पर जा रहे हैं' भी इसी श्रेणी की कविता है, यह भी हर मझोले दर्जे के शहर की सुबह में अक्सर दिख जाने वाले एक दृश्य पर आधारित है। इस कविता को ध्यान से पढ़ें तो कविता में किसी बड़े संघर्ष की प्रस्तावना या आकांक्षा पर विचार नहीं किया गया है बल्कि एक दृश्य को किसी प्रश्न की तरह हमारे बीच उछाल दिया गया है—

बच्चे काम पर जा रहे हैं
हमारे समय की सबसे भयानक पंक्ति है यह
भयानक है इसे किसी विवरण की तरह लिखा जाना
लिखा जाना चाहिए इसे सवाल की तरह

काम पर क्यों जा रहे हैं बच्चे?

यह कविता सीधे प्रश्न पूछती है कि क्या सारी गेंदें, किताबें, खिलौने खो गए हैं या मदरसे और घरों के आँगन नष्ट हो गए हैं? यह होना भयानक है लेकिन अगर यह सब होते हुए भी छोटे बच्चे काम पर जा रहे हैं, तो यह उससे भी भयानक है। कवि यहाँ समाज के दोनों कन्धों को हिलाकर झकझोर देना चाहता है। यहाँ कोई आशावाद नहीं है, एक गहरी निराशा है, बेबसी है, चिन्ता है और यह सब संगुम्फित होकर अपने वृहत्तर आयामों में करुणा में रूपान्तरित हो रहे हैं। कविता की सफलता इस करुणा के साधारणीकरण में है। हिन्दी कविता में 'श्रम' को केन्द्र

में रखकर बहुत सारी कविताएँ लिखी गई हैं, किसानों-मजदूरों पर प्रगतिवाद और नई कविता के दौर में इस तरह की सैकड़ों कविताएँ मिलती हैं। इस कविता की विशेषता दृश्य में मौजूद करुणा को पाठक तक शत-प्रतिशत सम्प्रेषित कर पाना है, यह मेरी जानकारी में स्त्री-श्रम पर केन्द्रित पहली हिन्दी कविता 'वह तोड़ती पत्थर' में भी सम्भव हुआ है, वहाँ भी जो विरोधाभास दृश्यांकित हुआ है वह दृश्य की करुणा का सार्थक प्रतिफलन सम्भव बनाता है। श्रम और बच्चों पर केन्द्रित एक और कविता राजेश जोशी के पास है, जो उनके पहले ही काव्य-संग्रह 'एक दिन बोलेंगे पेड़' में संकलित है। इस कविता में कवि जब लेबर कॉलोनी के बच्चों को 'दैनिक अखबार की तरह तरोताजा' और 'किसी खोयी हुई चाबी के गुच्छे-से वे बच्चे' कहते हैं, तो वे श्रमिक जीवन में बच्चों की उपस्थिति की विडम्बना को हम तक पहुँचा रहे होते हैं। 'बच्चों की चित्रकला प्रतियोगिता' शीर्षक कविता में भी चित्र बनाते हुए बच्चे चित्र में इस बदलती हुई दुनिया में मौजूद बहुत सारी चीजों को अंकित करते हैं, इतना कि एक गेंद बनाने की जगह चित्र में नहीं बचती, यह हमारे इस विकसित संसार का अत्यन्त तीखा किन्तु स्याह बिम्ब है जो कवि प्रस्तुत करता है। राजेश जोशी की एक कविता 'उनका भरोसा', जो भीख माँगने वाले बच्चों के बारे में है, उस पर भी इसी सिलसिले में बात कर लेना उचित होगा। इस कविता में भीख माँगने वाले बच्चों को अपने काम के प्रति अभ्यस्त हो जाना और स्वाँग में सम्मिलित हो जाना एक भयावह यथार्थ के रूप में मौजूद है। समय ने इन छोटे-छोटे बच्चों को अपने जीवन की दीनता और विडम्बना के प्रति उदासीन बना दिया है, जिसे कवि ठीक से पहचानता भी है और अभिव्यक्त भी करता है—

अपने छोटे-छोटे हाथ फैलाते हैं
गिड़गिड़ाते हैं पेट दिखाते हुए कहते हैं वे कई दिन से भूखे हैं
तुम्हें दयार्द्र कर डालने का लगभग हर हथकंडा अपनाते हैं

कैसी भयावह उदासीनता में फेंक दिया है हमने उन्हें
कितना तिक्त है उनका एहसास हमारे समाज के लिए
जिसमें उनका भी एक कोना है, इसी की
परिधि के आसपास

राजेश जोशी के कवि के यहाँ इस नारकीय दुनिया में बच्चों की स्थिति को लेकर गहरी विकलता है, वे परत-दर-परत इन समस्याओं को लेकर चिन्तित दिखते हैं, जिसकी गवाही उनके काव्य-संसार में उपस्थित इन दृश्यों में मिलती है। इसी कविता का विस्तार 'नसरगट्टे' शीर्षक कविता में भी दिखता है, जहाँ ये बच्चे बालश्रम की गली से गुजरते हुए अपराध की दुनिया में प्रवेश कर जाते हैं। आसपास के ढाबों

और दुकानों में काम करते ये बच्चे अपनी उम्र से बहुत अधिक परिपक्व हो जाते हैं, किन्तु उनकी इस परिपक्वता के बीच कहीं उनके बचपन की झलक भी मौजूद है, जो यदा-कदा उनकी शैतानियों में चमक की तरह दिखती है—

वे इतने पिट चुके हैं कि रोना भूल गए हैं
दुख जैसा कोई शब्द उनके पास नहीं है
इस क्रूरता के बीच भी कमाल की शरारतें
हमेशा उनके दिमागों से उपजती रहती हैं

ये बच्चे अपनी शरारतों से आज भी जीवन को
हँसने लायक बना रहे हैं।

यह एक महत्त्वपूर्ण प्रश्न है कि अस्सी के दशक में लिखी गई इन कविताओं में जो दृश्य थे, वे आज के विकसित भारत में कितना परिवर्तित हुए हैं, जबकि बालश्रम उन्मूलन के क्षेत्र में काम करने के लिए नोबेल भी एक भारतीय को मिल चुका है। इन कविताओं के माध्यम से आज यदि देखें तो पिछले चालीस सालों में आशाओं, विश्वासों और संकल्पों के लगातार खंडित होते जाने की यात्रा भी हमारे सामने उपस्थित हो जाती है।

एक कवि के रूप में इन गहरे दृश्यों के अतिरिक्त राजेश जोशी शहरी समाज में काम करते हुए उन लोगों पर भी दृष्टि रखते हैं, जो प्राय: निरन्तर उपस्थित रहते हुए भी ओझल रहते हैं। 'नट', 'मसखरे' और 'उस प्लम्बर का नाम क्या है' आदि कुछ ऐसी कविताएँ हैं, जो समाज के नेपथ्य में रहने वाले लोगों के जीवन के बारे में हैं। हिन्दी कविता में इस 'अन्य' की उपस्थिति को सम्भव बनाने में राजेश जोशी जैसे कवियों का महत्त्वपूर्ण योगदान है। तेजी से विकसित होते आधुनिक समाज में गाँवों और छोटे शहरों से विस्थापित होकर बड़े शहरों में बसते हुए मनुष्यों का जीवन चमचमाते शहरों के बीच उपस्थित एक अनूठा 'पाताल लोक' है। 'नट' कविता में शहर में खेल दिखाने आए नट के छीजते जीवन का प्रतीक उसके दीमक खाये बाँस और जर्जर हो चुकी रस्सी है। कविता के माध्यम से कवि हमारे जीवन में लोककलाओं की कम होती जगह और उनके विलुप्तप्राय होते जाने की कथा कहता है लेकिन साथ ही एक नट के माध्यम से संसार को देखने की दृष्टि का अनुभव भी पाठक को कराता है। सुविधाभोगी, सुकुमार शहरी कवि को नट के बहाने से जीवन के प्रति अदम्य आकर्षण और एक दुर्निवार जिजीविषा की पहचान होती है—

नट!
क्या कभी डर नहीं लगता तुम्हें?

आशंका से कभी काँपते नहीं तुम्हारे पाँव?

सच कहते हो बाबू एकदम सच
पर जरा कहो तो—
युद्ध में बार-बार घाव पर घाव सहते
क्या कम जर्जर हुई है यह पृथ्वी?
कीड़े-मकोड़ों और चूहों ने क्या कम खाया है इस पृथ्वी को
पर कौन डरता है बाबू इस धरती पर चलते हुए?

मैं इस जर्जर रस्सी पर नहीं बाबू
भरोसे की डोर पर चलता हूँ दिन-रात

यहाँ फिर एक बार सवाल उठता है कि अस्सी के दशक में लिखी इस कविता में नट का जो भरोसा था, वह आज कितना डिग गया होगा। इस कविता का नट आज कहाँ होगा, सड़कों के किनारे तमाशा दिखाते नट यदि हमारे रोजमर्रा के दृश्य का हिस्सा नहीं हैं, तो वे क्या कर रहे हैं, कहाँ हैं वे। आधुनिकता और नगरीकरण के प्रति हमारे मोह से विकसित होती स्मार्टसिटीज में इन नटों की क्या जगह है? प्रश्न यह भी उठता है कि यदि हमने उन्हें अपनी सभ्यता से निर्वासित कर दिया है, तो वे क्या कर रहे हैं। इन दोनों प्रश्नों से भी अधिक महत्त्वपूर्ण है कि उनके बारे में हमारी कविता या कलाएँ क्या कह रही हैं, क्या वे वहाँ से भी विस्थापित हो गए हैं। समय और समाज के बहुत बड़े ललित प्रश्नों से जूझती हुई कला और कविता के पास इन व्यक्तियों के बारे में क्या जानकारी है? ये सभी प्रश्न राजेश जोशी की कविता की प्रासंगिकता को निरन्तर उद्दीप्त करते हैं। यह उनके कवि की सांवेदिक अनुभूति का एक अनूठा पक्ष ही है, जिसमें वे 'प्रजापति' कविता में आशा करते हैं कि—

बेहद थका और ऊबा हुआ फोरमैन भी जब अपने घर में घुसे
तो बदल जाए तत्काल उसका चेहरा
अपनी पाँच बरस की बेटी के पिता की तरह

इसी तरह, जीवन के सत्य के प्रति अगाध विश्वास रखते हुए अपनी कविता 'मसखरे' में वे इसीलिए कह पाते हैं कि—

छिपा लिया है रंगों के भीतर इन्होंने अपने चेहरों को
और जीवन की विकलता को अपने स्वाँग में
चकित कर डालेंगे ये अपनी बातों से

सारे दुनिया जहान को

मसखरे ही कस सकते हैं फब्तियाँ इस तरह अन्याय पर
उघाड़ सकते हैं वे ही अन्यायी का चेहरा
इस तरह हँसी हँसी में

यह कविता इसलिए भी अत्यन्त महत्त्वपूर्ण हो जाती है क्योंकि वर्तमान और अधिक संकटग्रस्त हो गया है। आज मसखरे भी अन्याय के पक्ष में जाकर खड़े हैं, बल्कि सत्ता के शीर्ष पर आसीन हैं। कुछ लोग जो सत्ता के अन्याय के विरुद्ध बोलना भी चाहते हैं, उनकी आवाज बन्द कर दी जाती है, हैरत होती है आज के समय पर कि इस आशंका पर भी किसी कलाकार को गिरफ्तार किया जा सकता है कि वह सत्ता के विरुद्ध बोल सकता है। इस कठिन समय में कविता की जिम्मेदारी और भी अधिक बढ़ जाती है, आज के युवा कवि को जोशी की इन कविताओं की ओर देखना चाहिए ताकि परिवर्तित होते हुए समाज के इस क्रूर यथार्थ को वह अपनी कला के माध्यम से रूपान्तरित कर सके और ऐसा करते हुए उसके भीतर कोई भय न हो। 'उस प्लम्बर का नाम क्या है' कविता में कवि की मुश्किल और अपराधबोध यही है कि उसे तानाशाहों, हत्यारों और नाकारा किस्म के राजनीतिज्ञों के नाम तो याद हैं लेकिन उस प्लम्बर का नहीं, जो घर में प्राय: छोटे-मोटे कामों के लिए आता है। यह नागरिक जीवन के रूखेपन और विस्मृति का एक सहज रूपक है, जिसका विस्तार नई सहस्राब्दी में और अधिक तीव्रता से हुआ है। सोसायटी के गार्ड से लेकर डिलिवरी ब्वॉय तक तमाम ऐसे लोग हैं, जिनका नाम हम नहीं जानते हैं या जानना नहीं चाहते। नई सभ्यता भयानक रूप से उदासीन रहते हुए इस वर्ग से काम लेते हुए निरपेक्ष बनी रहती है, वे हमारे जीवन में उपस्थित रहते हुए भी अनुपस्थित बने रहते हैं, नई तकनीक ने बीच की इस दूरी को और अधिक विस्तारित किया है, अब वे नाम नहीं महज एक नम्बर हैं, एक कोड या एक ओटीपी भर उनका अस्तित्व है। ऐसे में कवि का यह अपराधबोध और आत्मस्वीकार मनुष्यता के भाव को बनाए रखने का कितना सुन्दर यत्न है—

वो कहाँ रहता है, कहाँ है उसके मिलने का ठीहा
कुछ भी याद नहीं
उसके परिवार के बारे में तो खैर...
हैरत है! मैं बुरे लोगों के बारे में कितना कुछ जानता हूँ
और उनसे भी ज्यादा बुरों के बारे में, तो कुछ और ज्यादा

उनकी कविता 'इत्यादि' में भी ऐसे ही लोगों के बारे में बात की गई है, जो मुख्यत: 'अन्य' की श्रेणी में आने वाले लोग हैं, जिनके नाम कहीं सम्मिलित

नहीं हो पाते। वे संख्या में भी अधिक हैं, उनकी उपस्थिति भी हर जगह है, उनके बिना संसार का कोई काम सम्भव नहीं है, लेकिन उनका नाम कोई नहीं जानता, वे आन्दोलनों में शामिल होते हैं, पुलिस की गोली से मार दिए जाते हैं, किन्तु वे इतिहास में कहीं दर्ज नहीं हैं, उन्हें अगर कहीं जगह मिलती है तो केवल कुछ सिरफिरे कवियों की कविता में—

इत्यादि ही करने को वे सारे काम करते थे
जिनसे देश और दुनिया चलती थी
हालाँकि उन्हें ऐसा लगता था कि वो ये सारे काम
सिर्फ अपना परिवार चलाने को करते हैं

इत्यादि हर जगह शामिल थे पर उनके नाम कहीं भी
शामिल नहीं हो पाते थे
इत्यादि बस कुछ सिरफिरे कवियों की कविता में
अक्सर दिख जाते थे।

राजेश जोशी मूलतः मानवीय संवेगों की सहज अभिव्यक्ति के कवि हैं, उनके काव्य-कौशल में यह भावनात्मक संवेग कोई आश्रय लेते या ओट में छिपते हुए नहीं दिखाई देते, ऐसा कोई प्रयास उनकी कविता में नहीं है। उनकी कुछ अलग-अलग कविताएँ घृणा जैसे भाव के बारे में हैं। यह समय जिसमें निरन्तर 'प्रेम' की जगह 'घृणा' की केन्द्रीयता बढ़ती जा रही है, अपनी संश्लिष्टता में मानवीय स्वभाव के विघटित होते रूप को व्याख्यायित करता है। राजेश जोशी समय और समाज में बढ़ती हुई घृणा की पहचान कर उसके मूलों को प्रश्नांकित करते हैं, यहाँ कोशिश है कि शायद वे अपनी भाषा के माध्यम से घृणा की जगह प्रेम का नैतिक बोध स्थापित कर सकें। उनकी कुछ बेहद चर्चित कविताओं में यह तत्त्व उपस्थित है, 'कर्बला', 'घृणा के बारे में कुछ शब्द', 'नफरत करो' और इस जैसी कई कविताएँ उनके खाते में हैं। 'कर्बला' कविता की पंक्ति 'पानी पियो तो याद करो प्यास इमाम हुसैन की' बहुधा उद्धरित की जाने वाली पंक्ति है, इस कविता को पढ़ते समय यह लग सकता है कि यह कविता पानी के बारे में है, या प्यास के बारे में है, लेकिन दरअसल इस कविता का मन्तव्य इसकी आखिरी पंक्तियों में है, जब कवि कहता है कि—

पानी पियो तो सोचो
खारा तो नहीं हुआ है तुम्हारी आत्मा का जल
पानी पियो तो सोचो नन्हे असगर अली के बारे में

सोचो कहीं अन्धे तीर में तो नहीं बदल गई है
तुम्हारी घृणा!

आखिरी पंक्तियों में स्पष्ट होता है कि कविता 'घृणा' के बारे में है, कविता के बीच में भी प्रश्न करती हुई एक पंक्ति आती है 'किसी की प्यास के रास्ते में तुम यजीद तो नहीं'। पूरी कथा बताने के विस्तार की गुंजाइश यहाँ नहीं, लेकिन कवि उस कथा के माध्यम से हमें बोध कराना चाहता कि सम्प्रदाय, जाति और वर्ग के नाम पर बढ़ती हुई इस घृणा को रोके जाने की आज कितनी ज्यादा जरूरत है। मशहूर फिल्मकार अकीरा कुरोसावा ने कहा था कि 'मैं किसी से नफरत करने में समर्थ नहीं हूँ। मेरे पास उस तरह का समय नहीं है।' हिन्दी के वरिष्ठ कवि कुँवर नारायण भी बरबस इस क्रम में याद आ जाते हैं, यह कहते हुए कि—

एक अजीब सी मुश्किल में हूँ इन दिनों
मेरी भरपूर नफरत कर सकने की आदत
दिनोंदिन क्षीण पड़ती जा रही।

कुँवर नारायण की तरह ही राजेश जोशी भी पूरी ताकत से घृणा के विपक्ष में प्रेम के पाले में खड़े दिखाई देते हैं। अपनी एक अन्य कविता 'घृणा के बारे में कुछ शब्द' में वे घृणा को प्रश्नांकित करते हुए भी यह बताने से नहीं चूकते कि यूँ तो घृणा कोई बहुत अच्छी चीज नहीं है लेकिन अत्याचारी के प्रति घृणा का होना भी आवश्यक है, वहाँ उदासीन हो जाना ज्यादा बुरा है। अपनी एक दूसरी कविता 'नफरत करो' में वे व्यंग्य करते हुए अकारण नहीं कहते कि 'नफरत करो/ कम्यूनिस्टों से करो/इसमें फायदा ही फायदा है।'

एक कवि के रूप में राजेश जोशी का जो रूप सबसे अधिक प्रखर है, वह उनकी राजनैतिक कविताओं में 'विट' का इस्तेमाल है। समकालीन राजनीति की त्रासदियों को पहचानते हुए वे एक अलग तरह का आनन्द लेने की हद तक उसके प्रति अपनी भाषा की व्यंजनात्मकता का रचनात्मक प्रयोग करते हैं। अपनी वैचारिक प्रतिबद्धता में वे पूरी तरह स्पष्ट हैं, यह बात उन्हें उनकी पीढ़ी में एक साथ उभरे कुछ अन्य चर्चित कवियों से अलग करती है, जो समय के साथ या तो उदार हो गए या पूरी तरह विचलन का शिकार हो गए। साम्प्रदायिकता, जातीय विभेद और वर्ग आधारित शोषण के विरुद्ध उनका पक्ष कभी सन्दिग्ध नहीं रहा, सत्ता प्रतिष्ठान से उनका मतवैभिन्न्य उनकी कविताओं में ही नहीं उनके जीवन में भी साफ दिखाई देता है। इसी सन्तुलित विवेक-दृष्टि का परिणाम है कि उनकी कविताओं में भी प्रतिरोध का स्वर साफ-साफ अनुगुंजित होता है और उसमें किसी किस्म की मिलावट नहीं है। अपने पहले संग्रह से लेकर अद्यतन कविताओं तक उनकी आवाज अन्याय के

विरुद्ध उसी तरह बुलन्द रही है। अपने शुरुआती संग्रह की कविता 'मारे जाएँगे' में ही वे साम्प्रदायिकता के विरुद्ध बेहद साफ आवाज में कहते हैं—

धकेल दिए जाएँगे कला की दुनिया से बाहर, जो चारण नहीं
जो गुन नहीं गाएँगे, मारे जाएँगे
धर्म की ध्वजा उठाए जो नहीं जाएँगे जुलूस में
गोलियाँ भून डालेंगी उन्हें, काफिर करार दिए जाएँगे

सबसे बड़ा अपराध है इस समय
निहत्थे और निरपराध होना
जो अपराधी नहीं होंगे
मारे जाएँगे।

प्राय: एक विधा के रूप में कविता को प्रश्नांकित करने वाले लोगों को इस कविता की ओर ध्यान देना चाहिए, यह कविता अपने समय और सन्दर्भों से आगे जाकर भविष्य के संकटों की पूर्वपहचान का असम्भव यत्न करती प्रतीत होती है। समकालीन सन्दर्भों में यदि देखें, तो कवि की यह उक्ति 'सबसे बड़ा अपराध है इस समय/निहत्थे और निरपराध होना/जो अपराधी नहीं होंगे/मारे जाएँगे' कितनी सटीक दृष्टिगत होती है। एक बड़ा कवि और उसकी कविता अनिवार्य रूप से यह काम करते हैं कि आसन्न संकटों की पहचान उनसे सम्भव हो सके। आलेख में पहले हमने कवि को जिन 'अन्य' की वकालत करते देखा था, उन्हीं अन्य के लिए यह कविता अपनी बात कहती है, सच बोलने वाले, अन्याय का विरोध करने वाले, धार्मिक अन्धत्व से बचने वाले, अहिंसक लोगों की उपस्थिति इस नई दुनिया में 'अन्य' की उपस्थिति जैसी ही है। यह कविता केवल एक पॉलिटिकल मुहावरा भर नहीं रचती बल्कि हमारा एक गम्भीर यथार्थ से प्रत्यक्षीकरण कराती है। इसी तरह मेरठ दंगों के बाद लिखी गई उनकी कविता 'मेरठ 87' में कवि प्रश्न पूछता है कि 'मेरठ से कब बाहर निकलेगी यह रेलगाड़ी', तो जो साम्प्रदायिक तनाव पहले कुछ जगहों पर हुआ करता था, वह अब पूरे देश में मौजूद है, यह प्रश्न अभी भी मौजूँ है कि इस यथास्थिति से देश कब बाहर निकलेगा। प्रख्यात कवि वली दकनी की मजार को गुजरात दंगों के दौरान तोड़ दिए जाने पर उनकी कविता 'वली दकनी' अपनी राजनैतिक विचारशीलता के साथ कविता के लोक-वैभव और उसकी अनश्वरता का बयान करती है। इस कविता में मजार तोड़ने वालों के बारे में वे कहते हैं—

वे कमाल के लोग थे
उनके सिर्फ शरीर ही शरीर थे

आत्माएँ उनके पास नहीं थीं
वे बिना आत्मा के शरीर का इस्तेमाल करना जानते थे
उस दौर के किस्सों में कहीं-कहीं इसका उल्लेख मिलता है
कि उनकी आत्माएँ उन लोगों के पास गिरवी रखी थीं,
जो विचारों में बर्बरों को मात दे चुके थे
पर जो मसखरों की तरह दिखते थे
और अगर उनका बस चलता तो प्लास्टिक सर्जरी से
वे अपनी शक्लें हिटलर और मुसोलिनी की तरह बनवा लेते!

कवि यहाँ स्पष्ट करता है कि मजारें तोड़ने, इतिहास को विकृत करने या कवियों-लेखकों को पाठ्यक्रमों से बाहर करने से कोई अन्तर नहीं पड़ेगा क्योंकि महान कविता जनता की स्मृति का हिस्सा होती है, वह लोक की संस्कार-चेतना में सम्मिलित हो जाती है, कुछ इस तरह कि उसे अलग करना असम्भव होता है। जाति, धर्म या सम्प्रदाय के नाम पर अपनी राजनैतिक विचारधारा की सुविधा के लिए इन प्रतीकों का भ्रंश करना नई राजनीति का एक उपकरण हो सकता है किन्तु इससे लोक की स्थायी स्मृति को परिवर्तित करना सम्भव नहीं है। यहाँ तमाम विचलनों के बावजूद कवि का लोक की चेतना पर विश्वास एक अनूठे किस्म के आशावाद की भी झलक देता है, जिसे वे कविता में सम्भव बनाते हैं। इस सिलसिले में उनकी चर्चित कविता 'जब तक मैं एक अपील लिखता हूँ' का जिक्र किए बिना बात पूरी नहीं हो सकती। इस कविता में वे कहते हैं 'छपकर जब तक आती है अपील, अपील की जरूरत खत्म हो चुकी होती है', यहाँ बदलते हुए समय में शब्दों की ताकत पर घटता हुआ कवि का भरोसा दिखाई देता है। अपनी एक दूसरी कविता 'मेटल डिटेक्टर' में भी वे यह बात कहते हुए दिखते हैं—

कौन डरता है? कौन डरता है शब्द से?
चीन्ह पाते हों जिस समाज में बहुत कम लोग
लिखा हुआ शब्द
शासक वहाँ शब्द से डरता नहीं, डरता नहीं
और बोले गए शब्द का आकाश
होता ही कितना बड़ा है, कितना बड़ा?

यहाँ कवि की यह आशंका ठीक प्रतीत होती है, जब वह कहता है कि सारे माध्यम और सारी ध्वनि तरंगें शासक के कब्जे में हैं, ऐसे में उसका शब्द जनता तक कैसे पहुँचेगा, तो यह बात पहली कविता से सम्बद्ध होती है कि कवि जब तक कुछ कह पाता है तब तक उसकी जरूरत समाप्त हो चुकी होती है। झूठ के वैभव के इस समय में कविता में वर्णित सत्य के इर्द-गिर्द झूठ का ऐसा ताना-बाना सत्ता

और शक्ति द्वारा रचा जा चुका है कि अब जनता तक वास्तविक सत्य का पहुँच पाना मुश्किल हो गया है। एक कवि के रूप में राजेश जोशी इस राजनैतिक विभ्रम और सत्य के सामने उपस्थित अस्तित्व के संकट की पहचान करते हैं, उनकी कविताएँ आज के समय की बहुत पहले कर दी गई उद्घोषणा हैं।

अद्यतन उपलब्ध संग्रहों और कविताओं से गुजरते हुए हम यह जान पाते हैं कि राजेश जोशी के कविता लोक में गृहस्थी, प्रेम, रोजमर्रा के जीवन और सम्बन्धों पर लिखी गई तमाम कविताएँ भी हैं, जो अपने कलेवर और बयान में बेहद कोमल हैं। उनकी भाषा अपने विशिष्ट तेवर के बावजूद अत्यन्त साधारण शब्दों से बुनी हुई है, वह सड़क पर चल रहे आम आदमी की भाषा है। भारतीय शास्त्र एवं परम्परा से परिचित और बहुपठ होने के बावजूद राजेश जोशी अपनी भाषा में बेवजह की तत्समता से न केवल बचते हैं बल्कि उनकी भाषा का मिजाज खालिस 'हिन्दुस्तानी' का है। यही वजह है कि वे बेहद आमफहम भाषा में अपनी बात को पाठक तक सम्प्रेषित कर पाने में सम्भव हुए हैं। बात को कहने की उनकी शैली इतनी विनम्र है कि तीखी से तीखी बात करते हुए भी उनकी कविता 'लाउड' नहीं होती, वह पोस्टर-कविता नहीं है, बल्कि वह आपकी आत्मा में आहिस्ते से प्रवेश करने वाली कविता है, वहाँ स्थायी रूप से बस जाने वाली कविता है।

राजेश जोशी : अर्थ से अधिक अभिप्राय के कवि

अनिल त्रिपाठी

आज की हिन्दी कविता के शीर्षस्थ कवियों में शुमार राजेश जोशी ने कविता की बड़ी लकीर खींची है। लकीर जो पहले थी, बिना उससे छेड़छाड़ किए, या कहें कि परम्पराभंजन में बिना व्यर्थ का श्रम जाया किए। 'निगेटिव कैपिविलिटी' के बजाय कवि प्रतिभा की 'पॉजिटिव कैपिविलिटी' का साक्ष्य हैं इनकी कविताएँ। संस्कृत काव्यशास्त्र में जिसे 'कारयित्री प्रतिभा' कहा जाता है, उसी का समुज्ज्वल रूप। इन्हें धरती और आकाश के चित्ताकर्षक संयोग की तरह पिछले चार दशकों की कविता की उपलब्धि और विकासमान उपस्थिति के रूप में देखा जा सकता है। जैसे दो सीधी रेखाएँ परस्पर समकोण पर जुड़ी हुई दिशाकाश में विस्तृत हो रही हों। जिसमें 'एक दिन बोलेंगे पेड़' और 'मिट्टी का चेहरा' सहित 'दो पंक्तियों के बीच', 'चाँद की वर्तनी' पढ़ लेने की 'जिद' है तो 'नेपथ्य की हँसी' पहचान लेने की चाह भी।

मुझे याद है, सन् 1988-89 में राजेश जोशी की कविता 'मारे जाएँगे' की बड़ी धूम थी। उसकी आवेगमयता एवं व्यंजकता ने हम जैसे कइयों को आकृष्ट किया था। कमरों में हमने बहुत दिनों तक इस कविता के पोस्टर लगा रखे थे। मेरे लिए आठवें दशक के किसी कवि से यह पहला साक्षात्कार था। राजनीति, धर्म एवं कला की दुनिया पर एक साथ यह कविता जिस तरह आँख रखती है, वह विरल है। यह एक तरह से 'अँधेरे में' कविता का पुनराविष्कार था। इसने आठवें दशक के कवियों के बीच राजेश जोशी को अलग से पहचान दी। राजनीतिक चेतना से सम्पन्न एक कवि की छवि। यह कवि की इतिहास दृष्टि थी, जिसमें यथार्थबोध राजनीतिक चेतना के रूप में कायान्तरित हो रहा था। इसमें मौजूद यथार्थ आने वाले समय की दुर्भाग्यपूर्ण सच्चाई बन गया, यह एक हकीकत है। आज इस कविता को हम प्रतिरोध के राष्ट्रीय रूपक के तौर पर देख सकते हैं और राष्ट्रीय गीत की तर्ज पर राष्ट्रीय कविता कह सकते हैं।

प्रतिरोध का राष्ट्रीय रूपक वही कविता हो सकती है जिसमें भीषण से भीषण विपरीत परिस्थिति में मनुष्य के पक्ष में खड़े होने का साहस हो और वह हर वक्त खतरे की घंटी के मानिंद हमें सावधान करती चले। 'मारे जाएँगे' ऐसी ही कविता है। बहुत कम शब्दों में अपने समय की नब्ज की पहचान करती हुई। दूसरों तक पहुँचने में पहाड़ी नदी की तरह त्वरणशील। संवादधर्मी ऐसे कि पाठ के दरम्यान आपको पंक्तियाँ पूरा करने का आमंत्रण देती हुई। यह कविता राजेश जोशी ही नहीं बल्कि हमारे समय का सिग्नेचर ट्यून है। कई अवसरों पर मेरी ही तरह कइयों ने यह देखा है कि राजेश जोशी जब भी इस कविता का पाठ करते हैं तो राजेश जोशी के साथ श्रोता भी इस पाठ में उतने ही भागीदार होते हैं। यह कविता अब सामूहिक चेतना का हिस्सा बन चुकी है। आठवें दशक के किसी भी कवि की नहीं बल्कि हमारी समकालीन कविता की यह अन्यतम उपलब्धि है। क्यों न इस कविता पर थोड़ा और रुका जाए। कविता इस तरह है—

जो इस पागलपन में शामिल नहीं होंगे
मारे जाएँगे

कठघरे में खड़े कर दिए जाएँगे जो विरोध में बोलेंगे
जो सच सच बोलेंगे, मारे जाएँगे
बर्दाश्त नहीं किया जाएगा कि किसी की कमीज हो
'उनकी' कमीज से ज्यादा सफेद
कमीज पर उनके दाग नहीं होंगे; मारे जाएँगे।

धकेल दिए जाएँगे कला की दुनिया से बाहर; जो चारण नहीं
जो गुन नहीं गाएँगे, मारे जाएँगे
धर्म की ध्वजा उठाए जो नहीं जाएँगे जुलूस में
गोलियाँ भून डालेंगी उन्हें, काफिर करार दिए जाएँगे

सबसे बड़ा अपराध है इस समय
निहत्थे और निरपराध होना
जो अपराधी नहीं होंगे
मारे जाएँगे।

इस कविता की आन्तरिक अन्विति में 'मारे जाएँगे' की आवृत्ति समूची कविता को एक अनुशासन में बाँधे रखती है। पर कवि की दृष्टि का लक्ष्य यह नहीं है। यहाँ असंलक्ष्य क्रम में थोड़ा विपर्यय है। विश्वदृष्टि के उनवान के लिए यह जरूरी था।

कविता की शुरुआत होती है 'जो इस पागलपन में शामिल नहीं होंगे, मारे जाएँगे।' यहाँ 'जो' बहुत महत्त्वपूर्ण है क्योंकि यह कवि का सम्बोध्य है, और उसी से कवि मुखातिब है। सारा अर्जित इतिहास और सामयिक दृष्टि इस 'जो' के पक्ष में है। इस 'जो' के कितने सिम्त हैं जो धर्म, राजनीति और कला के ठोस यथार्थ की ओर खुलते हैं। सार्वनामिक अव्यय और क्रिया पदों पर कवि ने कविता के कार्य भार को यहाँ सौंप रखा है। ऊपरी आवरण में यह कविता प्रगीतात्मक तत्त्वों से लैस है। पर भीतर से बावजूद लय की त्वरणशीलता के इसका रूप और शिल्प बेहद डेन्स है। काल यहाँ विशेष समय में कीलित नहीं है। भविष्य में आगत हर वर्तमान के लिए यह चुनौती है। इसलिए यह वर्तमान भी दिक और काल में स्थानान्तरित होने की प्रक्रिया का हिस्सा है। देरिदा ने एक जगह कहा है अर्थ 'डिफरेंस' से नहीं 'डिफरमेंट' से पैदा होता है। यहाँ यह इसी तरह से अपनी अर्थ वृद्धि में मुब्तिला है। तमाम समयों में आवाजाही करते हुए भी।

आठवें दशक के कवियों में राजेश जोशी ने राजनीतिक जमीन पर सबसे अधिक कविताएँ लिखी हैं। पूँजी, बाजार और धर्म की तिकड़ी के समक्ष छीजती हमारी संवेदनशीलता, महत्त्वाकांक्षाओं के मायालोक में पराजित होती हुई हमारी भाषा, विकसित होते समाज की अनेकों पेचीदगियाँ आदि इन कविताओं का प्रमुख विषय हैं। लेकिन राजनीतिक चेतना अनेक स्वरों में से एक स्वर है, उसे भलीभाँति गाँठ बाँध लेने की जरूरत है, अन्यथा उनकी कविताओं की खूबियों को हम बहुत कम जान पाएँगे। उन्होंने अपनी एक कविता में इसका संकेत भी किया है—

कई चोर गलियाँ निकलती हैं मेरी गलियों से
जो ले जा सकती हैं
सबसे छिपाकर रखी कवि की एक
अज्ञात दुनिया तक।

इसी कविता में वे आगे लिखते हैं कि—

अदृश्य की आड़ के पीछे छिपी हैं यहाँ कुछ ऐसी सुरंगें
जो गुप्त रास्तों से/ शब्दों की जन्म कथा तक जाती हैं।

प्रश्न उठता है कि कवि की अज्ञात दुनिया या शब्दों की जन्मकथा तक ले जाने वाले वे रास्ते क्या हैं? उनकी रचना-प्रक्रिया में कौन से तत्त्व प्रभावकारी भूमिका निभाते हैं। कविताओं में इसके कई जगह संकेत हैं। साधारण के पक्ष में वे एकदम खड़े हैं उनका मानना है कि—

कितनी अनमोल कितनी अद्वितीय होती हैं
वे साधारण चीजें

जिनके सहारे चलता है यह महाजीवन।

राजेश जोशी इस कविता में एक जगह कहते हैं कि—

चीजों का हूबहू दिखना अपनी ही शक्ल में
कविता में मुझे पसन्द नहीं बिलकुल
मैं चाहता हूँ मेरा फटा-पुराना जूता भी दिखे वहाँ
पूर्णिमा के पूरे चाँद की तरह।

एक और भी बात है जिसे वे बेहद गम्भीर मानते हैं—'कवि का काम' कविता की इन उद्धृत पंक्तियों से यह बात स्पष्ट होती है—

दिखने में जो अक्सर आसान से दिखते हैं
एक कवि को करने होते हैं
ऐसे कई पेचीदा काम
मसलन बहुत सारे कठिन कामों में
एक कठिन काम है
नदियों की कलकल करती
आवाजों का अनुवाद करना
पेड़ों के हहराने और हजारों प्रजातियों की चिड़ियों के
चहचहाने का अनुवाद करना...
और चुप के लिए ऐसे शब्द को ढूँढ़ निकालना
कि शब्द में लिखे जाने के बाद भी
वह चुप ही लगे
इसके लिए
बहुत महीन हुनर की जरूरत होती है।

अब अलग से कहने की जरूरत नहीं कि साधारण को असाधारण में तब्दील करने और चीजों के हूबहू रूप में न दिखने के लिए जिस काव्य कौशल और हुनर की जरूरत होती है, वह उस पर जोर देते हैं। रचना-प्रक्रिया में उसके लिए जिस विलक्षण दृष्टि और भाषाई सिद्धि की जरूरत है, वह उनमें मौजूद है। उनकी कविताएँ 'अर्थ से ज्यादा अभिप्राय की' कविताएँ हैं। अनुभव या अवबोध के धरातल पर यथार्थ और राजनीतिक चेतना की यह प्रच्छन्नता उनकी कविता को 'लाउड' होने से रोकती है। यह उनकी कविता की विकसनशील प्रवृत्ति है।

सभ्यता और विकास की समकालिक प्रक्रिया में सामूहिक चेतना के विगलन के साथ ही निजी और पारिवारिक सम्बन्धों की ऊष्मा का भी अपक्षरण हुआ है।

यह प्रक्रिया ऐसी है जिसमें चरम व्यक्तिवाद के खतरे हैं। 'रात किसी का घर नहीं' कविता में भी ऐसे संकेत हैं। इस कविता में एक बूढ़ा पिता अपने ही घर में बोझ बन गया है। अपमान, तिरस्कार और हेय समझे जाने के बावजूद वह उसी घर में अपने बेटे के साथ रहने के लिए विवश है। इस कविता में एक बूढ़े के मनोविज्ञान को राजेश जोशी ने जिस तरह से पकड़ा है, वह समाज के बहुसंख्यक पिताओं का मनोविज्ञान लगता है।

इसी जमीन पर एक और बहुत ही प्यारी कविता है 'बेटी की बिदाई'। शादी के बाद बिदा होती बेटी पर लिखी गई यह कविता समकालीन हिन्दी कविता की उपलब्धि है। पूरी कविता अपने पूरे क्राफ्ट में अद्वितीय है। कविता तीन दोस्त के बारे में है जो चौथे दोस्त की बेटी के विवाह में शामिल होने आए हैं। चौथे दोस्त की बेटी के बिदाई का गतिशील दृश्य और दोस्तों के बातचीत के मनोविज्ञान को जिस तरह कविता अंकन करती है वह लाजवाब है। एक थिर चित्र की तरह निर्वेद की स्थिति में कविता की पंक्तियाँ हैं—

तुमने देखा है कभी
बेटी के जाने के बाद का कोई घर?
जैसे बिना चिड़ियों की सुबह
जैसे बिना तारों का आकाश
बेटियाँ इतनी एक सा होती हैं
कि एक की बेटी में दिखती है दूसरे को अपनी बेटी की शक्ल।

राजेश जोशी ने अपनी पीढ़ी के कवियों से अलग अपनी कविताओं में आख्यान का पुनर्वास किया है। आख्यानपरकता इन कविताओं में जिस तरह से अनुस्यूत है, उससे कहीं भी अनावश्यक विस्तार नहीं होता और कवि के अभिप्रेत को सहज ही प्रकट करता है। जबकि आख्यान का सहारा लेने वाली कविताएँ अक्सर स्फीति का शिकार हो जाती हैं। ऐसा देखने में आता है। लेकिन राजेश जोशी के यहाँ यह बेहद सन्तुलित हैं। आख्यान का कविता में उस तरह का प्रयोग उनके शिल्प की निजी विशेषता बन जाता है। आमतौर पर कविता परम्परा में मिथक और आख्यान के संयोग दिखते रहे हैं लेकिन राजेश जोशी बिना प्रचलित मिथकों का प्रयोग या सहारा लिए नित नए इलाके में भी उस प्रविधि का प्रयोग करते हैं। जादूगरनी, किस्सा उस तालाब का, किस्सा काली धोबन का आदि कविताएँ उसका प्रमाण हैं। 'जादूगरनी' कविता में जिस तरह आधुनिक तकनीक, इंटरनेट आदि का आख्यानात्मक उपयोग है, वह विलक्षण है। यद्यपि रोलाबार्थ ने सभ्यता के इन तकनीकों को भी मिथक कहा है।

उनके यहाँ कौतूहल और आख्यान कैसे परस्पर संगुम्फित हैं कि किसी एक

को आप बाहर नहीं बिठा सकते। यह लीला भाव और कौतुक राजेश जोशी की कविताओं के प्राण हैं। उन्होंने एक जगह लिखा है कि 'कविता को बीच-बीच में बार-बार ऐसे कौतुक रचना और रचते रहने की कोशिश करते रहना चाहिए, जिनकी सार्थकता अर्थ के बजाय आशयों में प्रकट होती हो, जो निरन्तर जड़ताओं को तोड़ते हुए कविता में और कविता के परिदृश्य में साँस लेने के नई जगहें बनाते हों।' सपनों की करतूत, विलुप्त प्रजातियाँ ऐसी ही कविताएँ हैं। 'चाँद की वर्तनी' कविता तो इस कौतुकता की नायाब सृष्टि है। 'चाँद की वर्तनी' कविता की कुछ पंक्तियाँ इसके प्रमाण हेतु द्रष्टव्य हैं—

चाँद लिखने के लिए
चा पर चन्द्र बिन्दु लगाता हूँ
चाँद के ऊपर चाँद धर कर
इस तरह चाँद को दो बार लिखता हूँ
चाँद के एवज सिर्फ चन्द्र बिन्दु रख दूँ
तो काम नहीं चलता भाषा का
आधा शब्द में आधा चित्र में
लिखना पड़ता है उसे हर बार
शब्द में लिखकर जिसे अमूर्त करता हूँ
चन्द्र बिन्दु बनाकर उसी का चित्र बनाता हूँ

और कविता के अन्त में कवि कहता है—

जहाँ लिखा होता है चाँद
उसे दो बार पढ़ना चाहता हूँ
चाँद चाँद।

कौतुक और आख्यान की दुर्लभ सन्धि पर खड़ी राजेश जोशी की कविताएँ यदि हमें आकृष्ट करती हैं तो उसका कारण वह लीला भाव ही है, जिसे वे अपनी कविता में सम्भव करते हैं। निस्सन्देह कविता के आन्तरिक अनुशासन को बनाए रखते हुए जिस तरह वे उस प्रविधि का प्रयोग करते हैं, उसे देखना किसी सुखद आश्चर्य से कम नहीं है। मैं जानता हूँ, वे कविता में संरचना के स्तर पर वाक्य के हिमायती हैं। वे कई बार त्रिलोचन की तरह हमें 'वाक्यों के कवि' लगते हैं। सम्भवतः यह काव्य संस्कार उन्हें त्रिलोचन से ही मिला हो। 'ताप के ताए दिन' जैसा संग्रह यदि आज हमारी आँखों के सामने हैं तो उसका श्रेय राजेश जोशी को है। यह हम सब जानते हैं। यही नहीं, वे भर्तृहरि के भी अनुवादक और प्रशंसक हैं और भर्तृहरि ने तो रचना को ही महावाक्य कहा है।

राजेश जोशी की कविताएँ वे जेवर हैं, जिसे सहेजकर कोई भी अपने साथ रखना चाहेगा। दरअसल इन कविताओं के चेहरे और पते इतने मुकम्मल हैं कि मैं किसी हड़बड़ी में नहीं, बल्कि पूरे यकीन के साथ 'राजेश जोशी समझकर उसकी ओर' बढ़ जाऊँगा। जैसा कि राजेश जोशी ने कहा है कि 'चेहरा भी एक पता ही तो है।' फिलवक्त इतना ही।

उबल पड़ती हो जिन्दगी जैसे

स्वयं प्रकाश

राजेश जोशी को मैं साढ़ू कहता हूँ। उसकी पत्नी और मेरी पत्नी एक ही शहर के एक ही मोहल्ले की रहने वाली हैं, इस नाते। वैसे भी हिन्दी साहित्य में 'प्रिय भाई' इतने हैं कि 'प्रिय साढ़ू' कुछ नया लगता है।

एक बार साथ खाना खा रहे थे कि एक बढ़िया शीर्षक सूझा 'मेरे मोहल्ले के साढ़ू'...

जैसे 'सुतवाँ समुद्र पर सूर्यास्त' या 'चोटिल चाँदनी में चाटुकारिता', शीर्षक के नाद सौन्दर्य पर हम खूब हँसे। सोचा कोई माँगेगा तो लीज पर दे देंगे। साढ़ू के लिए उर्दू में बहुत प्यारा शब्द है—हमजुल्फ। और जुल्फ से राजेश के घने, काले, लम्बे, मजबूत बालों की याद आती ही है। मेरे जैसे गंजे आदमी को ईर्ष्या हो, यह स्वाभाविक ही है, पर उसे यानी राजेश को दाढ़ीविहीन देखने की कल्पना न कर पाने पर झुँझलाहट भी आती है। हमारे दोस्त ज्ञानरंजन के बारे में कहते हैं कि वह दाढ़ीरहित ही पैदा हुए हैं। (हालाँकि तब वह दिखती नहीं थी) और मुझे राजेश के बारे में यही कहने की इच्छा हो रही है। उसका चेहरा कुछ इतने मजे से दढ़ियाता है कि ऐसा नहीं लगता है कि चेहरे पे दाढ़ी है; बल्कि ऐसा लगता है कि दाढ़ी के बीच में चेहरा भी है। दाढ़ी मैंने भी रखी है, उस पर प्यार से हाथ भी फेरा है—लेकिन कभी-कभी, खासकर गर्मियों में खर्र-खर्र खुजाया भी है। ज्ञानरंजन और राजेश जोशी अपनी-अपनी दाढ़ियों के साथ इतने एकात्म हो चुके हैं कि लगता नहीं कि वे इस चीज को कभी खर्र-खर्र खुजाते भी होंगे।

सरस्वती नगर, भोपाल में राजेश जोशी का छोटा-सा, खूबसूरत-सा मकान है/था, जिसमें वह अपनी स्नेहिल पत्नी और प्यारी-सी बिटिया मीठू के साथ रहता था। मकान में तीन कमरे थे। एक कमरा मीठू का था जिसमें खिलौने, पोस्टर, पेंटिंग्स, ड्राइंग्स, किताबें, कॉपियाँ सब आजाद बाशिन्दों की तरह रहती थीं। गोया जैसे बच्चे। कॉपियाँ कॉपियों के साथ अपने टीचर की बातें करती थीं, किताबें आपस में बहस करती थीं, कभी-कभी किताबें और कॉपियाँ आपस में झूमा-झटकी, जिद्दमजिद्दा,

धींगामुश्ती भी करने लगती थीं, खिलौने तुतलाते थे, आपस में लड़ते थे और बाहर की दुनिया के बारे में रोचक कल्पनाएँ करते थे—यह सारा आप मीठू के कमरे में झाँकते ही भाँप जाते। पूछने, बताने, विश्वास दिलाने की जरूरत नहीं होती।

फिर राजेश का कमरा जिसमें किताबें ही नहीं, पत्रिकाएँ तक इतने करीने से रखी रहती हैं कि रश्क हो और ताज्जुब भी कि पढ़ता भी है कि सजाकर ही रखता है। कमरे में बहुस्तरीय आसन्दियाँ हैं। बैठकर गप्पबाजी, बहस-मुबाहसा करने के लिए शानदार और एकदम मुफीद आलम। किसी भी मौसम में चले जाइए, वहाँ धूल का नामोनिशान तक नहीं मिलेगा। सिवा एक पुस्तक के जिसका नाम ही, क्या करें, 'भूरी-भूरी खाक धूल' है। घर का बाकी हिस्सा भाभी जी का था। ये और बात है कि राजेश की पुस्तकें धीरे-धीरे उनका भी अतिक्रमण करने की प्रवृत्ति प्रदर्शित कर रही थीं।

राजेश के घर में कुछ पेंटिंग्स भी हैं जो सिर्फ इसलिए नहीं हैं कि हों तो जरा अच्छा रहता है। राजेश की कविताओं के कई-कई पोस्टर बने हैं और उसकी खुद की लिखावट इतनी सुन्दर है कि जो एक ड्राइंग शीट पर मोटी कलम से कविता लिख दे तो पोस्टर बन जाए। उसके हस्ताक्षर भी किसी कलाकार की बनाई डिजाइन का आभास देते हैं। रेखाएँ सीधी, सुदृढ़ और संकल्प के साथ खींची हुईं। फालतू के गोल-गोल नहीं...जैसे मेरे।

जब पहली बार वहाँ गया, टीवी पर विम्बलडन का फाइनल मैच दिखाया जा रहा था और स्टेफी ग्राफ पहली बार उस फाइनल में खेल रही थी। हमने विम्बलडन का वह फाइनल नहीं देखा क्योंकि कमरे में अनेक वरिष्ठ साथी उपस्थित थे और कुछ जरूरी बातें चल रही थीं। लेकिन टीवी भी बेआवाज चालू था। थोड़ी देर में मैंने पाया कि मेरी ही तरह राजेश भी बीच-बीच में कनखियों में टीवी को देख लेता है... खासकर तब जब स्टेफी सर्विस कर रही होती। एक-दो बार हम दोनों ने एक-दूसरे को देखते हुए देख लिया। आखिर वह—जैसे हाईस्कूल के लड़के अपनी पसन्दीदा हीरोइन को परदे पर देखकर कहते हैं—सिर्फ मुझसे मुखातिब होकर बोला, "है बहुत खूबसूरत।" मैं सहमति में मगन साढ़े तीन इंच मुस्कुराया और इससे पहले कि उपस्थित विद्वान हमारा यह सुख बाँट सकें, हम चालू बातचीत में तैर गए।

मुझे राजेश के पूरे घर में एक कोना ऐसा नजर नहीं आया जहाँ बैठकर राजेश 'मेरठ', 'पंजाब', 'उड़ जाऊँगा एक दिन' और 'भोपाल में बसन्त' जैसी रुला डालने वाली कविताएँ लिखता है। कहाँ बैठकर लिखता है? छत पर? सस्ते चायखानों में? बिस्तर में? या कहीं भी घुटनों पर पैर रखकर? और क्या वाकई लिखता भी है? उसे देखकर तो नहीं लगता। उसे देखकर तो यही लगता है कि वह कविता लिखता नहीं, कविता उस पर उतरती है। ठीक है, लेकिन आलोचना? कुमार विकल पर अपना मशहूर लेख उसने कहाँ बैठकर लिखा होगा? 'आलू की

आँख' जैसी चुनौतीपूर्ण कहानी आखिर किसी यात्रा के दौरान वेटिंग रूम में बैठकर तो नहीं लिखी जा सकती। 'टंकारा का गाना', 'अच्छे आदमी' और 'जादू जंगल' जैसे नाटक तो लिखे जाने के लिए मीलों लम्बी जगह माँगते हैं। वह कहाँ सम्भव हुआ होगा? मायकोवस्की की कविताओं के शानदार अनुवाद करने के लिए उसने कहाँ चौकड़ी मारी होगी? मेरा खयाल है वह अपने घर के पिछवाड़े एक तालाब खोद लेता होगा, उसमें एक नाव बनाकर छोड़ देता होगा...उस नाव को खेकर तालाब के बीच तक ले जाता होगा और फिर उसमें बैठा-बैठा आराम से लिखता होगा। या हो सकता है कि वह अपनी किसी आसन्दी पर बरगद का एक बड़ा-सा पेड़ उगा लेता हो और अपना पैड-पेन लेकर उसकी किसी डाली पर जा बैठता हो।

लेकिन ये भी हो सकता है कि उसके पास एक बड़ा-सा गुब्बारा हो जिसे फुलाकर वह बालकनी से बाँधकर आकाश में उठा देता हो। फिर दरी, तकिया और टॉर्च लेकर उसके ऊपर चढ़ जाता हो और बादलों के बीच टिमटिमाते तारों से घिरा टॉर्च जलाकर लिख लेता हो। हाल ही 'हंस' में प्रकाशित उसकी एक कहानी से यह रहस्य खुला है कि उसके पास एक मंत्र है जिसकी मदद से वह जब चाहे परिन्दों की तरह उड़ सकता है। उड़ सकता है तो कहीं भी जा सकता है। नरसिंहपुर भी जा सकता है। वैसे तो हम सब लिखने के लिए ऐसा ही कुछ न कुछ करते हैं, लेकिन जो उड़ सकता है वह तो कहीं भी जाकर कुछ भी लिख सकता है। ऐसे आदमी से फिर क्या ईर्ष्या करना।

मैं अक्सर भोपाल जाता रहता हूँ और जब भी भोपाल जाता हूँ वहाँ पहुँचते ही सबसे पहले राजेश को फोन करता हूँ और पहला मौका मिलते ही राजेश के घर पहुँच जाता हूँ। वहाँ मीठू अपनी नई-नई शरारतों के साथ मेरा स्वागत करने को तैयार रहती है। एक बार मेरा हाथ अपने हाथ में पकड़े-पकड़े उसने मेरा लम्बा-चौड़ा इंटरव्यू ले डाला और मेरे हर जवाब पर अपने बॉलपेन से मेरी हथेली पर एक लकीर खींचती चली गई। राजेश और शशांक देख रहे थे और मजा ले रहे थे। यह स्नैप इंटरव्यू जैसा था। आपका प्रिय कवि कौन है। आपका प्रिय नाटककार कौन है वगैरह। जब मेरा सारा हाथ स्याही की लकीरों से ठसाठस भर गया तो उसने अन्तिम प्रश्न किया कि आपका प्रिय साबुन कौन-सा है? जब मैंने बताया कि अमुक तो बोली कि वह तो हमारे पास नहीं है, आप घर जाकर हाथ धो लेना, और खिलखिलाती हुई भाग गई।

राजेश और मेरे बीच जो चीज एक समान है, वह है मस्ती। हम लोग मस्ती मारे बगैर रह ही नहीं सकते। जिन्दगी के हर पहलू से हम मस्ती खींच लाते हैं। उसके मेरे बीच कोई परदादारी नहीं। तकल्लुफ की कोई गुंजाइश नहीं। यहाँ दिल से दिल की बात होती है। एकदम खड़ा खेल फर्रुखाबादी। दुनिया जैसे मेरे ठेंगे पर, वैसे उसके। यह बेबाकी, बेपर्दगी, बेतकल्लुफी यों तो रमेश, असगर और काशीनाथ जी

के साथ भी है, लेकिन राजेश का मुहावरा कवियों वाला है। काशीनाथ जी को मेरी किसी कहानी की प्रशंसा करनी होगी तो वह कहेंगे, 'साले'। तुम्हारे हाथ टूट जाएँ। पर राजेश को यही काम करना होगा तो वह कहेगा, लगता है यह किसी अगले बड़े काम की भूमिका है। अब आपने समझ लिया है कि अपन को एक्सेल करना ही पड़ेगा। बढ़िया। (उसकी बढ़िया का 'ढ़' इतना गाढ़ा और रसदार होता है जैसे कालाकुंड का कलाकंद जबान पर घुल रहा हो) कविता में भी उसका मुहावरा इसी बेबाकी, सच्चाई और अन्तरंगता का है। इसलिए उसकी कविता भीड़ में भी अलग नजर आती है, पहचानी जाती है और सीधे दिल में उतर जाती है। राजेश की एक कविता है, 'मारे जाएँगे' जिस पर पोस्टर भी बन चुका है। उसे देखिए, लगता है हर आदमी इसी तरह सोच रहा है, पर कह नहीं रहा। राजेश ने कह दिया। या जैसे 'क्यों डर रहा हूँ मैं पंजाब जाने से...' कोई जवाब है इस सच्ची खलिश का?

एक बार आकाशवाणी भोपाल पर मेरा इंटरव्यू था। समय पर मैं स्टूडियो पहुँच गया था राजेश के साथ, पर कोई इंटरव्यू लेने वाला नजर ही नहीं आ रहा था। अन्त में जब पता चला कि राजेश ही इंटरव्यू लेगा तो मैं रिलैक्स हो गया कि ये कवि क्या पूछेगा कहानी पर? इसे तो मैं जैसे चाहे घुमा लूँगा। लेकिन आपसे सच कहता हूँ वह मेरी जिन्दगी का अब तक का सबसे मुश्किल इंटरव्यू था। राजेश ने मुझे बुरी तरह पछीट दिया। पूरे इंटरव्यू के दौरान मैं धाराप्रवाह उत्तर जरूर देता रहा, पर आँखें बन्द किए रहा। राजेश और लीलाधर मंडलोई हैरान हो रहे होंगे, बल्कि भौचक कि कहानी पर बात करने के लिए इस तरह समाधिस्थ जैसा होने की क्या जरूरत थी? लेकिन सच तो यह है कि यदि आँखें खुली रखता तो शरारत से झीना-सा मुस्कुराते-छेड़ते राजेश का चेहरा नजर के सामने पड़ जाता और तब मैं यकीनन हकलाने लगता या लाजवाब हो जाता या अनर्गल। समझ में आ गया कि भैया!

जहाँ मुद्दों या मसलों की बात हो ये भोपाल वाले किसी का लिहाज नहीं करते। इन्होंने अच्छे-अच्छों को भगा दिया तो मैं क्या चीज हूँ। बाद में एक बार दूरदर्शन पर चिरंजीव शशांक ने भी ऐसी ही कोशिश की, लेकिन तब तक मैं थोड़ा सयाना हो चुका था।

राजेश से बात करो तो लगेगा इस आदमी से ज्यादा फुरसत दुनिया में किसी के पास नहीं है। जबकि हकीकत में उसकी हलचलों और कारगुजारियों की चक्की अहर्निश जारी रहती है। यह भी हम दोनों में एक समान है। मैं भी खाली नहीं बैठ सकता। कुछ न कुछ करता ही रहूँगा। छुट्टी के दिन मेरी निरन्तर सरगर्मी और दौड़-धूप करते रहने की कुटैव मेरी पत्नी को परेशान कर देती है। क्योंकि मैं उन्हें भी खाली नहीं बैठने देता। पर राजेश का आर्ट यह है कि सब कुछ करते हुए भी वह एक अपार फुरसतपति होने की छवि प्रस्तुत करता है। और इसलिए उसके साथ रहने वाला भी सब कुछ करते हुए भी इस सुखद भ्रम में रहता है कि वह

अपार फुरसत में है। लिखने-पढ़ने के अलावा जनवादी लेखक संघ की व्यस्तताएँ, (जिनके चलते वह रूस घूम आया और उससे सुनिए कि कैसे उन्होंने अनिल जनविजय के घर बियर की खाली बोतल से बेलकर मैदा के पराँठे बनाकर खाए) ट्रेड यूनियन का काम जिसकी खातिर वह पदोन्नतियाँ ठुकराता रहा, शरद बिल्लौरे पुरस्कार का काम और भोपाल में आए दिन आने वाले साहित्यिक मेहमानों का स्वागत और सोहबत...राजधानी आने वाले साहित्यकारों के काम के सिलसिले में दौड़भाग। शरीर पर तो इसका भार पड़ना ही था। पड़ा। एक रात दो बजे के करीब उसे महसूस हुआ कि कुछ 'गड़बड़' है। (यह 'ड़' बढ़िया के 'ढ़' से कुछ ही कम गाढ़ा है) भाभीजी से कहा 'गाड़ी निकालो।' और पहुँच गया नर्सिंग होम। यह हार्ट अटैक ही था। सिगरेट छोड़ दी। अपनी दिनचर्या में फुरसत की मिकदार कुछ बढ़ा दी, लेकिन यह ज्यादा दिन नहीं चला। फिर पता चला पति-पत्नी दोनों मद्रास जाकर एंजियोप्लास्टी भी करा आए। हिन्दी के एक अत्यन्त लोकप्रिय, सम्मानित व पुरस्कृत कवि राजेश जोशी को हृदयाघात होता है और किसी को पता तक नहीं चलता। क्यों चले? क्या यह कोई साहित्यिक समाचार है? मुझे 'सेनिटोरियम युग' के साहित्यकार याद आए। क्या गर्व की बात थी सेनिटोरियम में रह आना! अश्क याद आए जो सुना है हर पत्र के अन्त में यह जरूर लिखा करते थे कि इन दिनों बीमार चल रहा हूँ। जमाना कितना बदल गया। और कितना अच्छा हुआ कि जमाना इतना बदल गया।

दिमाग राजेश का तेज है। बड़ी कृपा की उसने कि कहानी छोड़कर कविता में चला गया। वरना 'सोमवार तथा अन्य कहानियाँ' संग्रह तो छप ही चुका था। पर आज पूछो तो उसे इसका अफसोस है। अब वह वापसी की कोशिश कर रहा है। पर मैं देखता हूँ कि उसकी कविताओं में भी एक जबरदस्त कथात्मकता और किस्सागोई है। और यह भी एक ऐसी विशेषता है जो उसकी पीढ़ी के अन्य कवियों से नहीं मिलती। उसकी कल्पना की उड़ानें लाजवाब हैं। आलोचक इसे यथार्थ से पलायन समझते हैं। मैं इसे उसके स्वभाव की मस्ती से जोड़ता हूँ। भूला नहीं जाना चाहिए कि वह विज्ञान का विद्यार्थी रहा है इसलिए उसकी कल्पनाओं में सम्भाव्यताओं का नितान्त निषेध नहीं है। बस देखने के लिए थोड़ी व्यापक दृष्टि चाहिए। मुक्तिबोध को राजेश ने बहुत ध्यान से पढ़ा है, लेकिन उसके प्रिय कवि मुक्तिबोध नहीं, निराला हैं। मुक्तिबोध की कल्पनाएँ अक्सर जमीन से नीचे जाती हैं, राजेश की आसमान से ऊपर। निराला जमीन को ही उठाकर आसमान पर ले जाते हैं। यदि हमारे किसी समकालीन कवि में राजेश से अधिक कल्पना-समृद्धि हो तो मुझे इसकी जानकारी नहीं है। राजेश की कल्पना कोरा कौतुक नहीं, वह पाठक को अपनी नजर का दायरा वसीअ करने की मोहक प्रेरणा है। इसलिए यह यथार्थ के सम्प्रेषण और आत्मसातीकरण की कारगर युक्ति है। और यह कितनी कारगर

युक्ति है यह कविताओं से ज्यादा 'जादू जंगल' और 'टंकारा का गाना' जैसे नाटकों से पता चलता है। वैसे भी जितना उसका सोच कल्पना में छलाँगें लगाता है, उतना उसमें एक बच्चा जीवित है, ऐसा लगता है। बहुत दिनों तक वह खुद को मुझसे छोटा समझता रहा, जब एक दिन अचानक पता चला कि वह मुझसे एक साल बड़ा है तो इस कदर खुश हो गया कि सबसे कहता फिरा।

एक बार ये दोनों दाढ़ीवाले (राजेश जोशी और ज्ञानरंजन) आपस में लड़ पड़े। वे हमारे बहुत मुश्किल दिन थे। दुष्ट लोग हमें देखकर तालियाँ पीट रहे थे। लेकिन दिलों में फाँक नहीं पड़ी। राजेश प्रलेस छोड़कर जलेस में चला गया, लेकिन भोपाल के साहित्यिक आयोजन प्रलेस-जलेस मिलकर ही करते रहे। हमारे खानदान में मतभेद होते हैं, मनभेद नहीं। हाल ही में राजेश जोशी को 'पहल सम्मान' से सम्मानित किया गया है—और ध्यान रहे, यह सम्मान पाने वाला वह मध्य प्रदेश का सिर्फ दूसरा साहित्यकार है।

एक हमारे मजाकिया दोस्त हैं। बहुत पहले एक-दूसरे से हमारा परिचय कराते हुए उन्होंने कहा था, 'आप हैं स्वयं प्रकाश, सम्पादक 'क्यों' और आप हैं राजेश जोशी, सम्पादक 'इसलिए'।' पिछले साल वह किसी तीसरे से हम दोनों का परिचय कुछ इस तरह करवा रहे थे, 'आप हैं स्वयं प्रकाश, हिन्दी कहानी के राजेश जोशी और आप हैं राजेश जोशी, हिन्दी कविता के स्वयं प्रकाश।'

अब राजेश जोशी ने अपना सरस्वती नगर वाला मकान छोड़ दिया है। मीठू बड़ी हो गई है। राजेश का चेहरा कुछ लटक-सा गया है। दाढ़ी में चाँदी पड़ गई है। मैं भी जवान नहीं रहा। लेकिन अभी हमें बहुत कुछ करना है। जिनके बल पर हमारी मस्तियाँ थीं। उनके बच्चों का भविष्य अधरझूल में है। इसे मैं भी समझता हूँ और राजेश भी।

दुनिया में दो-चार ही लोग होंगे—और राजेश जोशी उनमें से एक हैं—जिनके लिए मैं कहना चाहूँ कि मेरी उमर उसे लग जाए और वह भी एक दिन जमीन को उठाकर आसमान तक ले जाने में कामयाब हो पाए। क्यों साढ़ू? अब एक्सेल करना पड़ेगा न अपने को? बढ़िया!!

प्रतिमाओं को सिराए जाने का समय

शशांक

1975 इमरजेंसी के दौरान भोपाल आया। कई दोस्त यहाँ थे। इसमें रामप्रकाश त्रिपाठी जी, पूर्णचन्द्र रथ, राजेन्द्र शर्मा, राजेन्द्र घोड़पकर थे। मेरी दोस्ती राजेश जोशी से हुई। 1975 से 1980 के बीच में मारवाड़ी रोड पर रहते थे, अविवाहित थे। एक स्टूडियो के ऊपर किराए का घर था, उसमें रहते थे। वहाँ ढेर सारे लेखक आया करते थे और बहुत लम्बे समय तक ताज भोपाली जी, त्रिलोचन जी, पुराने भोपाल के तमाम शायर डटे रहते थे। नए भोपाल में रामप्रकाश, राजेश और शरद जोशी। रात ग्यारह बजे तक एक काम होता था, पुराना कॉफी हाउस था, जहाँ पर खादिम शूज है, वहाँ बैठकर हम लोग बहस करते थे, फिर राजेश को खाना खिलाते थे और फिर जाते थे। कभी-कभी स्थिति ऐसी होती थी, मैं चार इमली रहता था, मुझे साइकिल पर अनिल कुमार जी छोड़ने जाते थे और तंत्र पर बात करते थे। इतनी डरावनी बातें होती थीं कि पहाड़ी पर नीचे से ऊपर जाने में मुझे काफी तकलीफ होती थी। साहित्य में इतना ज्यादा राजेश के साथ व्यवहार रहा। कमला प्रसाद जी पूछते, "तुम्हारे मित्रोत्तम कहाँ हैं।" यानी राजेश।

पुरानी बातें इसलिए करना चाहता हूँ कि किसी की रचना-प्रक्रिया को समझने के लिए सहायक होगा, उस वक्त सातवें दशक और उसके पहले की रचना, उत्तेजना, गर्व, भाषा का व्यवहार, हिंसक, समाज को देखने का अलग तरह का नजरिया होता था। लगभग ऐसी बहुत-सी कविताएँ थीं, 'लुकमान अली' जिसमें अन्तिम व्यक्ति, 'भूखंड तप रहा है' तक पहुँचे देवताले जी।

जब कवियों ने लिखना शुरू किया, अचानक बदलाव आया। जब आठवें दशक की रूपरेखा बनी, एक पहचान कहानी और कविता दोनों की बनाई गई, उसमें राजेश के प्रमुख स्वर थे।

उनके जीवन के—जैसे कहते हैं हॉस्टल में रहने वाले लड़के का जो जीवन होता है—उन्होंने एक वयस्क जीवन वहाँ पर जिया और 'एक दिन बोलेंगे पेड़' 1980 में आया। उसमें बिजली सुधारने वाले लोगों पर एक लम्बी कविता है। कर्मी

घर में आते हैं और बिजली सुधारते हैं, आपके यहाँ प्रकाश होता है। वे रात में पानी में तरबतर रहते हैं। उस प्रकाश को उन्होंने कविता में बदलने की कोशिश की। उसमें 'सलीम और मैं और उनसठ का साल-1 और 2'—दो हिस्सों में दो बड़ी कविताएँ हैं। उससे अपने दोस्त का, हिन्दू और मुसलमान और दंगे के कारण दो बच्चों के बीच की दूरी का वर्णन है। राजेश वर्णन को अपना हथियार बनाते हैं, मगर वो वर्णन ही नहीं है। वहाँ पर कशिश है, उस चेहरे पर, वह रंग नहीं दिखाई पड़ता, खो जाता है। आज की तारीख में भी कविता उतनी ही ताजा और उतनी ही कट्टर और उतनी ही दुर्भाग्यपूर्ण भी है। हमारे जीवन में ऐसी कविताएँ मतलब रखें। हम लोग बार-बार कहते हैं कि हमारे जो दोस्तों के नाम हैं, आज भी सलीम हैं। 1980 से लेकर आज तक वैसा महसूस कर रहे हैं। हमारे नजर मिलाने की बात है, हमारी नजरें नीचे होती हैं। बहुत शानदार और बहुत मारक कविता उन्होंने लिखी।

उसी के साथ-साथ 'पत्थर की अँगूठियाँ', 'पत्ता तुलसी का', 'रमजान मियाँ' कविताएँ भी हैं जिसमें उन्होंने बताया कि धर्म का हमारे जीवन में—1980 की बात कह रहा हूँ—ढोंग का खुलासा करती हैं! इस संग्रह में उन्होंने जितने भी बिम्ब लिए हैं, पिछले कालखंड के कवियों के लिए चुनौती बनकर आते हैं, अनायास राजेश बहुत आकर्षित करते हैं। उनका बड़ा नाम होता है।

राजेश के छहों संग्रहों में संगीत, कला और संस्कृति पर कविताएँ मिलती हैं। एक तरफ ये नहीं कि हम दूसरे दर्जे में बैठेंगे, पहले दर्जे में जाएँगे या संस्कृति में रंग उठाए और रंग मारे, सत्ता के साथ संस्कृति का सम्बन्ध होता है—छह संग्रहों में लगातार कवि की परिभाषा को राजेश अलग-अलग ढंग से देखते हैं। पहले संग्रह से लेकर 'जिद' संग्रह तक कवि के अपने विश्वास को पुनर्परिभाषित करते हैं। उनमें ताकत और उत्साह पहले संग्रह से और खासतौर पर तीसरे संग्रह में सबसे ज्यादा उनकी इस तरह की कविताएँ हैं। 'जिद' संग्रह में जब कवि कल्पना की तरफ ज्यादा लौटता है, संसार की तरफ वह कम जाता है।

'मिट्टी का चेहरा' 1985 में आया। पाँच साल बाद आया। उसमें 'स्वप्न में जाने का वृत्तान्त', 'माँ की याद', 'दादा खैरियत', 'कलाओं का अन्तर्सम्बन्ध' शीर्षकों से पता चलेगा कि कविता के विषय कहाँ डिपार्चर लेते हैं। 'किस्सा तबीयत के हिरण हो जाने का' भोपाल के ऊपर 'शोक गीत', बहुत खूबसूरत 'दफन' कविता उसमें है। लेकिन लम्बी कविता 'किस्सा तबीयत के हिरण हो जाने का' से एक छलाँग राजेश की कविता में है। इनके सारे कविता-संग्रहों में कविता की प्रोसेस को बनाने में हमारे प्रदेश, भारत, विदेशी लोककथाएँ, मुहावरे इन सबका पूरा उपयोग नए बदलते अर्थ में राजेश करते रहे हैं। यह एक बात पैदा करती है। ये कहाँ ले जाते हैं?

वे अपनी रचना में, कवि के रूप में बहुत बड़ा आक्रमण आधुनिकता के दरवाजे पर नहीं करते, जहाँ अटपटापन महसूस हो। परिचित जीवन के समाज की

लोक गाथाएँ, कथाएँ जो संस्कार में ढल गई हैं, उनसे नया अर्थ लेकर अपनी नई बात कहने की कोशिश है। हस्तगत किया है।

राजेश की कविताओं में फोर्स है, गति है। वह शब्दों को दो-दो, तीन-तीन बार दोहराकर नया फोर्स पैदा करते हैं। सामान्य भाषा में कोई नया शब्द या युग्म ऐसा नहीं लाते जिससे आप चौंकें। उसमें फोर्स बार-बार शब्दों का है, वो चुनौती देता हुआ आगे लेकर जाता है—

पानी पियो तो सोचो
खारा तो नहीं हुआ है तुम्हारी आत्मा का जल
पानी पियो तो सोचो नन्हे अली असगर के बारे में
बोलते-बोलते एकाएक
मुझे अपनी आवाज पुराने दासों की तरह लगी
मुझे एकाएक लगा कि यह अधीनों की भाषा है
जिसमें मैं सोच रहा हूँ और बोल रहा हूँ।

बार-बार शब्दों का दोहराव, जिसे रेटरिक कहना चाहिए, खास किस्म का वेग कविता में पैदा करता है, जो उस कविता के अनुकूल होना चाहिए। जैसे दादा खैरियत है, मुनीर है, सलीम है, ऐसे कैरेक्टर पुराने भोपाल के—'मैं यह समझने की कोशिश करूँगा कि अपनी स्थानिकता से प्रतिनिधि चरित्रों को उठाया गया है। कविता के चरित्रों को प्रतिनिधि बनाने का रवैया धीरे-धीरे खत्म हो गया। आज से चालीस साल पहले चरित्र बनाकर कविताएँ लिखी जाती थीं, अब यह चरित्र अलग मायने के साथ! वह आपको बार-बार याद दिलाता है कि जन-सामान्य आपके जीवन में नई बात और नई तकनीक और नई चीजों को सामने ले जाने की बात करते हैं। उनकी कविताओं में महिलाएँ और बच्चे अपनी गतिविधियों, अपने कार्यकलापों के साथ सामने आते हैं।

संग्रह 'नेपथ्य में हँसी' काफी लम्बे समय के बाद आया था। लगभग दस साल बाद ये तीसरा संग्रह आया और आप देखें, उसमें घृणा के बारे में 'मेरठ 87', 'कन्धे'—केवल शीर्षक ले रहा हूँ, अन्दाज होगा कि कवि के विकास में समय का विकास है। कवि अपने आप विकास नहीं करता। उसकी अपनी साँस अलग नहीं होती। इस जीवन में जो भी घट रहा है, भोपाल में जो भी घटा, इन सबके बीच राजेश ने अपनी कविता को आधार बनाया और कुल मिलाकर पिछले पैंतीस वर्षों का इतिहास इसमें देख सकते हैं। उसमें एक कविता बहुत खूबसूरत है 'वह मुझे दुबारा जन्म देना चाहती थी', माँ के बारे में कविता है और 'आठ लफंगे' एक स्वैर कल्पना है। एक तरह से वे ऐसा जीवन जीना चाहते हैं। उनके अन्दर का जो आकर्षण है कि मैं ऐसा जीवन जीऊँ जहाँ थोड़ा आलस भी हो। वह आगे की

कविताओं में भी है। आलस भी हो और मैं जो चाहूँ करूँ। आज हमारे पास सबसे बड़ी समस्या यही है, आपकी जेब में पैसा है, मोबाइल है, सबसे सम्पर्क कर सकते हैं, मगर आप वो जीवन नहीं जी सकते हैं। नहीं जी पाते जो आप चाहते हैं और उन कारणों की तरफ राजेश ले जाते हैं कि ऐसा क्यों होता है।

इसके बाद दो पंक्तियों के बीच में 2000 में आता है। उसमें कविता को पढ़ने और परिभाषित करने की बार-बार उनकी इच्छा होती है जिसमें 'इत्यादि', 'हमारी भाषा' जैसी कविताएँ हैं मगर वे परिवार की तरफ मुड़ते हैं और 'पीठ में खुजली' है और पत्नी ने उसे खुजाकर शान्त करती है। कितनी सुन्दर कविता है प्रेम की। संस्कृत के अर्थरिक्व आख्यान की तरह अपने छोटे बच्चे के मोजे पर हो या संयुक्त परिवार हो और यहाँ भी बिजली सुधारने वाले जैसे, एक प्लम्बर की भी कविता है, फिर एक बार काम करने वाले के महत्त्व को याद करते हैं। कवि बार-बार याद दिलाना चाहता है कि हमारे घरों पर आने वाले लोगों के नाम तक हम नहीं जानते। हमारे यहाँ जो लोग आते हैं वो आप से ज्यादा जुड़े हुए लोग होते हैं। 'चाँद की वर्तनी' 2006 में आया था। ठीक दस साल बाद यह संग्रह आ रहा है। वह एक दशक के बदलाव को आपके सामने रखता है। हमारे समय की यह कविता, अपने समय के बदलाव और इतिहास को रचनात्मक रूप से सामने रखती है। जब उसका स्वर बहुत सम हो, संयत हो और किस्से-कहानियों से कविताएँ सुना रहा है, तब आपकी जागरूकता में माँग बार-बार होती है कि आप दरअसल हुजूर, खुद कहाँ जा रहे हैं, मैं खुद कहाँ जा रहा हूँ। इसलिए बहुत खूबसूरत 'चाँद की वर्तनी' में 'मैं झुकता हूँ', शीर्षक कविता है। एक ऐसी क्रिया जो हम लोग बार-बार झुकते हैं और हम अपने जूते के लेस लगाते हैं, पर मैं दूसरे के सामने नहीं झुकूँगा याद करते हुए। उसमें सामान्य दैनिक जीवन के क्रियाकलापों से कविता के नए मायने बदलकर सामने आते हैं। 'भाषा की आवाज', 'टेलीफोन' और 'कवि का काम' में एक बार का भी अपनी स्वतंत्रता पर बात करते हैं।

राजेश के कहानी-संग्रह में 'सोमवार' और 'कपिल का पेड़' पढ़ता हूँ।

सोमवार में जहाँ घर का एक परिवार और गैस सिलेंडर की समस्या से बड़े संयुक्त परिवार के उलझनों की बात होती है। 'आलू की आँख' से वह फिर अपने जीवन में जाते हैं, जहाँ स्कूल मास्टर कैसे काम करता है। 'कपिल का पेड़' में प्रेमिका और प्रेम है। 'जाल' में एक स्त्री को बचाए रखने की इच्छा है। वह चिड़िया बन चुकी थी। जोर-जोर से चहचहाती हुई सारे कमरे में उड़ने लगी। कपूर काफी देर इधर-उधर दौड़ता रहा। वह झल्ला पड़ा। यह क्या पागलपन है? मैं कहता हूँ वापस आओ!

इन छह संग्रहों, दो कहानी-संग्रह, दो नाटक—उनके नाटक खेले गए हैं, पर्यावरण पर बहुत ज्यादा उनको महत्त्व मिला है—इन सबके साथ वे सम्पूर्ण समाज सामने

रखते हैं। 'जादू जंगल' और 'अच्छे आदमी' नाटक हैं। 'कवि की नोटबुक' पर दो किताबें हैं। यह कवि की व्यावहारिक आलोचना है। 'किस्सा कोताह' उनका उपन्यास, जिसे वे आख्यान कहते हैं।

इस किताब के ब्लर्ब पर मैंने दर्ज किया है कि 'यह हमारे किस्सों का असमाप्त जीवन है। जैसे जीवन को चुपचाप सुनना। एक के भीतर तीन-चार आदमियों को देखना। यह राजेश जोशी के बचपन, कॉलेज या साहित्यिक व्यक्तित्व के बनने का दस्तावेज ही नहीं है; बल्कि बीहड़ इतिहास में चले गए लोगों, इमारतों और प्रसंगों को वापस ले आने की सृजनात्मकता है। हमें अपने शहरों में खोजने का विरल अनुभव देते हैं। यह भटकन है। प्यास है। बेगम काल से इमरजेंसी काल तक का, इतिहास में लुप्त हो गए लोगों के विविध व्यवहारों का एलबम है। फिल्म जैसा साउंड-ट्रैक है। भुट्टे आम सीताफल और मलाई दोने का मीठापन है। यह अनूठा गद्य अपनी निजी लय के साथ उस उपवन में प्रवेश करता है जिसे हम उपन्यास कहते हैं।'

उनकी आलोचना से एक उद्धरण देखना चाहूँगा कि—'कविता के आख्यान में सामान्य जीवन का अति असामान्य दृश्य, उसका अति परिचित और अति सामान्य होना ही शायद उसका अति सामान्य होना है। उसका सारा विस्मय उसके अविस्मयकारी होने में है। मीडिया और सूचना के विस्फोट में, इस कविता के आख्यान में कई अच्छे और बुरे असर पड़े हैं। जैसे कि अलक्षित जीवन दिखता है तो निरर्थक विवरण ज्यादा आते हैं।' अपनी नोटबुक में राजेश कहते हैं, तो दरअसल उनकी कविता में वर्णन की जो ज्यादा मात्रा है, उसके लिए वे इस बात को सामने रखते हैं कि जो अलक्षित रह गया है, उसे हमें सामने लेकर आना चाहिए।

वे दूसरी नोटबुक में लिखते हैं कि "85 में बिल गेट्स विंडो कम्प्यूटर को विशिष्ट स्थिति से बाहर लेकर आए थे। मानवीय सम्पर्क तकनीकी सम्पर्क में बदल गया। सोवियत संघ में समाजवादी पराभव हुआ। धार्मिक कट्टरता और बाबरी मस्जिद का विध्वंस है, हमारे समय की विभाजित रेखा है।" यह ना केवल हमारे समय की, बल्कि इनके दो कविता-संग्रहों के बाद की भी विभाजित रेखा है। इन दिनों मैंने जो लगातार पढ़ा, उसमें मैं यह देखता हूँ कि राजेश एक राजनीतिक कवि हैं, उनकी कविता राजनीतिक है। ठहरकर हमें थोड़ा-सा सोचने, देखने और फिर से पढ़ने की आवश्यकता है।

अपनी कविता को सामने रख रहे हैं, वो केवल राजनीतिक ही नहीं होती है, यह आपके जीवन में आपकी हिस्सेदारी को भी माँग करती है।

हिस्सेदारी की माँग हर समय राजनीतिक हो, आवश्यक नहीं है। कविता में क्या कोई नई चीज पैदा कर सकते हैं? संशय कर सकते हैं? 'बिल्लियाँ' में उन्होंने कहा—"चाँद से गप्प लगाते कवि का उन्होंने अक्सर रास्ता काटा।" इस तरह से कविता में संशय का जन्म हुआ। हर अच्छी कविता जिसमें संशय हो, अपने बारे

में संशय न हो, आपको लगता है कि आप सब कुछ जान चुके हैं तो वह कविता वहीं ठप्प हो जाती है।

'जिद' संग्रह में 'सिर छिपाने की जगह' और 'सेकेंड हैंड किताबें' मेरी प्रिय कविताएँ हैं। एक चार लाइन की कविता है और इस कविता को पिछले वर्षों की सर्वश्रेष्ठ कविता कहता हूँ—

यह समय प्रतिमाओं को सिराए जाने का समय है
प्रतिमाएँ सिराई जा रही हैं
भीतर बाहर सिर्फ सन्नाटा है
काले जल में सिर्फ प्रतिमा का मुकुट धीरे-धीरे डूब रहा है।

इस प्रतिमा को यदि प्रतिभा भी मान लें, तो आप समझेंगे कि हमारा समय कैसा है! ये आकस्मिक नहीं है। इस संग्रह में 'सन्नाटा', 'अँधेरा', उदासी का वर्णन सबसे ज्यादा है। ये क्यों है? क्या 1980 से, आपातकाल से अलग हटकर हमारे जीवन में क्या बहुत ज्यादा बदलाव आए हैं, राजनैतिक बदलाव आए हैं, उनमें ये जो धीरे-धीरे प्रतिमाएँ गिराई जा रही हैं उसका सन्नाटा क्या है?

दरअसल हम लोग बहुत ज्यादा जानकार हो गए हैं, हम सब कविताओं में बहुत ज्यादा उत्तेजना और आक्रामकता चाहते हैं और इसीलिए राजेश अपने फ्लैप पर लिखते हैं, "बाजार, विज्ञापन की भाषा ने कविता के बिम्बों की भाषा को छीनकर फूहड़ और अश्लीलता की हदों तक पहुँचा दिया है। साधारण जन के पास एक जिद है। बार-बार मैंने देखा कि लोग यह समझते हैं कि जिद जो है वो जिद कवि की है। वह जिद दरअसल साधारण जन की ऐसा एक पाठक के रूप में सोचता हूँ और सबसे कमजोर रोशनी के सघन अँधेरों में दम तोड़ देती है।" आज भी यदि कवि इस भरोसे में है कि साधारण जन इस अँधेरे को तोड़ेगा तो निश्चित रूप से वह उदासी, यह वर्णन झकझोरता रहेगा।

अक्सर मैं एक छूट लेता हूँ राजेश से। मैं कहता हूँ कि यदि आपके पास बहुत अच्छी दस कविताएँ संग्रह में हों तो इसका मतलब है दो सीढ़ियाँ आप आगे चले गए हैं। जैसी इनकी 'शहर भीतर शहर', 'परिन्दे', 'गाँव की नथ' कविताएँ हैं। 'गाँव की नथ' में यह है कि आपकी नथ खिंच गई है तो उसे याद आते हैं कि हमारे जो चार वर्ण हैं जिसमें आखिरी शूद्र पैरों पर है, उससे जोड़ते हुए कि एक नथ आपको कितना परेशान करती है। व्यापक अर्थ राजेश देते हैं। 'मिमियाना', 'सात दिनों में अतिरिक चीजों को माया', 'संग्रहालय', 'डायरी लिखना', 'नमक'—बहुत अच्छा, शाबाश! बहुत अच्छा।

कविता को पढ़ने की आदत न बनाई जाए, कविता के अन्दर जो अँधेरा है, उदासी है, कवि का धीमापन है, उसका ठहरा हुआ जल जो भाषा की तरह धीरे-

धीरे जा रहा है, वो प्रतिबिम्बित असल में आपके समय का समाज करता है। उसमें लोग आपका चयन न करके उनका चयन कर रहे हैं, जिसके प्रति आपको आशा नहीं है। मगर इस विपरीत समय में भी आप लोगों के साथ रहेंगे और लगातार आप अपने पाठकों पर भरोसा करेंगे तो निश्चित रूप से यह हमारी जिन्दगी का, यह हमारी कविता का, उसके सृजन का बहुत बड़ा काम होगा। यह जिद भरोसे को पाने की होगी।

'निराशा मुझे माफ करो आज मैं नहीं निकाल पाऊँगा तुम्हारे लिए समय आज मुझे एक जरूरी मीटिंग में जाना है।'

प्रिय कवि राजेश जोशी

नीलिम कुमार

राजेश जोशी से कई बार मिला हूँ। उनके करीब रहने से उत्ताप मिलता है। चूँकि वे एक नक्षत्र हैं। और नक्षत्र का मतलब ही उज्ज्वलता-उत्ताप एकक। हिन्दी कविता में वे अतुलनीय शैली, कथन भंगी और नई प्रयोगधर्मिता के साथ दमकने वाले एक मौलिक कंठस्वर हैं। यह कंठस्वर बहुत दूर तक फैल जाता है और उसकी प्रतिध्वनि देर तक बजती रहती है।

बातचीत के दौरान ठठाकर जोर से हँसने वाले इस सरल प्राण के कवि से मिलने पर मेरे जैसा हताशप्राण व्यक्ति भी पृथ्वी के प्रति आस्थावान हो उठता है। वे एक कभी भूले नहीं जाने वाले व्यक्ति और काव्य-पुरुष हैं। उनके बारे में कुछ लिखने की धृष्टता मैं नहीं कर सकता। लेकिन उनके प्रति अपने मन में मौजूद काव्यिक अनुभवों को व्यक्त करना मैं खुद के प्रति ही दायित्व समझता हूँ। इसीलिए राजेश जोशी के लिए यह कविता—

तुम एक सरल उपमा
तुम एक धनु
तुम ध्वनि के जादूगर
तुम सीने की जेब की बाईं तरफ
तुम्हारे शैशव की मायावी नदी और
आज का भोर

तुम किसी की इजाजत नहीं लेते बहने के लिए
तुम किसी की इजाजत नहीं लेते
कविता की सभा से उतर जाने के लिए।
तुम किसी की इजाजत नहीं लेते
फुटपाथ को कविता सुनाने के लिए।
तुमने छतरी नहीं रखी है

धूप में घूम रहे हो,
तुम अब
एक कोलाहल के ऑफिस में समा जाओगे—
और सोई हुई फाइलें भी जाग जाएँगी,
जागी हुई फाइलें
सोने का दिखावा करेंगी
तुम किसी की इजाजत नहीं लेते
स्वाधीन रक्त का प्रहरी बनने के लिए

एक पेड़ झुककर
तुमसे बात करता है
एक चिड़िया तुम्हारे कन्धे पर बैठती है
एक तितली बैठती है तुम्हारे बालों पर
उन्होंने भी इजाजत नहीं ली है किसी से
तुम उनके सहोदर

एक प्राचीन मन्दिर की तरह
तुम्हारा मुखड़ा
सूर्य की रेखाएँ जिसे
ढूँढ़ती फिरती हैं

तुम जब ठठाकर हँसते हो
वह हँसी संगीत बनकर
नगर की अट्टालिकाओं के बीच राह बनाकर
चली जाती है और छूती है
क्यूबा अल्जीरिया का मानचित्र!
तुम जब दुख से टूट जाते हो
अरब सागर खामोश हो जाता है

तुम पानी की हरेक बूँद का गीत सुनते हो
विषण्ण अट्टालिकाओं की खिड़की बनते हो तुम
सपने प्रहार करते हैं
तुम्हारी नींद पर

और तुम सुनते हो सूर्य की कराह
सूर्य को बीमार पाकर
तुम एक सुनहरा सेब
ढूँढ़ लाते हो
अपने शब्द वृक्ष के अरण्य से

हमारी चाहत की नदी में
तुम गुनगुनाते कागज की कश्ती
बहा देते हो
हमारे सीने में बुझे हुए शोले को
तुम फूँक-फूँक कर सुलगा देते हो
तुम्हारी उँगलियों में
माचिस की तीली की गंध

मुझे एम्बुलेंसों को
राजेश जोशी कहकर बुलाने का जी चाहता है,
मुझे ऑपरेशन कक्षों को
राजेश जोशी कहकर बुलाने का जी चाहता है,
मुझे यंत्रणा को झेलने की सभी कोशिशों को
राजेश जोशी कहकर बुलाने का जी चाहता है,
अकेले उड़ते हुए एक पताका को
वेगवती नदी को
आकाश को पुकारते ऊँचे पहाड़ों को
राजेश जोशी कहकर बुलाने का जी चाहता है,
कारण, इन सबमें
मौजूदगी राजेश जोशी की!

(असमिया से अनुवाद—दिनकर कुमार)

कोताह या किस्सा तवील?

अजित कुमार

किस्सा कोताह का शाब्दिक अर्थ तो है—'छोटा, संक्षिप्त या कम किस्सा' जो इस किताब के नातिदीर्घ या सामान्य आकार को देखते हुए बिलकुल सटीक, उचित और उपयुक्त समझा जाना चाहिए लेकिन इसकी पहुँच, व्याप्ति और फैलाव पर गौर करें तो सचमुच यह 'किस्सा तवील' यानी 'विस्तृत और लम्बा-चौड़ा पँवारा' मालूम होगा जिसके अनेक छोर और सिलसिले यहाँ-वहाँ फैले-बिखरे नजर आएँगे। कोई चाहे तो इसे शैतान की आँत जैसा पेचीदा भी कह सकेगा। इसमें जगहों, लोगों, परिवारों, प्रसंगों, नियतियों, आकांक्षाओं, इतिहासों, सच्चाइयों, कल्पनाओं आदि का ताना-बाना कुछ इस ढब से गुँथा हुआ है कि एक बार पढ़ चुकने के बाद आप इसे फिर-फिर पढ़ना चाहेंगे।

इस लिहाज से भी यह उस फर्क को यह पूरी तरह मिटाने वाली नहीं, तो कम-से-कम धुँधला बनाने वाली किताब जरूर है जो हिन्दी के सर्वप्रमुख आलोचक आचार्य रामचन्द्र शुक्ल ने कविता और कहानी के बीच किया है। उनके शब्द हैं, "कविता और कहानी का अन्तर स्पष्ट है। कविता सुनने वाला किसी के भावों में मग्न रहना चाहता है और कभी-कभी बार-बार एक ही पद्य सुनना चाहता है। पर कहानी सुनने वाला आगे की घटना के लिए आकुल रहता है। कविता सुनने वाला कहता है, 'जरा फिर से तो कहिए।' कहानी सुनने वाला बार-बार कहता है, "हाँ। तब क्या हुआ?" ('कविता क्या है?', *चिन्तामणि*, भाग 1)

यह मान भी लें कि आचार्य शुक्ल के समय से हिन्दी बहुत आगे बढ़ गई या बढ़ आई है और 'कविता-कहानी' के बीच आज वह उनकी भाँति 'स्थूल अन्तर' नहीं करती लेकिन काव्य-दृष्टि और कथा-दृष्टि के बीच जो झीना किन्तु सूक्ष्म पर्दा हमारे यहाँ बना रहा है, उसका यह पहलू विचारणीय है कि तथाकथित 'मार्मिक' और 'घटनाप्रधान' का भेदभाव कृतियों के मूल्यांकन में बाधा बना है। 'आकाशदीप' और 'बड़े घर की बेटी' के इर्द-गिर्द कथा-सरणियों की जिस भिन्नता पर हिन्दी कथा समीक्षा अटकी रही है, उसका ही एक दुर्भाग्यपूर्ण आयाम कालान्तर में 'प्रयोगशील'

तथा 'प्रगतिशील' के उस विवाद में झलका जिसके चलते अनेक कृतियों-कृतिकारों को अनावश्यक खींचतान का शिकार होना पड़ा।

शायद ऐसे कृत्रिम विभाजनों या मताग्रहों से टकराने के खयाल से ही लेखक राजेश जोशी ने इस किताब को बताया तो है—'एक गप्पी का रोजनामचा' लेकिन भरत वाक्य में जोड़ना जरूरी समझा कि 'यह उपन्यास नहीं है, आत्मकथा नहीं है, शहरगाथा नहीं है और कोरी गप्प भी नहीं हैं...। वह इन्हीं तमाम चीजों की गपड़ताल से बनी एक किताब है...। यह मुक्त-सा गल्प एक कवि की बहक भी लग सकता है...। तमाम लेखकों की तरह उपन्यास लिखने की ललक मुझमें हमेशा रही। शायद यह उसी ललक की क्षतिपूर्ति से पैदा हुआ कुछ है...। यह भी कहा जा सकता है कि कुछ तो भी है।'

वास्तव में, जिसे लेखक ने 'कुछ तो भी है' बताया, यह समग्र जीवनानुभवों का, एक समूचे महाभारतीय वृत्तान्त का कोलाज, झलक कैलेडेस्कोप या मनभाया चयन है। उसे नरसिंहगढ़, भोपाल, मुम्बई आदि स्थलों...परिवार के सदस्यों, मित्रों-बन्धुओं, अजनबियों-सिरफिरों, संस्थाओं-आन्दोलनों, सामाजिक-राजनैतिक गतिविधियों, घटनाचक्रों, लगावों-बिलगाओं आदि का—और बताने में 'कोताही' बरतें तो व्यक्तियों-समुदायों-समाजों के व्यापक वृत्तों का—कुशल संक्षेपण भी कहा जा सकता है।

इसमें जितना शामिल किया गया, उससे कहीं अधिक वह छोड़ भी दिया गया, जिसका सन्धान करने के इरादे से कोई भी पाठक इस किताब की तरफ बार-बार उसी तरह जाना चाह सकता है, जिस तरह लोग किन्हीं कविताओं की ओर वापस लौटते हैं। इस लिहाज से 'किस्सा-कोताह' पाठकों के लिए सिरहाने रखी या सामने मौजूद उस किताब जैसी होगी जिसे वे कभी भी, कहीं से भी खोलकर एकाधिक बार बिना ऊबे पढ़ सकें। तनिक और सावधानी से लिखी तथा छापी जाने पर कदाचित् यह पोथी जैसा अत्याधुनिक 'ऐंटीफिक्शन' में बदल सकती थी जिसे ताश की गड्डी जैसा ही फेंटकर हर बार एक नया पाठ हासिल करने का प्रचलन पश्चिमी देशों में हुआ है। लेकिन पाश्चात्य 'किस्सागोई' में इस किताब के सूत्रों को तलाशना अधिक सन्तोषदायक होगा।

ठीक इसी तरह, 'गप्पी' की शक्ल में अपने आपको रूपान्तरित करने की प्रविधि को भी उत्तर-आधुनिकता जैसे किसी दबाव से प्रेरित समझना जरूरी नहीं। स्वाँग भरने वाले, बहुरुपिये और भाँड़ पारम्परिक समाजों में चिर-परिचित रहे हैं। कथाकृतियों में प्रयुक्त प्रथम पुरुष या 'मैं' यदि अनेक बार अन्य पुरुष या 'वह' को निर्देशित करता रहा है तो यह भी सम्भव रहा कि उसके विलोम यानी 'अन्य पुरुष'—'वह'—को प्रथम पुरुष—'मैं'—की भाँति पहचान लिया जाए। रही बात कछुए की गति से उपन्यास लिखने की जगह खरगोश की चाल से किस्से सुनाने

की...। तो जरूरी नहीं था कि यह खरगोश आगे की ओर ही चौकड़ी भरता—"न किस्सों में कोई सिलसिला है, न तारीखों में। सब कुछ आगे-पीछे, दाएँ-बाएँ है। अस्तु; लेखक के वास्ते यदि यह 'मेढकों को तौलने जैसा काम था' तो समीक्षक के वास्ते यह 'एक कदम आगे से लेकर दो कदम पीछे' तक ले जाने वाला दिलचस्प अभियान रहा, जिसे वह इस निरीक्षण द्वारा एकाग्र करना या समेटना चाहेगा—हाल में प्रदर्शित एक फिल्म की नायिका पूछती है कि 'उसे मर्द ही क्यों मिलते हैं, शायर क्यों नहीं मिलते?' इस संवाद का खुलासा निर्देशक ने तो यह किया कि दुनिया में भोग और स्वार्थ ही प्रमुख है, रूमान और कल्पनाशीलता की कमी है...। जबकि राजेश जोशी इसकी व्याख्या शायद यों करना चाहते कि 'इतिवृत्त' की अधिकता में 'गप्प' का और 'दुनियादारों' की बहुतायत में 'गप्पियों' का जो टोटा पड़ता गया है, उसकी 'क्षतिपूर्ति की ललक' 'किस्सा कोताह' जैसी रचना में ठीक उसी तरह नजर आएगी, जिस तरह अपना एक 'मकान' होने की फिक्र में मुब्तिला बेशुमार लोगों के बरक्स एक शायर के अपने 'मकान' की वह ललक—

मंजर इक बुलंदी पर और हम बना सकते
अर्श से उधर होता काश के मकां अपना।

—ग़ालिब

ऐसी आकांक्षाओं पर विचार करें तो किस्सा कोताह का यह ठाठ सर्वथा संगत प्रतीत होगा जो इसका परिचय देने वाले शशांक ने बाँधा है, "यह भटकन है, प्यास। बेगमकाल से इमरजेंसी काल तक का, इतिहास में लुप्त हो गए लोगों के विभिन्न व्यवहारों का एलबम है...। सुविख्यात कवि राजेश जोशी का यह अनूठा गद्य अपनी निज लय के साथ उस उपवन में प्रवेश करता है जिसे हम उपन्यास कहते हैं। यहाँ हम अपनी स्मृतियों, अपने लोगों, सड़कों, भवनों और सम्बन्धों को रोपने के लिए उर्वर भूमि पाते हैं।"

आशा करनी चाहिए कि अपने आपको अपने से अलग रखकर भी अपनेपन को भलीभाँति दर्शाने में समर्थ इस लेखक की यह 'पठनीय' रचना विधाओं की जकड़बन्दी को अँगूठा दिखाने और उत्तम कथा-लेखन के मानक सुझाने के अलावा शमशेर, मुक्तिबोध, रघुवीर सहाय, कुँवर नारायण, श्रीकांत वर्मा जैसों के गद्य के प्रति पाठकीय ललक बढ़ाने में भी समर्थ हो सकेगी।

गपोड़िए का विमर्श

इब्बार रब्बी

कवि, कहानीकार, नाटककार राजेश जोशी की आत्मकथा से ज्यादा यह पुस्तक अपने समय और परिवेश का रोचक दस्तावेज भी है। मौलिक और खिलंदड़े गप्प की अद्‌भुत छटा ने इस पुस्तक को कालजयी बना दिया है। राजेश जोशी को अमर करने के लिए उनकी केवल एक यह पुस्तक ही पर्याप्त से अधिक भारी पड़ी है। रवींद्रनाथ टैगोर ने अपने बचपन का हाल लिखते हुए कलकत्ता के पुराने जीवन का कालजयी वर्णन किया है, उसी तरह का आत्मीय वर्णन यहाँ है। नागार्जुन की तरह लेखक सीताफल, जामुन, आम आदि सारे फलों के स्वाद और रंग-रूप का चटखारे लेकर वर्णन करता है। लेखक का बचपन नरसिंहगढ़ में बीता। वहाँ का इतिहास, भूगोल और संस्कृति का वर्णन इतना जीवन्त है कि पाठक को लगता है कि वह वहीं घूम रहा है। पागलों के नारे में लेखक की उद्‌भावनाएँ सृजनात्मक और मार्मिक हैं। चार पृष्ठों में फैला पागल विमर्श अभूतपूर्व है।

उर्दू के मशहूर शहकार गुजश्ता लखनऊ के बाद भोपाल के इतिहास, राजवंश, राजनीति, भूगोल, संस्कृति, शायरी, लोकजीवन और पूरे भोपाल का विश्वकोश (नगर कोश कह लो) है यह पुस्तक जिसने भोपाल को नहीं देखा, वह इसे पढ़ने के बाद वहाँ जाने को विकल हो जाएगा। इस तरह का 'अलडोराडो' है इस पुस्तक का यह शहर चित्र। इसके विपरीत यह भी सच है कि पाठक की भोपाल देखने की इच्छा मर जाए, क्योंकि कुछ देखने को बचा ही नहीं असली भोपाल में। सब कुछ एक फिल्म की तरह यहाँ मौजूद है। शहर का अतीत और वर्तमान सब कुछ आँखों के सामने खड़ा हो जाता है। अब भौतिक भोपाल जाकर क्या करेंगे आप। शहर का शहरयार है इस पुस्तक का लेखक जहाँ भी जाता रहा, और शहर का वह पूरा इतिहास, भूगोल और संस्कृति का परिचय देता है। इस तरह शहरों का आईना है यह रचना।

जिगर मुरादाबादी लम्बे समय तक भोपाल में रहे। बाद में वह भी भोपाल आते-जाते रहे उन्होंने वहाँ रहकर अपनी मशहूर गजलें कहीं और एक नाचने वाली के घर

के नाम पर अपने संग्रह का नाम रखा, लेकिन लेखक इनमें से किसी भी प्रसंग को याद नहीं करता। उसने केवल काहिलों के क्लब का किस्सा चुना, क्योंकि केवल रोचक और अजीबोगरीब किस्सों को बयान करना ही मकसद है, अन्य जानकारियों से मतलब नहीं है। स्थानीयता का रंग-रूप बोली-बानी का वहाँ के कहावतों और किस्सों को पढ़कर रसूल हमजातोव की अमर कृति 'मेरा दागिस्तान' की याद न आए यह असम्भव है। चिली के महान कवि पाब्लो नेरूदा के मेमोयर (हिन्दी अनुवाद 'मेरा जीवन मेरा समय' शीर्षक से प्रकाशित) में की तरह यह पुस्तक रोचक है। जिस पुस्तक को पढ़ते हुए टैगोर, रसूल हमजातोव और नेरूदा जैसे अमर लेखकों की याद आती रहे वह साधारण नहीं हो सकती।

पाकिस्तान में जब भी फौजी तानाशाही आती रही है वहाँ सरकार के खिलाफ चुटकुलों की भरमार हो जाती है। यह तानाशाही में जकड़ी बेबस जनता के प्रतिरोध का अपना तरीका है। तनाव को दूर करने के लिए जनता अपना आक्रोश चुटकुलों में निकालती है। भारत में यह स्थिति आपातकाल में पैदा हुई। उस समय संजय गांधी पर खूब चुटकुले बने। गम्भीर समस्या को लेखक हँसने का विषय बनाता है। वह हाशिए पर टिकी उस जनता के साथ है, जो केवल रोने की बात पर भी नकली हँसी हँसकर रह जाती है। कप्पू के चुटकुले ऐसे ही हैं। लेखक के लिए हर गम्भीर घटना हँसने का विषय है। सड़क पर बाएँ चलने का कानून बना तो ढेंढस भोपाली ने शेर कहा जो स्त्री विरोधी मानसिकता का परिचय देता है। हमारा समय व्यंग्य का समय है। प्रतिरोध की भाषा में व्यंग्य प्रमुख हथियार है, घनघोर पूँजीवाद और नात्सीवाद की आँधी नैतिक मनुष्य को केवल व्यंग्य-विनोद में ही जीने को विवश करती है, इसीलिए श्रीलाल शुक्ल, हरिशंकर परसाई और शरद जोशी सर्वाधिक अपने लगते हैं। ऐसे घनघोर और भयानक समय में आत्मकथा भी व्यंग्य और विनोद की शैली में अधिक सार्थक लगती है। भारतेन्दु युग का गप्प इसीलिए इतना धारदार, मुहावरेदार, स्थानीयता के रंग में सराबोर और देशज है, क्योंकि यह ब्रिटिश गुलामी के दिनों में लिखा जा रहा था, जब सीधे सरकार पर आक्रमण नहीं किया जा सकता था। इसी तरह की स्थिति का हम आज भी कमोबेश सामना करते नजर आ रहे हैं। इसीलिए इस पुस्तक का गप्प भारतेन्दु युग के सबसे अधिक करीब है।

यह अर्थ ही यथार्थवादी गप्प अपने समकालीनों से कटा हुआ नहीं है 'आवाज दौड़कर मोहल्ले में एक सिरे से दूसरे सिरे तक पहुँच गई' में मार्खेज की ध्वनि है तो 'सारा घर उसके रोने से भर जाता' और 'सारा दिन उनके कूकने की आवाज से कूकता रहता' में विनोद कुमार शुक्ल बोलते हुए नजर आते हैं, पर ऐसे उदाहरण बहुत कम हैं। मार्क्सवाद से प्रेरित उक्तियाँ हैं—'पुराना सामंतवाद भूसा भरे शेर की तरह था, जिसकी आँखें काँच की अंटियाँ थीं, जो चमकती तो थीं, लेकिन उनमें रोशनी नहीं थी' या 'नानी की पूजा कुछ-कुछ गुड्डे-गुड़ियों के खेल की तरह थी।'

रचनाकारों को रात बहुत भाती है। मुक्तिबोध की महान कविता 'अँधेरे में' रात में ही घटित होती है। किस्सा कोताह का लेखक भी रात का दीवाना है—'उसने रात जागने और भटकने के लिए बनाई होती और दिन सोने के लिए।' यह प्रसंग कवि वीरेन डंगवाल के जीवन का टुकड़ा लगता है—'जो रात गुजारने के लिए कभी न कभी स्टेशन नहीं गया, जिसने स्टेशन जाकर रात में गुजरने वाली रेल गाड़ियों से झाँकते मुसाफिरों को हाथ नहीं हिलाए, प्लेटफॉर्म पर चाय नहीं पी, उसके सामने लेखक-कलाकार बनने के अलावा दुनिया में हर काम के रास्ते खुले हैं।' इन पंक्तियों में खलील जिब्रान, बर्नाड शॉ और ऑस्कर वाइल्ड के दर्शन एक साथ करें, "कलारियाँ बन्द होने के बाद लड़खड़ाते कदमों से घर लौटने और अकसर रास्ता भूल जाने वाले लोगों को उसी तरह देखो जैसे एक धार्मिक आदमी ईश्वर को देखता है।" मौलिक और असाधारण उद्‌भावनाएँ हैं। हर कोई वापस बच्चा बनना चाहता है। बचपन को जीवन का स्वर्णिम काल कहा जाता है, पर लेखक इस पुराने दकियानूसी सोच के खिलाफ है। वह कहता है, "मैं अपने बचपन में वापस लौटना नहीं चाहता। मैं नहीं चाहता कि मुझे वापस वैसी मार खानी पड़े। मैं वापस रोऊँ। वापस गणित की कक्षा में मुर्गा बनाया जाऊँ...कोई जिन्न अगर मुझसे पूछे कि क्या तुम अपने बचपन में वापस जाना चाहते हो तो मैं कहूँगा, नहीं, मैं नहीं जाना चाहता।" इस तरह की अनेक मौलिक उक्तियाँ इधर-उधर बिखरी पड़ी हैं, जैसे कि जो घटनाएँ भयावह होती हैं, दुखद होती हैं। एक लम्बे समय के बाद वे रोचक लगने लगती हैं। उनका दुखद पहलू गायब हो जाता है। बाद में हम उन्हें रस ले-लेकर सुनाते हैं।

आपातकाल के चुटकुलों ने लेखक को सृजनात्मक बनाया कि वह स्वयं को गप्पी मानता है, "गप्प जब तक अविश्वसनीय न हो तब तक भोपालियों को मजा नहीं आता...मकड़ी के जाले का सिरा कोई भले ढूँढ़ ले, लेकिन भोपालियों की गप्पों का सिरा ढूँढ़ना नामुमकिन था," गप्प का भाषा विमर्श भी यहाँ है।

लेखक भोपाल की भाषा में मिलावट की बात करता है। उसे गुलाबी उर्दू कहा गया। भोपाल में शब्दों के बीच में 'ह' का उच्चारण नहीं होता। 'पहले' को 'पेले' कहते हैं। 'ऐ' और 'ओ' की मात्रा नहीं बोलते। 'पैसे' को 'पेसे' और 'कैसे' को 'केसे' कहते हैं। आपत्ति करने वालों से कहते हैं—'अपन तो ऐसेई बोलते हें मियाँ आपको सिमज में आए तो ठीक, नई तो हीट लो पतली गली से।' यहाँ 'हीट' का प्रयोग रोचक है। कुमाऊँनी में यह 'हिटो' हो जाएगा। पुरानी मुस्लिम औरतों की बोली का नमूना देखें—"अरे बीबी! क्या निगोड़ी खैरियत पूछती हो पानी भी वह बिलू-बिलू है के होश उड़ जाते हैं। यह रमजान का मुबारक महीना देखो, मुँह में रोजा है। गर्मी का यह हाल है के चील अंडा छोड़ रही है...।" आदि आदि। पुस्तक की भाषा की तरह कहीं भी शुद्धतावादी आग्रह नहीं है। मिली-जुली गंगा-जमुनी

संस्कृति की तरह यह पुस्तक 'हिन्दुस्तानी भाषा' का मानक प्रस्तुत करती है।

यह वृत्तान्त बहिर्मुखी है, जो कुछ बाहर है। गप्पी का घर में मन नहीं लगता। उसकी अपने पिता से नहीं पटती। वह हर समय बाहर सड़कों पर; गलियों में घूमता है। जामा मस्जिद की सीढ़ियों पर दिन बिताता है। रात में देर से घर आता है। एक बार पिता ने रात में उसके लौटने पर 'भुआ' अर्थात बुआ को आवाज लगाई—जल्दी आओ देखो गप्पी घर आए हैं। तुमने देर कर दी तो चले जाएँगे। उसकी आवारागर्दी से पिता परेशान हैं। उसको कुसंगति से बचाने के लिए वह उसे सीहोर पढ़ने भेजते हैं ताकि भोपाल के यार-दोस्तों का साथ छूट जाए। घर से बचने के लिए वह बम्बई भाग जाता है। घर से बचने के लिए वह इन्दौर, उज्जैन और अनेक गाँवों, कस्बों में नौकरी करता है, यही नहीं, घर होते हुए भी वह दूसरे मोहल्ले में किराए पर कमरा लेकर रहता है, ताकि उसके यार-दोस्तों का साथ बना रहे और घर वालों से पीछा छूटे। यानी जो कुछ है बाहर है; भीतर का, घर के भीतर का कुछ भी उसे अच्छा नहीं लगता। हर समय यार-दोस्त जमे रहें, गप्पें होती रहें, शरारतें चालू रहें, सड़कों पर घूमता रहे। सड़क ही उसका जीवन है। यहीं उसे शायरी-कविता की, राजनीति की, कम्यूनिज्म की और ट्रेड यूनियन के जीवन की शिक्षा मिलती है। घर से पलायन अपने से पलायन है। जीवन की जिम्मेदारियों, घरेलू बन्धनों, नियमों से भागकर वह बौद्धिक विमर्शों में, साहित्य में, मित्रता, आवारागर्दी और राजनीति में शरण पाता है। इन सब खोजों में जिज्ञासा उसका संबल है। जिज्ञासा ही उसे मुस्लिम जीवन, लोक परम्पराओं, शहर की हर गली, हर कोने की जानकारी, साम्यवाद आदि की तरफ ले जाती है। घर की ऊब से भागकर वह संघर्ष को चुनता है। उसकी बेचैनी और आवारागर्दी उसे बाणभट्ट, राहुल सांकृत्यायन और कुरोसावा की तरह रचना तक ले जाती है। बाहर ही बाहर सब कुछ सड़क पर, चौराहे पर कभी अन्दर नहीं जाना। अन्तरंग नहीं होना। गहराई से मन के अँधेरे से भागना। अन्दर यहाँ कुछ नहीं है, सब कुछ सामूहिक है। व्यक्ति नहीं है, समष्टि ही समष्टि। सामुदायिक जीवन है। व्यक्तिगत उद्यम, व्यक्तिगत पीड़ा, हर्ष, उल्लास कुछ नहीं सब कुछ सामूहिक, समाज का। समूह का जीवन यानी अकेलापन लेखक को सालता है, वह कभी भी कहीं भी अकेला नहीं होना चाहता।

यही कारण है यहाँ प्रेम नदारद है क्योंकि यदि व्यक्ति होगा तभी प्रेम होगा, समूह में प्रेम नहीं धन्धा होता है, संघर्ष होता है। प्रेम की अन्तरंगता उसका अकेलापन लेखक को नकारता है, इसलिए केवल एक बार एक वाक्य में बताया जाता है कि अमुक सड़क पर ही घर में वह एक कन्या को एकतरफा प्रेम करता था, इसलिए दुकान के बाहर खड़ा होकर उस घर की ओर ताकता रहता था। पर इस घटना का लेखक विस्तार से वर्णन नहीं करता। वह इस घटना को महत्त्व नहीं देता केवल सूचना देकर आगे बढ़ जाता है। प्रेम की और सफलता को बताकर

पटाक्षेप कर देता है। पिंकी का केवल नाम पाठक जान पाता है बस किस्सा टाल दिया। यह किस्सेबाज गप्पी अपने प्रेम प्रसंग को किस्सा बनाना नहीं चाहता। वह केवल सामाजिक चिन्ताओं का किस्सेबाज है, व्यक्ति की चिन्ताओं का नहीं। इसलिए जो कुछ है बाहर है; अन्दर वह न खुद घुसता है न किसी को घुसने देता है (बाहर मैं कर दिया गया हूँ—निराला) प्रेम में व्यक्ति अपने अन्दर डूबता है। चुटकुलों को दूसरों को सुनाना होता है। वह अन्दर की नहीं बाहर की क्रिया है। हो सकता है भविष्य में कभी गप्पी जी अन्दर डुबकी लगाएँ और अपने प्रेम-प्रसंगों पर प्रकाश डालें, क्योंकि गप्पी जी प्रेमविहीन नहीं हैं। फिलहाल क्रोपाटकिन की महान सामूहिकता के राही हैं।

राजेश जोशी के नाटक

राकेश

राजेश जोशी के नाटकों पर चर्चा करने से पहले 'पूर्व कथन' के रूप में एक नाटककार की तैयारी पर चर्चा जरूरी है। नाटक को वैसे भी दृश्य-काव्य कहा गया है। इस तरह राजेश के नाटक एक तरह से उनके कवि का ही विस्तार हैं। फिलहाल राजेश जोशी कविता 'एक कवि कहता है' से बात शुरू करता हूँ—

नामुमकिन है यह बतलाना कि एक कवि
कविता के भीतर कितना और कितना बाहर रहता है
एक कवि है
जिसका चेहरा-मोहरा ढाल-चाल और बातों का ढब भी
उसकी कविता से इतना ज्यादा मिलता-जुलता सा है
कि लगता है कि जैसे अभी-अभी दरवाजा खोल कर
अपनी कविता से बाहर निकला है।

इस कविता से कवि की जगह नाटककार और कविता की जगह नाटक को रख दें तो राजेश के नाटककार की शिनाख्त हो जाती है। राजेश निस्सन्देह जीवन की विडम्बनाओं के आधुनिक लोक गायक हैं। लोक की पारम्परिक और रूढ़ व्याख्या को तोड़ते हुए राजेश प्रकृति से लेकर मनुष्य की दिनचर्या तक विषमताओं को समेटते हुए उसका विस्तार करते हैं। राजेश मूलत: कवि हैं और दूसरी विधाओं कहानी, आत्म कथात्मक वृत्तान्त और नाटक में भी वे अपने मूल स्वभाव के साथ ही प्रवेश करते हैं, जिसमें शामिल है उनकी सहजता, सरलता और हमेशा कुछ नया जानने की जिज्ञासा। इसी जिज्ञासा के साथ वे शायद रंगमंच से भी जुड़े। उन्हीं के अनुसार 8वें दशक की शुरुआत में गम्भीर रंगमंच से उनका पहला साक्षात्कार मोहन राकेश के नाटक 'आधे अधूरे' के साथ हुआ जिसे शरद जोशी के आमंत्रण पर प्रख्यात रंगकर्मी, अभिनेता एवं निदेशक ओम शिवपुरी ने भोपाल में प्रस्तुत किया।

उसी दौरान शरद जोशी ने अपना पहला नाटक 'अन्धों का हाथी' लिखा। उन्होंने इस नाटक के निर्देशन के लिए एनएसडी से ताजा-ताजा निकले राजेन्द्र गुप्ता को आमंत्रित किया था। युवा राजेश जोशी उन दिनों भोपाल की प्रगतिशील साहित्यिक, सांस्कृतिक, सामाजिक हलचल एवं ट्रेड यूनियन के केन्द्र में थे। तमाम अड्डों के अलावा राजेश जोशी का घर भी विमर्शों और उससे भी बढ़कर दोस्तियों के गढ़ने-पनपने और विस्तारित करने का एक खुला अड्डा था। जाहिर है राजेन्द्र गुप्ता इसका स्वाभाविक हिस्सा बने। राजेन्द्र गुप्ता ने शरद जोशी के नाटक के अलावा मोहन राकेश का नाटक 'बहुत बड़ा सवाल' भी निर्देशित कर रहे थे और उन्होंने नई-नई दोस्ती का हवाला देकर राजेश को मंच पर अभिनेता के रूप में उतार दिया। राजेश उस समय स्टेट बैंक कर्मचारी यूनियन के बड़े नेता थे। नाटक के प्रदर्शन के समय बहुत से बैंक कर्मचारी भी दर्शक थे। हास्य और व्यंग्य से भरपूर बेमतलब की एक मीटिंग पर केन्द्रित इस एकांकी में अपने नेता को अभिनेता के रूप में पाकर बैंक कर्मचारी अतिरिक्त उत्साह से भर गए। बकौल राजेश "अभिनय तो मैंने क्या ही किया पर तालियाँ खूब बटोरीं।"

यही वो दौर था जब नेशनल स्कूल ऑफ ड्रामा से निकले कई सारे रंगकर्मी देश के तमाम शहरों में नए-नए नाट्य प्रयोग कर रहे थे। इनमें प्रमुख थे वी.वी. कारन्त, एम.के. रैना, भानु भारती, रंजीत कपूर, देवेंद्र राज अंकुर, रतन थियाम, बंशी कौल आदि। इनमें से ज्यादातर लोगों ने भोपाल व लखनऊ में भी काम किया। राजेश ने भोपाल में और मैंने लखनऊ में इन सभी से रंगमंच के नए मुहावरे को सीखा और समझा। लगभग इसी समय हबीब तनवीर भी छत्तीसगढ़ी लोक संस्कृति में रचे-पगे अपने नए नाटकों के साथ सामने आए थे। बंशी कौल से राजेश जोशी की अन्तरंगता लगातार बढ़ रही थी और बंशी कौल का लखनऊ में हम तमाम रंगकर्मियों के साथ भी जीवन्त सम्बन्ध था। साथ ही इस दौर में राजेश जोशी भोपाल में इप्टा से जुड़ चुके थे और इस नाते राजेश और मेरे बीच एक अव्यक्त साझापन था। वे भोपाल में बैंक कर्मचारी आन्दोलन में सक्रिय थे और मैं लखनऊ में। वे भी सामाजिक-सांस्कृतिक सक्रियता के चलते नुक्कड़ नाटकों से जुड़ रहे थे और नुक्कड़ नाटक लिख रहे थे, मैं लिख भी रहा था और निर्देशित भी कर रहा था। इसी क्रम में विभिन्न शहरों के राजेश समेत हम कई नौजवान कैफी आजमी और राजेन्द्र रघुवंशी की पहल पर इप्टा के पुनर्गठन के प्रयास में शामिल हुए। इसी प्रक्रिया में राजेश से मेरी पहली मुलाकात 1984 में दिल्ली में देश भर के रंगकर्मियों की एक बड़ी बैठक में हुई। राजेश तब मध्य प्रदेश इप्टा के अध्यक्ष थे और हम उ.प्र. में इप्टा का पहला राष्ट्रीय अधिवेशन करने की तैयारी में थे।

1979-80 में किसी समय नरेन्द्र जैन ने राजेश जोशी को एक लोककथा सुनाई। वे जगह-जगह ये लोककथा सुनाकर कहते कि वे इस पर नाटक लिख रहे

हैं। उनकी इस किस्सागोई पर एक दिन शरद जोशी ने उन्हें डाँटते हुए कहा, "तुम यूँ ही कथा सुनाते रहोगे नाटक कभी नहीं लिखोगे।" राजेश कहते हैं कि नाटक लिखने का विचार उन्होंने करीब-करीब छोड़ ही दिया था तभी भोपाल में आयोजित एक नाट्य समारोह के ज्यादातर कमजोर और लचर नाटक देखकर उनमें फिर नाटक लिखने की इच्छा जगी। वे कहते हैं, "इसे सृजन की उलटबाँसी ही कहा जा सकता है कि कमजोर प्रस्तुतियों से मेरे भीतर नाटक लिखने का आत्मविश्वास पैदा हुआ।" इस तरह राजेश जोशी का पहला नाटक 'जादू जंगल' सामने आया। नेमिचन्द्र जैन से इस नाटक को लेकर उनका लम्बा पत्राचार चला और उनके कई सुझाव राजेश ने नाटक में समाहित किए। भोपाल में निर्मल वर्मा, वी.वी. कारन्त, बंशी कौल, अलख नन्दन, अशोक वाजपेयी और तमाम लेखकों की उपस्थिति में इसका पाठ हुआ। प्रख्यात रंगकर्मी राजकमल नायक इप्टा रायपुर के लिए इसकी पहली प्रस्तुति का निर्देशन किया बाद में बदले स्वरूप में बंशी कौल ने भी इसका निर्देशन किया। देश के तमाम रंगकर्मियों से गहरी अन्तरंगता और भोपाल में बंशी कौल से गहरी दोस्ती के बावजूद राजेश ने नाट्य लेखन को अपनी प्राथमिकता में तो नहीं रखा लेकिन दोस्तों के इसरार पर और सामाजिक-सांस्कृतिक दबाव में उन्होंने कई नाटक लिखे जिनमें नुक्कड़ नाटक 'हमें जवाब चाहिए' बच्चों के लिए 'ब्रह्म राक्षस का नाई', राहुल सांकृत्यायन के 'वोल्गा से गंगा' तथा शिवाजी सावंत के उपन्यास मृत्युंजय के नाट्य रूपान्तरण, श्रीराम सेंटर नई दिल्ली में लेखक-निर्देशक कार्यशाला में फणीश्वरनाथ रेणु की कहानी 'अच्छे आदमी' का नाट्य रूपान्तरण, केन्द्रीय संगीत नाटक अकादमी की युवा निर्देशक प्रोत्साहन योजना के अन्तर्गत सत्यव्रत राउत के लिए नाटक 'पाँसे', मध्यकाल की कवयित्रियों पर बंशी कौल के आग्रह पर 'सपना मेरा यही सखी' तथा भारत भवन के रंगमंडल के साथ एम.के. रैना के लिए 'तुम सआदत हसन मंटो हो' की रचना की।

एक नाटककार की तैयारी के इस संक्षिप्त पूर्व कथन के साथ मैं उनके नाटक 'जादू जंगल', 'पाँसे', 'सपना मेरा यही सखी' और 'तुम सआदत हसन मंटो हो' पर चर्चा करूँगा। वैसे तो नाटककार द्वारा लिखे जाने के बाद भी एक नाटक की कई बार पुनर्रचना होती है। इस प्रक्रिया में शामिल होते हैं निर्देशक, अभिनेता, डिजाइनर, संगीतकार और अन्ततः दर्शक। नाटक की खूबी ही यह है कि उसका हर प्रदर्शन पहले से कुछ न कुछ अलग होता ही है, या तो कुछ जुड़ जाता है या कुछ छूट जाता है। कई बार निर्देशक नाटक के मूल प्रभाव को कई गुना बढ़ा देता है और कई बार उसे भोथरा भी बना देता है। अभिनेता, गायक, संगीतकार और मंच सज्जाकार भी ऐसा ही करते हैं और सबसे अन्त में दर्शक अपनी भिन्न-भिन्न प्रतिक्रियाओं से नाटक में नया ही अर्थ भर देते हैं। बहरहाल चलते हैं सबसे पहले 'जादू जंगल' पर।

जादू जंगल : यह नाटक एक लोककथा पर आधारित है। लोककथाएँ अपने उद्भव से आज तक 'श्रुति' आधारित रही हैं, वहाँ सामूहिकता है जहाँ रचनाकार और कलाकार गौण हैं। शायद शास्त्रीयता का संस्पर्श पाकर ये लोककथाएँ महाकाव्य में बदल गईं। लोककथा की ही तरह नाटक भी आदिम सामूहिकता की ही उपज हैं जब भाषा भी नहीं थी तो संकेत एवं अभिनय ही सम्प्रेषण के आधार थे। मानव सभ्यता के विकास क्रम में हर भूभाग में नाटक, लोककथाएँ और महाकाव्य अनिवार्य रूप से उपस्थित हैं। एक तरह से मनुष्य के जीवन की ही तरह यह मानव सभ्यता और संस्कृति के विकास का शैशवकाल हैं। जैसे बच्चे में एक भोलापन है वैसे ही लोककथाओं में भी। प्रकृति के रहस्यों को भेदते हुए, उससे लड़ते और जीतने के साथ-साथ उससे साहचर्य बनाते हुए मनुष्य ने श्रम और कुशलता से तमाम जादुई रहस्यों को उद्घाटित करके विज्ञान और वैज्ञानिक दृष्टि को जन्म दिया है। यह प्रक्रिया जादू जंगल में समाहित है। नाटक की संक्षिप्त मूल कथा में एक युवा लकड़हारा है रुक्का और उसकी बूढ़ी माँ। पूर्वजों से प्राप्त कुल्हाड़ी रुक्का का धारदार हथियार है। रुक्का जंगल से लकड़ी बीनता और काटता है, पेड़ों से, पक्षियों से और तमाम अदृश्य शक्तियों से संवाद करता है उनसे सम्मोहित भी होता है लेकिन जादू जंगल की तमाम जादुई ताकतें कुल्हाड़ी के रहते उसका कुछ नहीं बिगाड़ पातीं। राजेश ने नाटक में कुशलता से कुबेर को लाकर जादू जंगल को पूँजीवादी जंगल में तब्दील किया है जहाँ सम्मोहित करने के तमाम उत्पादों में स्त्री को भी एक सम्मोहक उत्पाद में तब्दील किया गया है। नाटक में कौवे, बूढ़ी माँ और रुक्का को लगातार सचेत करते हैं। पारम्परिक रूप से कौवे अपशकुन और कर्कशता का प्रतीक माने गए हैं। संगीत की भाषा में उनका स्वर विवादी स्वर है। इस नाटक में यह स्वर नाटककार के हस्तक्षेप का है। बूढ़ी माँ और कौओं के बीच का संवाद द्रष्टव्य है—

कौआ-एक : *(गुस्से से)* गया काटने वो है जंगल
अम्मा : नहीं-नहीं रे! नहीं-नहीं रे!
जंगल अपना क्यों काटेंगे।
कौआ-दो : तुम लोगों ने काट-काट कर सारे जंगल
कर डाले बर्बाद...
अम्मा : हमने कितनी लकड़ी काटी? हमनें कितना नोन खरीदा?
हमने कितने महल हैं बाँधे? हमने कितने ठाठ हैं साधे?
हमने काटीं सिर्फ डगालें कभी तने पर चोट न मारी
कौआ-तीन : जादू जंगल की ताकत क्या तुमको पता नहीं है?
क्या कुबेर की ताकत तुमको पता नहीं है?
अम्मा जादू : जंगल से हमको क्या लेना-देना

कभी होंठ तक भी न लाते हम उसकी बातें
फिर भी करता रहता वो हम पर घातें

गीत और संगीत से सजा ये जादू जंगल सम्मोहित भी करता है और सम्मोहन को तोड़ता भी है। नाटक में कौओं का अन्तिम गीत एक तरह से नाटककार और नाट्य मंडली का उद्घोष है जो सायास अरुण कमल की कविता का भी स्मरण करा जाता है। राजकमल नायक और बंशी कौल जैसे कल्पनाशील रंगकर्मियों के निर्देशन में हुए इस नाटक के प्रदर्शनों में इसकी गुणवत्ता में इजाफा ही किया होगा। बंशी कौल अब नहीं हैं लेकिन राजकमल नायक ने इसकी पहली प्रस्तुति के सम्बन्ध में बताया कि इस नाटक के साथ ही रायपुर में दोबारा इप्टा की शुरुआत हुई। इस प्रक्रिया में प्रभाकर चौबे, ललित सुरजन, अरुण कठोटे और बहुत से युवाओं का योगदान था। वे कहते हैं कि नाटक लोक की पटरी पर चलते-चलते प्रयोग के स्टेशन पर रुकता है और फिर वहाँ से वापस लोक की पटरी पर। उन्होंने उसके गीतों को पारम्परिक छत्तीसगढ़ी धुनों में बाँधा तथा उसी लोक मुहावरे का प्रयोग किया लेकिन प्रस्तुति को ऐसा बनाया कि दर्शकों को लगा जैसे वे आज की कहानी देख रहे हैं और कई स्थलों पर वे इसका हिस्सा भी बने। वे उल्लास के साथ याद करते हैं कि पूरे छत्तीसगढ़ में इप्टा ने इसके 9 या 10 दर्शन किए जिसमें सुदूर 'बचेली' में लगभग 5000 दर्शकों ने इस प्रस्तुति को देखा। इसी तरह खैरागढ़ कला संगीत विश्वविद्यालय में हुई प्रस्तुति में लगभग 2000 दर्शक उपस्थित थे जहाँ नाटक के लेखक राजेश जोशी, प्रसिद्ध कथाकार रमाकान्त श्रीवास्तव समेत अनेक लेखक व कवि उपस्थित थे। इस नाटक ने रायपुर और रायगढ़ में होने वाली अखिल भारतीय नाट्य प्रतियोगिताओं में सर्वश्रेष्ठ निर्देशन सहित कई पुरस्कार जीते। नाटक में शामिल रहे रंगकर्मी और छत्तीसगढ़ इप्टा के प्रान्तीय महासचिव अरुण कठोटे बताते हैं कि नाटक के संगीत की तलाश में पूरी इप्टा की टीम ने उस वक्त बस्तर का पूरा इलाका खँगाला।

'पाँसे'

राजेश जोशी का यह नाटक उड़िया के आदि कवि सारलादास की महाभारत की 'झिमिटी खेला' को केन्द्र में रखकर लिखा गया। जाने-माने नाट्य निर्देशक सत्यव्रत राउत ने राजेश जोशी से इस कथा पर नाटक लिखने का आग्रह किया। राउत ने 'पाँसे' के भव्यानुवाद का 'झिमिटी खेला' नाम से ही 1987 में केन्द्रीय संगीत नाटक अकादमी की युवा निर्देशक प्रोत्साहन योजना के अन्तर्गत पहले क्षेत्रीय स्तर पर उड़ीसा में किया जहाँ से श्रेष्ठ प्रस्तुति के रूप में राष्ट्रीय समारोह के लिए इसका चयन हुआ। उन्होंने इस नाटक में उड़िया गीत नाट्य का प्रयोग करने के साथ-साथ अभिनेताओं के मूवमेंट के लिए छाऊ नृत्य के मूवमेंट का प्रयोग किया जिसे काफी सराहा गया। यह कहते हैं कि उन्होंने इस पौराणिक

कथ्य में सभी पात्रों को मानवीय कमियों और खूबियों के साथ प्रस्तुत किया जिससे यह प्रस्तुति और भी प्रासंगिक हो गई थी।

स्पष्ट ही है कि इस नाटक के केन्द्र में महाकाव्यात्मक आख्यान है जो मानव सभ्यता एवं संस्कृति का शैशवकाल है जिसमें धार्मिकता, पौराणिकता, ईश्वर भाग्य व नियति घुले-मिले हुए हैं इनमें युद्ध एक अनिवार्य तत्त्व है जिसके सरल भाष्य में नायकों एवं खलनायकों की स्पष्ट पहचान है लेकिन जैसे ही आप इसकी गहराई में उतरते हैं तो पता चलता है कि यहाँ हर नायक में थोड़ा-बहुत खलनायक हैं और हर खलनायक में थोड़ा नायक। पाँसे में राजेश जोशी ने महाभारत के खलनायक 'शकुनी' को सारलादास की महाभारत के अनुरूप नायक बनाकर प्रस्तुत किया है। नाटक की कथा के शुरुआत में डंडा-अहोरी के खेल में पांडवों व कौरवों के बीच बचपन का द्वंद्व है जिसमें आगे दुर्योधन के द्वारा पांडु पुत्रों के जन्म को लेकर किए गए कटाक्ष से भीम बेहद आहत होते हैं। कृष्ण की सलाह पर भीम दुर्योधन को गोलक पुत्र कहकर सम्बोधित करते हैं। गांधारी के वैधव्य और दूसरे विवाह से आहत दुर्योधन गांधार नरेश और शकुनी समेत उनके पूरे परिवार को बन्दी बना लेता है। बन्दीगृह में पूरे परिवार को दिया गया एक टोकनी भात और एक गिलास पानी पर सिर्फ शकुनी जिन्दा बचा रहता है जो अपने पिता की सलाह पर उनके दाएँ हाथ की हड्डियों से पाँसे और बाएँ हाथ की हड्डियों से गोटी बनाता है। यह पाँसे ही शकुनी के प्रतिशोध और महाभारत के युद्ध का आधार बनते हैं। इस नाट्य प्रयोग में पांडवानी और आल्हा की गायकी तथा विदूषक का सार्थक प्रयोग हुआ है लेकिन कृष्ण और बलराम के चरित्र में पारलौकिकता और ईश्वरीय तत्त्व के प्रयोग से बचना बेहतर होता।

'सपना मेरा यही सखी'

राजेश जोशी इस नाटक में मध्यकाल की स्त्री कवियों की विद्रोही परम्परा को चिपको आन्दोलन तक लाकर एक ही स्त्री पात्र के माध्यम से एक वृहत् रूपक रचते हैं। कथ्य और शिल्प दोनों ही दृष्टि से यह नाटक बेहद परिपक्व है। इसमें एक ही अभिनेत्री मीरा, अक्का महादेवी, आंडाल और ललद्यद की भूमिका में है और बीच-बीच में सूत्रधार भी बनती है। राजेश ने मध्यकाल की इन सभी कवयित्रियों को आज के स्त्री प्रश्नों से जोड़ा है। लगता है आज की स्त्री मध्यकाल की इन कवयित्रियों की कविता का दरवाजा खटखटाकर आज के सवालों का उत्तर पाती हैं। इस सम्बन्ध में नाटक के पूर्व कथन में राजेश का यह कथन महत्त्वपूर्ण है, "दमित समूहों का रचनाकार वर्चस्वशाली वर्ण, वर्ग, जाति या लिंग समूहों की तुलना में अधिक आत्म कथात्मक होता है।"

"औरत पैदा नहीं होती बनाई जाती है" इस बात को मध्यकाल की यह

कवयित्रियाँ अपने ढंग से समझती हैं और अपनी कविताओं से और अपने आचरण से 'स्त्री' का चोला ही उतार देती हैं।

ललद्यद—छोड़ आवरण सारे बाहर
मैं नाची निर्वसना होकर

आगे सूत्रधार स्त्री अक्का महादेवी के बारे में बताती है—

सूत्रधार स्त्री : निर्वस्त्र होकर वह बाहर निकल आई और बहुत लम्बे और घने केशों से अपने को ढक लिया...

हर बार एक आंडाल आती है और उनकी इच्छाओं से इनकार कर देती है।

हर बार एक मीरा देहरी लाँघकर निकल पड़ती है बाहर बावरी होकर नाचती है।

वो आंडाल को बनाना चाहते हैं, वो अक्का महादेवी को बनाना चाहते हैं जो भी उनके बनाए ढाँचे से बाहर जाता है विद्रोह करता है। वे उसे अपने मन के अनुकूल बना लेना चाहते हैं। वे उसकी कथाएँ बना देते हैं। वे उसे रहस्य बना देते हैं। वे उसे व्यक्ति की तरह स्वीकार करना नहीं चाहते। इसलिए वे उसे देवी बना देते हैं या वेश्या।

इस पूरे विमर्श को राजेश चिपको आन्दोलन से इस तरह जोड़ते हैं—

सूत्रधार स्त्री : गौरा देवी बोली तो सारी स्त्रियाँ बोलीं—
जंगल हमारा मायका है

काटने के लिए जिन-जिन पेड़ों पर निशान लगे थे उन पर औरतों ने राखियाँ बाँध दीं।

एक ठेकेदार ने देखा तो औरतों से झल्लाकर बोला—

क्या हैं जंगल के उपकार
लीसा लकड़ी और व्यापार

तब बचनी देवी ने पलटकर जवाब दिया—

क्या हैं जंगल के उपकार
मिट्टी पानी और बयार
मिट्टी पानी और बयार
जिन्दा रहने के अधिकार

नाटक का अन्त सूत्रधार स्त्री के जुझारू उद्घोष से होता है।

'तुम सआदत हसन मंटो हो'

राजेश जोशी के पूर्व कथन के अनुसार, "यह नाटक एक तरह का संयोजन भर ही है इसमें सारे शब्द व वाक्य सआदत हसन मंटो के ही हैं। कहा जा सकता है

कि पूरा नाटक कैंची व गोंद की मदद से लिखा गया है। काटने और चिपकाने के कौशल से।"

इस काटने व चिपकाने के कौशल में राजेश की काव्यात्मकता भी है, सम्पादकीय कौशल भी और गहरी अन्तर्दृष्टि भी। नाटक 15 दृश्यों में विभाजित है जिनमें पागलखाना और मंटो पर चले मुकदमों की अदालत के दृश्य हैं जहाँ पागल जज और वकील की तरह अभिनय करते हैं। यह कहना मुश्किल है कि पागल जज और वकील की तरह अभिनय करते हैं या मंटो को पढ़कर जज और वकील पागल हो गए हैं। नाटक के अन्य दृश्यों के केन्द्र में वे कहानियाँ हैं जिन पर अश्लीलता का मुकदमा चला था। यह थीं—'धुआँ', 'काली सलवार', 'बू' और 'ठंडा गोश्त' साथ ही कड़ी की तरह जोड़ने वाली कहानी 'टोबा टेक सिंह'।

इस नाटक में काव्यात्मकता का तत्त्व यह है कि समूचा गद्य नाटक उर्दू गजल की तरह है जिसका हर दृश्य अलग शेर के रूप में मुकम्मल है। 1994 में भारत भवन के रंगमंडल के साथ इसका निर्देशन किया था विवेक एवं दृष्टि-सम्पन्न, मेरे पसन्दीदा निर्देशक, आन्दोलनों के सहयात्री एवं मित्र एम.के. रैना ने।

यह पूरा नाटक मंटो पर चलने वाले मुकदमों के बहाने न्यायिक प्रक्रिया और न्याय व्यवस्था के सिनिकल होने का रूपक है जहाँ पागल ही जज और वकील हैं या कहें जज और वकील पागलपन का शिकार हैं। मंटो की जिन कहानियों पर नग्नता दिखाने का आरोप था दरअसल मंटो इस कथित नग्नता के बहाने शरीर का आवरण नहीं हटाते हैं बल्कि समाज के दिमाग पर पड़े कूढ़ मगजी का आवरण तार-तार कर देते हैं। नाटक का पूर्व रंग मंटो की रचनात्मकता को उन्हीं के लफ्जों में बखूबी बयान करता है :

पूर्व रंग

[लेखक का प्रवेश]

लेखक : *(स्वगत)* यहाँ सआदत हसन मंटो दफ्न है वह अब भी मनो मिट्टी के नीचे सोच रहा है कि वह बड़ा अफसानानिगार है या खुदा।

[लेखक का प्रस्थान]

सारे पागल बैरक से निकलकर आते हैं, पागलों जैसी हरकतें करते हैं।

अपने बारे में कम बोलने वाले एम.के. रैना कहते हैं, "मैं तो कर चुका अब जिसने इसे देखा हो उससे पूछो।" निर्देशकीय अनुभव पर जोर देकर पूछने पर वे बताते हैं कि इस नाटक में शीर्षक से लेकर सारा कुछ मंटों का ही है बाकी सिर्फ संयोजन है। उन्होंने इस नाटक को विभाजन और विस्थापन के बीच एक लेखक

और कलाकार की पीड़ा को एक समुद्री लहर की तरह गढ़ा जो कभी ऊपर जाती है और कभी नीचे। इस लहर में साहित्य व कला को पागलपन के रूप में देखने का सामाजिक दृष्टिकोण भी समाहित है जिससे हर संवेदनशील व्यक्ति लगातार विस्थापित होकर टोबा टेक सिंह बनने को अभिशप्त है। इस फैंटेसी को उन्होंने पूरी तरह आधुनिक मुहावरे में प्रस्तुत किया। वे याद करते हैं कि प्रस्तुति में छत्तीसगढ़ के कलाकारों ने जीवन्त अभिनय किया था। बड़ौदा आर्ट्स कॉलेज की एक युवा कलाकार ने रिहर्सल के दौरान विभिन्न दृश्यों की खूबसूरत पेंटिंग्स बनाई थी जिसे उन्होंने प्रस्तुति में शामिल किया था। निर्देशकीय के रूप में उन्होंने शायद कवि राजेश जोशी के प्रभाव में ही एक कविता लिखी जो एक तरह से इस प्रस्तुति का ही हिस्सा है—

समझदारी या पागलपन
कौन करेगा निर्णय!
कौन करेगा तय!
लम्बी और घुमावदार
लकीरें खून की
ले जाएँगी तुम्हें
अज्ञात दरवाजों और खिड़कियों तक
कौन करेगा तय!
जब चाकू, तलवारें, गोलियाँ और बम
आहत करेंगे पृथ्वी को, पानी, हवा और आग को
कौन करेगा तय!
मासूमियत, मौन, तकलीफ, नफरत
उत्सवी उल्लास से रचाती है
पागलपन का अनुष्ठान
कौन करेगा निर्णय!
कौन करेगा तय!

निश्चय ही राजेश जोशी ने अपने नाटकों और नाट्य रूपान्तरणों के माध्यम से रंगकर्म और नाट्य-लेखन में एक सार्थक हस्तक्षेप किया है। उनके अन्य नाटकों पर भी चर्चा अवश्य होगी साथ ही रंग जगत से यह अपेक्षा भी है कि राजेश के नाटकों का बार-बार मंचन होता रहेगा।

'क्यूँ वो अलाव बुझ गए, वो किस्से क्या हुए!'

वैभव सिंह

राजेश जोशी के गद्य की विशेषता उसकी किस्सागोई में है। वह गद्य लिखने के लिए नीरस-विचारहीन निबन्धों की जगह रोचक किस्सों का चयन करते हैं और विविध किस्सों में दुनिया के इतिहास-भूगोल को कैद कर लेते हैं। उनकी किताब 'किस्सा कोताह' हिन्दी की सम्भवतः इकलौती किताब है जो गपड़तान से भरी हुई है और गप्प के पक्ष में शान से सिर उठाए खड़ी है। न केवल शान से सिर उठाए खड़ी है बल्कि किस्से, आख्यान, गप्प, कहानी, औपन्यासिकता तथा आत्मकथा के बीच खींची गई लकीरों को रगड़कर मिटाने की कोशिश करती है। इसमें जिन्दगी की सच्चाइयाँ अहम हैं, न कि तथ्य और जड़ किताबी बातें। लेखक के ही शब्दों में—'किस्सों का नगर किस्सों ने रचा है। उसमें आना है तो तथ्यों की जिद छोड़कर आओ।' यह किताब निरन्तर विकासमान हिन्दी गद्य की नई सम्भावनाओं की खोज है और गद्य में सामाजिक यथार्थ की अभिव्यक्ति की नई शैली का विकास है।

किस्सों की यह किताब किस्सों से भरे-पूरे भारतीय समाज की उन्नत किस्सा-संस्कृति को जानने में हमारी कम होती दिलचस्पी में फिर जान फूँकने का काम करती हैं। हम भलीभाँति जानते हैं कि किस्से गढ़ने की आदत को इस समाज-सभ्यता ने बड़ी बेदर्दी से कुचला है। एक इनसान को किस्सों की दुनिया से बाहर करने की चेष्टा इसलिए भी की गई है ताकि गाँव-चौपाल और नुक्कड़ों पर फलने-फूलने वाली इनसानी कल्पनाशीलता किसी केन्द्रीय सत्ता की छलकपट से भरी कल्पनाशीलता के आगे बौनी पड़ जाए। कल्पनाहीन और किस्साहीन नागरिक मौजूदा व्यवस्था की सुरक्षा की एकमात्र गारंटी होता है। यही नहीं, किस्से तथा गप्प हमें इस हीनताबोध से उबारते हैं कि हम व्यवस्था के सामने केवल बेजान किस्म के तुच्छ कलपुर्जे मात्र हैं। अंग्रेजी के मुहावरे में कहें तो—A cog in the wheel पर किस्से एहसास दिलाते हैं कि व्यवस्था भी हमारी कल्पना के सामने मामूली कलपुर्जे की तरह है। इनसान ही केवल किसी यंत्र या पहिए का पुर्जा नहीं, बल्कि व्यवस्था खुद एक बेजान घमंडी पुर्जा है जिसकी दयनीयता का हम मजाक उड़ा सकते हैं, उसके बारे में किस्से गढ़कर उसका घमंड चूर कर सकते हैं। हमारे खिलवाड़, आह्लाद और उन्मुक्त रोमांच की वापसी जिन रास्तों से हो सकती है वह किस्सों

से भरे रास्ते हैं। यह दिमाग को विचलित करने वाली सतर्कता के खिलाफ बहकने की आजादी की तलाश है। स्मृतिलोप की शिकायत आजकल बहुत आम होती जा रही है। सांस्कृतिक स्मृति-विलोपन को लेकर अकादमिकों से लेकर सामान्य लेखकों तक में अश्रुपात सामान्य सी बात हो चुकी है। समाज के बारे में जीवन्त किस्सों का खजाना घटते जाना भी इसका एक संकेत है जिसे संजीदगी से लेना जरूरी है। किस्से केवल हमें अतीत में नहीं ले जाते बल्कि वे हमारे भूत, वर्तमान और भविष्य के विभाजन को खत्म करते हैं। जो अतीत में लौटना नहीं चाहता, वह किस्सों को याद कर या किस्सों को रचकर उस अतीत को पास बुलाता है। इस पुस्तक में गप्पी को अपना बचपन पसन्द नहीं था और वह किस्सों के शार्टकट के माध्यम से अतीत में आसानी से प्रवेश कर सकता है।

संसार के बड़े अफसानानिगारों के बारे में कहा जाता है कि उनमें आत्मविश्वास बहुत होता है जैसे कि मंटो के बारे में माना जाता था। मंटो के बारे में कहा जाता है कि वह हर वक्त इतने गहरे आत्मविश्वास से भरा रहता था कि अपने हर फैसले को सुप्रीम कोर्ट के फैसले की तरह मानता था। इस किताब के केन्द्रीय किरदार गप्पी में भी आत्मविश्वास बहुत है। उसके आत्मविश्वास की बड़ी ताकत उसकी याददाश्त है। उसे सब याद रहता है और सब याद रखते हुए वह परिवेश से सम्पृक्त रहता है। पहले के समाजों में याददाश्त को मजबूत रखा जाता था और लोग किसी से बीस-पचीस साल बाद मिलने पर भी उसे पहचान लेने की ताकत रखते थे। लोगों को अपने पुराने कपड़े, बचपन की साइकिल-खिलौनों, गायों के नाम, बुआ के हाथ की मिठाई, गलियों के मकान नम्बर से लेकर अपनी दादी-नानी से सुनी कथाएँ आसानी से याद रहती थीं। कोई किसी से मिलने पर यह पूछने का साहस नहीं कर सकता था कि आपका नाम क्या है! किसी को भुलाए जाने का न तो डर था और न भूल जाने की बीमारी। यानी याददाश्त को ठीक रखना भी एक बड़ी सामाजिक जिम्मेदारी थी और जो इसे नहीं निभा पाता था, उसे यथोचित सम्मान नहीं मिलता था। अच्छी याददाश्त इतना बड़ा गुण था कि जो इनसान मरते वक्त सब भूल सा जाता था, उसके बारे में भी अफवाह उड़ा दी जाती थी कि वह जाते-जाते सभी को आशीर्वाद दे रहा था। याददाश्त वह चीज थी जो पूरे समाज को जोड़े रखती थी और किसी को यह नहीं लगता था कि उसे भुला दिया गया है। इस किताब में गप्पी भी ऐसा ही इनसान है जो विस्मृति के सामने स्मृति को खड़ा कर देता है। 'विस्मृति का डीलडौल' भले बड़ा हो पर स्मृति लगातार उसके सामने झुकती नहीं है। किस्सों की परतें, उसकी पंखड़ियाँ, उसकी सतहें और उसकी लहरें इसी याददाश्त के भीतर से खुलती, खिलती और उमड़ती रहती हैं।

किताब में लेखक ने आत्मकथा, संस्मरण, व्यंग्य और कथा आदि कई विधाओं की ताकत को निचोड़कर रख दिया है। गप्प और गल्प के रिश्ते को ढूँढ़ने की

संजीदगी किताब में हर तरफ दिख जाती है। यहाँ 'मुक्त सा गल्प' लिखने का प्रयास है जिसमें सतर्कता के बदले बहकने में कोई शर्मिन्दगी नहीं है। ऐसा लगता है जैसे लेखक लेखन की दुनिया से जुड़ी सारी विधाओं का साजो-सामान लेकर आ गया है और उन्हें नए ढंग से आपस में जोड़कर व तराशकर किस्सों का हवादार घर तैयार कर रहा है। या फिर, चारों ओर विभिन्न विधाओं के आरी तथा कुल्हाड़ी से कटी विधाओं के टुकड़े बिखरे हैं और लेखक उन्हीं से नए ढंग की खूबसूरत व क्लासिक प्रतिमा गढ़ रहा है। दुनिया में गप्प संस्कृति का अलग किस्म का ग्लैमर रहा है और कई बड़ी प्रतिभाओं ने इसे सींचा है। गल्प, फिक्शन या स्टोरी में वह गूढ़ अर्थ नहीं व्यक्त होता है जो 'गप्प' में झलकता है क्योंकि गप्प हमारी देसी सांस्कृतिक प्रतिभा का विस्तार है। गप्पी वे लोग होते हैं जो इस नीरस, जोड़-तोड़ और ऊब से भरे संसार में मीठा रस घोलते हैं और पूरी दुनिया को बज्म की तरह समझते हैं जो उन्हीं को दाद देने के लिए बनी है। वे बोझिल हो चुकी वास्तविकता को अपने सृजनात्मक झूठ के सहारे थोड़ी देर के लिए ओझल कर देते हैं और इनसान के सारे खिलंदड़पन को खुलकर व्यक्त होने का मौका देते हैं। हमारे बहुत सारे पुराणों व धर्मग्रंथों को गप्प संस्कृति का शानदार रूप माना जाता है। धर्मग्रंथों के रचयिता यकीनन गप्पियों की सबसे उन्नत प्रजाति रहे हैं। वे किसी राजा को भगवान का अवतार बना देते हैं और भगवान को राजा की ताकत के प्रतीक की तरह प्रयोग करते हैं। कह सकते हैं कि गप्प न होती तो ईश्वर न होता क्योंकि ईश्वर के इर्द-गिर्द रहस्यमयी शक्तियों का नहीं बल्कि गप्प का सुन्दर व अकाट्य प्रभामंडल छाया रहता है। पुराने समाजों में राजा की ताकत को कौन स्वीकारता अगर भगवान को एक सबसे शक्तिशाली राजा की तरह न दिखाया जाता! गप्प मारने वाले किसी को हवा में उड़ने वाला घोषित कर देते हैं और किसी को रूपधारी या शब्द बेधी बाण साधने वाला। कहने का मतलब है कि गप्प मारना और उसे लिखित रूप देना इनसान की आत्मा का आदिम गुण रहा है। साहित्य से यदि गप्प को बाहर कर दीजिए तो साहित्य भी केवल गाय या आदर्श माता पर लिखे बचकाने निबन्धों के अलावा कुछ नहीं रह जाता है। साहित्य में गप्प के ठेठपन को कई बार कल्पना, प्रतिभा विस्फोट, अभिव्यक्ति-गुण, वैचारिक प्रतिबद्धता जैसी चीजों की आड़ में दबाने की चेष्टा की जाती है ताकि साहित्यकार की इज्जत बढ़े और लोग उससे खौफ खाएँ। साहित्यकार को खुद को समाजोपयोगी तथा काम का आदमी सिद्ध करने के लिए भी ऐसे ढोंग करने पड़ते हैं। पर अन्ततः ये सारी चीजें फालतू का बटोरा सामान भर रह जाती हैं अगर लेखक गप्प करना या गप्प का रस लेना नहीं जानता। गप्प ही साहित्य की दुनिया में भी सेंधमारी का सबसे कुशल हथियार होता है।

राजेश जोशी अपनी किताब को पहले ही पन्ने पर शीन काफ निजाम के शेर से शुरू करते हैं—

हम से वो रतजगों की अदा कौन ले गया
क्यूँ वो अलाव बुझ गए, वो किस्से क्या हुए

आगे वे यह भी लिखते हैं—'नानियों-दादियों की तरह हमारी इस बूढ़ी धरती को भी किस्से गढ़ने और सुनाने की महारत हासिल होगी और उसके पास अनगिनत किस्सों का खजाना होगा तभी न, युगों से यह चाँद हमेशा उसी के इर्द-गिर्द मँडराता रहता है।'

किताब में मुख्य किरदार के रूप में गप्पी नामक एक लड़का है जिसका दोस्त जग्गी है और जिसका बचपन कभी नरसिंहगढ़ में बीता पर बाद में वह भोपाल आकर बस गया है। इसी गप्पी के माध्यम से, जो कि लेखक का ही आत्मकथात्मक किरदार है, हम अपने शहरों, बचपन, रिश्तेदारों और मोहल्लों की दुनिया में सैर करने निकल जाते हैं। ये गप्पी जैसे हम सभी के बाहर होते हुए भी या एक किताबी पात्र होते हुए भी मुख्य रूप से हम सभी के भीतर छिपा शरारती लेकिन भला इनसान प्रतीत होता है। गप्पी कोई महान इनसान नहीं है। पर वह हमारी चेतना पर छाई मनहूसियत को कम करने के कारण हमारा प्रिय होने की काबिलियत रखता है। वह शायरों और आवारा नौजवानों के रतजगों को साथ लेकर घूमता है। जिस तरह से धड़ाधड़ बहाने गढ़ता, बहकता और मासूम झूठ बोलता है, उससे हमें लगता है कि झूठ बोलना या बहकना भी इनसान होने के लिए कितना जरूरी गुण है। लेखक के शब्दों में—'बहक में उजाला है, बहक में रचने का सुख है, बहक में मजा ही मजा है।' तो यह गप्पी भी रोशनदिमाग गप्पी है जो 'खूब भुनी हुई और तड़का लगी गप्प' मारता है। वह उस सामूहिकता और सामूहिक जीवन की पैदाइश है जहाँ गप्प करने के लिए मसाला मिलता था और गप्प सुनाने के लिए खूब सारे लोग मिलते थे। अकेला, दुनिया से कटा, अलग-थलग इनसान और चाहे जो तीर मार ले पर वह अच्छी गप्प नहीं कर सकता और न अच्छी गप्प का मजा लूट सकता है। गप्प करने के लिए चहल-पहल से भरी गलियाँ, बड़े परिवार, लंतरानियाँ हाँकने वाले आवारा दोस्त और शरारती वातावरण का जो जीवन चाहिए, वह सब गप्पी के पास था और इसीलिए उसकी क्षमता दिन दूनी रात चौगुनी बढ़ती रही। शहर की आत्मीय गलियों के प्रायः फुरसतपसन्द करने वाले लोगों ने उसे अपना लिया। इस माहौल पर किताब के लेखक ने ये पंक्तियाँ दर्ज की हैं—

सड़कें तो बस गिनती की थीं, गलियों का था जाल बिछा
यहाँ के बाशिन्दे अक्सर गलियों में आते-जाते थे।

किताब का देशकाल पिछली सदी के पचास और साठ के दशक के मध्य प्रदेश के छोटे इलाकों, खासकर भोपाल का है जो एक प्रकार से लेखक के बचपन का समय भी है। यह वह समय है जब नरसिंहगढ़ जैसी जगह पर रेलगाड़ी आना

तो दूर नदियों पर पुल भी कम बने थे। बरसात में नदियाँ उफनती थीं तो बसें एक किनारे पर रुककर नदी के घटने का इंतजार करती थीं। बाल्टियों में भरे चुसनी आम खाने की अपार फुरसत थी और टाकीजों में लोग अपनी दरी व तकिया साथ लेकर फिल्म देखने जाया करते थे। ननिहाल में भाई-बहनों का इकट्ठा होना बड़ी आम बात थी। भूत-चुड़ैल के किस्से सुनाने के मामले में हर व्यक्ति मँजा हुआ किस्सागो होता था। हर कोई भूतों के किस्से इतने सुन चुका होता था कि किस्सों के आगे विज्ञान की एक नहीं चल सकती थी। चुड़ैल का झोंटा पकड़कर उसे भगा देने वाली बहादुरी की कथाएँ भी उतनी ही आम थीं। असल में तो यह किसी अकेली विक्षिप्त स्त्री के साथ हिंसा की ही कथाएँ थीं जिन्हें भूत-चुड़ैल समझकर समाज के हाशिए पर धकेल दिया जाता था।

राजेश जोशी ने शहर की कथा को भी बहुत रस ले-लेकर लिखा है और यह कहना काफी न होगा कि लेखक अपने शहर में रहता था बल्कि कहना होगा कि शहर ही लेखक के भीतर रहता था। उसने शहर की मस्जिदों, तालाबों, वेश्याओं, कुँजड़िनों और पागलों पर खालिस आत्मीयता के साथ कलम चलाई है। वह शहर के भूगोल में बसे बड़े इज्जतदार लोगों और वेश्याओं के धूसरित इलाकों में कोई भेदभाव नहीं करता। भोपाल का सारा इतिहास, भूगोल और समाज उसने जिस प्रकार अभिव्यक्त किया है, वह उन लोगों को ईर्ष्या में डाल सकता है जिन्हें वैश्वीकरण के दबावों ने भारत के किसी शहर से प्यार करने लायक नहीं छोड़ा है। जो न विश्व के हैं न अपने गाँव-शहर के। जो न अपने शहर की गलियों के हैं न लंदन-कनाडा के। जो न यहाँ के हैं, न वहाँ के। जो अब कहीं का नहीं रह जाने में ही दुखी ढंग से खुशहाल हैं। शहर के पागलों के बारे में लिखा, "इधर शहर की गलियों, सड़कों या चौराहों पर पागल कम नजर आने लगे हैं। मुझे यह बात बहुत डरावनी लगती है। पागलों के पास सुस्ताने के जितने भी सूने कोने थे, उन सब पर अब दुकानें उग आई हैं। बाजार के पागलपन ने असल पागलों की सारी जगहें हथिया ली हैं। यह पागलपन उस पागलपन से ज्यादा खतरनाक है। अब कहीं से किसी पागल के गालियाँ बकने की आवाज नहीं आती।" आवारगी के सौन्दर्य और उसकी सार्थकता के बारे में बात करने के विषय पर राजेश जोशी की लेखनी बहुत उन्मुक्त हो जाती है। रातों की आवारागर्दी यहाँ दुर्गुण नहीं बल्कि विद्रोह, बेचैनी, प्रतिभा, खोज, इश्क, तसल्ली सब कुछ है। वह दिन की पाबन्दियों से बगावत है और लेखक-मन में मौजूद अदृश्य रहस्यों के प्रति रोमांटिक आकर्षण है। इस संसार के प्रति वह रोमांटिक आकर्षण जो कविता का खाद-पानी होता है। लेखक के ही शब्दों में—

'जिसने रतजगे नहीं किए, रात का आसमान नहीं देखा, आसमान में तारे नहीं देखे, गश्त करने वाले सिपाहियों से बहाने नहीं बनाए, आधी रात के बाद लौटने पर जिसके घर के दरवाजे अन्दर से बन्द नहीं हो गए, जो रात गुजारने के लिए कभी

न कभी स्टेशन नहीं गया, जिसने स्टेशन जाकर रात में गुजरनेवाली रेलगाड़ियों से झाँकते मुसाफिरों को हाथ नहीं हिलाए, प्लेटफार्म की चाय नहीं पी, उसके सामने लेखक या कलाकार बनने के अलावा दुनिया के हर काम के रास्ते खुले हुए हैं।' यही निशाचर लेखक यह महसूस करता है कि तुम अगर रात के बारे में नहीं जानते तो तुम दिन के बारे में भी कलम चलाने के हकदार नहीं हो। वह नासिर काजमी के शेर को अपनी डायरी में लिखता है जिसका एक मिसरा है—

इस शहर की रौनक मेरी आवारगी तक थी।

राजेश जोशी स्वभावत: फक्कड़ लेखक हैं पर भीतर से राजनीतिक रूप से बेहद सजग और चौकस। उनकी कविताओं के पाठक इस बात को अच्छी तरह जानते हैं। रचना में राजनीतिक चेतना किसी बदसूरत पैबन्द की तरह नहीं झाँकती है बल्कि वह भाषा-शिल्प की कसौटियों का खयाल रखती हुई अपनी उपस्थिति को दर्ज कराती है। वह विट, हास्य और गम्भीरता की मित्र मंडली में बड़े सहज ढंग से शामिल हो जाती है। उन्होंने 'मारे जाएँगे', 'प्रधानमंत्री के नाम एक पत्र', 'वली दकनी', 'बच्चे काम पर जा रहे हैं' तथा 'गुरुत्वाकर्षण' आदि बहुचर्चित कविताओं से हिन्दी साहित्य जगत को समृद्ध किया है। 'गुरुत्वाकर्षण' कविता में उन्होंने सामाजिक जीवन में आते पतन को न्यूटन के गुरुत्वाकर्षण के नियम से जोड़ा है और लिखा—

न्यूटन जेब में रख लो अपना गुरुत्वाकर्षण का नियम
धरती का गुरुत्वाकर्षण खत्म हो रहा है।

अब तो इस गोल-मटोल और ढलुआ पृथ्वी पर
किसी एक जगह पाँव टिकाकर खड़े रहना भी मुमकिन नहीं
फिसल रही हर चीज अपनी जगह से
कौन कहाँ तक फिसल जाएगा
किस रसातल में जाएगी यह फिसलन
कोई कह नहीं सकता
हमारे समय का एक ही सच है
कि हर चीज फिसल रही है अपनी जगह से।

उनकी कलम भले ही बहकने, मौज करने, हँसने-हँसाने और गप्प करने की बात करे पर उनकी दृष्टि समाज के खलनायकों से हटती नहीं और गाहे-बगाहे उनके तमाम नंगे रूपों का चित्र खींच देती है। यानी वह गप्प को केवल मजाकिया हँसी-ठिठोली के लिए इस्तेमाल नहीं करते बल्कि सटीक बौद्धिक कर्म के लिए उसका प्रयोग करते हैं। वह बौद्धिक अस्त्र है जो मनुष्यता के खिलाफ षड्यंत्र करने वाली शक्ति पर प्रहार के लिए प्रयोग होता है। वह सुदर्शन चक्र है जो भले दुश्मन का

सिर न काट पाए लेकिन उसके छिपे हुए पाखंडों को जरूर काटकर हमारी आँखों के सामने ला देता है। भोपाल में साम्प्रदायिक सौहार्द बिगाड़ने वालों के बारे में भी गप्पी के माध्यम से खबरदार किया गया है। शहर के किसी कोने में अचानक फैली अफवाह से दंगा शुरू होता है और लोग, खासतौर पर स्कूल से लौटने वाले बच्चे उसमें फँस जाते हैं। इसे तब आठवीं में पढ़ने वाले गप्पी के जरिये दिखाया गया है। दुकानें लुटना, मस्जिदों में हथियार एकत्र करने की अफवाहें फैलना, पुलिस का खुद ही साम्प्रदायिक हो जाना ये सब गप्पी को दिख रहा था। हिंसा किसी इंजीनियरिंग की तरह हो जाती है और 'वायलेंस मशीन' स्थापित हो जाती है जिसका काम हिंसा की जरूरत के पक्ष में धड़ाधड़ तर्क पैदा करना हो जाता है। अफवाहें उड़ाकर अच्छे-खासे चलते शहर को हिंसा-आगजनी में धकेल देना शहर के जीवन का ही हिस्सा था। एक सार्वजनिक खेद की तरह जैसे ये उदास पंक्तियाँ रची गई हैं—'भोपालियों में गप्प उड़ाने का जो हुनर था, उसका दुरुपयोग होना शायद पहली बार तभी शुरू हुआ होगा।' पर यह किताब भोपाल की मिली-जुली संस्कृति का दर्पण है जिसमें हिन्दू लड़के किसी बुजुर्ग मुसलमान के साथ चाचा का रिश्ता सहज ही कायम कर लेते थे और दुनिया को बदलने का सपना हर किसी का साझा होता था। कम्यूनिस्ट पार्टी की बैठकों और उसके संगठनों में साम्प्रदायिक भाईचारा कितना सशक्त था, यह किताब के कई प्रसंगों में व्यक्त हुआ है।

गप्पी को लेखक ने कम्यूनिस्ट, बैंक कर्मचारी और लेखक बनाकर यह सन्देह कहीं नहीं छोड़ा है कि गप्पी ही राजेश जोशी का अच्छी तरह से सम्पादित कर दिया गया पुस्तकीय रूप है। गप्पी नामक किरदार के साथ ही किताब में उत्तम पुरुष का 'मैं' भी एक पात्र है जो नैरेटर के रूप में खुद लेखक के व्यक्तित्व की छाया है, उसी का विस्तार है। इसमें किस्से समाज के साथ-साथ व्यक्ति के मन की विचित्र गाँठों को खोलने का काम करते हैं। किताब पचास के दशक से आरम्भ होकर आपातकाल पर आकर समाप्त होती है। इसमें संजय गांधी का अधिनायकवाद है, जेल में ठूँसे जा रहे लोग और तरह-तरह की नसबन्दी कथाएँ हैं। लेखक का आकलन है कि अगर नसबन्दी पर जुड़े चुटकुलों का ही संग्रह कर दिया जाए तो आपातकाल के बारे में लोगों के संचित क्रोध की प्रामाणिक जानकारी मिल सकती है। कुल मिलाकर गप्प संस्कृति के जीवन तथा पुनर्जीवन पर विचार करती यह किताब हमारे बचपन का चेहरा हमारी आँखों के सामने लाती है। भूली हुई गलियों, भूतों-चुड़ैलों, दुकानों, साधारण लोगों और हँसी-मजाक की तरफ हमारी स्मृति को खींचकर ले जाती है और विस्मृति की बीमारी से बचाने में खासी मददगार सिद्ध होती है। गप्प केवल मनोरंजन की प्रतीक नहीं है बल्कि वह रिश्तों की गरमाहट, सामूहिकता और पुनर्नवता में हमारे विश्वास की भी प्रतीक है। हिन्दी समाज राजेश जोशी को उनकी कविताओं के साथ-साथ 'किस्सा कोताह' के लिए भी हमेशा याद रखना चाहेगा।

एक बनारस ही नहीं इस कायनात में उर्फ एक भोपाली का बर्रुकाट गद्य

पल्लव

अगर 'काशी का अस्सी', 'बना रहे बनारस' और 'बहती गंगा' जैसी किताबें न होतीं तो क्या हम बनारस को जान पाते? हम यानी वह पाठक समाज जो बनारस नहीं गया है, बनारस में नहीं रहता। कवि राजेश जोशी ने अभी एक किताब लिखी है, 'किस्सा कोताह', और यहाँ भोपाल जिस तरह किताब में आया है उसे देख-पढ़कर आपको भोपाल में बसने का मन करने लगे...हाय हम भोपाल में क्यों नहीं हुए। इसका मतलब यह है कि उस स्थान के बारे में लेखक ने जिस तरह लिखा है वह सचमुच अनूठा और मर्मस्पर्शी है। राजेश जोशी की यह किताब उनके बचपन से जवानी के बीच आए स्थानों पर लिखी गई है और यह न शहरनामा है न आत्मकथा। संस्मरण और रिपोर्ताज बिलकुल भी नहीं। किताब के पहले ही पेज पर वे स्वयं साफ करते हैं—'यह उपन्यास नहीं है। आत्मकथा नहीं है। शहरगाथा नहीं है और कोरी गप भी नहीं है। लेकिन यह इन्हीं तमाम चीजों की गपड़ताल से बनी एक किताब है।' यहाँ जोशी अपने लिए एक प्रविधि का चयन करते हैं ठीक कुरु कुरु स्वाहा वाले जोशी जी की तरह। यहाँ एक मैं यानी वाचक यानी राजेश जोशी हैं और दूसरा है गप्पी। ये दोनों मिलकर पाठकों से बातें करते हैं और बातों-बातों में डेढ़ सौ से ज्यादा पृष्ठ बीत जाते हैं तब आप चौंक जाते हैं अरे किताब कैसे खत्म हो गई? लेकिन यह खाली बीत जाना नहीं है हाथ में बहुत कुछ रह जाता है जिसे आप अपनी स्थायी पूँजी समझिए।

किताब की शुरुआत में राजेश जोशी ने किस्सों के बारे में एक भरतवाक्य लिखा है—'किस्सों का नगर किस्सों ने रचा है, उसमें आना है तो तथ्यों को ढूँढ़ने की जिद छोड़कर आओ।' इस किताब की शुरुआत गप्पी के बचपन से हुई है। नरसिंहगढ़ से, जो गप्पी का ननिहाल था। यहाँ किला है, राजा-रानी हैं और लोग-बाग भी। अनेक बातें-किस्से आते हैं लेकिन आप इनकी तारीखें नहीं ढूँढ़ सकते। तारीखों में अगर इनको ढूँढ़ा जा सकता होता तो भला इन्हें आने के लिए गप्पी की शरण ही

क्यों लेनी होती? गप्पी की आदत है कि वे गप्पें मारते-मारते अचानक बीच में ऐसी बातें कह देंगे कि आप सोचते रह जाएँ। देखिए तो—"सबको अपना बचपन याद आता है। उम्र बढ़ने के साथ-साथ तो और भी ज्यादा। उनको भी जिनके बचपन में सुख के क्षण नहीं थे या बहुत कम थे। समय बीत जाने के बाद सबसे बुरे दिनों का अनुभव हर व्यक्ति सबसे मजेदार किस्से की तरह सुनाता है।" गप्पी के बचपन का ऐसा वर्णन है कि आपका भी मन नरसिंहगढ़ में जा बसने का होता है। फिर जब गप्पी की माँ पीहर से अपने ससुराल भोपाल आईं तब गप्पी को भोपाल देखने का अवसर मिला और यह वह शहर था जिसे गप्पी का शहर होना था। अपने खास रंग वाला भोपाल, अपने खास ढंग वाला भोपाल।

गप्पी इस भोपाल की सैर कराते हैं, यहाँ की असली विभूतियों से आपकी भेंट करवाते हैं और आपको समझ में आने लगता है कि क्यों एक बनारस ही नहीं इस कायनात में। कुछ वाक्य देखिए—

"सड़कें नवाबों के लिए छोड़ दी हैं लेकिन गलियों के नाम में नवाबों और बेगमों को घुसने की इजाजत नहीं।"

"गप्प जब तक अविश्वसनीय न हो तब तक भोपालियों को मजा नहीं आता।"

"भोपाल की चार चीजें मशहूर थीं—जर्दा, गर्दा, पर्दा और नामर्दा।"

ऐसे ही भोपाल की भाषा पर खासा विवेचन है, "भोपाल की भाषा में कई तरह की मिलावट थी। उसमें बुंदेली, मालवी, उर्दू और गालियाँ, सबकी जगह पहले से ही तय थी। यहाँ की उर्दू थोड़ी अलग थी। भोपालियों का मानना था कि लखनऊ की उर्दू जनानी उर्दू है और भोपाल की मरदाना उर्दू। कई शब्द भोपाली के अपने थे और उन्हें बोलने के अन्दाज भी उसके अपने थे। शब्द के बीच में आने वाले (ह) का यहाँ लोप हो जाता था। भोपाल का मामला बिहार से एकदम उलटा था। पहले या पहिले बोलना हो तो बोला जाएगा पेले। ऐ और औ की मात्रा बोलना भोपालियों के खाते में नहीं आया था। मात्राएँ लगाने और बोलने में हम काफी किफायती थे। पैसे को पेसे और कैसे को केसे बोला जाता।" भोपाल की यह भाषा भाषा विज्ञान की दृष्टि से कुछ महत्त्वपूर्ण हो न हो इस लिहाज से महत्त्वपूर्ण है कि यह भोपालियों की आजाद खयाली और अपने ढंग से जीने-बोलने के अन्दाज का परिचय देती है। कहना न होगा कि इस भूमंडलीकरण द्वारा बनाए जा रहे विश्व गाँव से भोपाल और बनारस जैसी जगहों का रिश्ता कैसा हो सकता है? इसे स्थानिकता का प्रतिरोध समझना चाहिए जो अपने ढंग का होने की जिद में अड़ा रहने की हिम्मत रखता है। मजे की बात देखिए कि किताब भी ठीक इसी जगह भोपाल के अनूठे शायर ढेंढ़स भोपाली का जिक्र करती है। उनका एक फड़कता हुआ शेर—

शाहने सलफ करते थे बरतरफी बहाली
तखफीफ यह किस भोसड़ीवाले ने निकाली।

हुआ यूँ था कि नवाब साहब के जमाने में शाइर साहब को एक नौकरी दी गई थी जिसमें उन्हें महीने में केवल एक दिन जाना होता था तनख्वाह लेने। कोई नया अधिकारी आया और उनकी बर्खास्तगी का आदेश निकल गया तो ढेंढ़स भोपाली साहब ने आदेश के ठीक पीछे यह शेर लिखकर कागज लौटा दिया। कागज होते-होते नवाब साहब तक पहुँचा और ढेंढ़स भोपाली साहब फिर बहाल हो गए।

तो क्या बनारस और भोपाल जैसे हमारे शहर असल में निकम्मों-नालायकों के कारण बर्बाद हुए? हमारा देश (अगर वह देश था) मध्यकाल और उसके बाद ऐसे ही अकर्मण्य लोगों के कारण यूरोप से मार खा गया और हम गुलाम हुए? शायद नहीं, सामंती युग में मनोरंजन के साधनों के अभाव में समाज में ऐसे चरित्रों के होने-रहने की गुंजाइश थी। 'किस्सा कोताह' इस शहर के अनूठेपन के चित्र ही नहीं बताती अपितु अपने ढंग की देशज आधुनिकता भी यहाँ विद्यमान है और यह अंग्रेजों के आगमन से ही नहीं आई है बल्कि ठेठ इसे देखा-खोजा जा सकता है। भोपाल जिन दिनों आजादी के बाद विलीनीकरण आन्दोलन से गुजर रहा था और वहाँ पहली विधानसभा बनी, तब एक किसान खुशाल कीर ने नई विधानसभा का दृश्य देखकर दोहा कहा—

पाँच पंच कुर्सी पर बैठे, फट्टन पर पचीस*
राज करन को एक कमिश्नर झक मारन को तीस

किस्सों के बीच-बीच में गप्पी ने कई दिलचस्प चरित्रों से मिलवाया है। खुद गप्पी के दादाजी को ही देख लीजिए, जिन्हें घर में बा साहब कहा जाता था। ये ऐसे बा साहब हैं जो 'खाना खाने से पहले हर पूरी को तौल-तौलकर देखते' क्योंकि किसी हकीम ने बता दिया था कि आप बराबर वजन की रोटियाँ या पूरियाँ खाया करो। अनोखी बात यह होती है कि इन्हें एकाएक भान हो जाता है कि प्रेमनारायण जी नहीं रहे और घंटे भर में सचमुच तार भी मिल जाता है। यह गप्पी की उड़ान है या जादुई यथार्थ। जो भी है, पाठक किताब में रम जाता है। यह पाठकों को बहलाने का नुस्खा नहीं है अपितु जीवन के ठेठ बीहड़ से आई सचाई है। एक जगह प्रसंगवश आया है—'उड़ना गप्पी का प्रिय शब्द था। उसे उड़ने वाली हर चीज पसन्द थी। परिंदे हों, पतंग हों या उड़ने वाले गुब्बारे या कोई मजेदार सी अफवाह।' असल में एक बन्द समाज में ही उड़ने के मार्ग खोजे जाते हैं। इस बन्द और तंग समाज का यह चित्र भी देखिए—"इतना परदा था कि गप्पी की माँ ने अपने ही घर का बरामदा अठारह-उन्नीस बरस बाद तब देखा था जब बाबा का निधन हो गया। गप्पी की माँ जब नरसिंहगढ़ से भोपाल आतीं तो हाथ भर का घूँघट किए रहतीं, उस पर एक चादर और ओढ़नी होती थी। जो ताँगा बस स्टैंड से उन्हें लेने जाता उसमें

* फट्टन = टाट पट्टी

चारों तरफ परदे लगे रहते। जब ताँगा घर के दरवाजे पर आता तो दो नौकर ताँगे से घर के दरवाजे तक दोनों तरफ चादर का परदा तानकर खड़े होते। माँ उसमें से निकलकर ऊपर चली जातीं।" यह है जीवन। आप जिसमें इतना रस ले रहे थे उस सुन्दर के भीतर का यह असुन्दर राजेश जोशी छिपाते नहीं। और तभी जाने क्यों ऐसे अंश पढ़ते हुए आपको मनोहर श्याम जोशी का उपन्यास 'कसप' याद आ सकता है। शायद इसका कारण भाषा हो। शायद किस्सागोई हो। शायद जीवन में इतना रस लेने की शक्ति दोनों को यादगार बनाती हो। शायद वर्णन की अद्भुत क्षमता ऐसा करती हो। पता नहीं...या सारी ही बातें सच हों शायद।

कोई शहर हो जिसमें तरह-तरह से जीवन खिलता दीख रहा हो और ऐसा कि पाठक का मन करे कि मैं यहीं क्यों न हुआ? अगर वहाँ पागल न हो तो वह शहर शहर नहीं हो सकता। यहाँ भी एक से एक प्यारे पागल हैं, उनकी सनकें हैं और उनकी चिढ़ावनियाँ भी हैं। इन पागलों से आपको मिलवाने के बाद राजेश जोशी लिखते हैं, "बाजार के पागलपन ने असल पागलों की सारी जगहों को हथिया लिया है। यह पागलपन उस पागलपन से ज्यादा खतरनाक है...सामान्य लोग इतने यांत्रिक नहीं हुए थे कि पागलों को शहर से बाहर निकालने की माँग करने लगें। पागल, लोगों की फुरसत के पलों का मनोरंजन थे। इस मनोरंजन से पागलों और शहर के बीच एक रिश्ता बना रहता था। मजे लेने में थोड़ी हिंसा थी, पर जैसे ही इस हिंसा का प्रतिशत गड़बड़ाता तो लोगों के मन में एक अपराधबोध कुलबुलाने लगता और वह पागलों के लिए कुछ न कुछ करने को दौड़ पड़ते। भोपाल में भोला बाबा जैसे पागल हैं तो मामा भिंडी, दादा तामलोट, दादा खैरियत, अंडे चोर और नेहरू जी की अम्मा—पागलपन व्यावहारिकता का प्रत्याख्यान है।"

किताब में राजेश जोशी आपको बार-बार हँसाते हैं, गुदगुदाते हैं और फिर छोड़ देते हैं और आप सोचते रह जाते हैं कि ये चाहते क्या हैं भला? देखिए तो—

"निक्कर के नीचे चड्डी पहनने का चोंचला तब नहीं था। मुझे रोना आ रहा था और मैं रो नहीं सकता था।"

"कोष्ठक को भाषा का कान मान लें तो मैं उस कहावत को कान में सुना सकता हूँ।"

क्यों कहना पड़ा भाई कान में? जब भोपाली सबके सामने कहते हैं, बनारसी सबके सामने हर हर महादेव का असल जयकारा लगाते ही हैं तब हम हिन्दी के पाठक क्यों कोष्ठकों में बन्द हैं? यह किताब और और कारणों के साथ इस लिहाज से भी यादगार है कि यह आपको कोष्ठकों के बाहर निकालती है। काश हमारे देश के कोनों-कोनों में फैले ऐसे शहरों-कस्बों पर ऐसी दिलचस्प किताबें आ सकें ताकि हम कोष्ठकों में कैद ही न रह जाएँ।

मुट्ठी तनी हँसी

अरुणेश शुक्ला

राजेश जोशी की पहचान मूलत: कवि की है, लेकिन जब भी उन्होंने अपनी विधा से बाहर आकर कलम चलाई है तब भी एक व्यापक पाठक संसार का ध्यान आकृष्ट किया है। उनकी सरल और मार्मिक अभिव्यक्ति किसी विधा की मुहताज नहीं है। उनकी लेखकीय चेतना व शैली विधागत सीमाओं से परे है। वह विधाओं को अतिक्रमित कर उनकी परस्पर आवाजाही करती है। अपने समय-समाज और यथार्थ को बारीकी व बहुस्तरीयता में पकड़ने का जो हुनर उनके पास है वह प्रगतिशील चेतना व लेखन का एक मानक तय करता है। उनकी रचनाएँ हमारे समय के क्रूर व हिंसक यथार्थ का भरोसेमन्द क्रिटिक रचती हैं और विश्वसनीय प्रतिरोधी प्रतिपक्ष निर्मित करती हैं। राजेश रचना में निरन्तर सिकुड़ते जा रहे राजनैतिक चेतना के पब्लिक स्फेयर को बचाने की लगातार जद्दोजहद में लगे हुए हैं। उनकी कविताएँ जहाँ प्रतिरोधी आन्दोलनों का चेहरा बनती हैं, वहीं उनका गद्य हमारे समय के समूचे प्रतिगामी षड्यंत्रों को उनकी सैद्धान्तिकी, उनके क्रियान्वयन के तमाम रूपों में अनावृत कर हमारे सामने रखता है। हमें वृहत्तर खतरों के प्रति आगाह करता है, सचेत करता है। इस तरह से देखा जाए तो साहित्यिक रचना राजेश के लिए दीर्घकालीन राजनैतिक युद्ध है जो सुन्दर को बचाए रखने की जिद से लबरेज है। उसमें रचनात्मक संघर्ष की धार वह लगातार बनाए रखते हैं। राजेश का गद्य अपने समकालीनों में अनूठा है। वह कवि का गद्य है, लेकिन वह विचार के बोझ तले दब नहीं जाता। राजेश के लिए गद्य लेखन जितना वैचारिक कर्म है उतना ही सौन्दर्यात्मक भी। उनका गद्य पढ़ते हुए हम एक अद्भुत वैचारिक सौन्दर्यानुभूति से गुजरते हैं जो कि अन्यत्र दुर्लभ है। वह उन लेखकों में नहीं है जो प्रगतिशीलता के दबाव व उत्साह में माध्यम की अपनी मूल प्रवृत्ति ही भूल जाते हैं। वैचारिक लेखन में प्रतिबद्धता के साथ-साथ, सौन्दर्य व रचनात्मक आस्वाद बचाए रखना राजेश को भीड़ से एकदम अलग खड़ा कर उन्हें विशिष्ट बनाता है। चाहे वह 'एक कवि की नोटबुक' हो या चाहे 'एक कवि की दूसरी नोटबुक'। जहाँ साहित्यिक

आलोचना की ये कृतियाँ नई रचनात्मक ऊँचाइयाँ निर्मित करती हैं, वहीं 'किस्सा कोताह' कहन की सर्वथा नई शैली हमारे सामने लाता है। 'कविता का शहर' तो राजेश द्वारा लिखित ऐसी किताब है जिससे किसी को भी ईर्ष्या हो कि ऐसी उसके पास क्यों नहीं। यकीन मानिए कि यह राजेश जोशी हैं जिनकी कविता में वह एक शहर में बीस सूर्य उगा दें और हम उसे आनन्द लेकर पढ़ें। उस पर अविश्वास न करें। जाहिर तौर पर ऐसे राजेश का गद्य पढ़ना एक अलग प्रविधि व सौन्दर्य दृष्टि की माँग करता है लेकिन राजनैतिक चेतना उसके पढ़त का अनिवार्य तत्त्व है। मेरे सामने जो राजेश की किताब है 'वह हँसी बहुत कुछ कहती थी'। एक ऐसी किताब जिसमें राजेश की टिप्पणियाँ, संस्मरण, यात्रा वृत्तान्त, समकालीन परिदृश्य पर टीपें आदि हैं। कहने को तो आज की पॉपुलर भाषा में इसे कथेतर गद्य की किताब कहा जा सकता है। लेकिन किताब पढ़ के स्पष्ट होता है कि मामला सिर्फ इतना-सा ही नहीं और इतना सरल भी नहीं। हो भी कैसे सकता कवि का गद्य जो है। इस किताब की जो सबसे मजेदार बात है उसका आरम्भ और उसका अन्त। कविता और कहानी के बीच केन्द्रीयता और वर्चस्व को लेकर चल रहे तमाम समकालीन अन्तहीन बहसों के बीच यह किताब एक नया ही फेनामिना लेकर आती है। राजेश जोशी ही यह कर भी सकते थे और उन्होंने किया भी। दिलचस्प है कि किताब का पहला लेख जहाँ उड़िया आदिवासियों की एक लोककथा से शुरू होता है वहीं अन्तिम लेख बैगा जनजाति की लोककथा से समाप्त होता है। अब हम इसके निहितार्थ तलाशें तो पहली बात यह समझ में आती है कि यह प्रयोग राजेश जोशी का है तो इसे यूँ ही संयोगवश हो गया होगा नहीं माना जा सकता। दूसरा यह कि इसका डीप नैरेशन क्या है? जाहिर तौर पर आज जिस तरह विधाओं के बीच झगड़ा खड़ा किया जा रहा है वह कहीं न कहीं एक पूँजीवादी षड्यंत्र है प्रतिरोध को खाँचों में बाँटकर कमजोर करने का, इसे हमारे समय का यह वरिष्ठ 'स्टार' कवि ठीक से समझ पा रहा है। प्रतिरोध को यह पूँजीवाद सिर्फ समाज में ही नहीं वरन् उसके निर्मित स्त्रोतों में भी कमजोर कर रहा यह परिदृश्य स्पष्ट है। इसी को समझते हुए ही शायद एक बड़ा कवि अपनी किताब में तमाम विधाओं की ऐसी एकता स्थापित कर रहा जिसके उद्देश्य एक हैं। विधागत झगड़ा कभी रहा नहीं वह पैदा किया गया है। एक और बात यह भी कि समाज में सम्प्रेषण की मूल प्रवृत्ति कहानियों या उनके कहन में ही संरक्षित है। कविता उनको कहने की एक नरम या सुरुचिपूर्ण कला है। इतना ही नहीं राजेश एक समर्थ कवि व चिन्तक की तरह लोक में जो प्रगतिशील है उसे रेखांकित करते व उसके सन्देश को व्याख्यात्मक विस्तार देते हैं। इस पूरे क्रम में उनकी यह बहुविधाई किताब तैयार होती जहाँ विधाएँ एक-दूसरे में परस्पर आवाजाही करती हैं।

राजेश लिखते हैं, "मनुष्य का बुनियादी स्वप्न नहीं बदलता वह हमेशा से एक

ऐसा समाज चाहता है जिसमें ताकत, वह फिर किसी भी प्रकार की ताकत क्यों न हो, मसल्स की, अर्थ की, राजनीति की या किसी भी अन्य किस्म की ताकत, दूसरे पर शासन न करती हो, दूसरे पर अन्याय न करती हो। किसी भी तरह की गैर बराबरी उसके स्वप्न के विरुद्ध है। हमारा समय प्रौद्योगिकी का समय है। प्रौद्योगिकी का संचालन करनेवाली शक्तियों ने प्रौद्योगिकी को परिवेश के प्रति क्रूर और निरपेक्ष बनाया है। उसमें जनतांत्रिक स्पेस घटती चली गई है।" जाहिर तौर पर राजेश जोशी की यह चिन्ता वाजिब है। आजकल फेसबुक, ट्विटर आदि के माध्यम से जहाँ कि सो काल्ड जनतांत्रिक स्पेस होने का दावा किया जाता है, डाटा को किस तरह और कौन-कौन सी ताकतें किन समाज विरोधी, मनुष्य विरोधी कार्यों हेतु इस्तेमाल कर रहीं वह सबके सामने है। आज बाजार और प्रौद्योगिकी हमारे सपने सिर्फ चुरा नहीं रहे बल्कि हम कौन से सपने देखें, उन्हें किस रास्ते पूरा करें यह भी तय कर रहे। कभी राजू शर्मा ने अपने उपन्यास 'विसर्जन' में इस पूरे फेनामिना को लेकर लिखा था कि धर्मशास्त्रों के मॉडल को नए ढंग से यह व्यवस्था लागू कर रही। यानी पहले तो फलाँ पर्सेंट तक पहुँचने पर आप विकसित होंगे। यह आपका उद्देश्य हुआ। और वहाँ तक पहुँचने का रास्ता इस-इस प्रक्रिया से पूरा होगा। सब कुछ यह व्यवस्था और बाजार तय करता। यह वह समय है जहाँ सब कुछ खरीदा और बेचा जाना ही सफलता है। हम समय खरीद रहे, हँसी खरीद रहे, ऑक्सीजन और पानी खरीद रहे। हँसी, चुटकुलें आदि को लेकर इस किताब में राजेश ने लिखा है। एक तो बाजार ने हमारे हँसने का स्पेस कम कर दिया है। तनाव भरी जीवनशैली ने सबसे ज्यादा आघात हमारे समयबोध को ही पहुँचाया है। और ऐसा करके उसने इन सबका बड़ा बाजार निर्मित किया है। हमारे समय में हर मोबाइल पर सर्कुलेट होते चुटकुले एक बड़े उद्योग जगत का हिस्सा है, जहाँ हमारी श्रेष्ठ रचनात्मक प्रतिभाएँ इन्हें तैयार करने में जुटी हैं बिना यह जाने कि ऐसा कर वे प्रतिरोध के एक सर्वाधिक मारक व अचूक शस्त्र को लगातार भोथरा कर रहे हैं। इसलिए राजेश को कहना पड़ता है, "मुझे लगता है कि हँसी को मांसपेशियों की कसरत के रूप में तलाशने के बजाय, हमें प्रतिरोध की एक कार्यवाही के रूप में, एक सत्याग्रह के रूप में तलाशने की कोशिश करनी चाहिए। वरना हम एक हिंसक हँसी तक पहुँचेंगे या ज्यादा से ज्यादा एक निरर्थक हँसी तक।" दरअसल जब राजेश यह पूरी बात कर रहे होते हैं तो बीच-बीच में प्रसाद, मुक्तिबोध की स्वप्नदर्शी कविताएँ व दुनिया के तमाम साहित्य व लोककथाओं के साथ ही उद्धृत कर यह बता रहे होते हैं कि इस विराट समय में साहित्य की भूमिका किस तरह की होती और वह कहाँ से हस्तक्षेप करता है। कला या साहित्य हमारी आँखों में स्वप्न पैदा करता है, या कम से कम उस स्वप्न को देखने की इच्छा को जगाता है। जिस हँसी की बात अभी हमने ऊपर की उसको राजेश अन्य सन्दर्भों खासकर गद्य और कविता

के सन्दर्भ दूसरे ढंग से देखने की कोशिश करते हैं। कविता के रसिक कम क्यों होते जा रहे हैं, क्या आधुनिक समकालीन कविता और कहीं न कहीं गद्य भी क्या सिर्फ बेचैनी ही पैदा करना, आनन्द से क्या इसका दूर-दूर तक का रिश्ता नहीं, या कोई और कारक काम कर रहा है? बाजार से गद्य-पद्य का रिश्ता किस तरह का है आदि बातों पर गम्भीर विचार करते हैं। आधुनिक कविता के वैसे पाठक न होना जैसा कि रीतिकाल या भक्तिकाल की कविता के थे, इस सवाल की पड़ताल वह भाषा के साथ हमारे रिश्ते से करते हैं। वह लिखते हैं, "सम्भव है आधुनिक हिन्दी के साथ हमारा वह सम्बन्ध विकसित न हो पाया हो जो ब्रज या अवधी के साथ था। लेकिन पिछले सौ-डेढ़ सौ बरस में ब्रज या अवधी के साथ हमारा सम्बन्ध वही बचा है जो पहले कभी था? तो क्या हम ऐसी प्रजाति के लोग हैं जिनका साहित्य की अपनी पूर्व भाषा से रिश्ता टूट चुका है और नई भाषा के साथ अब तक बना नहीं है? तो क्या हम एक ऐसी भाषा में लिख रहे हैं जो पूरी तरह हमारे हृदय की भाषा नहीं बनी है? पर यह दिक्कत सिर्फ कविता की ही दिक्कत क्यों है? हमारी भाषा में कविता की जगह कहाँ है?" सवाल जायज है। और पूछ इसे राजेश जोशी यानी उस पीढ़ी का कवि रहा है जिसने पूर्वोक्त बातों को ही नकार कर कहीं न कहीं हिन्दी की गद्य कविता की वकालत ज्यादा करते हुए एक खास तरह की कविता को कन्डेम किया था जो लोक, छंद, गेयता व पारम्परिक आनन्दयुक्त उल्लास आदि को धारण करती थी। खड़ी बोली हिन्दी बोलियों का समुच्चय है और उसका प्राणतत्त्व जीवनरस व लोक से सिंचित होता। बिना उसके कविता लिखना अनिवार्यत: हमें ऐसे सवालों तक लेकर आएगा ही। रही बात हमारी भाषा में कविता की जगह की तो बात फिर वही कि बोलियों में गीत, लोकोक्ति, किस्से आदि तमाम माध्यमों से वह हमारे जीवन का प्रमुख व अनिवार्य अंग है। उसे वहाँ अलग से लक्षित नहीं करना पड़ता।

राजेश के गद्य की एक बड़ी खासियत यह भी है कि वह इसे मोनोटोनस नहीं बनाते। पठनीयता उसका प्रमुख गुण है। इसके लिए वह लोककथाओं, चुटकुलों, बिट्स, कविताओं का सचेत इस्तेमाल करते हैं जो इस प्रवाह की निरन्तरता बनाए रखना। साथ ही साथ औत्सुक्य भी। मित्रों पर राजेश ने बहुत ही आत्मीयता से लिखा है। विनय दुबे, वेणुगोपाल, बृजमोहन, अशोक आत्रेय आदि पर उन्होंने रोचक, मार्मिक और किस्सागोई शैली में लिखा है। इन पर लिखते हुए भी वह लेखकों की दुनिया, पटियाबाजी, राजनीति, गरीबी, बेरोजगारी संघर्ष आदि से हमें रूबरू कराते हुए चलते हैं। यह लेखक का कमरा ही हो सकता है जहाँ कभी ताला नहीं लगता। वस्तुत: कमरा क्या सराय ही था एक तरह से। जिस युवापन से होकर राजेश जोशी गुजरे हैं वही उन्हें आज के युवाओं की स्थिति पर सोचने को बाध्य करता है। तब की युवा पीढ़ी सामाजिक-राजनैतिक व साहित्यिक आन्दोलनों

से पककर निकली युवा पीढ़ी थी। वह राजनैतिक चेतना सम्पन्न थी जो लोगों के बीच जाकर काम करती थी। वर्चुअल स्पेस में क्रान्ति नहीं करती थी। इसीलिए राजेश लिखते हैं, "युवाओं से लड़ने का विचार छीन लिया गया है। अब वह एक सामूहिक संगठित शक्ति नहीं है। उसे बहुत काँइयाँपन के साथ बाँटा जा रहा है। इसका सबसे बड़ा अस्त्र शिक्षा है। शिक्षा में बहुत तेजी और चालाकी के साथ किए गए परिवर्तनों ने उसे भौचक्क कर दिया है। वह न तो इसके खिलाफ बोल पा रहा है, न किसी किस्म का राष्ट्रव्यापी आन्दोलन खड़ा हो पा रहा है।" वास्तव में यह सही है कि निजीकरण आपदा में अवसर के नाम पर अन्य तरीकों से किया जा रहा है उसमें शिक्षा का निजीकरण पहले स्थान पर है। शिक्षण संस्थान खासकर विश्वविद्यालय ही वह स्थल होते हैं जहाँ विचारों व संघर्षों की ताप में तपकर युवा पीढ़ी प्रतिरोधी चेतना से सम्पृक्त हो राष्ट्र, सरकार, व्यवस्था आदि पर सवाल खड़े करती, मुठभेड़ करती। व्यवस्था विश्वविद्यालयों को अनुशासित स्कूलों में तब्दील का सतत उपक्रम चलाए हुए है। स्किल के नाम पर, रोजगार के नाम पर, शब्द व संस्कृति, आत्मनिर्भर आदि अवधारणाओं को उछालकर उसे उसके सामाजिक कंसर्न से लगातार विमुख करती यह व्यवस्था युवाओं को बाजार के प्रोडक्ट व सत्ता के एजेंट में तब्दील कर रही है। यानी जो राजेश कह रहे हैं कि वह अब एक सामूहिक संगठित शक्ति नहीं हैं तो उसका आशय इस पूरी परिघटना से ही है। हालाँकि इन सबके बावजूद वर्तमान राष्ट्रीय व शैक्षिक परिदृश्य इस बात की सूचना देता है कि युवाओं की स्थिति अभी इतनी बुरी नहीं है। भारत, अमेरिका, म्यांमार, हांगकांग आदि तमाम देशों में संघर्षरत युवा यह बता रहे कि संघर्ष की रौशनी थमी नहीं है। युवा अब भी अपने प्रतिरोध व संगठन को बचाए हुए हैं। साहित्य भी अपने हिस्से का काम करने का भरपूर प्रयास कर रहा है। अगर ऐसा न होता तो तमाम साहित्यकार पुरस्कार न लौटा रहे होते, बुद्धिजीवी, सामाजिक कार्यकर्ता मारे न जा रहे होते और सत्ता-विरोधी कविता, कहानी लिखनेवाले युवा साहित्यकार, पोस्टर बनाते छात्र ट्रोल व गिरफ्तार न किए जा रहे होते। पर फिर भी यह भी उतना ही सत्य है कि आज युवा कैरियर पहले देखता। समाज के लिए कैरियर कुर्बान करने वाले लेखक व युवा घटे ही हैं। फिर भी जैसा कि म्यांमार यात्रा-वृत्तान्त में राजेश ने लिखा है कि 'आंग सान सू की से कौन डरता है?' उत्तर दिया सब डरते हैं। वैसे ही साहित्य, कला, प्रतिरोध व युवा शक्ति से यह व्यवस्था डरती है। इसीलिए राजेश बहुत साफ-साफ लिखते हैं, "मुझे लगता है कि जिस सृजनात्मक साहित्य, कला और संगीत को बाजार कमोडिटी में तब्दील नहीं कर पाता वह उससे डरता है। वह उसके खिलाफ तरह-तरह के प्रपंच रचता है, बाजार का यह डर दिनोंदिन बढ़ रहा है। वह मनुष्य की सृजनात्मकता को एक निरर्थक चीज के रूप में पेश करने की कोशिश कर रहा है। वस्तुतः बाजार का यह प्रचार ही बाजार की पराजय

का प्रमाण है।" बाजार साहित्य को कमोडिटी में तब्दील कर ही नहीं सकता अगर वह सही मायने में साहित्य है। क्योंकि एक तो साहित्य प्रतिपक्ष की चीज है दूसरा उसका जन्म ही करुणा से हुआ है। और करुणा वहीं उत्पन्न होगी जहाँ कुछ गलत हुआ या हो रहा होता है। इसीलिए कला और साहित्य से भी आंग सान सू की तरह सब वर्चस्वशाली ताकतें डरती हैं।

राजेश ने हिन्दी-उर्दू बहस पर भी लिखा है। इस सवाल पर कि उर्दू की लिपि देवनागरी कर दी जाए पर वह बेइंतहा खूबसूरत वाक्य लिखते हैं, "मुझे लगता है कि लिपियाँ एक तरह की कला शैलियाँ भी हैं। इसलिए उन्हें बचाया जाना जरूरी है।" ऐसा वाक्य एक संवेदनशील, सौन्दर्यधर्मी, भविष्य-द्रष्टा कवि ही लिख सकता है जिसकी चिन्ताओं में समाज के साथ-साथ कला भी उतनी ही शामिल है।

राजेश अपनी कहानियों में जिस किस्सागोई की शैली का इस्तेमाल करते हैं वहीं वह गद्य में संस्मरणों, निबन्धों आदि में भी प्रयोग करते हैं। विनय दुबे पर लिखते हुए वह कहते हैं, "किस्सों का मजा इसी बात में है कि वो जिस भी शक्ल में आपके पास आए आप उसे कबूल कर लें और मजा लें। सच जानने का जोखिम वो उठाएँ जिन्हें आत्मकथा या इतिहास लिखना हो। मेरे लिए किस्से मिथक की कच्ची मिट्टी की तरह हैं। पक जाए तो ठीक न पके तो ठीक।" इस कथन से एक बात तो स्पष्ट होती है कि कम से कम गद्य में राजेश पारम्परिक यथार्थवादी शिल्प के बहुत आग्रही नहीं हैं और यह आग्रही न होना ही उनके गद्य को अलग पठनीयता व सौन्दर्य प्रदान करता है। राजेश अपने गद्य खासकर संस्मरणात्मक या यात्रा-वृत्तान्त वाले गद्य में जितना बताते हैं उतना छुपाते भी हैं। मसलन एक जगह वह बताते हैं कि मैं चुनाव लड़ रहा था। अब आप पूरा लेख पढ़ जाइए वह यह नहीं बताते कि वह चुनाव हारे थे या जीते थे। आप उनका लेख खत्म होने के भी इस विषय पर सोचते रहते। दरअसल यह एक टेक्नीक या प्रविधि की तरह बरतते राजेश जोशी कि आपको अपने लिखने की संरचना में उलझाए रखना या कैद रखना, उसके जादू से बाहर न आने देना। इस तरह चीजों पर दीर्घकाल तक सोचने को विवश रखना। वेणुगोपाल या अन्य मित्रों पर पढ़ते हुए यह भी लगता कि राजेश जो बात कर रहे हैं उसकी निरन्तरता को भंग कर या उसे वहीं छोड़कर और दूसरी बात उनसे ही जुड़ी हुई करने लगते हैं। दरअसल यह गद्य और पद्य की अपनी संरचनात्मक प्रॉब्लम के चलते होता। कविता कई बार भाव का स्फुरण होती। पर बहुत बार स्फुरण नहीं होता। छोटी कविता का शिल्प उसके लिए मुफीद होता। जिसमें आदि, अन्त, मध्य या कि कसी संरचना की बहुत जरूरत नहीं होती। जबकि गद्य खासकर कथात्मक गद्य एक निश्चित श्रृंखलाबद्ध संरचना मानस। राजेश का कवि रूप जब कई बार गद्य में कुछ ज्यादा हावी होता तब मुझे लगता कि ऐसी विश्रृंखलित संरचना वाला गद्य तैयार होता। जिसे पढ़ने का अपना अलग सुख

है। राजेश की कविता की खासियत उनकी पंच लाइन है। गद्य में वह पंच लाइन से बचते हैं। यह भी अलग संरचना के चलते है। पद्य में मितकथन ज्यादा प्रभावी होता। गद्य में व्याख्या की अपनी डिमांड रहती।

मकाऊ यात्रा-वृत्तान्त बहुत दिलचस्प ढंग से लिखा गया है। किन्तु इसकी अन्तिम पंक्तियाँ रुकने और सोचने को कुछ ज्यादा ही विवश करतीं। "एक छोटा-सा शहर जो एक अलग देश था और अभी एक अलग क्षेत्र है देखना एक अलग अनुभव था। पता नहीं अगले पचास साल में जब यह पूरी तरह चीन का हो जाएगा, कहीं न कहीं एक सन्देह मन में पैदा होता है कि चीन मकाऊ को अपनी तरह बना लेगा या यह छोटा-सा पश्चिमी द्वार चीन की संस्कृति और उसकी समाजवादी क्रान्ति को धीरे-धीरे घुन की तरह खा जाएगा।" राजेश जी जिस दशक के कवि हैं या जिस पीढ़ी के कवि हैं उसके मन में शायद चीन के समाजवाद को लेकर कुछ अच्छे सपने या धारणाएँ रही हों जिसका प्रतिबिम्बन यह पंक्तियाँ करती हैं। पर हमारी पीढ़ी या हमारे समय का कोई व्यक्ति इस सदाशयी आशावादी पंक्तियों पर हँसेगा ही। क्यों चीन कैसा है, वहाँ का समाजवाद कैसा है, उइगरों पर क्या रहा, तिब्बत में क्या हुआ आदि सब कुछ सबके सामने है। आज चीन दुनिया का सबसे ज्यादा तानाशाही पूँजीवादी देश है समाजवाद की आड़ में।

इस किताब में राजेश ने अनामिका के उपन्यास 'दस द्वारे का पींजरा' पर भी नए सन्दर्भों में लिखा है। जिसने भी 'आखिरी कलाम' पर उनका लिखा पढ़ा है वह जानता है कि राजेश की आलोचना दृष्टि कैसी है। अनामिका के उपन्यास पर उनका लिखा यह आलेख उपन्यास आलोचना की नई दृष्टि प्रदान करता है।

राजेश जोशी ने इसी किताब में लिखा है कि उठा हुआ हाथ हमारे समय का सबसे सकारात्मक बिम्ब है। ठीक यही बात इस किताब और उनके लेखन पर भी लागू होती है। एक ऐसे समय में जबकि जनतंत्र और प्रतिरोध का स्पेस लगातार सिकुड़ रहा है, आक्रोश प्रार्थना में तब्दील हो चुका है, क्रान्तिकारिता समझौते कर रही है ऐसे में राजेश की यह किताब और उनका लेखन असहमति में उठा हुआ वही हाथ है। खासियत यह भी कि इस हाथ की मुट्ठी तनी हुई है किन्तु काँख दबी हुई नहीं है।

कविता में शहर की खोज

रमाशंकर सिंह

भारत की आजादी से एक वर्ष पहले पैदा हुए राजेश जोशी का रचना-संसार देश के अनुभवों की कहानी कहता है। उन्होंने बच्चों और बूढ़ों के लिए लिखा, अनुवाद और सम्पादन का काम किया लेकिन प्राथमिक रूप से वे कवि ही बने रहे। कवि का आशय कवि के व्यक्तित्व और उसकी चिन्तन प्रक्रिया से है। किसी सजग कवि की तरह अपनी कविता में उन्होंने देश से संवाद किया है, उनकी कविता पढ़ते हुए यह बात कोई भी लक्षित कर सकता है। इसी के साथ एक अच्छे पाठक की तरह उन्होंने अपने पूर्ववर्ती, समकालीन और अपने बाद में आए कवियों की कविता को ध्यान से पढ़ा और गुना है। 'कविता का शहर : एक कवि की नोटबुक' उनके इसी अध्यवसाय का प्रतिफल है। इस किताब को सबसे पहले मैंने शिमला स्थित भारतीय उच्च अध्ययन संस्थान में देखा था। वहाँ वे 2014 में नेशनल फेलो थे और इसी फेलोशिप के अधीन उन्होंने यह काम किया था। इससे पहले मैंने उन्हें व्यवस्थित रूप से कभी नहीं पढ़ा था, हाँ, उन्हें 2014 के शुरुआती महीनों में इलाहाबाद में एक चुटकुला सुनाते हुए देखा था और तद्भव में छपा उनका गद्य पढ़ा था। चुटकुला तानाशाह, टिकट और थूक के बारे में था। इस चुटकुले में जनता उस टिकट पर छपी तानाशाह की तस्वीर पर थूक लगाने लगती है और जहाँ गोंद लगी थी, उस सतह को वैसे ही छोड़ देती है। और जैसा होना था : लिफाफे पर टिकट नहीं चिपकता है। इस प्रकार राजेश जोशी बता रहे थे कि जनता अपनी सामान्य बुद्धिमत्ता के द्वारा तानाशाहों के आदेशों से निपटने की जुगत निकाल लेती है। हिन्दी कविता के बहुत सारे पाठकों की तरह मैंने भी उनकी 'मारे जाएँगे' और 'बच्चे काम पर जा रहे हैं' जैसी मशहूर कविताएँ पढ़ रखी थीं।

इधर पिछले एक वर्ष में उनकी कविताओं को मैंने विधिवत पढ़ा और मेरी तात्कालिक एवं कच्ची सी प्रतिक्रिया यही थी कि राजेश जोशी शहरी संवेदना के कवि हैं। उनके गद्य से मिलान करने पर भी मुझे यही लगा लेकिन यह बात ठीक नहीं है। वे भोपाल में रहते हैं, शहरों और उनके निवासियों के बारे में लिखते रहे हैं—ऐसा

सोचकर उन्हें शहरी संवेदना का कवि कह देना जल्दबाजी होगी जैसे पिछले वर्ष में कुछ उम्रदराज आलोचकों ने अपने मित्रों को किसान कवि कह दिया और जब वे अपनी ही स्थापना पर पाँच मिनट भी कायम नहीं रह पाए तो कह दिया कि अमुक कवि में 'कहीं न कहीं उनमें एक किसानीपन है!' यह तो कुछ वैसी ही बात हुई कि कोई कवि ग्रामीण चेतना का कवि इसलिए है क्योंकि उनका घर गंगा नदी के किनारे एक गाँव में है। ऐसी बातें कविता की आलोचना का नुकसान तो करती ही हैं, वे कविता की आस्वाद प्रक्रिया को भी भ्रष्ट करती हैं।

राजेश जोशी की कविता की जो बात मुझे आकर्षित करती है, वह है उनका चुना हुआ साहित्यिक जीवन। यह जीवन ही कवि को इस या उस शहर से सम्बद्ध करता है। उन्होंने 'अपने समय' से लगातार बहस की है, उसे एक साहित्यिक रिस्पॉन्स के रूप में अपनी कविता में दर्ज किया है। हालाँकि, यह बात हर बड़े रचनाकार, कलावंत या समाज विज्ञानी के लिए कही जा सकती है। यहाँ मैं केवल राजेश जोशी के सन्दर्भ में यह बात कह रहा हूँ। 'समय' के बारे में खुद राजेश जोशी कहते हैं कि 'समय बड़ी दुष्ट चीज है, आसानी से पकड़ में नहीं आता।' यहाँ 'दुष्ट' शब्द किसी नकारात्मक अर्थ में नहीं है बल्कि समय अपने विस्तार में मनुष्य को तुच्छ साबित करने का प्रयास करता है और उधर, जयशंकर प्रसाद के शब्दों में, 'मनुष्य भी उससे होड़ लगाए रहता है।' इस संघर्ष में कोई मनुष्य कोशिश करके भी अपने समय को ठीक से जान नहीं पाता है। वह हर बार हाथ से, कल्पना से छिटक जाता है। कभी-कभी हम इसमें आंशिक रूप से सफल हो पाते हैं और समय की आभा हमारे हाथ आती है। इसीलिए एक ही दौर में जीवित और सक्रिय लोग अपने समय को अलग-अलग दर्ज करते हैं। समय को दर्ज करने की उनकी प्रविधि और उससे बर्ताव ही उन्हें विशिष्ट बनाती है। राजेश जोशी भी यही कर रहे हैं—कवि धर्म का निर्वाह करते हुए अपने समय को समझने की कोशिश। इसे हमें पहले उनकी कविता में देख लेना चाहिए जिससे उनके द्वारा दूसरे कवियों के बारे में लिखी हुई बातों को समझने में आसानी होगी। इसके बाद राजेश जोशी के उस 'समय-पाठ' को देख सकते हैं जिसे उन्होंने दूसरे कवियों की कविताओं को पढ़ने के दौरान लक्षित किया है।

'सलीम और मैं और उनसठ का साल' उनकी मशहूर कविता है। यह दो भागों में है। इस कविता में एक जगह वे लिखते हैं—

बच्चे मार डाले गए
फूल मार डाले गए
शब्द मार डाले गए
कि सर्राफा बच गया।

मामला यहीं तक खत्म नहीं हुआ बल्कि इसने लोगों को अलग कर दिया। उनका आपसदारी वाला जीवन समाप्त हो गया। सभ्यताओं के इतिहासकार पुरातात्त्विक अवशेषों में शहर को ढूँढ़ते रहते हैं, उसे पाकर वे बहुत खुश होते हैं। यहाँ तक कि शहर सभ्यता की चरम उपलब्धि कहे जाते रहे हैं। उन्हें मानवता के विकास से भी जोड़ा जाता है। याद कीजिए 1920 का वह दशक जब भारत में सिन्धु सभ्यता के शहर एक-एक कर प्रकाश में आने लगे तो भारतीयों का आत्मविश्वास कितना ऊपर पहुँच गया था। यह कोई अनायास नहीं था कि जवाहरलाल नेहरू ने इसे 'भारत की कहानी का उषाकाल' कहा था। जिन शहरों से भारत की कहानी का यह उषाकाल आरम्भ हुआ, उनमें आगे चलकर ढेर सारी अधजली गलियाँ मिलने लगीं। आप देखिए कि भारत में धार्मिक वैमनस्य ने शहरों को अन्दरूनी रूप से कई-कई भागों में बाँट दिया, कोई खास इलाका एक खास धर्म, उसके राजनीतिक और सामाजिक झुकाव को प्रकट करने लगा। आर्थिक विभाजन तो पहले से थे ही...।

दंगाग्रस्त शहर की कटी-पिटी हवाओं
और जली-अधजली गलियों से निकलते हुए
हम दो लँगोटिए यार
शहर के दो विपरीत ध्रुवों की ओर चले गए
दो विपरीत अँधेरों की ओर।

इधर पिछले तीस वर्षों में, 1992 और उसके बाद भारत के शहरों में अँधेरा और भी गाढ़ा हुआ है। यह तो हुई सीधे-सीधे साम्प्रदायिकता की बात लेकिन शहर से मनुष्य का अनुभव तो अन्य रंगों में भी रँगा हुआ है। उसका हर नागरिक उससे नाभि-नालबद्ध है। कोई उसे टूटकर प्यार करता है तो कोई उसमें अपने आपको बेगाना पाता है। रोजी-रोटी की मुश्किलें इस बेगानेपन के बावजूद उसे शहर से भागने नहीं देतीं। इन दुनियावी बातों के साथ कवियों का अपना एक शहर है जो डिजाइन के किसी प्रोफेसर के 'स्मार्ट सिटी' से भिन्न होता है। वह एक ज्ञानमीमांसीय तरीके से शहर के सामाजिक-राजनीतिक झुकावों और उसकी प्राथमिकता को दिखाता है। इससे भी ज्यादा वह कवि के साथ शहर के रिश्ते को परिभाषित करता है।

इस किताब में कोई अध्याय योजना नहीं है बल्कि एक कवि की दूसरे अन्य कवियों की शहर सम्बन्धी समझ और बरताव पर कुछ टिप्पणियाँ हैं। ये टिप्पणियाँ दो दृष्टियों से महत्त्वपूर्ण हैं : एक तो शहर पर विभिन्न कवि क्या सोचते हैं, उनकी कविता में कोई शहर कैसे अपना रूप पाता है और उन कवियों पर एक दूसरा कवि क्या सोचता है। किताब की पहली ही टिप्पणी है : कविता का नगर, वास्तविक नगर से एक भिन्न स्पेस है। राजेश जोशी लिखते हैं कि कविता का नगर किसी नगर का विवरण मात्र नहीं, एक पुनर्रचित नगर है जिसे कवि की जीवनदृष्टि, जीवनानुभव,

स्मृतियों और कल्पना की उड़ान ने रचा है।

इसमें दो तरह की कविताओं पर चर्चा है। एक में शहर केन्द्रित कविताओं पर बात की गई है जिसमें शहर अपने नाम के साथ, अपनी ऐतिहासिक स्मृति और समाज के साथ मौजूद है। दूसरे किस्म की कविताएँ शहरों के मिजाज, उसको बनाने वालों और बिगाड़ने वालों के बारे में हैं।

कभी-कभी शहरों के बारे में कवियों और कलावंतों में एक नॉस्टेल्जिया भी देखी जा सकती है : आह बनारस, वाह बनारस टाइप की। आधुनिक समय में शहरों पर लिखी गई कविताओं में यह देखा जा सकता है। कविता के अन्दर शहरों की विभिन्न छवियों को देखते हुए पहले तो लगता है कि यह छवि तो कवि ने सृजित की है लेकिन बाद में पता चलता है कि यह तो एक प्रदत्त छवि है जिसका कवि पुनरुत्पादन कर रहे हैं। बनारस, भोपाल, इलाहाबाद, लखनऊ, कोलकाता और दिल्ली शहरों की उन प्रदत्त छवियों को कभी-कभी कवियों ने जाने-अनजाने स्वीकार कर लिया है जिसे अंग्रेजी उपनिवेश ने सृजित किया था। वे अपने पाठक को वही शहर सौंपते हैं जिसे वह पहले ही जानता है और पाठक भी कह उठता है : अरे वाह, मुझे मेरा शहर मिल गया। कविता के शहर की यह प्रदत्त छवि उत्तर औपनिवेशिक भारत की भी हो सकती है। 'दिल्ली' और 'नई दिल्ली' के बारे में लिखते हुए राजेश जोशी इस पर चर्चा करते हैं।

कविता के साथ यह अच्छी बात है कि जिसे औपचारिक इतिहास में नहीं लिखा जा सकता है, उसे कविता में दर्ज किया जा सकता है। वैसे एशिया का इतिहास कविताओं में कहीं ज्यादा सुन्दर तरीके से दर्ज किया गया है। संस्कृत कविता की एक सुदीर्घ परम्परा से इसे समझा जा सकता है जिसकी ओर यह किताब इशारा भी करती है। वाल्मीकि, कालिदास और बाणभट्ट की कविताओं में शहरों का इतिहास चला आया है। इस प्रकार कविता दीर्घावधि का इतिहास (लांग-ड्यूरे) का साधन बन जाती है। कवि राजेश जोशी इसे बखूबी जानते हैं इसलिए वे शहरों पर बात करते समय भारतीय कविता के इस पक्ष पर लगातार आँख लगाए रहते हैं और समकालीन कवियों को भी पढ़ने की सलाह भी देते हैं। इस प्रकार यह किताब एक खूबसूरत ऐतिहासिक संवाद में बदल जाती है।

'देखी तुमरी कासी' में वे सही ही कहते हैं कि एक प्राचीन नगर जब आज की कविता में पुनर्सृजित होता है तो उसमें कई छवियाँ स्वाभाविक रूप से एक-दूसरे से मिलती-जुलती होती हैं लेकिन वह उसके मिथकीय सन्दर्भों और वर्तमान यथार्थ की छवियों के युग्म बनाने और उनकी व्याख्याओं में बदल भी जाती हैं। इसलिए हर कवि की कविता का अपना नगर भी अलग होता है। भारतेन्दु, प्रसाद, त्रिलोचन, प्रभाकर माचवे, केदारनाथ सिंह से लेकर सत्तर के दशक के कवि ज्ञानेन्द्रपति और लगभग नब्बे के दशक में आए अष्टभुजा शुक्ल की कविता को सामने रखें तो काशी

की छवियों का एक विविधवर्णी कोलाज बन जाता है। एक प्रकार से यह कविता उस भौतिक काशी के बारे में है जिससे भारत के लोग परिचित हैं और वह काशी भी है जो दिखाई तो नहीं पड़ती है लेकिन लोगों के मनोजगत में मौजूद रहती है। वे आगे लिखते हैं, "कविता का काशी यथार्थ के काशी को उसके अनेक ढके-छिपे सत्यों में पढ़ने की कोशिश करता है। यह वास्तविक नगर का ज्यादा अर्थगर्भी पाठ प्रस्तुत करता है।" अष्टभुजा शुक्ल की कविता 'यह बनारस है', बदलते बनारस का नया पाठ है—

सभ्यता का जल यहीं से जाता है
सभ्यता की राख यहीं आती है।

अष्टभुजा की कविता आगे चलकर बनारस के बहुभाषी पक्ष पर बात करती है, उसकी अन्तर्वलयित छवियों को पाठक के सामने रखती है और एक सामान्य दर्शनार्थी की भावदशा को प्रकट करती है लेकिन ज्ञानेन्द्रपति बनारस की जटिलता पर कहीं समग्रता पर विचार करते हैं। राजेश जोशी लिखते हैं, "ज्ञानेन्द्रपति की किसी कविता या कविता के किसी अंश को उद्धृत करना थोड़ा कठिन है। सारी कविताएँ जैसे एक-दूसरे से जुड़ी हैं और सब मिलकर उस वृहत् लैंडस्केप को बनाती हैं। उसमें विगत समय में नगर के लगातार बनने-बिगड़ने के दृश्य हैं। कई मार्मिक और दिलचस्प छवियाँ हैं।" 9 अप्रैल, 2021 को जब मैं यह लेख लिख रहा हूँ तो अखबारों में एक खबर छपी है कि बनारस की एक स्थानीय अदालत ने कहा है कि इस बात की जाँच की जाए कि क्या ज्ञानवापी मस्जिद के नीचे कोई और संरचना विद्यमान है? अदालत ने भारतीय पुरातत्त्व सर्वेक्षण को निर्देशित किया है कि वह अपने खर्च पर खुदाई करे और अदालत को वस्तुस्थिति से अवगत कराए। यह सब पहले हो चुका है और अयोध्या में इसे पूरी दुनिया ने देखा। इस बारे में अनुमान लगाने में बहुत ज्यादा कल्पनाशक्ति की आवश्यकता नहीं है कि आगे क्या होगा और बनारस का लैंडस्केप तो बदलेगा ही, वे सम्बन्ध भी बदल जाएँगे जिनके बारे में राजेश जोशी ने कहा था कि इसके बाद दोनों दोस्त अपने-अपने अँधेरों में चले गए। कल फिर लोग बनारस से सम्बन्धित कविताओं को पढ़ेंगे और उसमें भौतिक-अभौतिक बनारस ढूँढ़ेंगे। एक कवि भला और क्या कर सकता है? वह अपने पाठक को समय के किसी टुकड़े में अवस्थित कर देता है।

तो 1992 के बाबरी मस्जिद विध्वंस के बाद अयोध्या पर कवियों ने खूब लिखा है। इन कविताओं में उनका गुस्सा, पीड़ा और क्षोभ देखा जा सकता है। अयोध्या से सम्बन्धित ये कविताएँ न केवल इस प्राचीन शहर की तासीर बताने का प्रयत्न करती हैं बल्कि भविष्य के उस भारत की कल्पना भी प्रस्तुत करती हैं जैसा भारत के कवि चाहते हैं। ये कविताएँ शहर से कवियों की नाभि-नालबद्धता के बारे में हैं

ही, वे उसके अन्दर सामान्य लोगों की आकांक्षाओं की गवाही भी देती हैं। राजेश जोशी इसे लक्षित करते हुए लिखते हैं कि अयोध्या आज के कवि के लिए किसी मिथकीय आख्यान का आदर्श नगर नहीं है। आज की कविता के लिए अयोध्या एक ऐसा कविता-नगर है जिसमें प्राचीन कविता के मिथकीय आख्यान के सन्दर्भ भी हैं और हमारे समय का यथार्थ भी। लेकिन आज की कविता अयोध्या को आख्यान की आवश्यकता के अनुरूप एवं काल्पनिक स्पेस में रूपान्तरित नहीं करती। वे अनिल कुमार सिंह की कविता को उद्धृत करते हैं—

हम उसे पत्नी की तरह प्यार करते हैं
बच्चों की तरह दुलारती है वह हमें
क्या राम भी राक्षसों के हवाले कर सकते थे इसे कभी
अगर वे सचमुच रहते होते इस शहर में?...
अयोध्या एक शहर का नाम है
जंगल में नहीं है अयोध्या।

शहरी स्पेस को लगातार साम्प्रदायिक स्पेस में बदलते जाने की यह कहानी बड़े शहरों में भी दोहराई गई है लेकिन वहाँ छोटे शहरों की अपेक्षा रोजी-रोजगार ज्यादा है, लोग उधर ज्यादा जाते हैं और लम्बे समय तक बस जाते हैं। यह एक स्थायी किस्म की संस्कृति को जन्म देती है। दिल्ली और कोलकाता (पहले कलकत्ता) के बारे में यह बात एक हद तक लागू भी होती है लेकिन इसी अनुपात में अकेलापन, संत्रास और बेचारगी भी जन्म लेती है। राजेश जोशी दिल्ली और नई दिल्ली के बीच की सांस्कृतिक टूटन को रेखांकित करते हुए लिखते हैं कि हिन्दी की समकालीन कविता में 'नई दिल्ली' ही ज्यादा दर्ज हुई है। इसका कारण 'नई दिल्ली' का शक्ति केन्द्र बनना भी है जिसे रघुवीर सहाय ने 'दिल्ली मेरा परदेस' दर्ज किया था। 1960 के दशक की नई और पुरानी दिल्ली 1970 तक पहुँचते-पहुँचते, असद जैदी के शब्दों में, हृदय विदारक नगर बन चुकी थी!

इसके बाद उन कविताओं की बारी आती है जो किसी एक शहर के बारे में तो नहीं हैं बल्कि भारत के शहरों की सामान्य विशेषता को ध्वनित करती हैं। मसलन अब हर किसी शहर में सुभाष नगर, महात्मा गांधी नगर या तिलक नगर हो सकता है(इधर शहरों के मोहल्लों के नामकरण में नए नायक उभरे हैं जिनके नाम पर शहरों के हिस्सों का न केवल नाम रखा जा रहा है बल्कि उन्हें पुनर्रचित किया जा रहा है)। उनको 1990 के बाद की नई अर्थनीति और उससे उपजी मध्यवर्गीय समाजनीति ने बदल दिया है। एक ही नगर में कई-कई नगर हमेशा विद्यमान रहे हैं, यहाँ तक कि सिन्धु सभ्यता में नगरों की सामाजिकी पर शोध करते समय पुरातत्त्वविदों ने नौकरों के कमरों (सर्वेन्ट्स क्वार्टर्स) की ओर ध्यान दिलाया है। इधर के शहरों में

सर्वेन्ट्स क्वार्टर्स नहीं बल्कि स्लम बढ़े हैं। कामगारों की तरफ भारत के शहरियों ने अपनी पीठ कर ली है। राजेश जोशी बद्री नारायण की यह कविता उद्धृत करते हैं—

सुभाष नगर मुहल्ला है ऐसे लोगों का
जिन्होंने बनाई हैं वे सड़कें
जिन पर वे निश्चिन्त हो नहीं चल सकते...

वे रहेंगे इस शहर के नागरिक समाज के भीतर अपराधबोध बनकर। हालाँकि, यह विषयान्तर होगा लेकिन यह कहा ही जाना चाहिए कि 2020 के कोरोना संकट ने मजदूरों के प्रति शहरियों के अपराधबोध को भी खत्म कर दिया और लाखों मजदूर तपती हुई सड़कों पर चल पड़े।

उस समय जब शहर और गाँव के बीच सामाजिक, आर्थिक, राजनीतिक द्वंद्व तीखे हुए हैं, भारतीय जन के एक बड़े हिस्से का एक पैर गाँव में दूसरा शहर में फँसा हुआ है, वैकल्पिक जीवन-दृष्टियों और प्रयोगों को या तो उपेक्षित होना पड़ा है या कलंकित तब ऐसी किताबों की जरूरत और भी बढ़ जाती है। भारत की विविधता को उसके शहर परिरक्षित करते रहे हैं। नए प्रकार के भवनों, शॉपिंग माल और एक ही तरह के भद्दे फ्लाई ओवरों ने उसे समरूप करने की जैसे मुहिम चला रखी हो। इसे आज की राजनीति और उसके गर्भ से निकले भू-माफिया और ठेकेदार त्वरण प्रदान करते हैं। लगता है कि यह कोई नया देश बन रहा है जिसका उद्घाटन हर बार कोई सत्ताधारी नेता कर रहा है। शहरों को पूरी तरह से बदलकर उनकी स्मृतियों को पोंछ देने की कोशिशों के इस दौर में, भारत के बनने की कहानी को उसके कवियों की जुबानी सुना जा सकता है। इस लिहाज से यह एक सुन्दर किताब है।

राजेश जोशी की कहानियाँ

जगन्नाथ दुबे

हिन्दी साहित्य में राजेश जोशी की पहचान एक कवि की है। उन्होंने कहानियाँ भी लिखी हैं यह कम लोगों को पता है। उनकी कहानियाँ एक मँजे हुए कथाकार की कहानियों जैसा सुख देती हैं और उनके दो कहानी-संग्रह प्रकाशित हैं, यह और भी कम लोगों को पता है। राजेश जोशी की कहानियों को पढ़ते हुए मेरे मन में यह सवाल आया कि आखिर उनकी कहानियों की चर्चा हिन्दी समाज में उस रूप में क्यों नहीं हुई जिस रूप में होनी चाहिए? अलग-अलग लोगों के पास इसका अलग-अलग जवाब होगा। मुझे जो जवाब मिला वह यह कि राजेश जोशी के कवि व्यक्तित्व ने उनके दूसरे व्यक्तित्व के साथ अन्याय किया है। राजेश जोशी द्वारा लिखी गई नोटबुक समकालीन हिन्दी साहित्य के विविध रूपों का जैसा पर्यवेक्षण करती है वैसा अन्यत्र दुर्लभ है। 'वह हँसी बहुत कुछ कहती थी' जैसी किताब उनके सचेत बौद्धिक नागरिक धर्म का प्रमाण प्रस्तुत करती है। यही नहीं उन्होंने 'जादू जंगल', 'अच्छे आदमी' और 'कहन कबीर' जैसे नाटकों का लेखन भी किया है, लेकिन उनका कवि व्यक्तित्व इतना प्रभावी और मजबूत है कि दूसरी विधाओं में किया गया लेखन प्रायः अचर्चित ही रहा। इसीलिए जब अनिल त्रिपाठी जी ने मुझसे मेरे प्रिय कवि पर लिखने को कहा तो मैंने अपनी प्रिय विधा (कविता) पर न लिखकर कहानी पर लिखने का प्रस्ताव दिया। प्रस्ताव तक तो बात ठीक थी, मेरे भीतर भी उत्साह था लेकिन ज्यों-ज्यों राजेश जी की कहानियों को पढ़ता गया त्यों-त्यों एक नए तरह की उलझन में फँसता गया। इस उलझन से निकलने के क्रम में जो बातें समझ में आईं उन्हें यहाँ दर्ज कर रहा हूँ। राजेश जोशी की मूल चेतना एक कवि की है। वे जब दूसरी विधाओं में लेखन करते हैं तो उनकी कवि-चेतना उनके साथ वैसे ही शामिल रहती है जैसे शमशेर की कविताओं में एक कलाकार शामिल रहता है। उनके अब तक दो कहानी-संग्रह (सोमवार तथा अन्य कहानियाँ और कपिल का पेड़) प्रकाशित हो चुके हैं। इन संग्रहों के अतिरिक्त जहाँ वे एक कथाकार की तरह लेखन करते हुए दिखाई देते हैं वह है 'किस्सा कोताह' और 'वह हँसी बहुत

कुछ कहती थी'। इनकी कहानियों का एक चयन 'मेरी चुनिन्दा कहानियाँ' नामक शीर्षक से साहित्य भंडार से प्रकाशित है।

एक कथाकार के रूप में राजेश जोशी ने कस्बाई और शहरी मध्यवर्गीय जीवन-यथार्थ को अपने लेखन का आधार बनाया है। इसे वे अलग-अलग कहानियों में अलग-अलग तरीके से व्यक्त करते हैं। ऐसे में यह कहा जा सकता है कि कस्बाई और शहरी मध्यवर्गीय जीवन अपनी सम्पूर्णता के साथ इन कहानियों में उपस्थित हुआ है। एक कवि के रूप में राजेश जी जहाँ सत्ता-संरचना की जटिलता और भारतीय लोकतंत्र और भारतीय राष्ट्र-राज्य में हाशिए पर पड़े नागरिक के पक्ष में खड़े दिखाई देते हैं वहीं अपनी कहानियों में वे मध्यवर्ग की सम्पूर्ण दकियानूसी को व्यक्त करते हैं। ऐसा करते हुए जैसे वे हाशिए पर पड़े उस नागरिक से मुखातिब हों और यह कह रहे हों कि देखो तुम्हारी ऐसी दशा के असल गुनहगार ये लोग ही हैं। मध्यवर्ग की शुतुरमुर्गी गर्दन हमेशा जमीन के नीचे ही धँसी रहती है। यही कारण है कि उसे अपने आसपास की भी किसी गतिविधि की कोई खबर नहीं होती। अपने ऊपर आने वाली हर आपदा में वह खुद को थोड़ा और सिकोड़ लेता है। राजेश जी मध्यवर्ग के इस सिकुड़ते जाने की कथा अपनी कहानियों में कहते हैं। 'सोमवार' नामक कहानी ऐसे ही एक मध्यवर्गीय परिवार की कहानी है। सोमवार यहाँ एक रूपक के रूप में हमारे सामने आता है। लेखक की मानें तो "सोमवार, अपनी सारी हड़बड़ाहट के साथ जैसा उसे होना चाहिए, जैसा वह हर बार होता था—वैसा ही था।" जिस परिवार की यह कहानी है वह परिवार कैसा है?—"एक औसत मध्यवर्गीय परिवार जैसा सरल और मजेदार और अपनी ही चिक-चिक से भरा होता है; ऐसा ही हमारा परिवार था। कोई अपवाद नहीं। हर परिवार का अपना एक वार होता है। हमारा वार सोमवार था। इस परिवार की सरलता, मजेदारी और चिक-चिक क्या थी? यह कहानी उसी के बारे में है। उसके सोमवार के बारे में भी। परिवार में कुल छह सदस्य हैं। माता-पिता उनके तीन बेटे और बड़े बेटे की पत्नी। आज से 30-40 वर्ष पहले कस्बाई मध्यवर्गीय परिवार में जो कुछ जैसा हो सकता है वह सब वैसा ही इस परिवार में भी है। वक्त बदला, बड़े बेटे की नौकरी लगी तो उसने गैस कनेक्शन ले लिया। गैस कनेक्शन से पहले तक कहानी में सिर्फ विवरण हैं, कहानी उसके बाद है। और कहानी यह है कि मध्यवर्गीय आकांक्षा और समय की मार से कैसे एक खुशहाल परिवार बिखर जाता है। कोई कहना चाहे तो कह सकता है कि यह कहानी संयुक्त परिवार के टूटने की कहानी भी है लेकिन इन पंक्तियों के लेखक को लगता है कि यह कहानी मध्यवर्गीय जीवन-यथार्थ की कहानी है। कस्बाई और शहरी मध्यवर्ग को फर्क किन चीजों से पड़ता है इसकी बहुत साफ समझ कथाकार को है। एक दलित का शोषण हो रहा है, एक महिला का उत्पीड़न हो रहा है, एक व्यक्ति की हत्या हो जाती है सिर्फ इसलिए कि वह

उस समुदाय से नहीं है जिस समुदाय का व्यक्ति सत्ता पर काबिज है। ऐसी ही दर्जनों घटनाओं से मध्यवर्ग को कोई फर्क नहीं पड़ता, उसे फर्क पड़ता है सेंसेक्स से। सेंसेक्स के चक्कर में उलझे हुए मध्यवर्ग को सेंसेक्स ही उलझाता है। सोमवार ऐसा ही एक सेंसेक्स है।

राजेश जोशी की एक दूसरी कहानी है 'साँप' शीर्षक से। साँप के बारे में हिन्दी साहित्य में बहुत कम लेखन हुआ है जबकि हिन्दी साहित्य के लिए सबसे ज्यादा जरूरी विषय अगर कोई हो सकता है तो वह साँप ही है। आज तो हर तरफ किसिम-किसिम के साँपों का बोलबाला है। ऐसे में साँप पर लिखे गए को याद करना और उस पर बात करना ज्यादा जरूरी लगता है। हिन्दी के महत्त्वपूर्ण कवि-कथाकार सच्चिदानन्द हीरानन्द वात्स्यायन अज्ञेय की एक कविता है 'साँप'। उक्त कविता में कवि साँप से सवाल करता है।

साँप! तुम सभ्य तो हुए नहीं
नगर में बसना भी नहीं आया
एक बात पूछूँ दोगे उत्तर!
फिर कहाँ सीखा ये डसना ये विष कहाँ पाया?

पिछले दिनों हिन्दी के युवा आलोचक कृष्ण मोहन जी ने इस कविता को लेकर कुछ गम्भीर सवाल उठाए थे जिन पर हिन्दी समाज को नए सिरे से सोचना चाहिए। यहाँ डसने और विष होने को जिस आधुनिक-शहरी जीवन की विशेषता बताई गई है वह उस रूप में भले राजेश जी के यहाँ न आई हो पर आधुनिक और भूमंडलीकृत दुनिया के प्रभाव से बना समाज डसने वाला और विषधर है यह तो अनिवार्यतः इस कहानी का प्रतिपाद्य है। यह कहानी कॉरपोरेट, बाजार और धर्म के आपसी सम्बन्ध की कथा भी कहती है। और इसे कहने के लिए साँप के रूपक का सहारा लेती है। धर्म/अध्यात्म/ईश्वर आदि का नाम जोड़कर जो धन्धा इधर के दिनों में पर्याप्त तेजी से उभरा है उसके पीछे कौन सी वजहें जिम्मेदार हैं यह भी इस कहानी में दर्ज हुआ है। कथानक के स्तर पर देखें तो यह एक छोटी सी कहानी है लेकिन अपने सरोकार में यह बेहद महत्त्वपूर्ण है। एक परिवार है जिसके पिता की मौत साँप के काटने से हो गई है। पिता घर की रीढ़ थे। उनका जाना सबको अपंग कर देने वाला साबित हुआ। जिस साँप के काटने से उनकी मौत हुई वह साँप उन्हीं के घर में रहता था। एक तरह उसे पिता का संरक्षण प्राप्त था। पिता की मौत के बाद अब भी वह उसी घर में रहता है। और ज्यादा शान से। अब बदलाव यह हुआ है कि पिता को काटने के बाद उसे देवत्व का स्थान दे दिया गया है। अपने देवत्व की वजह से वह परिवार के लिए बेहद जरूरी हो गया है। हर रोज अब वहाँ मेला लगता है। पिताजी अपनी सरकारी नौकरी और रसूखदार ओहदे के बावजूद जीवन

भर एक सामान्य मध्यवर्गीय व्यक्ति की तरह जीते रहे। उनके न रहने पर साँपनाथ की कृपा से परिवार अब हर तरह की सुख-सुविधा से सम्पन्न है। पिताजी मूल्यों को लेकर जिन्दा रहना चाहते थे, साँप ने उन्हें मौत के घाट उतार दिया। अब साँप के साथ परिवार पुरसुकून से रह रहा है। यह एक तरह की विडम्बना भी है जिसे कथाकार ने दर्ज किया है। एक तरफ तो यह कहानी आधुनिक तकनीकी विकास मॉडल और कॉरपोरेट परस्त पूँजीवाद जिसमें धर्म की बराबर हिस्सेदारी है के संकट की तरफ संकेत करती है वहीं दूसरी तरफ मूल्यबोध के पतन को भी दर्ज करती है। कहानी की मूल समस्या है कि 'साँप-साँप-साँप! जहाँ जाओ जिधर जाओ, बस साँपनाथ का पूजन हो रहा है।' यूँ तो भारतीय समाज में साँपों के पूजन का एक दिन ही निश्चित है—नागपंचमी का। लेकिन यहाँ जिन साँपों के पूजन की बात कथाकार कर रहा है वह किसी भी समाज के लिए चिन्ता का विषय होना चाहिए।

राजेश जी का किस्सागो मन जहाँ मुक्त भाव से कल्पना की उड़ान लगा सका है वहाँ 'जाल', 'धूप', 'कपिल का पेड़', 'सींग' और 'आलू की आँख' जैसी कहानियाँ लिखी गई हैं। इन कहानियों का कथानक तो मध्यवर्गीय परिवेश ही है लेकिन इनकी विशिष्टता यह है कि इनमें मुक्ति की चाह मौजूद है। एक स्त्री है जो चिड़िया बन जाना चाहती है। वह मुक्त होकर विचरण करना चाहती है। इस मुक्ति की राह में बाधाएँ कम नहीं हैं कथाकार उन बाधाओं से वाकिफ है, इसलिए वह ऐसे चरित्र का निर्माण करता है जो उनसे संघर्ष करते हुए मुक्ति की तरफ बढ़ सके। कपिल का पेड़ में कपिल की आकांक्षा और उसकी अन्तर्कथा में आई स्त्री के माध्यम से राजेश जी ने हमारे समय का एक ऐसा सच बयान किया है जो हमारी सामाजिक-संरचना के यथार्थ को व्यक्त करता है। इसी तरह 'मैं हवा पानी परिन्दा कुछ नहीं' नामक कहानी भी मुक्ति की आकांक्षा से जुड़ी हुई है। अन्तर यह है कि यहाँ मनुष्य की जगह चिड़िया केन्द्र में हैं। यह कहानी पर्यावरणीय विमर्श को भी केन्द्रीयता प्रदान करती है। कथानायक अली एक ऐसा चरित्र है जिसकी दिलचस्पी पक्षी जगत में है। वह चिड़िया के बारे में अधिकतम जानकारी इकट्ठा करता है। उनमें वह ऐसे डूबा हुआ है कि एक समय ऐसा आता है जब वह खुद चिड़िया बन जाता है। उसकी खोज में सभी चिड़िया को मार देने के लिए जंगल में शिकारी भेज दिए गए। अली के साथ शिकारियों ने क्या किया यह किसी को नहीं मालूम। इस नामालूमी की वजह से हुआ यूँ कि अली के बारे में कई मत हो गए। साहित्य की भाषा में कहूँ तो कई कहानियाँ प्रचलित हो गईं। इन कहानियों के केन्द्र में जो सन्दर्भ है वह यह कि अली आज वहीं चिड़ियों की हिफाजत के लिए अलग-अलग रूप बनाकर शिकारियों को छलता है और चिड़ियों की जान बचाता है। यह कहानी राजेश जी की सिग्नेचर स्टोरी जैसी है। यह राजेश जी के कथाकार व्यक्तित्व का शीर्ष है। कहानी का कथानक जितना जरूरी है उतने ही बेहतर ढंग से इस कहानी

की संरचना भी राजेश जी ने तैयार की है। एक और कहानी जिसकी चर्चा इस मुक्ति की चाह के सन्दर्भ में करना जरूरी लगता है वह है जाल। यह जाल असल में पितृसत्ता का जाल है जिसमें स्त्री जकड़ी हुई है। 'जाल' कहानी की मुख्य चरित्र इस जाल को तोड़कर बाहर निकलने का उपक्रम रचती है। उसके इस उपक्रम में कही गई कथा इस कहानी में दर्ज की गई है। ये कहानी शहरी मध्यवर्गीय स्त्री जीवन का यथार्थ व्यक्त करने में सफल हुई है। स्त्री की जकड़न, उसकी पीड़ा और उससे निकलने की उसकी आकांक्षा कहानी का मुख्य प्रतिपाद्य है।

यह मेरी अपनी राय है और बहुत सम्भव है कि गलत भी हो पर मुझे ऐसा लगता है कि राजेश जी छोटी-छोटी कहानियों के बड़े कथाकार हैं। किसी छोटे से घटना प्रसंग के जिक्र के माध्यम से कोई बहुत बड़ी बात कह देने की कला राजेश जोशी की अपनी निजी विशेषता है। उन्होंने कई छोटी-छोटी कहानियाँ लिखी हैं जिनमें कुछ का जिक्र यहाँ उचित होगा। एक कहानी है 'हँसी' नाम से। हँसी के बारे में हिन्दी समेत दुनिया-भर की भाषाओं में पर्याप्त लिखा गया है। समस्या यह नहीं है कि हँसी पर लिखा जाए या नहीं, समस्या यह है कि हँसी लगातार गायब होती जा रही है। हिन्दी का एक कवि इसलिए हँसने की सलाह देता है क्योंकि अगर नहीं हँसेंगे तो आप पर निगाह रखी जाएगी। वहीं दुनिया के सबसे ताकतवर तानाशाह की ताकत का प्रतिवाद हँसकर किया जा सकता है। ऐसा एक दूसरा कवि कहता है। यहाँ समस्या एक अलग ढंग की है। समस्या है कि लोगों के जीवन से हँसी गायब हो गई है। यह कहानी इस हँसी के गायब होते जाने की वजह हमें बताती है। मनुष्य ज्यों-ज्यों तकनीक के करीब आता गया है त्यों-त्यों वह मशीन बनता गया है। इस मशीन बनने में हम सब कुछ को गँवाते जा रहे हैं। हँसी को भी। इसी तरह की एक और कहानी है 'नई आँख' शीर्षक से। यह कहानी पाप और पुण्य के पुराने प्रतीकों का प्रयोग कर समकालीन भारतीय समाज-राजनीति की विडम्बनाओं और विसंगतियों को व्यक्त करती है। इसी तरह की दूसरी कई छोटी-छोटी कहानियों में राजेश जी अपने समय की सामाजिक-राजनीतिक परिस्थितियों को व्यक्त करते हुए दिखाई देते हैं।

राजेश जी अपनी कहानियों के लिए जिस भाषा का प्रयोग करते हैं वह समकालीन हिन्दी कहानी की कथा भाषा को और ज्यादा समृद्ध करती है। राजेश जी के भाषायी प्रयोग कहानी के पाठक को एक अलग तरह का सुख देते हैं। इस प्रयोग में जहाँ एक तरफ राजेश जी का कवि मन मौजूद दिखाई देता है वहीं दूसरी तरफ उनका प्रकृति और प्राणिजगत से जुड़ाव भी जाहिर होता है। एक-दो प्रयोगों के माध्यम से हम यह देखने की कोशिश करेंगे कि आखिर राजेश जी के ये प्रयोग इतने विलक्षण क्यों लगते हैं। सींग कहानी का पहला ही वाक्य है 'ताजी मूलियों की तरह सफेद झक्क और नोकदार सुबह थी'। जितनी मेरी जानकारी है उसमें मुझे

नहीं याद कि सुबह की विशिष्टता को बताने के लिए दुनिया की किसी भी भाषा में ऐसा प्रयोग किया गया हो। 'कपिल का पेड़' कहानी में एक वाक्य प्रयुक्त हुआ है—'कपिल ने आम के पत्तों जैसे हरे रंग की कमीज खरीद ली थी।' हरे रंग को बताने के लिए जिस दृश्य विधान का यहाँ प्रयोग किया गया है वह अपने आप में विलक्षण है। एक और वाक्य इसी कहानी का—'आमतौर पर बंगाली लड़की इतनी गोरी नहीं होती, लेकिन वह थी और टमाटर वाले रंग की साड़ी में एकदम खिल उठती थी।' यहाँ कथाकार चाहता तो लाल रंग की साड़ी का प्रयोग कर सकता था लेकिन प्रयोग की वह विशिष्टता और विलक्षणता लाल रंग में कहाँ आ पाती जो टमाटर के रंग में आई है। इसी तरह दोपहर के बारे में बताने के लिए कथाकार ने जिस दृश्य विधान का सहारा लिया है वह देखिए—'दोपहर कबूतर के पंख की तरह थी। सुरमई, मुलायम और बहुत हल्की।' ये ऐसे प्रयोग हैं जो एक कवि हृदय व्यक्ति ही कर सकता है। इस तरह के भाषायी प्रयोगों की वजह से राजेश जी की कहानियों में एक नयापन आ जाता है। यह नयापन उनके विशिष्ट कथाकार होने का महत्त्वपूर्ण लक्षण है।

गद्य का आलोचनात्मक वैभव

कुमार मंगलम

हिन्दी में आलोचना की परम्परा आरम्भ से ही समावेशी रही है। आलोचना मूलतः सैद्धान्तिक विधा है। आलोचना के आरम्भ में ही दो तरह के आलोचक दिखते हैं, एक तो वे जिनका सम्पूर्ण रचना-संसार आलोचना के इर्द-गिर्द घूमता है और दूसरे वे जिन्होंने आलोचना के साथ-साथ अन्य रचनाओं को उन्होंने अपने रचना-संसार में प्रमुखता दी। भारतीय काव्य-शास्त्र में एक ओर भामह, वामन, दंडी और क्षेमेन्द्र जैसे शास्त्रज्ञ हैं, वहीं अभिनवगुप्त, पंडितराज जगन्नाथ जैसे शास्त्रज्ञ और उच्च दर्जे के कवि भी। यानी एक विशुद्ध आलोचक हुए तो दूसरे रचनाकार-आलोचक। राजेश जोशी इस लिहाज से दूसरे कोटि के आलोचक हैं, अर्थात् वे रचनाकार-आलोचक हैं। वे हिन्दी कविता के वरिष्ठतम कवि हैं। उन्होंने अपने रचना-संसार में मुख्यतया कविता को जगह दी। इसके अतिरिक्त वे कहानी, नाटक और आलोचना भी लिखते रहे। आलोचना उनका प्राथमिक कर्म नहीं बल्कि कविता के प्रदेश में विचरते चिन्तन के स्थायित्व से उपजा है, कुछ-कुछ वैसे ही जैसे विचार-प्रक्रिया में हरेक रचनाकार के पास चिन्तन के कुछ क्षण मौजूद होते हैं। उन्होंने अपने उन्हीं चिन्तनों को गद्य के रूप में दर्ज कर लिया है, जो कि अपने मिजाज में आलोचनात्मक है। राजेश जोशी की किताब 'एक कवि की नोटबुक', 'समकालीनता और साहित्य' और 'कविता का शहर' ऐसी ही किताब है, जिसे वे 'एक कवि की नोटबुक' कहते हैं। इसमें कोई तरतीब नहीं है, कोई व्यवस्था नहीं, छोटी-बड़ी टिप्पणी और आलोचना की हदबन्दी की गुलामी नहीं कवि-मन का स्वतंत्रचेता उड़ान है इसलिए राजेश जोशी इन्हें आलोचना न मानकर नोट्स मानते हैं, यह दीगर बात है कि इस आजादखयाली में कवि का चिन्तक मन और आलोचनात्मक विवेक जाग्रत है। इसमें बहक है लेकिन अराजकता नहीं, इसलिए यह गद्य विचार-प्रधान है। यह कोई रचनात्मक प्रलाप नहीं बल्कि अपने समय-समाज और रचना से बेहद सोचा-समझा संवाद है। ठीक वैसे ही जैसे आचार्य शुक्ल के अन्तर्यात्रा में बुद्धि और हृदय का सहमिलन होता रहा है। (इस पुस्तक में मेरी अन्तर्यात्रा में पड़ने वाले कुछ प्रदेश हैं। यात्रा के लिए निकलती

रही है बुद्धि, पर हृदय को भी साथ लेकर। अपना रास्ता, निकलती हुई बुद्धि जहाँ कहीं मार्मिक या भावाकर्षक स्थलों पर पहुँचती है वहाँ हृदय थोड़ा-बहुत रमता और अपनी प्रवृत्ति के अनुसार कुछ कहता गया है। इस प्रकार यात्रा के श्रम का परिहार होता रहा है। बुद्धिपथ पर हृदय भी अपने लिए कुछ न कुछ पाता रहा है चिन्तामणि के निवेदन में।) वहीं राजेश जोशी अपने इस गद्य को एक बेतरतीबी आख्यान की तरह लेते हैं जहाँ व्यवस्था कम और बहक अधिक है। वे इसे अव्यवस्थित नोट्स ही मानते हैं और अपने इन आलेखों को आलोचना कहने से बचते हैं। वे लिखते हैं, "कला या लिखने की सारी तरकीबें कलाकार या रचनाकार की सृजनात्मक क्षमताओं और कौशल से ही हमेशा पैदा नहीं होतीं, कई रचनाकार ऐसे होते हैं जो हमेशा लिखने से बचने की कोशिश करते रहते हैं। रचना जब भी उनकी खोपड़ी पर सवार हो जाती है या लिखने की बाध्यता उनके सामने आ खड़ी होती है, वे इससे बचने के लिए बहाने खोजने लगते हैं। यह एक त्रासदायक स्थिति है। इसमें बचने और लिखने का एक द्वंद्व चलता रहता है। गद्य लिखना मेहनत का काम है। व्यवस्थित गद्य लिखना तो और भी ज्यादा। उसके लिए जैसा व्यवस्थित अध्ययन और जमकर बैठने की तैयारी एक लेखक की होनी चाहिए, वह मेरी कभी नहीं रही।" हालाँकि इस उद्धरण के अन्त का वाक्य एक विनम्र लेखकीय स्वीकारोक्ति ही है। राजेश जोशी का यह गद्य आलोचना है और नहीं है, है क्योंकि यह विचार-प्रधान है, इसमें आलोचनात्मक विवेक है, तटस्थ मूल्यांकन है, इसका गद्य उजड्डता और अहंकार नहीं, ना ही 'अहो रूपम् अहो ध्वनि:' का शोर है। नहीं है, क्योंकि इसमें राजेश जोशी का हस्तक्षेप है, आलोचना के पारिभाषिक हदबन्दी के बाहर का गद्य है, आलोचना के निकष पर सब कुछ चोखा नहीं है, कुछ खोटे सिक्के और कुछ फटे हुए नोट भी हैं, एक अव्यवस्था है, एक क्रम-भंग है, एक आजादीपन है। गोया यह शुद्ध गद्य है, शुद्ध आलोचना है या कुछ उसके बीच की चीज है। आखिर तो राजेश जोशी कवि हैं और कवि हैं तो स्पैनिश कवि पाब्लो नेरूदा के मुरीद भी होंगे जो 'अशुद्ध कविता' के पैरोकार थे, सो एक कवि से किसी भी सर्वथा शुद्ध चीज की आशा-दुराशा ही सिद्ध होनी है आखिरकार!

'एक कवि की नोटबुक'

'एक कवि की नोट्बुक' राजेश जोशी की आलोचनात्मक गद्य की पहली किताब है। लगभग 200 पन्ने में फैले और 5 भागों में विभक्त, छोटे-बड़े आलेखों से मिलाकर यह किताब तैयार हुई है। इसमें निराला, मुक्तिबोध, शमशेर बहादुर सिंह, नागार्जुन, केदारनाथ अग्रवाल, त्रिलोचन, रघुवीर सहाय, वेणुगोपाल, कुमार विकल, विष्णु नागर, अरुण कमल, चन्द्रकान्त देवताले, विनोद कुमार शुक्ल,

सुदामा पांडेय 'धूमिल' जैसे अपने समकालीन और पुरोधा लेखकों पर व्यवस्थित आलेख हैं इसके साथ ही कविता पर कई टिप्पणी हैं जो उनके विचार-यात्रा की बानगी हैं। जिनमें कविता को समझने की कोशिश है। आठवें दशक की कविता, संगीत और कविता, कविता में कौतुक, गद्य कविता, प्रेम कविता आदि कविता को समझने के उदाहरण हैं। दरअसल ये टिप्पणियाँ 'कविता क्या हैं?' को जानने की राजेश जोशी की बेचैनी है। अस्सी के दशक में अशोक वाजपेयी ने 'कविता की वापसी' का मुहावरा दिया था, अशोक जी कविता में कला की उपस्थिति और अपने घरू कवियों की कविताओं को स्थापित करने के लिए यह मुहावरा देते हैं। उन कवियों के यहाँ कविता मात्रा में तो अधिक है लेकिन वे कविताएँ अल्पकालिक ही हैं। 'कविता-वापसी' मुहावरा तो चल निकला लेकिन कविताएँ नहीं चलीं तथापि उन खास किस्म की कविताओं ने समकालीन कविता के शिल्प में एक स्वर तो दिया ही और आज भी कुछ कलावादी लेखक उस स्वर में स्वर मिलाते दिख जाते हैं। राजेश जोशी अपने चिन्तन में 'कविता-वापसी' के इस तत्त्व को अन्य रास्ते से देखते हैं। वे कला से उलट आख्यान को प्रमुखता देते हैं और 'आख्यान में कविता के पुनर्वास' ("लगता है जैसे यह समय कविता में आख्यान के पुनर्वास का समय है। आख्यान ने कविता में जगह-जगह अपने घरघूले बना लिए हैं। कविता आख्यानात्मक हुई है। हालाँकि कविता और आख्यान के बीच पूरी तरह सम्बन्ध विच्छेद कभी नहीं हुआ। कहानी भले ही काव्य तत्त्व से अपना पिंड छुड़ाने की लगातार कोशिश करती रही हो पर कविता अपने विभाजित हुए घर की ओर लौट-लौटकर आती रही है। समकालीन कविता में आख्यान का पुनर्वास इसी कोशिश की एक कड़ी है। कविता और आख्यान की यह रिश्तेदारी हमेशा एक-सी नहीं रही, कविता से बाहर के संसार में होने वाले बदलाव के साथ कविता के आख्यान का चरित्र भी बदलता रहा है।") को परखते हैं। वो वापसी की बात नहीं करते बल्कि गद्य के घर में कविता की उपस्थिति को रेखांकित करते हैं। इस पुनर्वास शब्द पर गौर करें तो यह वापसी से अधिक अर्थमय और सार्थक है, इसकी अर्थच्छवियाँ कहीं अधिक व्यापक हैं। ऐसा सोचते हुए राजेश जोशी की चिन्तन ऋग्वेद की कविता से जुड़ती प्रतीत होती है। राजेश जोशी की आलोचकीय दृष्टि की यह सार्थकता है कि वे अपनी आलोचना में सिर्फ तत्कालीन परिवेश पर बात नहीं करते, वे आलोचना में संवादधर्मी हैं वे बार-बार अपनी परम्परा से अपने को जोड़े रखते हैं, उनकी आलोचना में आज के तत्त्वों की शिनाख्त तो है ही लेकिन उस परम्परा से जुड़कर उससे अलग होकर नहीं। यही कारण है कि वे आज को, आज की कविता को अधिक विस्फारित ढंग से चीन्ह पाते हैं। आख्यान की पुनर्वापसी में वे द्विवेदी युग से लेकर आज की कविता को मुक्तिबोध, ऋतुराज, विष्णु खरे, भगवत रावत, नरेश सक्सेना, ज्ञानेन्द्रपति, विनय दुबे, मंगलेश डबराल, इब्बार रब्बी, वीरेन डंगवाल,

नरेन्द्र जैन तक जोड़ते हैं। वे इससे आगे बढ़कर कविता को विचार तक ले जाते हैं। उदाहरण के तौर पर देखें, "कविता के आख्यान में इस समय आ रहे बदलावों को लक्ष्य किया जाना चाहिए। इसका ओर एक हद तक सबाल्टर्न सच्चाइयों पर है। दमित प्रवृत्तियों, विषयों और आरक्षित किए गए ब्योरों पर भी...। आख्यान का यह पुनर्वास एक हद तक विखंडन की अवधारणा का प्रत्याख्यान भी है।" संकेतों में ही राजेश जी ने कलावादी औत्सुक्य पर टिप्पणी करते हैं, यह कितनी मारक और स्पष्ट है। देखें—"समकालीन कविता में आख्यान के इस सजग पुनर्वास ने कविता में कई नई सम्भावनाओं को पैदा किया है। कुछ समय भाषा की मितव्ययिता और सांकेतिकता के चलते कविता से जीवन के विवरण लगभग लुप्त होने लगे थे।" राजेश जोशी की आलोचना में एक आत्म-विलयन का तत्त्व सदैव मौजूद रहा है, यही वजह है कि ये नोट्स का रूप अख्तियार कर लेते हैं। समस्त आलोचकीय दृष्टि के बावजूद उसका विलयन एक स्थान आत्मचिन्तन में विलयित हो जाता है। यह डिजाल्वनेस राजेश की कवि चिन्तन का परिणाम है, वे इन तत्त्वों को आलोचकीय दृष्टि से नहीं वरन् एक कवि की दृष्टि से देखते हैं, यह उनकी सीमा और सामर्थ्य दोनों हैं। इस बात को यूँ समझा जा सकता है, "कविता में आख्यान के पुनर्वास से एक वृहत् जीवन, उसकी जटिलताओं, उसके रहन-सहन के ढंग, उसके रीति-रिवाज, उसकी चाल-ढाल, उसके बोलने-चालने का अन्दाज, उसकी कहन-शैलियाँ और तमाम तरह की चकल्लसों को दर्ज करना सम्भव हो सकेगा। उनके सम्बन्धों, लुप्त हो रही और प्रकृति की स्मृतियों को बचाकर वह सिर्फ जीवन के इतिहास की सामग्री ही नहीं बचाएगी बल्कि मुझे लगता है ऐसा करके कविता अधिक जुझारू भी बनेगी और अधिक लोगों के लिए अधिक अपनी।" इस उद्धरण में कविता को लेकर कवि का चिन्तन और 'मुझे लगता है' का प्रत्यय उस डिजाल्वनेस और कविता के प्रति उनके अपनत्व का नमूना भी है। कविता को जानने की बेचैनी का प्रतिसाद ही 'एक कवि की नोटबुक' है।

हिन्दी आलोचना का एक संकट अब तक मौजूद है, वह है—अन्तरविषयकता। आलोचना जैसे ही अन्तरविषयक हुई उसने विवेचन का रास्ता छोड़ दिया, वह संकेतों से अपना काम चलाती रही है। उदाहरण के तौर पर, "मुक्तिबोध सम्भवत: पहली बार कविता के आख्यान को एक बन्द कथात्मक संरचना से मुक्त कर देते हैं पर उनका आख्यान दार्शनिक प्रश्नों में अपना विलयन करता हुआ-सा लगता है। कई बार तो यह भी लगता है कि दर्शन कविता के आख्यान में जज्ब होने के बजाय कविता के आख्यानों को ही अपने में जज्ब कर रहा है। यह बात अज्ञेय की कविता पर भी उतनी ही लागू होती है। नई कविता की दार्शनिक मुद्रा कविता के आख्यान को अपनी दार्शनिक मुद्राओं को ढोने की गाड़ी बना देती है।" यहाँ राजेश जोशी दर्शन और दार्शनिकता का विवेचन न कर संकेतों पर और सुविज्ञ पाठकों के

ज्ञानात्मक संवेदन पर भरोसा करते प्रतीत होते हैं। इसके उलट रचनाकार केन्द्रित लेखों में जब राजेश जोशी मुक्तिबोध की कविताओं का मूल्यांकन ("शायद यही कारण है कि मुक्तिबोध की कोई भी कविता एक-दूसरे से पूरी तरह स्वतंत्र नहीं लगती। जैसे सारी कविताएँ किसी एक ही महाआख्यान के हिस्से हैं। यही नहीं, उनकी कहानियाँ, डायरियाँ और निबन्ध भी, जैसे उसी के अंश हैं या अनुषंग हैं। क्योंकि एक के पूरा होते न होते, उनमें से एक और नव्यतर का जन्म होने लगता है। एक बेचैन प्रक्रिया है। हर कविता में एक और कविता जो वृहत्तर, विशाल, सुन्दरतम है, छिपी हुई है। मुक्तिबोध का कवि उसी ओर जाना चाहता है। इसलिए मुझे लगता है कि मुक्तिबोध का पूरा काव्य एक महाकाव्य है। एक महाआख्यान है। एक अव्यवधायिक आख्यान। एक विराट फंतासी जो वृहत् जीवन के गहरे असन्तोष से पैदा हुई है। जो मानवीय चेतना और बाह्य नियति के विलयन से पैदा हुई त्रासदी का सारतत्त्व है, मुक्तिबोध उस एम्बिग्युइटि की पुनः खोज करते हैं। उनकी कविता ऐसे बहुत कुछ को जो गुप्त है, पवित्र है, ढका-छिपा है, स्वयं यथार्थ ने जिसे छिपा रखा है, उसे खोजने की, उसे उजागर करने की कोशिश करती है।") करते हैं, या त्रिलोचन की कविताओं का ("त्रिलोचन हिन्दीभाषी अंचल की जातीय चेतना के कवि हैं। उदात्त और घनीभूत अनुभूति के साथ भी उनकी भाषा का सुर बहुत ज्यादा नहीं बदलता, एक विलक्षण सपाटता बनी रहती है। आवेगों की रास तनी रहती है, वह उन्हें उन्मुक्त नहीं छोड़ते। कविता का सम्पूर्ण स्वर सधा हुआ, छंदानुशासन बहुत कसा हुआ और तटस्थ बना रहता है। 'पिच' बहुत ज्यादा ऊपर-नीचे नहीं जाता। अपनी समकालीन कविता और सारस्वत कविता से उनके गहन रिश्ते कविता की आन्तरिक संरचना और वस्तु में अन्तर्निहित है। लेकिन स्वर की ऊपरी तटस्थता उनको एक ऐसा विशिष्ट व्यक्तित्व प्रदान करती है, जिससे उन्हें हिन्दी-कविता में एकदम अलग से पहचाना जा सकता है।" अथवा "त्रिलोचन सामाजिक विसंगतियों का विवरण अपनी छोटी कविताओं में नहीं देते, लेकिन पूँजीवादी व्यवस्था और सामंतशाही के अवशेषों के कारण जो प्रतिक्रियाएँ पैदा होती हैं, संवेदना पर जो प्रभाव पड़ते हैं उनको वे अपनी कविता में दर्ज करते हैं। निराशा, अकेलापन या ऊब की गहन अनुभूति उनके गीतों और कविताओं में दिखाई देती है।") या अन्य कवि की कविताओं का तो हमें उनकी तीक्ष्णता का अनुमान लग जाता है।

राजेश जोशी एक कवि होने के साथ-साथ एक टिपिकल किस्सागो भी हैं। वे किस्सों के माध्यम से अपनी बात को कहने का हुनर जानते हैं। वे जानते हैं कि ऐसी बातों का असर दूर तक और देर तक रहता है। वे किस्सों के साथ जो कहना चाहते हैं कह ले जाते हैं। 'एक पैसे में पाँच गालियाँ' इसका सबसे मजबूत उदाहरण है। 'अपने समय का रूपक खोजती कविता' ("शीत युद्ध में सोवियत संघ की पराजय और बाद में उसका विखंडन, नई टेक्नोलॉजी, बाजारवाद के प्रपंच और सूचना तंत्र

की लीलाओं ने मूल अन्तर्विरोध के प्रश्न को जितना उलझा हुआ और जटिल बना दिया है, समय के केन्द्रीय मेटाफर को अर्जित करने का प्रश्न भी उतना ही जटिल और उलझा हुआ है। हालाँकि इस भूमंडलीय पूँजीवाद के सामने हमारी राजनीति जितनी निरुपाय है, कविता उतनी असहाय नहीं है।") में वे जो बात विचारात्मक गम्भीरता और अकादमिक ढंग से कहते हैं, उसके कार्य-कारण विवेचना में जाते हैं, उसके नब्ज को टटोलते हैं और एक निष्कर्ष निकालते हैं, कमोबेश उसी बात को वे बेहद प्रतीक रूप में 'एक पैसे में पाँच गालियाँ' में भी कह रहे हैं, बल्कि यहाँ उनका आत्मविश्वास कहीं अधिक सघन है, वे जिम्मेदारीपूर्ण तरीके से अपनी बात कह रहे हैं, यहाँ एक स्थापना देते वे प्रतीत होते हैं और कविता के पक्ष में खड़े हैं। "मुझे लगता है कविता भी समाज की आलोचना के लिए ये दोनों तरीके अपनाती है। अपने-अपने ढंग से। लेकिन हर स्थिति में कविता एक बेहतर मानवीय जीवन की दुआ ही तो है।" यह उनके आलोचनात्मक व्यक्तित्व और रचनाकार व्यक्तित्व का वैभव और उनके आपस में संचरण का सबसे उपयुक्त उदाहरण है। इस तरह की कई टिप्पणियों से उनका आलोचनात्मक लेखन भरा-पूरा है। 'एक कवि की नोटबुक' एक कवि का अपने आलोचक एवं किस्सागो व्यक्तित्व से संवाद करने का अनूठा उपक्रम है।

'समकालीनता और साहित्य : एक कवि की दूसरी नोटबुक'

'समकालीनता और साहित्य' राजेश जोशी की नोट्स की दूसरी कड़ी है। जो अधिक विस्तृत है, अधिक विस्फारित ढंग से लिखी गई है। यहाँ रचना और चिन्तन का वितान व्यापक है। इसमें रचनाओं के साथ संवाद तो है ही अपने समय को चीन्हने की कोशिश भी तीव्र हुई है, इसमें संयतपन से अधिक बेचैनी है। इसका कैनवस बड़ा है और चिन्तन का क्षेत्रफल भी। इसमें कविता के साथ-साथ गद्य पर भी राजेश जोशी ने विचार किया है। वे लिखते हैं, "इस दूसरी नोटबुक में इतना ही फर्क है कि इसमें गद्य की किताबों पर गाहे-बगाहे लिखी गई टिप्पणियों को भी शामिल किया गया है।" लेकिन बात इतनी ही नहीं है। बात यूँ है कि राजेश जोशी इस किताब में सिर्फ साहित्य चिन्ता में ही नहीं बल्कि अपने समय की चिन्ताओं से मुखरता से रूबरू होते हैं। वे अपने अन्य नोटबुकों की तुलना में इस किताब में अपेक्षाकृत अधिक सतर्कता से और सूक्ष्मता से साहित्य और समाज को परखते हैं। एक दृष्टान्त देखें, "मुझे लगता था कि बाजार हिन्दी की कविता का कभी कुछ नहीं बिगाड़ पाएगा क्योंकि न तो इस क्षेत्र में अधिक पैसा है, न ही कीर्ति के कोई बहुत बड़े अवसर ही हैं। पर मैं गलत था। बाजार एक प्रवृत्ति है। इसका ताल्लुक अवसर, पैसे या कीर्ति से नहीं है। हिन्दी साहित्य का वर्तमान परिदृश्य जिस तरह के

घमासान और निरर्थक विवादों से भरा नजर आ रहा है, वह बाजार के ही प्रभाव का परिणाम है।" पहली किताब में राजेश जी की चिन्ता साहित्य की ओर से थी, वहाँ चिन्तन के केन्द्र में कविता थी और 'कविता क्या है?' उसे समझने की बेचैनी थी, अपने कवि-परम्परा से संवाद एवं समकालीन कवि साथियों पर ईमानदार टिप्पणी थी और इस किताब में इन चिन्ताओं के साथ-साथ सब कुछ विस्तृत और व्यापक हुआ है। चिन्तन की व्यापकता और समाज की ओर से साहित्य को समझने की है। इसलिए यह 'समकालीनता और साहित्य' है। यानी कि पहली किताब का प्रवेश साहित्य की ओर से होता है तो दूसरी किताब का अपने समकालीन समय को समझने की बेचैनी में साहित्य की संवेदना की साझेदारी के साथ। ("राजनीति की तरह, कई बार मुझे लगता है कि कविता में गांधीवाद ने कुजात गांधीवादी कवि पैदा नहीं किए। गांधीवाद के रैडिकल सारतत्त्व को प्रगतिवादी कवियों और प्रगतिशील कविता ने जितना ग्रहण किया उतना स्वयं गांधीवादी कवियों ने नहीं किया। एक पीड़ित व्यक्ति या समूह द्वारा की गई अवज्ञा और असहयोग का जुझारूपन प्रगतिशील कविता में गैर प्रगतिशील या गांधीवादी कवियों की तुलना में कहीं अधिक है।") यहाँ छंद की चिन्ता है, भाषा की चिन्ता है, कविता, गद्य और आलोचना की चिन्ता है तो समाज की चिन्ता भी है।

मूलतः कवि राजेश जोशी के लेखकीय व्यक्तित्व में एक मननशीलता, बौद्धिक सक्रियता और साहित्यिक-अन्तरजगत का विशद अनुभव है। उनके पास किस्सों का एक कभी न खत्म होने वाला सिलसिला भी है। कविता पर उनका अटूट विश्वास है। ("कविता सम्भवतः हमारे समय की वह आखिरी आवाज है जिसे बाजार और हिंसा अभी तक मलिन और गुमराह नहीं कर सकी है।") लेकिन शायद अब आज के समय को देखते हुए कहा जा सकता है कि कविता भी सत्ता, बाजार और पूँजीवाद के सामने मलिन हुई है और गुमराह भी। हालाँकि हम यह कहकर बच सकते हैं या खुश हो सकते हैं कि उन कविताओं का कोई भविष्य नहीं, वे अल्पकालिक मुखरता की कविताएँ हैं। लेकिन कविता पर संकट हो न हो यह संकट कवि के लिए जरूर है। 2010 में प्रकाशित करीब 308 पन्ने की इस किताब में समय-समय पर लिखी गई आलोचनात्मक टिप्पणी, लेख और नोट्स के इस संकलन में विचार के कुछ सूत्र इधर-उधर तो हुए ही हैं। परिवर्तनशीलता समय का सबसे बड़ा गुण है, और समय के बदलने से कुछ चीजें कम-से-कम विचारशीलता के श्रृंखला में कुछ तो परिवर्तन जरूर ही हुए होंगे। इसलिए यह क्रमबद्ध समय का लेखा-जोखा तो नहीं है, ना ही ऐसा लेखक दावा करता है, लेकिन समय के परिवर्तन को इन टिप्पणियों से लक्षित जरूर किया जा सकता है। इसके साथ ही समकालीन साहित्यिक सृजन के श्रेष्ठ के अन्तरंग को जरूर समझा जा सकता है।

'कविता का शहर : एक कवि की तीसरी नोटबुक'

'कविता का शहर' राजेश जोशी के नोट्स के क्रम में तीसरी कड़ी है जिसे उन्होंने भारतीय उच्च अध्ययन संस्थान, शिमला में वर्ष 2014 में एक राष्ट्रीय अध्येता की तरह काम करते हुए मोनोग्राफ की शक्ल में लिखा है। इसमें उन्होंने सत्तर के दशक से 21वीं सदी के पहले दशक यानी कुल चार दशक की हिन्दी कविता के बहाने कविता और शहर के साथ-साथ बनते-बदलते सम्बन्धों का लेखा-जोखा प्रस्तुत किया है। हालाँकि इस पुस्तक में न सिर्फ इन चार दशकों की कविता शामिल हैं वरन् कवि की ताक-झाँक प्राचीन कविता से लेकर आधुनिक कविता और संस्कृत कविता से लेकर लोक-काव्य में विन्यस्त शहरों तक हुई है। अकादमिक ढंग से व्यवस्थित काम नहीं होने के बावजूद (ऐसा कवि का मानना है) भी यह किताब निस्सन्देह रूप से अकादमिक ढंग की है, क्योंकि इसमें उन्होंने आवश्यक सन्दर्भों के साथ-साथ जिन मानकों पर विचारों को बरता है, वह ढंग शोध के रास्ते से होकर ही गुजरता है।

भूमिका लिखते हुए उन्होंने कविता के नगर की अवधारणा प्रस्तुत करते हुए वे लिखते हैं, "कविता का नगर चाहे बहुत भिन्न हो, उसमें कल्पना का तत्त्व बहुत अधिक या कम हो, लेकिन बाहर स्थित नगर से उसकी शक्ल थोड़ी-बहुत तो मिलती है। पर हर बार मेरी शक्ल को वास्तविक नगर की शक्ल से मिला-जुलाकर देखने की कवायद फिजूल है। कई बार कवियों को भी यह भ्रम हो जाता है कि वे अपनी कविता में वास्तविक शहर के यथार्थ को समेट रहे हैं। उन्हें लगता है कि वो कविता में शब्दों से वो ही शहर बना सकते हैं जो वास्तविक शहर है। लेकिन दोनों के निर्माण में लगनेवाली सामग्री ही भिन्न है। जब भी वास्तविक शहर शब्दों में रूपान्तरित होता है, उसका चेहरा-मोहरा वही नहीं रहता जो उसका चेहरा है। यह शहर का पुनर्रचित चेहरा है। यह कविता का नगर है। लेकिन मुझे बसाना या बनाना भी कोई आसान काम नहीं है। मेरे भवनों, सड़कों, गलियों, नदियों और सरोवरों को बनाने के लिए एक कवि को भी जाने कितने शब्द, कितने वाक्य, बिम्ब, प्रतीक, छंद, लय, मिथक-कथाओं और कल्पनाओं की जरूरत होती है। कवि का श्रम किसी वास्तुशिल्पी या नगरशिल्पी से किसी बात में कम नहीं होता। मेरा इतिहास उतना ही पुराना है जितना मनुष्य द्वारा किए गए नगरीकरण का। इसे मेरा दम्भ न समझा जाए तो कई बार तो मुझे लगता है कि मनुष्य द्वारा बसाए गए शहर से भी पहले मैं अस्तित्व में आया होऊँगा। एक शहर में जैसे कुछ जुड़ता रहता है, कुछ टूटता रहता है, इसी तरह मुझमें भी कुछ न कुछ बदलता रहता है। प्राचीन कविता का नगर और आज की कविता का नगर एक-सा तो नहीं है। आधुनिक शहरों की तरह मुझमें भी भीड़ है, शोर है और तेज गतियाँ हैं, परिचित और अपरिचित चेहरे

हैं। आखिरकार मैं भी एक नगर हूँ और भीड़ और शोर से मैं भी कैसे बच सकता हूँ। तो आइए, मैं आपको वास्तविक नगर की भीड़ और शोर से निकालकर कविता के नगर की भीड़ और शोर के बीच लिए चलता हूँ।" इस उद्धरण से लेखक द्वारा लिखित पुस्तक का मंतव्य स्पष्ट है। हिन्दी में शहर को देखने का रवैया कमतर दृष्टि वाला ही रहा है। ऐसे में कविता में शहर की तलाश की एक मुकम्मल पाठ को यह किताब पूरा करती है।

रचनात्मक साहित्य में आम तौर से कविताओं में कवि जिन बातों को अभिव्यक्त करता है वह सिर्फ उसके चिन्तन का रचनात्मक प्रतिफलन नहीं होता, वरन् कई बार तो उसका परिवेश और अर्जित मूल्य भी अवचेतन से अभिव्यक्ति पाते हैं। कई बार यह अभिव्यक्ति रवायती तौर पर भी अभिव्यक्त होती है। शहर की अभिव्यक्ति पर इस तरह की बातें गौर की जा सकती हैं। कई बार शहर को अभिव्यक्त करते हुए रचनाकार के मानस पटल पर शहर की कोई मुकम्मल तस्वीर नहीं होती, कई बार बहुत सामान्य सी धारणाओं के साथ शहर को अभिव्यक्त किया जाता रहा है। वैसे भी हिन्दी साहित्य में शहर का चरित्र बहुत ही नकारात्मक रहा है और गाँव को लेकर एक मुग्धकारी भाव अथवा भारतमाता ग्रामवासिनी भाव अधिक मुखर रहता है। ऐसे में कविता का शहर हिन्दी कविता में शहरों की उपस्थिति को लेकर एक मजबूत कार्य के रूप में हमारे सामने है। इस किताब में हिन्दी कविता में अभिव्यक्त हुए शहर की पड़ताल और शहर की कविता में आमफहम धारणा का प्रत्याख्यान इसे पठनीय बनाती है, तथा हिन्दी में शहरों को लेकर एक नए शोध के दरवाजे को खोलती है। इस बात को प्रमाणित करते हुए राजेश जोशी 'कविता का नगर, वास्तविक नगर से एक भिन्न स्पेस है' में लिखते हैं, "कविता का या रचनाकार की कल्पना का नगर समाजशास्त्रियों के शोधपत्र में वैसा ही नहीं दिखाई दे जैसा कि वह था या जैसा कि वह है। लेकिन तथ्यों या आँकड़ों में दिखने वाला नगर, नगर की आत्मा को नहीं दिखा सकता।" नगर की आत्मा तो साहित्य में अभिव्यक्त हुए नगर में ही विद्यमान हो सकती है। रवींद्र कालिया ने भी लिखा है, "शहर की आत्मा आसानी से नहीं बदलती। किसी भी शहर की आत्मा उसके इंटीरियर में होती है।" राजेश जोशी की यह किताब उसी इंटीरियर की खोज है, जहाँ शहर की आत्मा विद्यमान हो सकती है। राजेश जोशी की नजर उन बदलते शहरों के विन्यास पर भी है, जो महाकाव्यों से लेकर आज के साहित्य में अलग-अलग समयों में, अलग-अलग भाषाओं में, अलग-अलग रूपों में अभिव्यक्त हुए हैं। रामकथा, महाभारत से लेकर, उर्दू में गालिब की कविताओं में अभिव्यक्त नगर तथा समकालीन काव्य में मौजूद नगर पुराने अथवा नए नगर सभी अलग-अलग तरह से बने हैं या उजड़े हैं। समकालीन भारत के सभी नगर जैसे उपनिवेशवाद की रचना हैं तथा उस उपनिवेशवाद का प्रत्याख्यान भी, जिसे आप चंडीगढ़, गांधीनगर

या लुटियंस की दिल्ली के रूप में पहचान सकते हैं। तत्कालीन दिल्ली गालिब का दिल्ली नहीं हो सकता या कि यह दिल्ली वेदव्यास की महाभारत और सारलादास की महाभारत या भास के काव्य-नाटकों में अभिव्यक्त हस्तिनापुर जैसा नहीं है। यह दिल्ली तो भगवत रावत की कविता में मौजूद दिल्ली है, जिसकी आबो-हवा कुछ और है, या दिनकर की दिल्ली जो कृषक-मेध की रानी दिल्ली है, या उमाशंकर चौधरी की दिल्ली है।

मेट्रो चल रही है
और यात्री लैपटॉप और मोबाइल में व्यस्त हैं
मोबाइल का नेटवर्क आ रहा है और जा रहा है
दिल्ली मेट्रो चल रही है और यात्री
एक साथ कई कामों में लगे हुए हैं
वे भी चल रहे हैं
और इस दुनिया से जुड़ भी रहे हैं (दिल्ली मेट्रो : कुछ बिम्ब)

यहाँ पर राजेश जोशी इस कविता के बहाने एक टिप्पणी करते हैं। वह पूरी टिप्पणी आज के समय पर मारक व्यंग्य है। वे लिखते हैं, "हालाँकि दुनिया से जुड़ने का यह एहसास कितना वास्तविक है और कितना आभासी इस पर विचार किया जाना चाहिए, क्योंकि यह माना जाता है कि प्रौद्योगिकी व्यक्ति को निर्वैयक्तिक बनाती है।" यहाँ वे अपनी तरफ से कुछ नहीं कहते। 'क्योंकि माना जाता है' पदबंध में आलोचकीय निष्कर्ष नहीं है, लेकिन दुनिया से जुड़ने के भ्रम का पर्दाफाश व्यापक स्वीकृत अवधारणा से करते हैं। इसी अध्याय में वे अशोक कुमार पांडेय की कविता 'एक आजमगढ़ मेरे भीतर है और मैं दिल्ली में रहता हूँ' पर टिप्पणी करते हुए नगरबोध के बहाने आधुनिक मन और आधुनिक कविता की दुविधा, विभाजित व्यक्तित्व और टूटन का भी चित्रण करते हैं, वे लिखते हैं, "यह दुविधा हमारे इस समय की ही समस्या नहीं है। यह समस्या भारतीय नगरीकरण की एक मूल समस्या है। इसके अधिकांश नागरिक जो नगरों, खासतौर से महानगरों में आए हैं उनका मन विभाजित मन है। इसलिए उसके नगरबोध की यह दुविधा हिन्दी की पूरी आधुनिक कविता की दुविधा है।"

नगर की व्याख्या करते हुए राजेश जोशी पलायन और विस्थापन जैसी समस्याओं पर बात करते हैं। अरुण कमल की कविता यात्रा जो अपनी केवल धार में संकलित है, जिसकी आम व्याख्या यात्रा की कविता अथवा शहर की स्मृति की कविता हो सकती है, उसमें राजेश जोशी व्याख्या करते हुए नगरबोध विस्थापन के एक अलग रूप को समझते हैं। जीविका का व्यावहारिक पक्ष यह है कि जब आप अपने शहर या जगह को छोड़कर कहीं और जाते हैं तो वहाँ भी एक अपना संसार रचते हैं। वह

भले ही घर न हो लेकिन घर का शक्ल लिए हुए कमरा तो होता ही है। विस्थापन का यह एक अलग रूपक हो सकता है, जिसकी ओर श्री जोशी, अरुण कमल की कविता के बहाने इशारा कर रहे हैं। अरुण कमल की कविता है—

कौन नहीं चाहता जहाँ जिस जमीन उगे
मिट्टी बन जाए वहीं
पर दोमट नहीं, तपता हुआ रेत ही है घर
तरबूज का,
जहाँ निभे जिन्दगी वही घर वही गाँव।

यह एक अलग नगरबोध है। यह विस्थापन को नए सिरे से देखने, समझने और परिभाषित करने की माँग करता है। 'जहाँ निभे जिन्दगी, वही घर है' एक व्यापक विमर्श की आवश्यकता पर बल देता है। इसी क्रम में राजेश जोशी शहर का सकारात्मक रूपक भी रचते हैं और पाठकों से इसके सौन्दर्य को देखने की माँग करते हैं। वे लिखते हैं, "शहर को हमेशा उसकी विपरीतताओं और विडम्बनाओं में देखने के अलावा कुछ ऐसे दृश्यों में भी देखा जा सकता है जो एक चित्र की तरह रंगीन हैं, सुन्दर हैं और आकर्षक भी।" राजेश जोशी की इस बात का समर्थन करते हैं कि कविताओं के अतिरिक्त यात्रा संस्मरणों अथवा डायरी साहित्य में अभिव्यक्त नगरबोध से नगर का सकारात्मक चित्रण किया जा सकता है। किसी भी जगह को देखने या समझने के तीन उपाय हो सकते हैं हम या तो उस जगह के जन्मना नागरिक हों या आजीविका से पाई गई नागरिकता हो अथवा हम वहाँ यात्रा के लिए गए हों। विनोद कुमार शुक्ल अपनी एक कविता में लिखते हैं, 'दूर से अपना घर देखना चाहिए', कई बार नगरबोध को समझने के लिए विनोद कुमार शुक्ल की कविता के हवाले से भी देखना चाहिए। कई बार हम निकट यथार्थ को बगैर दूर गए नहीं देख पाते। इसे राजेश जोशी इस रूप में समझते हैं, वे लिखते हैं कि "शायद यह देखना जरूरी होगा कि एक कवि अपनी नागरिकता को कितना अर्जित कर पाता है। कभी-कभी दूसरी नागरिकता आपको दर्शक से आगे नहीं बढ़ने देती। दूसरी नागरिकता हो सकता है कि आपमें एक हड़बड़ी, बौखलाहट और उग्रता पैदा कर दे। और आपका ध्यान शहर की कुरूपता पर अधिक केन्द्रित हो जाए।"

अकविता में नगरबोध पर वे 'कविता पर बहस शुरू करो और शहर को अपनी ओर झुका लो' शीर्षक अध्याय में बात करते हुए वे लिखते हैं, "अकविता के बारे में कोई मूल्य-निर्णय देना मेरा अभिप्राय नहीं है। मेरा अभिप्राय यहाँ उसके नगरबोध पर अपने को केन्द्रित करना है। कहना न होगा कि अकविता के दौर में महानगर बोध को लेकर कई बहसें हुई हैं।" यहाँ वे अपने इस किताब को लिखते समय की अपनी पक्षधरता स्पष्ट करते हैं, किन्तु शहर केन्द्रित आलेख जिसमें कलकत्ता, बनारस,

उज्जैन, दिल्ली और मुम्बई शामिल है, उसे छोड़ दें तो दशकों पर केन्द्रित आलेख में वे चाहे-अनचाहे अपनी आलोचना अथवा मूल्य-निर्णय के लिए जगह बनाते गए हैं। यही वह स्थान है, जहाँ वे एक शोधार्थी नहीं एक सशक्त रचनाकार के रूप में अपनी उपस्थिति दर्ज कराते हैं। और इस तरह भूमिका में उनकी स्वीकारोक्ति जायज ठहरती है। इस बात की पुष्टि के लिए एक उद्धरण द्रष्टव्य होगा, "अकविता में शहर बार-बार आता है। लेकिन वह कोई खास नगर अक्सर नहीं होता। मुझे लगता है कि वह शहर का या महानगर का एक मनोगत रूपक अधिक है। लेकिन अकविता का नगर कई तरह से व्यक्त होता है। आक्रामक यौन बिम्ब, स्त्री के प्रति एक खास दृष्टि जो वस्तुत: स्त्री को एक चीज में अवमूल्यित कर देती है। माना जाता है कि अकविता वस्तुत: नेहरू युग से मोहभंग की कविता है, लेकिन यह मोहभंग किसी वैकल्पिक राजनीति को प्रस्तावित नहीं करता। वह निषेध का निषेध नहीं करता, वह तो राजनीतिक रूप से पूर्ण निषेध की ओर जाता है। यह मात्र संयोग नहीं है कि अकविता के एक प्रमुख कवि जगदीश चतुर्वेदी के सम्पादन में निकले अकविता के एक संग्रह का नाम ही है—निषेध।" इस उद्धरण के दो भाग हैं, जहाँ एक ओर वे अकविता में नगरबोध को तलाशते हैं, किन्तु इसके उत्तरार्ध में वे अकविता की व्याख्या करते हैं। यह अनायास नहीं है अथवा यह अप्रत्याशित तो कतई नहीं है, पाठक हरेक अध्याय में राजेश जोशी के इस रूप को तलाशता ही है। इसे एक और उदाहरण से पुष्ट किया जा सकता है, उज्जैन पर लिखते हुए राजेश जोशी कविता और कथा के अन्त:सम्बन्ध की व्याख्या करते हैं, "भारतीय मानस वस्तुत: आख्यान-उन्मुख मानस है। अपने सिद्धान्त, विचार, व्याख्याएँ और दर्शन भी वह आख्यान में रूपान्तरित करके ही प्राप्त करता है। कथागायकी की प्रदीर्घ परम्पराएँ और प्रवचन में भी कथा और विचार एक दूसरे से मिल-जुलकर चलते नजर आते हैं। शायद इसीलिए महाकाव्य के विघटन के बावजूद हिन्दी कविता में कविता और कथा का पूरी तरह से तलाक कभी नहीं हुआ।" बनारस सम्बन्धित आलेख में राजेश जोशी न केवल संस्कृत बल्कि फारसी, उर्दू, एवं हिन्दी की आरम्भिक कविताओं से लेकर अब तक की कविताओं में नगर को तलाशते हैं। नगरबोध की तमाम नकारात्मक रूपक अन्तत: कवि के नगर में एक भावनात्मक तादात्म्य के रूप में स्थापित होता है। इसे बगैर सूक्ष्म अन्तर्दृष्टि, गहरी संवेदना और कवि मन के बगैर नहीं समझा जा सकता। राजेश जोशी की आलोचना इस तथ्य की पुष्टि करती है, और सम्भवत: इसी वजह से वे इसे आलोचनात्मक या शोध की कृति न मानकर एक कवि का नोटबुक ही मान रहे हैं। आलोच्य कृति में लेखक एक आलोचक के रूप में नहीं बल्कि एक कवि के रूप में ही अधिक मुखर रहा है।

इस संकलन को पढ़ते हुए आप सहज ही शहरों की हजारों साल लम्बी यात्रा को एक बौद्धिक सहचर के साथ की गई यात्रा के रूप में महसूस कर सकते हैं।

'कुमारजीव' में कुँवर नारायण इस तरह की यात्रा के बारे में लिखते हैं—

मैं तथागत के साथ हजारों साल लम्बी
एक महायात्रा पर निकला हूँ
हमें सदियाँ पार करनी हैं साथ-साथ
हमारे रास्ते में पड़ेंगे
न जाने कितने संसार और कितने वीरान
हमें ठहरना कहीं नहीं है
गुजरते चले जाना है बहती हवाओं की तरह।

कविता के शहर में शहरों की, की गई इस यात्रा में राजेश जोशी का मन सिर्फ उस शहर की बनावट या बुनावट को देखने की नहीं रही है। इसके आलेख के जरिये उन्होंने शहर की सभ्यता और संस्कृति और उसके विकास को लक्षित करने का यत्न किया है।

आचार्य शुक्ल कविता के सन्दर्भ में लिखते हैं, "जिस प्रकार आत्मा की मुक्तावस्था ज्ञानदशा कहलाती है, उसी प्रकार हृदय की मुक्तावस्था रसदशा कहलाती है। हृदय की इसी मुक्ति की साधना के लिए मनुष्य की वाणी जो शब्द-विधान करती आई है, उसे कविता कहते हैं।" यह पुस्तक ज्ञानदशा और रसदशा का सहमेल है। जहाँ शहर और कविता के अन्तर्सम्बन्ध को कविता के बहाने शहर की अन्तर्यात्रा करते हुए रेखांकित किया गया है। दरअसल शहर अपने विभिन्न अर्थों में बाह्य जगत है और कविता बाह्य जगत का सर्जनात्मक रूपान्तरण। इस पुस्तक के लेखों के माध्यम से कविता के प्रदेशों की सर्जनात्मक रूपान्तरण की पड़ताल राजेश जोशी करते हैं। मुक्तिबोध ने रचना-प्रक्रिया को बाह्य का अभ्यान्तरीकरण कहा है। इस पुस्तक के माध्यम से लेखक ने बाह्य के अभ्यन्तरीकरण की प्रक्रिया को समझने की कोशिश की है और इसमें उनकी मदद शहर और कविता के अन्तर्सम्बन्ध को देखने की दृष्टि करती है। इस पुस्तक में कुल बारह अध्याय हैं। पहले अध्याय 'कविता का नगर, वास्तविक नगर से एक भिन्न स्पेस है' को विषय-प्रवेश और अन्तिम अध्याय 'नोटबुक : उपरान्त' को उपसंहार मान सकते हैं। इसके अतिरिक्त प्रारम्भिक चार अध्याय और आठवाँ अध्याय क्रमश: उज्जयिनी और विदिशा, अयोध्या, बनारस, कलकत्ता और दिल्ली एवं मुम्बई पर तथा छठवाँ आधुनिक हिन्दी कविता में नगर, सातवाँ अकविता में नगर, नवाँ नब्बे के दशक की हिन्दी कविता में नगर और दसवें अध्याय में इक्कीसवीं सदी की कविता में नगर पर केन्द्रित है। अर्थात इस किताब को दो भागों में बाँटा जा सकता है, जिसमें पहले भाग में विशेष नगर को केन्द्र में रखकर लिखा गया आलेख और दूसरे भाग में कविता-दशकों में नगरों की उपस्थिति को लेकर लिखा गया आलेख सम्मिलित हैं। अन्त में इस किताब की भाषा कहीं

भी बोझिल नहीं हुई है, इसमें एक सतत प्रवाह है, जो आलोचकीय कृतियों में कम ही नजर आता है। आज जब शहरों के नाम थोथे राष्ट्रवाद, फर्जी भक्ति एवं अधूरा इतिहास ज्ञान के जानिब से जबरन बदल दिए जा रहे हों, तब कविता में शहर की मौजूदगी को तलाशते हुए शहर के चरित्र को खोजना अपने आप में एक लेखक का प्रतिपक्ष में खड़े हो जाना है। एक अन्य नुक्ते से देखें तो जब हम अपने शहरों के इतिहास की तलाश करेंगे तो अपने-अपने भूगोल के माध्यम से इतिहास खोजेंगे जहाँ ग्रामीण या गँवई सभ्यता से निकलकर शहरों की तलाश और गाँव से शहर की पहली विस्थापन की भी खोज कर पाएँगे। यह किताब रिले रेस में एक पड़ाव पार कर चुकी है और अब आगे के शोधार्थी इन मुद्दों को ध्यान में रख इस रिले रेस को आगे बढ़ा सकते हैं। कविता के शहर से आगे कई अन्य रास्ते बनते तो हैं।

❂❂❂

परिशिष्ट

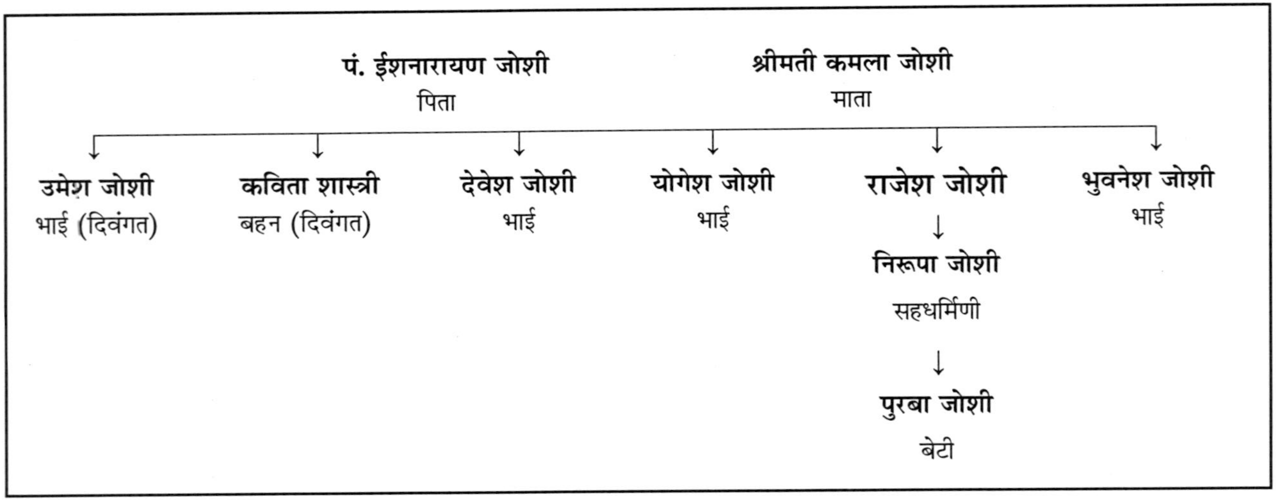
पं. ईशनारायण जोशी
पिता
श्रीमती कमला जोशी
माता
उमेश जोशी
भाई (दिवंगत)
कविता शास्त्री
बहन (दिवंगत)
देवेश जोशी
भाई
योगेश जोशी
भाई
राजेश जोशी
निरूपा जोशी
सहधर्मिणी
पुरबा जोशी
बेटी
भुवनेश जोशी
भाई

राजेश जोशी

जीवनवृत्त

जन्म : 18 जुलाई, 1946 नरसिंहगढ़, जिला राजगढ़, मध्य प्रदेश। नरसिंहगढ़ ननिहाल है।

शिक्षा : मिडिल तक बिरजीसिया मिडिल स्कूल भोपाल में तथा हायर सेकेंडरी तक हमीदिया हायर सेकेंडरी स्कूल, भोपाल में (1962)। 1961 में ड्राइंग में, जे.जे. आर्ट की इंटरमीडिएट सर्टिफिकेट परीक्षा पास की। 1966 में सोफिया कॉलेज, भोपाल से विज्ञान में स्नातक किया। सन् 1969 में मोतीलाल विज्ञान महाविद्यालय, भोपाल से प्राणीशास्त्र में एम.एस-सी. तथा 1972 में हमीदिया कला एवं वाणिज्य महाविद्यालय भोपाल से समाजशास्त्र में एम.ए. किया।

कैरियर : 1966 में उज्जैन के मॉडल स्कूल, रामपुरा, गोतमपुरा तथा इस्लामिया करीमिया स्कूल/कॉलेज, इन्दौर में कुछ माह तक शिक्षक की नौकरी। 1966 के अन्त में भारतीय स्टेट बैंक में क्लर्क के पद पर नौकरी लगी। कभी भी पदोन्नति नहीं ली। लम्बे समय तक बैंक यूनियन में काम किया। इस दौर में सिटी ट्रेड यूनियन और अन्य कई यूनियनों से भी जुड़ाव। भारतीय स्टेट बैंक की मध्य प्रदेश की यूनियन पत्रिका 'संघ सन्देशिका' का सम्पादन किया। बैंक के राजभाषा विभाग की पत्रिका 'प्रवाह' का वर्षों तक सम्पादन। 2001 में बैंक से वालेंटियर रिटायरमेंट लिया।

परिवार : 1980 में बैंक में ही कार्यरत निरूपा चटर्जी से प्रेम विवाह। 1981 में बेटी का जन्म। एक ही सन्तान है—पुरबा जोशी।

लेखन का प्रारम्भ : लेखन की शुरुआत छुटपन से। इच्छा चित्रकार बनने की थी लेकिन उसकी सुविधा नहीं मिली। कॉलेज में स्वरचित लेखन प्रतियोगिताओं में हिस्सेदारी। स्थानीय स्तर के कवि सम्मेलनों में भी कविता पाठ। मोतीलाल विज्ञान महाविद्यालय की पत्रिका 'आयाम' के 1969 में प्रधान सम्पादक। भोपाल के कई साप्ताहिक अखबारों—'नया नारा', 'रक्तसूर्य', 'गोरा बादल', 'शहरनामा' आदि में कॉलम लिखा तथा प्रारम्भिक कविताएँ और कहानियाँ प्रकाशित हुईं।

1970-71 में चर्चित कथाकार कवि श्री अशोक आत्रेय से मित्रता। कहानी लेखन की ओर झुकाव। कुछ ही समय बाद नक्सलबाड़ी विद्रोह से प्रभावित-चर्चित कवि वेणुगोपाल से मित्रता हुई। लगभग एक-डेढ़ वर्ष वेणुगोपाल साथ रहे। उन्हीं के सान्निध्य में हिन्दी

साहित्य को जाना। लघु पत्रिकाओं आदि को जाना और उसी दौरान प्रगतिशील लेखक संघ से जुड़ा। 1973 में बाँदा में श्री केदारनाथ अग्रवाल और डॉ. रणजीत द्वारा आयोजित साहित्य सम्मेलन में वेणुगोपाल के साथ शिरकत की। वहाँ पहली बार हिन्दी के अनेक साहित्यकारों—त्रिलोचन, बाबा नागार्जुन, धूमिल, विजेन्द्र, असगर वजाहत आदि से मिला। 1973 में ही मध्य प्रदेश में श्री अशोक वाजपेयी की सरपरस्ती में वृहत् पैमाने पर सांस्कृतिक गतिविधियाँ प्रारम्भ हुईं। उनमें हिस्सेदारी की। 1984 में भोपाल गैस त्रासदी के बाद प्रगतिशील लेखक संघ से त्याग पत्र तथा जनवादी लेखक संघ की सदस्यता ग्रहण की।

प्रकाशन की शुरुआत : पहली कविता 1973 में बीकानेर से प्रकाशित होने वाली पत्रिका 'वातायन' (सम्पादक श्री हरीश भादानी) में छपी। इसी वर्ष दो कविताएँ 'लहर' (सम्पादक प्रकाश जैन) में प्रकाशित हुई। पहली कहानी—*साँप,* अगस्त 1974 में 'सारिका' (सम्पादक कमलेश्वर) प्रकाशित हुई। पहला नाटक—*जादू जंगल,* 'नटरंग' 1981 में (सम्पादक नेमिचन्द जैन) प्रकाशित हुआ।

पत्रिका का प्रकाशन : 1977 में आपातकाल के हटने के बाद 'इसलिए' नाम से पत्रिका प्रारम्भ की। इस पत्रिका की मूल योजना अशोक आत्रेय के साथ बनी थी। इसके बाद कुछ समय तक इसे वेणुगोपाल के सम्पादन में निकाले जाने की योजना भी बनी। वेणुगोपाल के भोपाल से चले जाने के बाद मुझे लगा कि मुझे पत्रिका निकालना चाहिए। इसलिए पत्रिका के पाँच अंक प्रकाशित हुए। इसमें त्रिलोचन जी पर केन्द्रित एक अंक भी प्रकाशित हुआ।

कुछ समय तक बन्द रहने के बाद 1982 में इस पत्रिका के चार अंक भोपाल प्रगतिशील लेखक संघ की इकाई द्वारा प्रकाशित किए गए। इसके सम्पादकों में भगवत रावत और राजेन्द्र शर्मा को भी शामिल किया गया। दूसरा सप्तक के कवि श्री हरिनारायण व्यास पर केन्द्रित एक अंक प्रकाशित किया गया।

इसके बाद मध्य प्रदेश प्रगतिशील लेखक संघ ने निर्णय लिया कि 'इसलिए' को लेखक संघ की पत्रिका बनाया जाए। मध्य प्रदेश प्रगतिशील लेखक संघ की पत्रिका के रूप में 1984 में इसके दो अंक प्रकाशित हुए। सम्पादक मंडल बनाया गया—जिसमें प्रधान सम्पादक हरिशंकर परसाई थे, सम्पादक मंडल में श्री हरिनारायण व्यास, ज्ञानरंजन, डॉ. मलय, राजेश्वर सक्सेना, ललित सुरजन, कमला प्रसाद, धनंजय वर्मा, भगवत रावत और शशांक थे। प्रबन्ध सम्पादक—राजेन्द्र शर्मा तथा सम्पादक राजेश जोशी बनाए गए।

प्रकाशित कृतियाँ : लम्बी कविता—*समरगाथा* (1977 में पहली बार 'पहल' पत्रिका में स्वतंत्र पुस्तिका के रूप में प्रकाशित)। दूसरा संस्करण 2012 (पहले पहल प्रकाशन, भोपाल)।

कविता-संग्रह : *एक दिन बोलेंगे पेड़* (1980, सम्भावना प्रकाशन, हापुड़), *मिट्टी का चेहरा* (1985, सम्भावना प्रकाशन, हापुड़), *नेपथ्य में हँसी* (1994), *दो पंक्तियों के बीच* (2000), *चाँद की वर्तनी* (2006), *धूप घड़ी* (2002, *एक दिन बोलेंगे पेड़* और *मिट्टी का चेहरा* का संयुक्त संस्करण), *जिद* (2015, राजकमल प्रकाशन, दिल्ली), *कवि ने*

कहा : चुनी हुई कविताएँ (2012, किताबघर प्रकाशन, नई दिल्ली), *प्रतिनिधि कविताएँ* (2013, राजकमल प्रकाशन, दिल्ली)।

गेंद निराली मीटू की (बच्चों के लिए कविताएँ) (पहला संस्करण, सम्भावना प्रकाशन, हापुड़) (दूसरा संस्करण, 2011), (भारत ज्ञान-विज्ञान समिति, बेसमेंट ऑफ वाई.डब्ल्यू. ए. हॉस्टल, जी-ब्लॉक, साकेत, नई दिल्ली-110 017)।

कहानी-संग्रह : *सोमवार और अन्य कहानियाँ* (1982, सम्भावना प्रकाशन, हापुड़), *कपिल का पेड़* (2001, वाग्देवी प्रकाशन, बीकानेर), *मेरी चुनिन्दा कहानियाँ* (2014, साहित्य भंडार, इलाहाबाद)।

औपन्यासिक आख्यान : *किस्सा-कोताह* (2012, राजकमल प्रकाशन, दिल्ली) (यह आख्यान *तद्भव* पत्रिका में धारावाहिक रूप में प्रकाशित हुआ)।

नाटक : *जादू जंगल* (1982, प्रतिमान प्रकाशन) (अनुपलब्ध), *अच्छे आदमी* (1989, सम्भावना प्रकाशन) (अनुपलब्ध) (जादू जंगल का नया संस्करण : रचना समय : सम्पादक : हरि भटनागर, भोपाल), *पाँसे* तथा *सपना मेरा यही सखी* (दो नाटक) (2012, शिल्पायन प्रकाशन, दिल्ली), *ब्रह्मराक्षस का नाई* (बच्चों का नाटक) (2011, राजकमल प्रकाशन, दिल्ली), *हमें जवाब चाहिए* (नुक्कड़ नाटक, 1984) (अनुपलब्ध), इसके साथ ही बंशी कौल के साथ *टंकारा का गाना* (लोकभारती प्रकाशन, इलाहाबाद) (अनुपलब्ध) तथा *सीढ़ी दर सीढ़ी उर्फ तुक्के पर तुक्का* तथा कबीर पर—*कहन कबीर, एक कोलाजनुमा* नाटक लिखा। *तुक्के पर तुक्का* और *कहन कबीर* रंग विदूषक के प्रकाशन-अनथक रंग यात्रा में संकलित।

वोल्गा से गंगा, मृत्युंजय, श्रीकांत वर्मा की कहानी—'घर', अमरकांत की कहानी—'जिन्दगी और जोंक' आदि के नाट्य रूपान्तरण। कई नाटकों के लिए गीत और कविताएँ लिखीं। *पंचरात्रि* और *आश्चर्य चूड़ामणि* संस्कृत नाटकों की पुनर्रचना।

अनुवाद : *पतलून पहिना बादल* : (1983, परिमल प्रकाशन, इलाहाबाद) अब यह किताब *व्लादीमिर मायकोवस्की की कविताएँ* के शीर्षक से संवाद प्रकाशन से प्रकाशित। *भूमि का यह कल्पतरु* : भर्तृहरि की कविताओं की अनुरचना (पूर्वग्रह बुकलेट) (अनुपलब्ध)।

आलोचना : *एक कवि की नोटबुक* (2004, राजकमल प्रकाशन, दिल्ली), *एक कवि की दूसरी नोटबुक : समकालीनता और साहित्य*—आलोचनात्मक टिप्पणियाँ और नोटबुक (2010, राजकमल प्रकाशन, दिल्ली)।

2014 में शिमला के उच्च अध्ययन संस्थान में एक वर्ष के लिए राष्ट्रीय फेलो रहते हुए शहर और कविता के सम्बन्धों पर लिखा मोनोग्राफ—*कविता का शहर : एक कवि की नोटबुक* (2018, राजकमल प्रकाशन दिल्ली)।

कविताएँ अनेक भारतीय तथा विदेशी भाषाओं में अनूदित।

सम्पादन : *इसलिए* पत्रिका का कुछ वर्ष तक प्रकाशन एवं सम्पादन (1977-84), *नया*

विकल्प के दो अंक (1986-87), *समझ झरोखा,* वन्या प्रकाशन, म.प्र. शासन आदिम जाति कल्याण विभाग, भोपाल। बच्चों की पत्रिका के दो अंक (1990), *नया पथ* के निराला शताब्दी अंक (1996) के साथ पाँच अंक (1995-96), *वर्तमान साहित्य* के कविता विशेषांक का सम्पादन (1992)।

तीसरी आवाज—गुजरात के दंगों पर अखबारों में लिखी गई टिप्पणियों का संग्रह (2002, सद्भाव फाउंडेशन, भोपाल।

त्रिलोचन का कविता-संग्रह *ताप के ताए हुए दिन* (1980), *त्रिलोचन की कविताएँ : बात मेरी कविता है,* (2009, किताब घर), दिल्ली, शरद बिल्लौरे का कविता संकलन : *तय तो यही हुआ था* (1980, परिमल प्रकाशन इलाहाबाद, दूसरा संस्करण–2021, साहित्य भंडार, इलाहाबाद), *नागार्जुन संचयन* (2005, साहित्य अकादेमी, दिल्ली), *मुक्तिबोध संचयन* (2015, भारतीय ज्ञानपीठ, दिल्ली), *शील की प्रतिनिधि कविताएँ : राह हारी मैं न हारा* (2015, उद्भावना प्रकाशन, गाजियाबाद), *तुममें मैं सतत प्रवाहित हूँ*—अन्तरंग संस्मरणों में मुक्तिबोध (रमेश मुक्तिबोध के साथ सम्पादन, 2020, भारतीय ज्ञानपीठ, दिल्ली)।

पुरस्कार तथा सम्मान : *दो पंक्तियों के बीच* (कविता-संग्रह) के लिए 'साहित्य अकादेमी पुरस्कार' 2002। (तीन महत्त्वपूर्ण लेखकों की बर्बर हत्या, सरकार की चुप्पी और समाज में हिन्दुत्ववादी शक्तियों की असहिष्णुता के विरोध में पुरस्कार वापस किया); 'मुक्तिबोध पुरस्कार', मध्य प्रदेश साहित्य परिषद भोपाल, 1978; 'माखनलाल चतुर्वेदी पुरस्कार' मध्य प्रदेश साहित्य परिषद भोपाल, 1985; 'श्रीकांत वर्मा स्मृति सम्मान' 1986; 'शमशेर सम्मान' 1996; 'पहल सम्मान' 1998; 'शिखर सम्मान' 2002-2003; 'मुकुट बिहारी सरोज स्मृति सम्मान' 2012; 'निराला स्मृति सम्मान' 2014; नाटकों के लिए चतुर्थ 'शशिभूषण स्मृति नाट्य सम्मान' 2014; 'कैफ़ी आज़मी अवार्ड' 2018; 'प्रो. आफ़ाक अहमद स्मृति अवार्ड' 2019; 'जनकवि नागार्जुन स्मृति सम्मान' 2019।

सम्पर्क : 11 निराला नगर, भदभदा रोड, भोपाल-462003